마리 앙투아네트의
마지막 나날

Les Derniers Jours de Marie-Antoinette
by Emmanuel de Waresquiel
© Éditions Tallandier, Paris, 2016, 2021
Korean Translation Copyright © Yeomunchaek Publishing Co., 2025

All rights reserved.
This Korean edition was published by arrangement with
Éditions Tallandier in conjunction with
its duly appointed agents Books And More Agency #BAM, Paris, France
and Bestun Korea Agency Co., Seoul.

이 책의 한국어판 저작권은 베스툰 코리아 에이전시를 통해
저작권자와 맺은 독점계약으로 도서출판 여문책에 있습니다.
저작권법에 따라 한국 내에서 보호를 받는 저작물이므로
무단전재와 무단복제를 금합니다.

재판으로 드러나는
'검은 전설'과 '하얀 전설'

마리 앙투아네트의
마지막 나날

에마뉘엘 드 바레스키엘
지음

주명철
옮김

여문책

차
례

1막	**감옥에서**	11
2막	**외국인**	97
3막	**피고인**	181
4막	**'죽음의 기사'**	261

에필로그	339
후기	351
감사의 말	367
옮긴이의 말	369
그림 설명	384
사료	389
찾아보기	391

일러두기

− 번호로 된 각주는 원주, ● 표시 각주는 역주를 나타낸다.
− 원주 끝에 역주를 추가한 경우는 ● 표시로 구분했다.
− 본문 중간에 나오는 대괄호([…] 제외)는 옮긴이의 추가 설명이다.

"크레온, 먼 곳을 응시하며 생각한다.
안티고네는 죽어야 한다."

— 장 아누이, 『안티고네』

"사람들을 착하고 슬기롭게,
자유롭고 절제 있고 너그럽게 만들고자 할 때,
결국에는 그들 모두를 죽이고 싶어지게 된다."

— 아나톨 프랑스, 『신들은 목마르다』

참고　마리 앙투아네트의 서명은 1793년 9월 4일 오전 콩시에르주리에서 있었던 두 번째 심문의 조서에서 나온 것이다. 혁명법원 공소인 푸키에 탱빌의 서명은 1793년 10월 13일 사건의 증거물 일부를 수령할 때 문서관리자에게 써준 인수증에서 나온 것이다(armoire de fer[철제금고] AE/I/5 n° 19와 n° 18).

1막

감옥에서

오늘, 우리는 파리 항소법원으로 가서 장엄한 분위기의 대리석 기둥이 있는 현관문을 지나 고등법원 1호 법정에 들어선다. 2년 전, 국가기념물센터가 내게 콩시에르주리Conciergerie 박물관을 재설계해달라고 의뢰했을 때 똑같은 경험을 한 번 해보았다. 아직도 박물관은 개관하지 못했지만, 2년 전 방문했을 때의 기억이 새롭다. 나는 그 거대한 방에 거의 혼자 있으면서 몽유병과 폐소공포증을 동시에 느끼는 듯했다. 또한 일정한 불안감도 느꼈다. 그곳에서 세속적인 회랑의 분위기와 제3공화국 초기의 부르주아적 허세를 함께 느꼈다. 방 전체는 어두운색 참나무로 만든 넓은 패널로 덮여 있어 마치 성당의 종교인 좌석처럼 보였다. 오른쪽의 큰 창문 세 개를 통해 들어오는 빛은 마치 먼지와 광택제로 걸러낸 듯 어둡고 부드러웠다. 이곳은 미네르바의 부엉이를 위한 장소처럼 보인다. 부엉이는 혼란스러운 낮이 저문 황혼에만 날아오른다. 그러나 이 미친 장식 속에는 지혜나 철학이 거의 존재하지 않는다. 이 장식은 형편없는 패러디, 건축가의 꿈, 인간의 과대망상이라는 세 가지 요소를 동시에 갖춘 것처럼 보인다. 우물천장에는 얼쇠돌을 끈으로 늘어뜨린 장식을 새기고 녹청 색조의 금박을 입혔는데, 그것을 보면서 장창 시합에서 사망한 앙리Henry 2세 시대의 고전적인 프랑스식 천장을 희미하게 떠올렸다. 참나무 패널에는 루이Louis 12세의 상징인 호저porc-épic[가시쥐]도 새겨놓았다. 하지만 이곳을 지배하는 것은 승리한 공화국의 상징이었다. 1871년 5월, 파리 코뮌의 화재가 팔레 드 쥐스티스● 건물의 상당 부분을 파괴한 후 이 장소를 재구성하면서 특정한 연속성을 강조하고자 했다.

역대 왕들의 절대적 정의가 이곳에서 실현되었다. 이제는 국민이 결정을 내린다. 국민과 정치가 주체다. 나는 역사를 조금 알고 있으며, 이 동굴을 거닐면서 과거의 그림자를 생각하지 않을 수 없다. 1945년 프랑스 임시정부의 고등법원이 이곳에 자리 잡았고, 1961년에는 고등군사법원이 알제리 반란에 연루된 '은퇴 장군'인 샬Challe과 젤레르Zeller를 재판했다. 연루자의 일부는 국민의 지탄 속에서 징역형을 받았고, 어떤 이들은 샤티용 요새나 몽루즈 요새의 총살대에 섰다. 마치 그날 꿈속에서 정부 위원인 마르셀 르불Marcel Reboul을 다시 본 것 같았다. 그는 빨간 법복을 입고 우레같이 큰 소리로 브라지야크Brasillach에게 사형을 구형하고 있었다. 페탱Pétain, 라발Laval, 뷔카르Bucard, 브리농Brinon, 뤼셰르Luchaire, 다르낭Darnand 등 많은 협력자가 비참하게 실패한 곳이었다. 내가 눈앞에서 보고 있는 장식과 우리 현대사에서 가장 비극적인 순간들 사이에는 어두운 유사성이 있었다. 아우게이아스Augias의 외양간을 깨끗이 청소해야 한다.●●

● Palais de Justice: 카페 왕조의 왕궁이었다가 파리 고등법원, 혁명법원을 거쳐 프랑스의 주요 사법기관들이 모여 있는 곳으로 파리 1구 시테섬에 있다.

❖

왕정 시대에는 모든 것이 매우 달랐다. 앙시앵레짐Ancien Régime[구체제]하에서 1호 법정의 이름은 달랐다. 그것은 대법정Grand Chambre이었다. 파리 고등법원parlement de Paris의 법관들은 붉은 법복을 입고 하급법원에 대한 항소를 심리했다. 또한 이곳에서 그들은 법령에 대한 결정을 내리거나 때때로 왕의 명령을 등기하지 않겠다고 반대 의견을 낼 수 있었다. 1655년 4월 13일, 루이 14세는 장화를 신고 말채찍을 든 채 이곳을 방문해 자신이 바로 고등법원의 주인임을 확인했다. 또한 루이 16세가 1787년 11월에 마지막으로 자신의 통치권을 주장했지만, 법관들의 완고하고 이미 혁명적인 반대에 부딪혀 성공하지 못한 곳이기도 했다. 파산 직전의 그는 마지막 기회로 일부 재정 법령을 등기하라고 강요했다. 그러나 그의 사촌 오를레앙Orléans이 "그건 불법입니다"라고 외쳤다. 그러자 왕은 "내가 원하기 때문에 합법이오"라고 더듬거렸다. 몇 달 후 왕은 전국신분회를 소집했다. 그리고 혁명이 시작되었다.

그때까지 대법정은 모든 정의의 원천인 군주의 신체를 중심으로 구성되었다. 그의 옥좌는 파란색의 플뢰르 드 리스[백합꽃 문양]의 깔

•• 신화에 등장하는 아우게이아스는 엘리스의 왕이었고, 가장 많은 소를 가졌지만 외양간을 한 번도 치우지 않아서 헤라클레스가 외양간을 깨끗하게 치워주었다고 한다.

개를 깐 단상에 놓여 있었고, 그 위에는 장엄한 닫집이 있었다. 왕이 회의를 주재하는 정의의 침대를 설치한 '왕의 자리coin du roi'는 하느님의 장소이기도 했다. 1450년대부터 큰 십자가로 그곳을 장식했는데, 오랫동안 그것을 뒤러Dürer의 작품으로 잘못 알았다. 정교분리법을 제정한 후 그것을 루브르 박물관으로 보냈다. 그리스도의 양쪽에는 왕국의 수호성인들과 군주들이 자리 잡았다. 루이 9세[생 루이]Saint Louis]와 세례자 요한, 샤를마뉴와 드니 성인을 확인할 수 있다. 드니 성인은 전설에 따라 자신의 머리를 두 손으로 받치고 있다. 생트샤펠Sainte-Chapelle 예배당이 가까이 있지만, 이 모든 것이 군주권의 신성한 기원을 분명히 드러낸다. 마치 지상의 왕권과 하늘의 왕권 사이에 가시적이며 비가시적인 연결고리가 존재하는 것처럼 보인다.

대법정에서는 모든 것이 우선권, 위계질서, 위엄을 느끼게 만들어야 했다. 바닥에는 흑백 타일을 깔았다. 루이 12세 치세의 고딕 양식을 물려받은 천장은 훌륭한 조각과 장식으로 이루어져 있어, 오랫동안 '금빛 방Chambre dorée'이라는 별명을 가졌다. 큰 비단 양탄자가 벽을 장식하고 있다. 당시에 동료 귀족의 문porte des Pairs이라 불리던 입구 쪽에는 쿠스투Coustou가 태양왕King-Soleil의 영광을 기리기 위해 진리와 정의를 상징해서 조각한 벽난로와 왕의 기마상이 있었다.

1793년에는 이 모든 것이 사라졌다. 1789년 7월 14일 바스티유 정복 이후 파리 시장이었던 바이이Bailly는 1790년에 대법정을 봉인했다. 국민의회 의원들은 왕 개인과 사법을 분리하면서 11월에 파기법원Tribunal de cassation을 설립했다. 고등법원이 해산된 후 이 법원이 자리 잡았다가 1793년 3월에는 특별형사법원tribunal criminel extraordinaire에 자리를 내주었다. 이 법원은 공포정치의 중심에 있었기 때문에 혁명법원Tribunal révolutionnaire으로 더 잘 알려졌다.

그사이 대법정의 이름을 '자유의 법정'으로 부르면서, 군주제를 상기시킬 수 있는 것을 모두 제거하려고 노력했다. 백합꽃 장식의 벽걸이 양탄자를 철거하고, 쿠스투의 벽난로를 두 개의 난로로 대체하고, 루이 12세 치세의 장식을 매끄러운 천장으로 덮었다. 이제는 공허함과 지루함이 미덕과 공정함을 대신했다.

법정 끝, 한때 용상을 놓았던 곳에 그리핀 발 모양의 다리로 장엄하게 장식한 긴 테이블을 단상에 설치했다. 왕의 정의를 혁명의 정의로 대체했다. 이는 1789년에 일어난 비상한 전환, 즉 군주 개인에서 국민에게 주권이 옮겨간 사실을 보여주는 가장 강력한 상징이었다. 그 아래에는 오늘날 검찰청을 대표하는 검사의 먼 조상이라 할 공소담당자를 위한 작은 테이블을 놓았다. 왼쪽에는 피고인의 연단이 있다. 오른쪽 창 아래에는 배심원 좌석이 있고, 그 앞에는 서기의 책상이 있다. 이전에 동료 귀족의 문이었던 곳에는 나무 칸막이로 방청객 구역을 마련해놓았다. 조각가 프랑수아 도종François Daujon은 문 위쪽을 장식할 부조를 제작하는 임무를 맡아, 그 장소의 엄격함과 시대의 취향에 맞는 주제를 표현했다. 이에 대한 자세한 정보는 없지만, 아마도 고대 역사에서 우화를 참고했을 것이나.[1]

❦

프랑수아 도종은 당시 유행하던 활동가적이고 상퀼로트적인 환경을 상당히 특징적으로 보여준 흥미로운 인물이었다. 그는 열렬한 애국자이자 파리 코뮌 총회의 위원으로, 1792년 8월 10일 튈르리 궁 점령 직후 탕플에서 왕가를 감시하는 임무를 맡은 위원 중 한 명이었다. 그

---

1   1759년에 태어난 도종은 군주제하에서 교육을 받았다. 그는 1775년 살롱Salon 전시회의 조각 부문에서 상을 받았고, 여러 곳의 경연대회에 참가했다. 그는 1782년에 디종Dijon 고등법원에서 부르고뉴 신분회가 열렸을 때 콩데 공Prince de Condé의 영광을 기리는 조각 그룹을 선보였다. 또한 1792년 8월 10일의 반란 코뮌Commune insurrectionnelle 위원이었으며, 이후 자신이 거주하는 포부르 생마르탱 길rue du Faubourg-Saint-Martin이 있는 봉디Bondy 구역 대표로 파리 코뮌 총회에서 활동했다(*Almanach national de France*, an II de la République, p. 388). 그리고 파리 코뮌의 치안·감시위원회 위원으로도 활동했다. 그는 알베르 소불Albert Soboul의 『공화력 2년, 파리 섹시옹 인사들』에는 포함되어 있지 않다(Paris, Publications de la Sorbonne, 1985). 그는 탕플 감옥에서 맡은 임무 보고서를 남겼다. 르노트르G. Lenotre[Louis Léon Théodore Gosselin의 필명]는 이 보고서를 처음으로 완전하게 출판했다. 『증인들의 기록과 미발표 문서로 본 마리 앙투아네트의 수형생활과 죽음, 레 푀이양*Les Feuillants* – 르 탕플*Le Temple* – 콩시에르주리』 (Paris, Perrin, 1908, pp. 45~85).
도종은 1792년 9월 2~3일의 학살사건 동안 민중이 탕플의 문을 강제로 열지 못하게 막았다고 주장했다. 그는 또한 1793년 10월 6일, 탕플에서 왕세자의 심문에 서기 비서로 참석했다. 1794년 초, 그는 파리 코뮌을 숙청할 때 감금되었다가 로베스피에르Robespierre 의 몰락 후 곧 석방되었고 혁명기에 살아남았다. 그는 오히려 재산을 모으게 되고, 총재정부 시기가 끝날 때까지 파리의 시 행정에 참여했으며, 1799년 11월 보나파르트의 쿠데타 직전에는 공화국을 열렬히 찬양하기도 했다(「1799년 8월 10일, 공화력 7년, 파리 4구의 집행위원이 감사의 성전에서 발표한 연설」). 하지만 그는 제정 시대에 새로운 정권의 영광을 기리기 위해 세운 카루젤 개선문 조각에 협력하기도 했다. 도종은 나폴레옹 Napoléon의 몰락 이전인 1811년에 적절히 세상을 떴다.

러한 이력 덕에 그는 몇 가지 주문을 받았던 것 같다. 그는 특히 생쉴피스Saint-Sulpice 같은 교회에서 '봉건제와 미신의 상징'을 제거하는 임무를 맡았다.[2] 어제와 오늘의 모든 혁명처럼 프랑스 혁명도 모든 것을 청산하고자 했다. 왕정의 과거 또한 오만과 악으로 여겨 거부했다. 과

---

2 귀스타브 고트로의 저작을 참고할 것. Gustave Gautherot, *Le Vandalisme jacobin. Destructions administratives d'archives, d'objets d'art, de monuments religieux à l'époque révolutionnaire, d'après les documents originaux en grande partie inédits*, Paris, G. Beauchesne, 1914. 혁명을 역겨워했던 고트로는 도종과 알렉상드르 르누아르Alexandre Lenoir의 관계를 살피지 않았다. 그러나 도종은 르누아르의 저작(*Description historique et chronologique des monuments de sculpture réunis au musée des monuments français d'Alexandre Lenoir* publié en 1806)에 등장했다.
프랑스 기념물 박물관musée des monuments français은 1795년부터 그의 작품인 메두사의 머리를 보관하고 있었다. 이는 현재 루브르 박물관에 있는 이노상Innocents의 새로운 분수의 마스카롱[얼굴 모양의 장식 요소] 역할을 하도록 제작한 것이었다. 루브르는 그가 만든 〈페르세우스와 안드로메다Persée et Andromaque〉도 소장하고 있다. 총재정부 시기에 도종은 르누아르의 요청에 따라 생탕투안 문porte Saint-Antoine의 개선문을 장식하던 장 구종Jean Goujon의 부조를 복원하기도 했다.
최근 리처드 클레이Richard Clay는 혁명적 우상파괴iconoclasme를 다룬 신선한 책에서 도종이 많은 작품을 구하면서 그 의미를 바꿔놓았다는 사실을 보여주었다. 그는 왕권의 상징인 홀을 올리브 가지로, 십자가들을 무기 다발로 바꾸었다(*Iconoclasm in Revolutionary Paris. The transformation of signs*, Oxford, Voltaire foundation, 2012, pp. 257~258).
그래서 쉬운 것은 하나도 없다. 도종은 르누아르와 가까웠던 것으로 보이며, 르누아르는 그를 '매우 높이 평가받는 조각가'로 생각했다. 그는 자신의 파괴 행위를 은밀히 보존하려고 하면서 이중적인 행동을 했을 것 같다. 알렉상드르 르누아르가 1795년에 프랑스 기념물 박물관을 창립할 때, 그가 주로 정치적 목적의 혁명적 파괴에서 구할 수 있는 것을 모두 구하려고 노력했다는 사실은 잘 알려져 있다. 도종이 청동으로 제작한 머리에 관해서는 다음을 참고할 것. *Un musée révolutionnaire. Le musée des Monuments français*, Hazan, 2016, cat. n° 56.

거를 현재에서 제거함으로써 좋은 것과 나쁜 것을 구분하고자 했던 것이다. 주로 새로운 사회가 형성되고 있는 가운데, 잡다한 기억에서 벗어나 오래된 확신을 버리고 재생한 인간의 탄생을 지지했다. 이런 방식으로 군주제는 매우 빠르게 '구체제'가 되었다. 이는 개인뿐만 아니라 사물에도 영향을 미쳤다. 파리 고등법원의 오래되고 웅장했던 금빛 방도 이러한 운명을 겪었다.

※

판사들의 테이블 뒤 벽에 높이가 약 2.5미터인 천을 두 장 나란히 걸어놓았다. 하나는 인권선언문의 그림이고, 다른 하나는 1793년 6월에 엄숙히 공포되었으나 결코 실행되지 않았던 공화력 1년 헌법의 그림이다. 현재 카르나발레 박물관의 혁명 전시실에 있는 '국민공회의 승인을 받은' 두 개의 그림과 비슷하다고 가정한다면, 우리는 그 내용을 읽을 수 있다.[3]

1792년 8월 왕권이 정지된 이후에 선출된 국민공회는 9월에 공화국을 선포했다. 프리기아 모자로 장식한 두 개의 테두리 위에 '공화국의 단결과 불가분성'이라는 문구가 여전히 남아 있다. 인권선언과

---

3   카르나발레 박물관에 보관된 이 그림들은 국민공회의 의장석 뒤에 있던 것이다. 파리의 탕플대로boulevard du Temple의 제조업자 다게Daguet가 제작했다.

공화력 1년 헌법의 그림은 이 시대 파리의 모든 공공장소에 반드시 걸어놓는 상징적인 요소가 되었다. 이는 다른 체제를 대체한 새 체제의 세속적 신성함을 나타내며, 명백히 교육적 목적을 가지고 있었다. 예전에 교회가 성스러운 이미지를 보여주던 대로 새로운 이미지를 성스럽게 표현했다. 공화국은 자신을 반복해서 드러내고 확인시켰다. 다음에 이어질 내용도 마찬가지였다.

1793년 11월 20일, 법원에 배치된 헌병들이 '자유의 두 위대한 순교자' 마라Marat와 르펠티에Le Peletier의 흉상, 로마 공화국의 전설적인 창립자인 브루투스Brutus의 흉상을 들고 행진한 후 혁명법원의 판사들에게 바쳤다. 브루투스는 정권에 대한 음모를 꾸몄다는 죄로 아들 둘을 처형한 인물인데, 그 일로 혁명기에 유명해진 사람이었다.[4]

또한 국민공회 의원 마라와 르펠티에의 운명도 잘 알려져 있다. '인민의 친구' 마라는 몽타뉴파Montagnards 의원으로, 1793년 7월 13일 목욕 중에 샤를로트 코르데Charlotte Corday에게 살해당했으며, 르펠티에 의원은 루이 16세의 사형에 찬성했다는 이유로 근위대원 파리스Pâris의 칼에 찔려 죽었다.

---

4   *Liberté, égalité, fraternité, raison. Gendarmerie nationale servant près des tribunaux. Procès-verbal de l'inauguration des bustes de Brutus, Marat, Pelletier et de la présentation au tribunal extraordinaire et révolutionnaire des images de ces grands hommes, et d'une pierre provenant des cachots de la Bastille*, Paris, le 1er frimaire an II. De l'imprimerie Belin, rue Saint-Jacques.

여기서 자유를 위해 목숨을 바친 영웅들은 존경의 대상이 되었다. 그들은 자유와 싸운 이들, 그렇게 싸우다 죽은 이들에게 던지는 도덕적 교훈이자 생생한 비난이었다. 확실히 폭력적인 죽음이 이곳에 속속들이 깃들어 있다. 우리는 카론Charon의 배를 타고 스틱스 강의 저쪽에 도착한 듯한 느낌이 든다. 마치 다시는 돌아올 수 없는 단 하나의 현관문만 있는 옛 대법정에 들어서는 기분이다. 흉상들은 인권선언과 공화력 1년 헌법 그림의 양쪽에 걸려 있다.

다비드David는 국민공회에 마라와 르펠티에의 그림 두 점을 제공했지만, 오늘날에는 오직 마라의 초상만이 브뤼셀 미술관에 남아 있다. 혁명법원에서는 좀 더 겸손하지만, 상징을 소중히 했다. 건설업자인 시민 팔루아Palloy는 '마지막' 국립감옥인 바스티유의 철거를 맡아 많은 이익을 보았는데, 1793년 11월 20일[다비드가 국민공회에 그림을 바친 날] 법원에 '바스티유의 지하감옥에서 나온 돌'을 제공했다. 법원은 이 돌을 좋은 자리에 전시했다.

자유의 법정에서는 피고를 재판하는 데 그치지 않고, 왕들의 자의적이고 폭압적인 유산을 보여주며 피고를 교육했다. 고백과 자백을 중시했던 종교재판소의 아름다운 시절처럼, 그러나 세속적인 버전에서, 죽음은 공화국 전체의 구원과 정화 과정에 속하게 되었다. 하지만 일부 역사학자가 혁명법원을 표현한 희귀 판화를 가지고 주장한 것과는 달리, 마라와 르펠티에의 흉상은 혁명법원이 출범할 당시 자유의 법정에 배치되지 않았다.

사람들은 콩시에르주리 감옥에서 1층의 혁명법원으로 가는 통로를 지나갈 때 잊지 못할 만큼 강한 인상을 받았다. 발자크Balzac는 『창녀들의 화려함과 비참함Splendeurs et misères des courtisanes』에서 전과자 자크 콜랭Jacques Collin, 일명 카를로스 에레라Carlos Herrera 신부를 따라가며 "끔찍한 계단을 올라가야 그곳에 도착할 수 있다"라고 이야기한다. 그는 "법원을 잘 모르는 사람은 이 미로에서 거의 항상 길을 잃는다"라고 덧붙인다.[5] 1794년 2월 9일의 신문에서 살아남은 전직 수녀 앙젤리크 비타스Angélique Vitasse는 "아주 좁고 매우 더럽고 어두운 작은 길이 많았다"라고 말했다.

수감자의 복도에서 1층의 이른바 화가들Peintres 갤러리로 올라가려면 첫 번째 구불구불한 계단을 올라야 한다. 일반 대중에게 개방된 이 갤러리는 대체로 매우 붐빈다. 피고인은 때때로 군중에게 모욕을 당하기도 했다. 여기에서 계단을 약 10개 올라가면 법원의 뒷면을 따라 이어지는 좁은 복도를 지나가야 하며, 그곳의 문은 너무 낮아서 머리를 부딪는 일이 잦았다. 법관들의 단상 오른쪽, 창문 쪽에 있는 법정의 끝으로 들어가는 문이다. 모든 수감자는 이 과정을 따라서 옛 대

---

[5] Honoré de Balzac, La Comédie humaine, t. VI, *Splendeurs et misères des courtisanes*, Paris, Gallimard, "Bibliothèque de la Pléiade", 1977, p. 711.

법정에 들어갈 때 "온몸이 떨렸다"라고 증언했다.[6]

1793년 1월 21일에 혁명 광장에서 처형된 프랑스인의 왕 루이 카페Louis Capet의 과부인 로렌 오트리슈의 마리 앙투아네트가 1793년 10월 14일 월요일 오전 9시 조금 전에 이 문을 통해 대법정으로 들어섰다.

우리는 공포정치의 초기 순간에 있다. 공화국은 겨우 1년 전에 시작되었다. 공화국은 전쟁 중인 데다 특히 국경에서 거의 모든 유럽 군주가 결합한 동맹의 위협을 받고 있었다. 또한 서부에서는 반란이 일어나고, 리옹과 마르세유에서는 연방주의가 내적으로 국가를 잠식하고 있었다. 콩데 공과 발랑시엔Valenciennes은 항복했고, 됭케르크Dunkerque는 포위공격을 받았다. 툴롱Toulon은 영국의 손에 떨어졌다. 더욱이 파리는 빵이 부족했다.

자코뱅 클럽에서는 8월 30일부터 '공포를 의제'로 채택했다. 파리의 상퀼로트는 국민공회에 급진적인 조치를 요구했다. 그들의 구호는 분명했다. "어디서나 복수와 정의다." 9월 5일, 의원들은 그들의 요구에 굴복했다. 이날 혁명군을 창설하고, 3월에 설립한 특별법원의 권한을 강화했다. 또한 파리의 48개 섹시옹[구]의 권한도 강화했다.

---

6   Témoignage d'Angélique Vitasse, in G. Lenotre, *Le Tribunal révolutionnaire (1793-1795)*, Paris, Perrin, 1908, p. 173.

치안을 담당할 안보위원회의 위원들도 새로 선출했다. 9월 17일, '반혁명 용의자법'을 통과시키고, 8월에 논의했지만 시행하기를 꺼렸던 조치들을 시행하기로 결정했다. 프랑스인을 군대에 동원하는 것, 강제 세금, 가격과 임금 통제가 포함되었다. 이제 국민공회 연단에서는 '법의 유익한 공포'에 대해 이야기했다. 10월 10일에 생쥐스트Saint-Just의 제안으로 '평화가 올 때까지 혁명정부'를 구성하기로 결정했다.[7] 4월에 설립된 '구국위원회Salut public'의 12인 '대위원회'가 이제 주요 권력을 모두 장악했다.

 파리의 분위기는 점점 더 무거워졌다. 아직 1794년 6월의 대공포정Grande Terreur의 두려움에 이르지는 않았다. 생쥐스트가 나중에 말했듯이 혁명이 '얼어붙지'는 않았지만, 1793년 여름이 끝날 무렵에는 무언가가 변했다. 1793년 1월 21일 왕의 처형 이후, 혁명은 분열되었다. 몇 달간 지롱드파Girondins와 몽타뉴파의 형제 살해 전쟁, 6월 2일 지롱드파의 제거, 7월 마라 살해, 군사적 패배에 이어 상퀼로트가 '음모'로 경험하는 사건이 늘어나면서 감정이 격화되었다. 초기의 열정

---

7 공포정 초기에 관해서는 다음을 참고할 것. Jean-Clément Martin, *Violence et révolution. Essai sur la naissance du mythe national*, Paris, Seuil, 2006; et les articles d'Annie Jourdan, "La journée du 5 septembre 1793. La terreur a-t-elle été à l'ordre du jour?" in *Visages de la terreur. L'exception politique de l'an II*, M. Biard et H. Leuwers dir., Armand Colin, 2014; "Terrorisme avant la lettre, terrorisme à temps partiel?", in *Danton. Le mythe et l'histoire*, M. Biard et H. Leuwers dir., Armand Colin, 2016.

은 점차 두려움, 의혹, 증오에 밀려났다.

파리 주민은 구민위원회의 마음에 따라 고발과 불시 수색에 시달렸다. 이는 과거 왕들의 봉인장처럼 대중에게 무한히 남발되고 남용되었다. 어떤 시민도 안전하지 않았다. 부자에게 반감을 가졌으며, 만약 성직자나 귀족이 프랑스에 남아 있다면 그들을 반혁명 용의자로 여겼다. 그들이 국외로 망명하면 유죄가 되었다. 당신의 과거, 당신의 이름, 행동 또는 불행한 생각이 당신을 감옥에 넣을 수 있었고, 이렇게 해서 이미 1,500명 이상이 수감되었다.[8]

가택 연금된 사람도 많았다. 파리에 막 도착한 사람은 "모든 사람이 그림자 속으로 숨어드는 것 같았다"라고 증언했다. "얼굴을 모자로 가린 채 오가다가 서로 지나칠 때 은밀히 알은체를 할 뿐이었다. […] 나는 체포당할 것이라는 사실을 의심하지 않았다."[9]

오를레앙 공작과 가깝게 지내던 영국인 그레이스 엘리엇Grace Elliott은 처형의 위기를 간신히 벗어난 후 회고록에 이렇게 썼다. "모든 사람이 자기 집에서도 두려움을 느꼈다. 웃으면 공화국의 패배를 기뻐한다고 비난받았고, 울면 공화국의 성공을 슬퍼한다고 비난받

---

8   1793년 8월 8일 파리의 모든 수감자는 1,555명이었다. A. Tuetey, *Répertoire général des sources manuscrites de l'histoire de Paris pendant la Révolution française*, Paris, Imprimerie Nouvelle, 1912, t. X Convention nationale(3e partie), n° 71.

9   Charles de Lacretelle, *Dix années d'épreuves pendant la Révolution. Mémoires*, Paris, Tallandier, 2011, p. 93. 라크르텔Lacretelle은 루이 16세를 재판하던 1793년 1월 초에 파리에 도착했다.

았다. 결국 아무 때나 군인들이 집으로 들이닥쳐 음모를 찾아냈다."[10] 아직 공포정의 한밤중은 아니었지만, 이미 그 초저녁에 접어들고 있었다.

⚜

1793년 3월 10일의 법령으로 설립되어 4월 초부터 일을 시작한 혁명법원은 조금씩 자리를 잡아가는 공화국의 적들을 체계적으로 공포의 도가니로 몰아넣는 기관이 되었다. 혁명법원을 요구한 사람들은 파리의 상퀼로트 계층이었다. 그해에는 파리 코뮌과 여러 섹시옹의 영향을 받아 상퀼로트 계층이 반란을 자주 일으켰다.[11] 국민공회의 좌파인 몽타뉴파는 이 안을 다시 발의했다. 법안위원회의 법률가들도 참여할 필요가 있었다. 장차 제국의 대법관으로 활약할 매우 지혜롭고 신중한 캉바세레스Cambacérès가 중심 역할을 맡았다. "혁명적 시기에는 극단적인 조치가 필요하다." 배심제도의 원칙은 겨우 유지했지만, 향후 혁명법원은 이스나르Isnard가 '반혁명적 시도'라고 부르는 모

---

10   Grace Dalrymple Elliott, *Journal de ma vie pendant la Révolution française*, Paris, Firmin-Didot, 1862, p. 342.

11   3월 9일, 국민공회 의원 장 봉 생탕드레Jean Bon-Saint-André가 루브르 섹시옹의 구민회의에서 "배신자, 음모자, 혼란을 일으키는 자들을 처벌하기 위한 특별법원 설치"를 요청받고 국민공회에 보고한 내용을 토론에 부쳤다(*Archives parlementaires*[이하 *AP*], t. 60, séance du 9 mars 1793, p. 3).

호한 혐의를 최종 판결할 수 있도록 조정했다. 또한 이 법원은 국민공회의 감독을 받아야 했다. 배심원들은 분명한 목소리로 의견을 발표하고 전원 일치로 결정을 내려야 했다. 이것이 모든 것을 변화시켰다.

연단에서 로베르 랭데Robert Lindet와 특히 '위기의 조국'을 위해 싸우는 당통Danton이 열정적으로 캉바세레스를 옹호했다. "정치적 범죄를 정의하는 것보다 더 어려운 일은 없습니다. 국민을 구원하기 위해서는 큰 수단과 끔찍한 조치가 필요합니다. 나는 일반적인 형식과 혁명법원 사이에 중간은 없다고 생각합니다. 국민이 끔찍한 존재가 되지 않도록 하려면 우리가 끔찍해져야 합니다."[12]

1794년 4월 판사들 앞에 선 당통은 여전히 환상에 젖어 있었다. "우리에게 발언의 기회를 주시기 바랍니다. […] 이 법원을 설립하게 만든 사람은 바로 나입니다. 그래서 나는 이 법원을 잘 알고 있어야 합니다."[13] 그러나 그는 결국 단두대에 서야 했다. 그는 정치적 법원을 원했지만, 그 정치가 그를 죽였다. 나중에 미슐레Michelet는 "이 법원은 단순히 정의의 검이 아니라 찌르는 칼épée이다"[14]라고 말했다.

그러나 국민공회에서 혁명법원을 설립하면 인권과 사법의 독립

---

12 *AP*, t. 60. Séance du 10 mars 1793, pp. 59~61.

13 공화력 2년 제르미날 14일(1794년 4월 3일), 당통 재판에 관한 토피노 르브룅Topino Lebrun의 기록을 참고할 것.

14 Jules Michelet, *Histoire de la Révolution française*, Paris, Robert Laffont, coll. "Bouquins", 1979, II, p. 310.

을 침해한다고 비판하는 목소리도 있었다. [온건파인] 지롱드파 베르니오Vergniaud는 "베네치아의 종교재판보다 1,000배는 더 두려운 종교재판"이라고 말했다. 혁명법원은 특히 1794년 7월 로베스피에르가 몰락한 후부터 지탄받았고 오랫동안 흉악한 '암살자들의 법원'이라고 불렸다. 역사학자 알베르 소렐Albert Sorel은 "수행 하인과 망나니들의 관할구역"이라고 다시 한 번 강조했다.[15]

특별형사법원은 [첫 판결을 내린] 1793년 4월 7일 이후 10월 29일에 공식적으로 혁명법원으로 변경되었으며 여러 차례 변화를 겪은 후 점차 구국위원회의 지배하에 들어갔다. 마리 앙투아네트가 10월 14일에 출석했을 당시, 이 법원에서 이미 단두대로 보낸 사람은 100명에 이르렀다.[16] 이는 아직 작은 시작일 뿐이었다. 1793년 4월부터 1795년 5월 폐지될 때까지 이 법원은 2,747명을 사형에 처했으며, 거의 같은 수의 무죄 판결도 내렸다. 대규모 재판은 5월에 시작되었고, 그 중 오를레앙에서 임무를 수행하던 파견의원 레오나르 부르동Léonard

---

15   Albert Sorel, *L'Europe et la Révolution française, t. III, La Guerre aux rois(1792-1793)*, Paris, Tchou, 2003, p. 346.

16   Monique Rabourdin, *Condamnés à mort par le tribunal révolutionnaire, 1793-1795*, Paris, Saint-Albans, 1998.
국민공회에서 특별형사법원과 혁명법원의 설치법을 제정하는 과정은 다음을 참고할 것. la *Collection complète des lois, décrets, arrêts et règlements généraux. Table analytique et raisonnée*, première série, t. II, Bruxelles, 1838. Sur le tribunal criminel extraordinaire, pp. 926~927, et sur le Tribunal révolutionnaire, pp. 935~936.

Bourdon 공격사건 재판과 루앙의 음모자들 재판도 있었다. 마라를 살해한 샤를로트 코르데와 퀴스틴Custine 장군, 지롱드파 언론인 고르사스Gorsas도 재판을 받고 유죄를 선고받았다. 그 외에도 6월 2일에 기소된 21명의 지롱드파 의원과 필리프 에갈리테Philippe Égalité, 롤랑 부인 Mme Roland, 1791년에 왕실과 은밀히 소통한 혐의를 받은 제헌의원 앙투안 바르나브Antoine Barnave도 잇따라 재판을 받았다.

그렇지만 마리 앙투아네트의 재판은 여느 재판과 달랐다. 단순히 왕비의 재판이라는 이유만은 아니었다. 사라져가는 세계와 폭력 속에서 새로 태어나고 있던 세계, 이처럼 아주 이질적인 두 세계가 격렬하게 충돌하는 기회이자 순간이었다. 두 세계는 서로에게 귀를 기울이지 않았을 뿐만 아니라 상대를 제거해야만 구원받을 수 있었으며, 오랫동안 서로 화합할 수 없는 합당한 이유를 확립해왔다. 한쪽에는 공화국이, 다른 쪽에는 왕정, 왕실, 관습, 풍습이 있었다. 이 재판은 또한 한 여성의 재판이며, 한 어머니의 재판이기도 했다. 끝으로 한 외국인의 재판이었다.

이 재판이 어떤 현실을 갖고 있다면, 그것은 바로 상상력의 현실이다. 그래서 이 재판은 독특한 것이었다. 『랑세의 생애Vie de Rancé』의 서문을 쓰면서 샤토브리앙Chateaubriand은 이렇게 생각했을지도 모른다. "마음은 꿈이 끊어지면서 부서진다. 인간에게는 거의 현실이 존재하지 않기 때문이다." 여기서 꿈은 왕비와 판사들 모두에게 동일한 가치를 지녔다. 아마도 옛날 황녀로 태어나 자기 뜻이 아니라 정치와 가문의 뜻으로 왕비가 된 인간의 삶에서 가장 감동적인 꿈이라면 필시

2박 3일의 꿈이었으리라. 이 2박 3일의 꿈은 그를 심판할 준비를 하는 사람들의 운명에 영원히 영향을 미칠 것이었다.

마리 앙투아네트는 빨간 안감과 겉감을 댄 푸른 제복에 삼색 표식을 단 이각모bicorne를 쓴 헌병들의 엄격한 호위를 받으면서 법정에 들어섰다. 그중 유일하게 이름이 알려진 인물은 프랑스 수비대의 척탄병 출신인 레제Léger로, 나중에 군사학교Ecole militaire 뒤에 작은 식당을 열었다. 그는 혁명 이후 법정에서 파리 코뮌 위원 중 한 명에게 자신이 마리 앙투아네트가 콩시에르주리로 이송되기 전 7개월 동안 감금되었던 탕플 감옥에 배치된 소수의 간수 중 하나였다고 증언했다. 그는 바로 이 이야기의 후반부에서 소중한 자료로 활용할 글을 출판한 사람이다.[17]

경비대를 지휘하던 장교 루이 프랑수아 드 뷘Louis-François de Busne

---

17 그는 프랑수아 앙투안 무알François-Antoine Moëlle이다. 그는 혁명을 견뎌냈고, 회고록을 남겼다. *Six journées passées au Temple et autres détails sur la famille royale qui y a été détenue*, Paris, Dentu, 1820, pp. 67~68.
『1793년 프랑스 연감*l'Almanach national de la France pour 1793*』을 보면, 파리 코뮌 위원인 무알의 직업은 할인은행 서기였다. 그는 자크 프랑수아 르피트르Jacques François Lepitre와 함께 탕플에 파견되어 혁명에서 살아남았지만, 행적을 추적할 수 없다. 1809년 그의 아버지 클로드 무알Claude Moëlle은 낭시에서 왕의 재무부 사무원이었는데(1809년 7월 31일 월요일), 『주르날 드 파리*Journal de Paris*』[1777년에 창간된 프랑스 최초의 일간지]에 아들을 찾는 광고를 게재했다. 그의 회고록이 출판될 때까지 아들의 소식을 더는 들을 수 없었다.

역시 잘 알려진 인물이다. 그는 1780년대에 루아얄 도팽Royal-Dauphin 연대에 들어간 부사관 출신이었다. 그는 왕정복고 시기에 29년의 복무를 마친 후 레지옹 도뇌르Légion d'honneur 훈장을 받고 앵발리드[군원호원]의 부관 대리인으로 임명되었다. 그러나 그는 마리 앙투아네트의 재판에 연루되어 다른 사람들과 마찬가지로 비자발적으로 두려워 떠는 상황에 처하게 되었고, 그 사건에서 벗어나지 못할 뻔했다. 그는 혁명이 원하는 새로운 인간의 재생 원칙을 엄격히 따르면서, 여느 역사학자처럼 그도 자신의 삶을 1789년 이전과 이후로 나누려고 노력했다. 그러나 그들 역시 양편에서 발견되는 똑같은 인물들이며, 이는 1750년대와 1760년대에 태어난 세대 전체에 해당한다.

확실히 뷘 중위는 왕비의 재판 중에 오랫동안 군주제에 복무한 사람으로서 쉽게 떨쳐버릴 수 없는 몇 가지 오래된 공손한 태도를 보여주었다. 그는 왕비 앞에서 모자를 벗고 물을 한 잔 건네주었으며, 감방까지 데려가는 동안 계단에서 왕비를 부축했기 때문에 왕비의 재판이 끝난 후에 어느 부하의 고발로 체포되었고, 거의 유죄 판결을 받을 뻔했다. 그는 감옥에 수감되어 두려움에 떨면서, 모자를 벗은 것은 더웠기 때문이라고 변명했다. "내가 편하려고 그랬지, 내가 유죄라고 믿는 여성에게 공손히 모자를 벗었다니, 절대 그렇지 않습니다." 그는 무사히 감옥에서 나왔다. 나중에 부르봉 왕가가 다시 권력을 잡은 왕정복고 시기에, 그는 자신의 불행한 경험을 회상하며 앙굴렘 공작부인duchesse d'Angoulême에게 구체제의 군대에서 가장 명예로운 생루이 십자훈장croix de Saint-Louis을 서슴지 않고 요구했다. 공작부인은 마리 앙투아네트의 딸인 마담 루아얄Madame Royale로서 탕플의 지옥에서 살아남은 단 한 사람이었다.[18]

"삶은 외리프Euripe 해협처럼 시시각각 변한다"라고 아폴리네르Apollinaire는 말했다. 소아시아의 해협인 외리프의 조류는 불시에 바뀐다. 이 재판의 주인공들이 나중에 경험한 일은 빌리에 드 릴 아당Villiers de L'Isle-Adam의 『잔인한 이야기Contes cruels』에 나오는 늙은 맹인의 경우와 같다. 그 맹인은 샹젤리제의 철책 앞에서 구걸할 때 군중이 수시로 다르게 외치는 소리를 들었다. "황제 만세!", "공화국 만세!", "코뮌 만세!", "마크 마옹 원수 만세!", "민중의 소리가 신의 소리다Vox populi, vox dei."

그러나 그는 항상 똑같은 말만 했다. "부디 이 불쌍한 맹인에게 동냥을 주십시오!"

마리 앙투아네트는 법정이라는 싸움판에 들어설 때 어떤 인상을 받았을까? 그는 그곳이 전날 한밤중에 몇 자루의 흔들리는 촛불 아래서 홀로 비공개 심문을 받던 장소라는 것을 알고 있었다. 10월의 그 아침, 하늘은 흐렸고, 그래서 사물이 선명하게 보이지 않았을 것이다.

법원의 높은 창문은 센 강의 둑길이 아니라 '쿠르 데 마가쟁cour des Magasins'이라는 좁은 안뜰을 굽어본다. 창문으로 희끄무레한 빛이

---

18 이 이야기는 르노트르의 책을 참고할 것. G. Lenotre, *La Captivité et la mort de Marie-Antoinette, op. cit.*, pp. 365~367.

들어온다. 열네 달 동안 구금되어 가족과 친구들을 만나지 못하다가 대법정으로 끌려간 왕비가 고립 상태에서 임박한 위험을 홀로 맞으며 수치심을 느끼고 아무 방향도 모르는 채 자신이 서 있는 곳을 분명히 보지 못했을 것이다. 그는 마치 안개 속을 헤매는 기분이었을 것이다. 더욱이 그는 오랫동안 근시로 고통받아왔고, 콩시에르주리 감방의 공기 부족과 습기 탓에 오른쪽 시력을 거의 잃어버린 상태였다. 그는 감방으로 돌아갈 때 뷘 중위에게 말했을 것이다. "지금 어디로 가는지 거의 보이지 않아요."

마리 앙투아네트가 처음으로 알아본 것은 사람들의 얼굴이 아니라 사람들이 들어찬 방의 숨 막히는 분위기, 헛소문을 마구 내뱉는 소리와 소음이었을 것이다. 그는 이미 자리를 잡고 있는 판사 네 명과 재판장 앞에 섰다. 34세의 재판장 마르시알 조제프 아르망 에르만 Martial Joseph Armand Herman은 옛 아르투아의 관직 가문 출신이며, 혁명 전 아라스에서 로베스피에르와 가까이 지냈다. 판사들은 마치 우화 속 까마귀처럼 검은 옷과 검은 외투를 입고, 검은 깃털을 달고 앞쪽이 올라간 앙리 4세식의 모자를 쓰고 앉아 있었다. 그들은 메달이 달린 삼색 띠를 목에 두르고 있었다. 메달은 그들의 직책을 상징하는 '법La loi'이라는 단어만을 보여주었다.[19]

---

[19] 1791년 2월부터 국민의회는 파기법원 판사의 법복 규정을 마련했다. *AP*, t. 23, p. 122, 11 février 1791.

이 재판을 판사보다 더 자기의 재판으로 생각했던 공소 담당자 푸키에 탱빌Fouquier-Tinville은 공소 문서가 잔뜩 쌓인 책상 앞에 서서 왕비를 기다리고 있었다. 우리는 조금 후에 그를 다시 만날 것이다. 그의 옆에는 국민공회의 무시무시한 안보위원회 위원들이 앉아 있었다. 그들은 재판을 관찰하고 "필요하다고 생각하는 모든 사항을" 국민공회의 이름으로 요구할 임무를 맡았다.[20] 이들은 모두 국민공회를 지배하던 몽타뉴파였으며, 모두 왕의 사형에 투표했다. 마르세유 출신의 무아즈 벨Moyse Bayle이 눈에 띄었고, 며칠 후 그는 국민공회의 의장으로 선출되었다. 그리고 가르Gard의 의원인 장 앙리 불랑Jean Henri Voulland은 안보위원회의 중심인물이었으며, 아마도 당시 정치 경찰의 부패 관행을 누구보다 더 많이 알고 있었기 때문에 모든 저항을 견뎌냈다. 그르노블 고등법원의 변호사 출신 앙드레 아마르André Amar도 그곳에 있었다. 마리 앙투아네트는 그를 알았고, 어떻게 대해야 할지도 알고 있었다. 아마르는 9월 3일 감방에서 그를 심문했으며, 에르만과 푸키에 탱빌도 이틀 전 그를 심문했다.

⚜

'판결 배심원단' 열다섯 명이 피고인보다 조금 먼저 들어와 선서를 기

---

[20] *AP*, t. 76, 16 octobre 1793.

다리고 있었다. 배심원 예비 명단에 있는 사람들도 그 뒤에 앉아 있었다. 마리 앙투아네트는 단 두 명을 제외하고는 그들을 잘 알지 못했다. 법원 의사인 조제프 수베르비엘Joseph Souberbielle은 콩시에르주리의 감방에서 그를 여러 차례 치료해주었고, 클로드 루이 샤틀레Claude Louis Châtelet는 그가 오랫동안 만나지 못한 사람이었다.

마리 앙투아네트는 첫눈에 샤틀레를 알아보지 못했을 것이다. 차라리 그편이 나았으리라. 만약 왕비가 4년 동안 수없이 외면과 배신을 당하지 않았다면, 뒤로 자빠졌을 것이다. 모든 재판은 형편없는 증거를 가지고 진행되었다. 재판에 진실이 있었다면, 그것은 항상 변하고 기복이 심한 인간 본성의 진실이었다. 샤틀레는 겨우 마흔 살이었지만, 세상이 그를 권좌에서 쫓겨난 왕비와 갈라놓았다. 그는 한때 프티 트리아농Petit Trianon 궁에서 즐겁게 지내던 전성기의 왕비가 소중히 아끼던 화가 중 하나였다. 나는 모든 배심원 중에서 샤틀레야말로 진정으로 수수께끼 같은 인물이라고 생각한다.

샤틀레를 먼저 언급하는 것은 아마도 그가 법원 구성원들의 주요 모순을 가장 잘 드러내는 사람이었기 때문이다. 그는 열광과 열정, 두려움, 충동과 이성, 진실성과 야망, 증오 사이의 어딘가에 있었다. 자존심의 상처, 사람들의 망설임과 소심함, 이상적으로 그려진 흑백 세계에서 후회 없이 확신에 대한 위안을 찾을 수 있는 곳 사이 어딘가에 있었다. 결국 그들은 선인과 악인, 애국자와 배신자가 되었다.[21] 혁명과 반혁명이었다. 이 모든 것의 끝에는 필연적으로 극단주의와 분노로 기울어지는 경향이 있었다.

더는 반대자나 반론자는 없고 오직 적만 남았을 때, 그들은 필연적으로 사라질 운명에 처하게 되었다. 그러한 상황에서는 오직 서로 싸우는 늑대처럼 상대를 죽이지 못하면 죽는 길만 남아 있었다. 아나톨 프랑스Anatole France는 『신들은 목마르다』에서 에바리스트 가믈랭Évariste Gamelin을 창조할 때 샤틀레라는 인물의 영감을 받았을 것이다. 가믈랭도 화가였으며, 혁명법원의 배심원으로 마리 앙투아네트의 재판에 참여했다. 그도 단두대에서 폭력적인 죽음을 맞았다. 아나톨 프랑스는 에바리스트 가믈랭이 "[남의 목숨을] 구원하는 말과 죽이는 말"을 아는 사람이었고, 스스로 원하지 않았음에도 몇 가지 추상적인 진리의 공허함과 폭력에 갇혀 빠져나오지 못하는 새로운 신자들 가운데 한 사람이었다고 썼다. 사람들은 선의로 남을 죽일 수도 있다. 나중에 국민공회 의원 뒬로르Dulaure는 이러한 인물을 광신자라고 묘사했다. 그들은 "위대한 혁명에서 열정의 흐름을 거의 알지 못하고, 자기 마음대로 남을 판단하며, […] 남의 선한 인상에 쉽게 속고, 자주 추론의 결점을 숨기기 위해 늘어놓는 번드르르한 말에 이끌린다"라고 묘사한다.²²

---

21 절제된 사람을 자연스럽게 극단주의로 이끄는 약점이나 소심함에 관해 샤를 노디에Charles Nodier가 공포정 시기에 스트라스부르에서 욀로즈 슈네데르Euloge Schneider의 협력자가 된 사제이자 교사인 모네Monnet에 대해 쓴 『혁명과 제국의 인물들Portraits de la Révolution et de l'Empire』에 매우 마음에 드는 구절이 있다. "약함이 어떻게 분노와 무의식적으로 연대할 수 있는지, 소심함이 어떻게 광기를 돕거나 범죄의 공범이 될 수 있는지를 열한 살짜리도 알 수 있을 것이다."(t. I, Paris, Tallandier, 1988, p. 246)

샤틀레는 아마도 그런 자코뱅파의 일원이었을 테고, 혁명법원 판사인 의사 루시용Roussillon처럼 정의의 승리가 사람들을 '더 나은' 존재로 만들어줄 것이며, "그러면 더는 판사, 대포, 검, 총검이 필요 없는 세상이 될 것"이라고 생각했다. 그러나 루시용은 신중하게 덧붙였다. "그때가 오려면 아직 멀었다."[23]

평소 로베스피에르를 열렬히 찬미하던 샤틀레는 그가 몰락한 후인 1795년 5월에 재판을 받고 단두대로 향했다. 그 재판에서 샤틀레는 혁명에 아주 일찍 가담했다는 사실이 밝혀졌다. 그는 에르므농빌Ermenonville로 가서 루소Rousseau의 무덤을 그릴 만큼 루소를 사랑했다. 그는 혁명의 시작, 국가, 자유, 특히 평등에 열광했다. 그러나 훗날 그는 "은행가, 부자, 귀족, 모든 유능한 사람들을 처형해야만 공화국이 평화를 경험할 것"이라고 주장한 혐의로 기소되었다. 하지만 그는

---

22 J. A. Dulaure, *Supplément aux crimes des anciens comités de gouvernement*, Paris, chez les Marchands de Nouveautés, an III. 테르미도르 반동기에 뒬로르는 자코뱅파 '음모자들conspirateurs'을 선의로 정의하려고 노력했다. Arnaud de Lestapis, in *La Conspiration de Batz (1793-1794)*, Paris, Société des études robespierristes, 1969, p. 239.

23 Lettre de remerciement d'Antoine Roussillon à la Convention nationale, après sa nomination de juge du Tribunal révolutionnaire au scrutin public du 13 mars 1793(*AP* t. 60, séance du 13 mars 1793, p. 1761).
편지는 다음에서 인용했다. G. Lenotre in *Le Tribunal révolutionnaire 1793-1795*, Paris, 1908, p. 73. 루시용은 마리 앙투아네트 재판의 증인 마흔 명에 속했다. 이에 관해서는 다음을 볼 것. Docteur Cabanès, *Cabinet secret de l'histoire*, Paris, Albin Michel, 1905, p. 194 et suiv.

그들 중 하나였다. 그가 남보다 더 크게 외친 것은 그릇된 양심 때문이었을까, 진지한 신념 때문이었을까?[24]

샤틀레는 1792년 8월 10일 왕정을 전복한 반란 코뮌의 일원으로 파리 상퀼로트의 작은 세계에서 빠르게 영향력을 갖게 되었다. 종종 그가 속한 위원회의 수로 영향력을 가늠할 수 있다. 파리의 공포정 체제를 요약한다면, 원칙적으로 엄격한 서열이 있었음에도 수많은 구조와 위원회가 중첩 상태로 서로 통제했다. 그는 방돔 광장 주변의 피크Piques 섹시옹 소속 시민·혁명위원회의 주요 구성원 중 하나였다. 1793년 6월, 그는 파리 도의 매우 영향력 있는 감시위원회에 선출되었으며, 국민공회의 구국위원회, 안보위원회와 긴밀한 관계에서 반혁명 용의자의 정보를 집중적으로 모으고, 유럽 왕들에 맞서 싸우는 공화국 군대의 충원과 식량 징발에 참여했다.

1793년 9월, 샤틀레는 국민공회에서 구국위원회의 제안으로 자연스럽게 혁명법원의 배심원이 되었다. 그가 로베스피에르의 '근접 경호대'의 일원이었다는 말이 있을 정도였으므로, 그의 뒤에서 로베스피에르의 손길을 느낄 수 있었다. 그는 청백리L'Incorruptible[로베

---

24 샤틀레는 혁명 직전에 상당한 재산을 가지고 있었다. 1789년 드니즈 피에르 트렐롱Denise-Pierre Trélon과 결혼할 때 작성한 계약서를 참고할 것(AN T//706). 이 기록에는 그의 딸 클로딘 피에레트 프랑수아즈Claudine-Pierrette-Françoise를 위해 파리 시장의 이름으로 작성된 6,000리브르의 증여 계약서, 1790년에 작성된 생트크루아 길의 주택 임대 계약서, 자발적으로 애국 국채에 기부한 증명서가 포함되어 있다. 그는 방돔 광장 근처의 부르주아 거주지이며, 혁명기에 피크 길이 된 뇌브 생마르크 길에 살았다.

피에르]를 끝까지 지지하고, 그가 몰락한 1794년 7월 27일(공화력 2년 테르미도르 9일)에 시청에서 그 곁에 있었다. 그런 간접적 이유로 그는 1795년에 재판에서 유죄 판결을 받았다.

그의 재판에서는 그를 둘러싼 유죄와 무죄의 증언이 전혀 일치하지 않았다. 어떤 이는 그의 '순수한 영혼'을 말하거나 친구와 가족에 대한 '무한한 선의'를 강조했지만, 다른 이는 그를 학살자라고 비난했다. 그는 사형에 처할 사람들의 이름 뒤에 '망할 놈foutu'의 'f'를 붙이기 시작했고, 재판을 받는 그들을 희화하는 일을 즐겼다고 증언하는 사람도 있었다.[25] 장차 푸셰Fouché가 운영한 비밀경찰의 책임자가 될 데마레Desmarets는 "혁명 중에는 사물의 크기를 느끼지 못한다"라고 말했다.[26]

물론 그렇지만, 도대체 샤틀레는 자신에게 멋진 경력을 쌓아

---

25 푸키에 탱빌과 공범들의 재판 기록을 참고할 것. Discours du citoyen Cambon. À Paris, an III de la République, p. 80 et AN W/499 et 500: "Affaire de Fouquier". 캉봉Cambon은 테르미도르 반동의 언어로 샤틀레를 로베스피에르가 "가장 아끼는 자"이자 "잔인한 대리인"이라고 말했다. 샤틀레의 친구이자 화가인 프리외Prieur와 함께 재판을 받는 모습을 생생하게 묘사한 초상화는 장 뒤플레시 베르토Jean Duplessis-Bertaud의 손에서 비방 드농Vivant Denon에게 넘어갔다(BnF, Estampes).
혁명기 샤틀레에 관해서는 앙리 칼베Henri Calvet의 책을 참고할 것. Henri Calvet, *Un instrument de la Terreur à Paris. Le comité de salut public ou de surveillance du département de Paris(8 juin 1793-21 messidor an II)*, Paris, Nizet, 1941, p. 5 et 161. 또한 알베르 소불이 작성한 샤틀레 항목도 참고할 것. *Répertoire du personnel sectionnaire parisien en l'an II*, d'Albert Soboul, *op. cit.*, p. 85.

26 Bibliothèque de la ville de Compiègne. Fonds Desmarets.

유명한 화가가 될 기회를 마련해준 마리 앙투아네트를 피고석에서 다시 보았을 때 어떤 감정을 느꼈을까? 1777년, 비방 드농과 함께 이탈리아로 떠났던 『나폴리와 시칠리의 그림 같은 여행Voyage pittoresque...』의 삽화가, 왕이 1774년에 즉위한 직후 왕비에게 선물한 프티 트리아농 궁에서 1781년에 건축가 미크Mique에게 의뢰했던 축제와 오락을 화집으로 남긴 화가, 과연 그는 어디로 갔을까? 그는 영원히 사라진 축제들, 중국식 반지 놀이•, 벨베데르Belvédère의 조명, 왕비가 건설한 사랑의 사원, 그가 사랑하는 은신처였던 동굴을 붓으로 멋지게 재현했다.²⁷ 수많은 요정들[화려하고 환상적인 생활]과 요정[마리 앙투아네트]은 사라졌다. 폐위당하고 유죄였던 마리 앙투아네트는 더는 아무것도 아니었다. 하지만 샤틀레는 여전히 그곳에 있었다. 그만이 계속해서 왕비를 숭배하고, 재판하고, 유죄 판결을 내렸다. 어디서 진정한 샤틀레를 찾을 수 있을까?

- jeu de bague chinois: 참가자들이 지하에서 원운동을 하도록 조작하는 공작이나 용 모형에 올라타서 중앙에 걸린 반지를 막대기로 꿰는 놀이.

27 트리아농 화집 한 권이 2015년 11월 3일 크리스티 경매에 나왔다. 샤틀레의 수채화는 4, 6, 10, 12, 19에 해당한다. 샤틀레의 이탈리아 여행에 관해서는 다음을 참고할 것. le catalogue de l'exposition du musée Denon: *Naples et Pompéi—Les itinéraires de Vivant Denon*, Chalon, Le bec en l'air éditions, 2009.
  샤틀레가 마리 앙투아네트를 위해 그린 여러 점의 유화 작품 중 하나는 1781년 7월 27일 프티 트리아농에서 프로방스 백작Comte de Provence을 위해 거행한 축제의 한 장면인 〈벨베데르의 조명Illuminations du Belvédère〉으로, 왕비의 거처인 2층에 전시되었다.

법정에는 샤틀레와 함께 다른 사람들도 있었다. 마리 앙투아네트는 그곳에 들어가면서 누가 자신에게 불리한 증언을 할 사람인지 인식할 시간이 없었을 것이다. 그들은 공소 담당자가 신중하게 선택한 증인으로서 정확히 마흔한 명이었다. 몇 분 후 그들이 증인석에서 차례로 신원을 밝힐 때 비로소 그들을 더 잘 보았을 것이다. 그는 이미 군중 속에서 한 명 이상 마주쳤고 몇몇과는 가까이 지내기도 했다.

마리 앙투아네트는 몇 주 동안 홀로 갇힌 상태에서 갑자기 스쳐 지나가는 삶을 돌아보았다. 그날, 혁명은 그를 과거로 돌려 보내기로 결정했다. 다음 날, 그는 여러 개의 '작은 머리카락 묶음'과 세 점의 초상화를 식별해달라는 요청을 받았다. 그는 남편과 자녀들의 머리카락임을 확인했고, 세 점의 초상화를 보면서 몹시 심란해졌다. 그는 1793년 8월 2일 탕플 탑에서 콩시에르주리로 떠날 때 소지품을 압수 당했다. 그는 마치 투명한 유리창으로 영원히 가라앉은 세계를 다시 보고 있는 듯했다. 재판의 기록은 "유리로 덮은 여성 초상화 세 점을 두 개의 작은 가죽 상자에 담긴 형태로 제시한다"라고 명시하고 있다. 하나에는 왕비전의 수석 시녀인 랑발 공주princesse de Lamballe의 초상, 다른 하나에는 1760년대 어린 시절 비엔나에서 함께 자란 헤센 다름슈타트Hessen-Darmstadt 공주인 샤를로트Charlotte와 루이즈Louise 자매의 초상이 있었다.

샤를로트는 메클렌부르크 슈테를리츠duke de Mecklembourg-Sterlitz 공작과 결혼했다가 1785년 12월에 출산 중 사망했다. 그는 마리 앙투아네트와 겨우 며칠 차로 태어났다. 여섯 살 어린 루이즈는 사촌인 헤센의 루이 공작과 결혼했다. 1783년 6월, 루이즈는 언니와 함께 마리 앙투아네트를 방문해 베르사유에 머문 후, 독일 아우어바흐Auerbach의 저택 정원에 '진정한 우정'을 기리는 기념물을 세웠다. 마리 앙투아네트는 1792년 8월 튈르리 궁이 점령되기 며칠 전에 루이즈에게 우정의 편지를 썼다. 그는 루이즈에게 마지막으로 쓴 편지를 봉인하고 안전한 손에 맡겼다. 그가 오랫동안 자유롭지 못했다는 사실과 그 후의 운명을 아는 사람에게 그 편지는 더 큰 감동으로 다가왔을 것이다. 그 편지는 간접적으로 미래의 판사들에게 아마 한 번도 느끼지 못했을 내밀한 감정을 전했을 것이다. "그들은 내게서 모든 것을 빼앗았지만, 그대를 생각하는 마음만은 빼앗지 못했습니다. 내게는 이것만이 결코 감당할 수 없는 불행입니다."[28]

 재판 중 그는 단순히 죽음과 싸워야 했던 것이 아니라 자신의 감정과 기억, 특히 어린 시절의 기억이 주는 지속적인 고통과도 맞서야 했다. 판사들은 그를 가혹하게 몰아붙였고, 과거의 기억도 그를 괴롭혔다.

⚜

10월 14일 아침, 법정에서 자신의 신원을 밝히는 증인들 중에는 최악과 최선이 있었다. 왕비를 끝까지 믿어준 사람과 그에게 불리한 말을 해서 최초로 그를 죽음으로 몰아세운 사람이 있는가 하면, 자신의 목숨이 위험한데도 두려움을 극복한 용기 있는 이와 오로지 늑대처럼 함께 소리치는 것밖에 모르는 이도 있었다. 왕비는 그들이 증언대를 향해 그림자처럼 빠르게 지나가는 것을 보아야 했으리라.

먼저 70세의 고령 구베르네Gouvernet 후작은 루이 15세 치세에 7년 전쟁의 영웅 중 하나이며, 부르고뉴 군 총사령관이자 중장이었다. 후에 『모니퇴르Moniteur』에 발표된 심하게 조작된 재판 보고서에서는 그가 증언을 많이 했다고 묘사하지만, 익명의 서기관이 급히 작성해서 국가기록원Archives nationales으로 넘어간 청문회 기록은 그가 침묵을 지켰다고 한다.[29] 그의 이름 옆의 여백에는 "아무것도 말하지 않았다"라고 적혀 있다. 그는 연극을 하느니 차라리 침묵을 선택했다.

---

28 Comte de Reiset, *Lettres de la reine Marie-Antoinette à la landgrave Louise de Hesse-Darmstadt*, Paris, Plon, 1865, p. 48. 날짜 미상의 편지(1792년 7월로 추정). 헤센 공주 자매의 작은 초상화는 마리 앙투아네트가 샤를로트에게 쓴 편지(1783년 6월 추정)에서 언급된다. 다음을 참고할 것. Reiset, in *Lettres inédites de Marie-Antoinette et de Marie-Clotilde de France, reine de Sardaigne*, Paris, Firmin-Didot, 1876, p. 71. Lettre de Marie-Antoinette à la princesse Charlotte de Hesse-Darmstadt(juin 1783). 왕비는 이와 관련해서 "너무나 소중한 친구들의 초상화"라고 언급했다. 이탈리아 화가 이냐치오 비토리아노 캄파나Ignazio Vittoriano Campana는 이들 자매가 1783년 5월과 6월에 베르사유에 머무는 동안 미니어처를 제작했다. 물품의 공개에 대해서는 공화력 2년 첫 번째 달[방데미에르] 24일(1793년 10월 15일)*의 보고서를 참조할 것(AN Armoire de fer AE/I/5 n° 18).

• 국민공회는 열흘 전인 10월 5일에 공화력을 쓰기로 의결했다.

구베르네의 사촌이자 루이 16세 치세의 마지막 전쟁부 장관인 라 투르 뒤팽La Tour du Pin 백작은 더 심한 짓을 했다. 그는 이제 공식 명칭이 된 '카페의 과부veuve Capet'라는 호칭으로 피고인을 대하지 않고, 예전처럼 기쁜 태도로 존경스럽게 '왕비님'이라고 불렀다. 그는 절망적 예의로는 더는 유지할 수 없는 구시대의 법정 예절을 재현해 법원을 몹시 화나게 만들었다.[30] 구베르네와 라 투르 뒤팽은 오만한 태도에 대한 대가를 톡톡히 치렀다. 두 사람은 몇 달 후인 1794년 4월

---

[29] 1793년 10월 16일부터 28일까지의 마리 앙투아네트의 재판 기록은 『가제트 나시오날 또는 모니퇴르 위니베르셀*Gazette nationale ou le Moniteur universel*』[1789년 11월 24일 창간] 25호와 36호에서 확인할 수 있다. 다른 기록은 『혁명법원 관보*Bulletin du tribunal révolutionnaire*』 22호와 32호에 실렸으며, 약간 다르게 변형된 기록도 있다. 두 기록 모두 구국위원회와 안보위원회의 통제를 받았다. 재판 기록을 가장 완벽하고 가깝게 재현한 인쇄본은 다음과 같이 소책자로 출판되었다. *Procès de Marie-Antoinette dite Lorraine d'Autriche, veuve de Louis Capet*. À Paris, chez Caillot et Courcier imprimeurs; dans les départements, chez les dépositaires du courrier de l'Égalité. Deuxième année républicaine(octobre 1793).
1793년 10월 14일과 15일(공화력 2년 첫 번째 달의 23일과 24일)의 회의록은 증인들이 출석했을 때의 신원 정보를 제공하지만, 그들의 질문과 답변 형식의 심문 내용은 하나도 없다. 이 심문의 유일한 기록은 매우 간결한 전보식의 글씨로 작성된 것으로서, 지금까지 공개되지 않은 재판의 11쪽짜리 「청문회 기록notes d'audience」으로 남아 있다. 이는 심문의 '공식' 인쇄본과는 매우 다른 버전이다. 가능한 경우, 나는 이 기록을 공개된 회의록과 비교하면서 기본 자료로 활용할 것이다. AN, Armoire de fer, AE/I/5 n° 18. Dans notre texte, seul l'ordre de passage des témoins n'est pas respecte, pour les besoins de la narration.

[30] *Mémoires de Madame de La Tour du Pin. Journal d'une femme de cinquante ans, 1778-1815*, Paris, Mercure de France, coll. "Le Temps retrouvé", 1989, p. 155.

28일 함께 단두대에 섰다.

왕비는 자녀들의 하녀이며 탕플 감옥까지 동행했던 르네 세뱅Renée Sévin, 자녀들의 의사인 피에르 에두아르 브뤼니에Pierre-Édouard Brunyer를 알아보았다. 브뤼니에는 라 투르 뒤팽과 나이가 같았고, 루이 15세 치세 초기에 태어난 세대였다. 그들에게 혁명은 마치 우리가 젊은 시절에 처음 본 화성 사진처럼 이상했을 것이다. 그는 1780년대 초부터 베르사유 궁의 단골손님이었다. 그가 바로 프랑스의 모든 어린이가 천연두 예방접종을 할 수 있게 만든 인물이다.[31]

브뤼니에의 아내인 앙투아네트 샤퓌Antoinette Chapuy는 왕비가 1778년에 낳은 마담 루아얄, 일명 '무슬린Mousseline'의 수석 시녀였다. 마리 앙투아네트는 그 의사를 좋아하지 않았고, "그를 제자리에 두어야 한다"라고 생각했으며, 그가 조금 너무 "익숙하고" "수다쟁이"라고 여겼지만,[32] 그의 의학적 재능을 높이 평가해 여러 번이나 탕플 감옥까지 불러서 자녀들을 치료하게 했다. 브뤼니에는 1793년 1월에는 왕비의 딸을 위해, 4월에는 아들을 위해 다시 방문했다. 왕비에게 그에 관한 질문을 했다면, 그는 항상 자신의 주변 사람을 위해 했던

---

31 1729년 몽펠리에 태생인 브뤼니에는 혁명기에 살아남아 1811년에 사망했다. 1784년의 『왕실 연감Almanach royal』에서는 그를 "왕세자와 형제자매의 의사", 또한 장래 루이 18세인 프로방스 백작 "대군의 대기 의사"로 소개했다. 그는 "의학박사"이자 "왕립병원과 베르사유 자선병원의 의사"였다. 이후 그는 왕립의학협회의 부의사로 선출되었다. 그는 1782년에 마담 루아얄[공주], 1785년 9월에 첫째 왕세자(1789년 6월에 사망), 1788년 5월에는 둘째 왕자(탕플 감옥의 왕세자)에게 예방접종을 실시했다.

것처럼 의사를 구할 수 있는 말을 했을 것이다. 실제로 브뤼니에는 혁명을 견뎌내고 1811년에 사망했다.

그다음에 등장하는 이들은 왕비의 추락을 목격한 증인이며, 추락의 각 단계를 고통스럽게 표현했다. 우리는 나쁜 꿈과 악몽의 한가운데에 있다. 미국 독립전쟁 당시 카리브해의 프랑스 함대를 지휘했던 에스텡Estaing 백작이 증언했다. 그는 똑똑하고 용감하지만 논란이 많으며, 해군에서 인기가 없고 궁중에서 반쯤 망신당한 상태로 자신의 과거와 원한을 가지고 증언대에 섰다. 그는 프랑스의 원수라는 직함을 꿈꿨지만, 끝내 그 꿈을 이루지는 못했다. 그날 그는 혁명이 왕비를 비난한 것만으로는 부족하다는 듯이 자신의 불만도 추가해서 왕비를 맹렬히 비난했다.[33] 그러나 그는 처형되었다.

혁명의 중요한 요소가 그 정도를 넘어서는 충격적인 전개와 과장

---

[32] 1789년 7월 24일자로 마리 앙투아네트가 프랑스 어린이들의 훈육관으로 막 취임한 투르젤 공작부인에게 보낸 편지를 참고할 것. *Mémoires de Madame la duchesse de Tourzel*, t. I, Paris, Plon, 1883. 이 편지는 『마리 앙투아네트의 편지』에 실렸다. *Marie-Antoinette Correspondance(1770-1793)*, éd. É. Lever, Tallandier, 2005, pp. 488~491. 투르젤 공작부인은 회고록에서 브뤼니에가 8월 10일의 파리 봉기를 앞두고 튈르리 정원에 가장 신뢰할 수 있는 소식을 전한 사람이라고 언급했다(『투르젤 공작부인의 회고록*Mémoires de Madame la duchesse de Tourzel*』, *op. cit.*, II, p. 201). 회고록의 편집자는 브뤼니에 대신 '브랑제'라고 이름을 잘못 기록했다.

[33] "그는 마리 앙투아네트가 자신이 노리는 프랑스의 원수 자리를 빼앗았다는 이유로 불평할 만한 이유가 있다." "Notes d'audience", AN, Armoire de fer, AE/I/5 n° 18.

으로 법정에 등장했다. 일부는 초기부터 혁명을 지지했다. 이제 그들은 혁명의 희생자가 되었다. 혁명이 그들의 희생만으로는 부족해 그들의 시신에서 영양분을 얻으려 했다. 베르니오의 예언이 이보다 더 진실된 적은 없었다. "혁명은 사투르노Saturne처럼 자기 자식들을 삼킬 것이다."[34] 그들에게 자기 죄를 고백할 기회를 주고 옛 왕비의 죄를 찾기 위해 그들을 감옥에서 끌어냈다. 마리 앙투아네트는 그들을 모두 알고 있었다. 그들은 그의 변신과 불행의 살아 있는 증거였다.

파리의 초대 민선 시장 바이이는 사순절 금식을 마친 듯이 수척해진 얼굴을 잠깐 내비쳤다. 그는 천문학 연구와 정치 활동이 항상 조화롭지 못하다는 사실, 행성의 규칙적인 운행과 달리 대중의 격렬한 변덕은 큰 차이가 있음* 을 배우면서 위태롭게 살아가고 있었다.

1789년 6월 23일에 어전회의가 끝났을 때, 그는 왕의 의전 담당관 드뢰 브레제Dreux-Brézé 후작 앞에서 모자 벗기를 거부한 사람이었다. 이미 국회의원이 된 제3신분 대표들은 그의 주도로 베르사유의 므뉘 플레지르Menus-Plaisirs 궁의 회의실에서 퇴장하라는 명령을 거부했다. "나는 국민의회를 구성한 국민은 명령을 받을 수 없다고 믿는

---

34 샤를 노디에는 1793년 5월 12일, 피에르 빅튀르니앵 베르니오Pierre Victurnien Vergniaud 의 국민공회 연설을 바탕으로 저서 『지롱드의 마지막 만찬Dernier banquet des Girondins』 에서 이 말을 만들었다.

• 바이이는 천체의 규칙적 운행이라는 혁명révolution의 어원을 생각하면서, '대중의 격렬한 변덕'을 혁명이라고 볼 수 없었다는 뜻이다.

다." 혁명의 기초를 이만큼 분명히 보여줄 수는 없었다. 이 놀라운 주권의 전환은 단 며칠 만에 국민을 왕의 자리에 앉혔다.

그는 또한 바스티유 감옥을 점령한 이틀 뒤 파리 시청에서 루이 16세를 맞이하면서, 서류상 군주일 뿐인 그의 패배를 이미 역사에 기록된 선의의 말로 덮어버렸다. "전하, 앙리 4세는 자신의 국민을 정복했습니다. 여기서는 국민이 왕을 다시 정복했습니다." 그러고 난 후 혁명은 격화되었다. 국민에게 아부했던 예전과 달리 바이이는 왕 일가가 바렌Varennes에서 체포된 후 1791년 7월 17일 샹드마르스에서 왕의 퇴위를 요구하는 국민에게 총을 쏘라고 명령했다. 왕비의 재판 당시, 그는 모든 것을 겪은 상태였다. 9월 8일 믈룅Melun에서 체포된 이후, 그는 포르스Force 감옥에 갇혀 재판받을 날을 기다렸다.

42세의 피에르 마뉘엘Pierre Manuel이 바이이 다음으로 등장했다. 그도 바이이처럼 가발을 쓰고 있었지만, 핼쑥한 바이이보다 더 통통했다. 거친 얼굴에 납작한 코와 두꺼운 입술이 특징이었다. 어떤 면에서 그가 파리 시청을 혁명의 선봉장으로 만들어 바이이를 무너뜨린 셈이었다. 외설적인 책자를 몰래 유통하다가 바스티유에 갇혔던 마뉘엘은 혁명 전에 그럭저럭 살아가는 기자였고 인쇄물 행상인이었다가 파리 코뮌의 검사가 되었으며, 1792년 6월 20일과 8월 10일의 봉기를 조직해서 왕정을 무너뜨리는 데 중요한 역할을 했다.

그는 입헌군주에게 보낸 편지로 유명했다. 얼마 전에 발간된 편지에는 거만함, 불손함, 순진함이 절묘하게 섞여 있었다. "전하, 저는 왕들을 좋아하지 않습니다. 그들은 세상에 너무 많은 해를 끼쳤습니다. [...] 하지만 헌법이 저를 자유롭게 하고 당신을 왕으로 만들었으니, 저는 당신에게 복종해야 합니다." 그는 이후 왕에게 조언을 아끼지 않으며, 왕자의 교육을 국민에게 맡길 것을 제안했다. "프랑스는 이제 전하의 것이 아니니까, 왕자는 프랑스의 것입니다."[35] 이어서 그는 평화가 올 때까지 왕비를 반혁명 용의자로 발드그라스Val-de-Grâce에 감금하자고 제안했다.[36]

    마뉘엘은 입법의회의 승인을 받아 [1792년] 8월 23일에 루이 16세와 마리 앙투아네트를 탕플 탑으로 데려갔다. 왕 부부가 탄 마차를 보고 민중이 저주를 퍼부었다. 마차가 방돔 광장에서 얼마 전 민중이 무너뜨린 루이 14세 동상 앞을 지날 때 그는 "전하, 혁명이 왕들을 어떻게 다루는지 보십시오"라고 말했다. 그는 탕플에서 왕비를 자주 만났고, 왕비가 눈물을 흘릴 때 비웃었다. 그는 왕비의 마지막 친구인 랑발 공주와 투르젤 부인, 마지막 시녀인 티보 부인, 나바르 부인, 생브리스 부인도 구속한 후 아베이 감옥이나 포르스 감옥으로 보냈다. 바로 이 포르스 감옥에서 랑발 공주는 9월 3일에 잔인하게 살해당했다. 팡티에브르Penthièvre 공작은 며느리 랑발 공주를 구하기 위해 마뉘엘에게

---

35 마뉘엘은 이를 1792년 1월 『라 프레스La Presse』에 발표하고, 세간에서 이를 조롱하자 그는 퐁슬랭Poncelin의 『쿠리에 프랑세Courrier français』에 다시 발표하도록 했다. 다음을 참고할 것. François Marchand, *Les Sabbats jacobites*, n° 57, Paris, février 1792, où la lettre est traitée d'"insolemment bête", et également *Choisissez: Lettre de Pierre Manuel au roi; ce que j'aurais écrit au roi si j'étais Pierre Manuel*, s.l.s.d. (1791).

36 *Lettre de la nation à la reine*, datée du 4 août, s.l.s.d. (1792).

거액을 주었다. 왕비의 시녀 중 몇몇은 구출되었지만, 랑발 공주는 구출되지 못했다.

모두가 그 이후의 일을 알고 있다. 군중은 랑발 공주를 벌거벗긴 후 절단하고, 심장을 꺼내고, 머리를 창에 꿰어 들고 탕플 탑의 창 밑까지 행진했다. 왕비는 그들의 고함을 듣고 기절했다. 왕비는 1770년 프랑스에 온 이후 거의 항상 랑발 공주를 곁에 두었다. 1791년에 랑발 공주는 왕비에게 파리로 돌아오지 말고, 자신이 피신해 있는 엑스라샤펠[아헨]에 안전하게 머물러 달라고 간청했다. 그리고 왕비의 친구가 [파리로] 돌아왔다. 왕비를 위해. 왕가와 '그들의 장비son attirail'(마뉘엘은 옛 궁중을 이처럼 재미있게 불렀다)는 쓸모없는 존재가 되었고, 그가 주장하듯이, 말 그대로 혁명을 방해했다.[37]

하지만 이 남자는 마지막 순간 왕의 처형에 찬성하지 않았고, 국민공회 의원직까지 버렸다. 마뉘엘의 옛 친구들은 그를 용서하지 않았다. 그는 8월 22일에 체포되어 아베이 감옥으로 이송되었다. 그의 변호사는 왕비가 그를 두려워했고 그가 자신을 중상할까 봐 걱정했다고 밝혔다.[38] 그렇게 생각하는 것은 잘못이었다. 마뉘엘은 아무것

---

37 *Mémoires de Weber, frère de lait de Marie-Antoinette, reine de France*, Paris, Firmin Didot Frères, 1847, p. 433. "왕가와 그들의 장비는 모두 세상에서 가장 곤란한 것이 되었다는 사실을 인정해야 한다. 이제 이 행렬을 쓸어버리고, 왕비 주변에서 모든 여성을 빼앗을 때가 되었다." 다음도 참고할 것. *Mémoires de Madame la duchesse de Tourzel, op. cit.*, p. 246 sq.

도 모르는 듯이 행동했다. 파리 코뮌 의회 위원이자 교사인 자크 프랑수아 르피트르는 그를 창백한 얼굴에 어두운 표정, 죄책감으로 괴로워하는 모습으로 묘사했다. 하지만 혁명의 여느 생존자들과 마찬가지로 르피트르는 왕정복고 시기에 자신의 보고서를 발간하고 권력을 되찾은 부르봉 왕가의 눈에 잘 보이려고 노력했다.[39]

용감하게도 바이이처럼 마뉘엘도 피고인을 위험하게 만들 수 있는 말을 하나도 하지 않았다. 그들은 잃을 것이 없었다. 사실 법원은 왕비보다는 오히려 그들 쪽의 자백을 듣고 싶어했다. 한 달 후 그들 역시 단두대에 올라갔다. 두 사람과 함께 재판을 받던 지롱드파 발라제Valazé는 재판 마지막 날에 단도로 자결했기 때문에 그의 시신을 혁명 광장으로 호송했다. 입헌군주제 지지자, 지롱드파, 온건한 몽타뉴파, 이들에게 혁명의 3년은 거의 3세기와 같았다. 거의 죽어가는 여성에 대한 증언을 위해 불필요하게 사라진 세 명의 죽음.[40]

---

[38] Claude François Chauveau-Lagarde, *Note historique sur le procès de Marie-Antoinette d'Autriche, reine de France et de Madame Élisabeth de France, au Tribunal révolutionnaire*, Paris, Gide et Delaunay, 1816, pp. 22~24.

[39] Jacques-François Lepitre, Quelques souvenirs ou notes fidèles sur mon service au Temple, Paris, H. Nicolle et Lemormant, 1814. 그의 보고서 중 일부는 다음에서 볼 것. G. Lenotre, in *La Captivité et la mort de Marie-Antoinette, op. cit.*, p. 152 sq.

[40] Jules Michelet, *Histoire de la Révolution française, op. cit.*, p. 599. 발라제는 1793년 10월 30일 지롱드파 재판이 끝날 즈음에 자결했다. 장 실뱅 바이이는 11월 12일, 마뉘엘은 11월 14일에 처형되었다.

❋

이제 몇 명의 파리 코뮌 위원들, 왕비가 갇혔던 탕플과 콩시에르주리 감옥의 경비원과 관리들이 등장할 차례가 왔다. 마리 앙투아네트는 그들을 잘 알았다. 그들 대부분과 이야기를 나눈 적이 있기 때문이다. 일부는 심지어 왕비를 위해 스스로를 위험에 빠뜨리기도 했다. 하지만 혁명가들은 루이 샤를 카페라고 부르고 왕당파는 루이 17세라고 부른 왕자의 간수로, 마리 앙투아네트가 지난 3개월 동안 보았던 구두장이 시몽Simon은 남들과 달랐다. 시몽은 왕자에 대해 전권을 가지고 있었다. 자크 르네 에베르Jacques René Hébert도 그와 다르지 않았다. 그는 벌써 몇 달 동안 파리 구민들 사이에 널리 보급된 신문 『뒤셴 영감Père Duchesne』에서 왕비의 목을 요구했다. 에베르가 담뱃대를 물고 화로를 파는 모습으로 자신을 등장시키는 이 폭발적인 신문의 발행 부수는 상당했다. 1793년에 부분적으로는 전쟁부에서 군대에 구독을 장려한 덕분에 모두 8만 부가 인쇄되었다.

에베르는 36세로 법정에 출석했다. 금발에 파란 눈, 부드럽고 친근한 외모 아래 그는 폭력성을 감추고 있었다.[41] 날카롭고 저속한 언변을 가진 그는 알랑송Alençon의 부유한 중산층 금은세공업자의 아들

---

41 Mallet du Pan, *Mémoires et correspondance pour servir à l'histoire de la Révolution française*, t. II, Paris, Amyot, 1851, p. 499.

로, 상퀼로트처럼 말하면서 자기 목소리를 효과적으로 전달하는 법을 알고 있었다.[42] 마리 앙투아네트는 그를 잘 알았으며, 그가 자신에게 제기할 수치스러운 비난을 듣기도 전에 이미 그를 혐오하고 있었을 것이 확실하다. 그는 1792년 9월 21일 공화국을 선포한 날, 탕플에서 왕비를 조롱하며 즐거워했다. 루이 16세가 죽은 후, 그는 1793년 4월 20일과 24일에 파리 코뮌 위원들을 이끌고 왕비의 감방을 강압적으로 수색했다. 10월에 에베르는 당시 파리 코뮌 검찰관인 쇼메트Chaumette의 보좌관으로서 비신앙적이고 대중적인 탈기독교 혁명을 가장 극단적으로 이끌었다. 그는 몇 달 동안 전권을 행사했다.

에베르는 푸키에 탱빌을 도와 왕비의 재판 준비에 가장 활발히 협력하고 증언까지 했다. 그의 글을 읽어보면 파리의 일부 민중이 폐위된 왕비에게 쏟아부은 폭력을 가늠할 수 있다. 그 이유는 나중에 설명하겠다. 특히 1791년 마지막 몇 달 동안 그의 글에서 마리 앙투아네트가 순차적으로 '오스트리아 암늑대', '암캐', '원숭이', '왕관을 쓴 창녀'라는 조롱을 받았다. 왕정이 무너지기 전부터, 그는 튈르리 궁을 방문해서 왕비를 모욕하는 상상을 했다. 그는 의사나 사제로 변장하고 왕비 앞에 나타나는 상상을 했지만, 그저 자신의 꿈속에서나 존재하는 일이었다.[43]

---

[42] 상퀼로트의 말투에 관해서는 다음을 참고할 것. Michel Biard, *Parlez-vous sans-culottes? Dictionnaire du* Père Duchesne, *1790-1793*, Paris, Tallandier, 2013.

1792년 8월부터 에베르는 언제든지 왕비를 볼 수 있었다. 마리 앙투아네트와 접촉한 많은 사람이 태도를 바꾸었다. 그러나 그는 자발적으로 증오와 환상 속에 갇혀 있었다. 그의 상상 속 대화는 점점 더 폭력적이고 저속해졌다. 그의 기사는 모두 살인을 부추기는 내용으로 가득했다. 모두 인용하기에는 지치지만 몇 줄만 적어도 충분하다. 그는 때때로 왕비를 매혹적이고 교활하며, 폭력적이고 비겁한 모습으로 그렸다. 그는 작은 터치로 검고 비틀린 모습의 왕비를 그려냈다. 우리는 거기서 혁명기 남성이 왕비를 지배적이고 전복적이며 위험한 여성으로 보고자 했던 고정관념을 발견하게 된다. 이러한 여성 혐오는 아물 수 없는 상처였음을 다시 짚어볼 것이다. 왕비는 이러한 성향을 가진 배심원들 앞에 서야 했다.

"그는 탕플 탑에서 왕비에게 '부드러운 눈길을 던진 후' 이렇게 꾸짖었다. '이 악마 같은 여자야, 너는 너무 많은 것을 꾸며냈어. 우리는 그대의 속임수에 바보처럼 속을 수밖에 없었어. 네가 네 침대에서 죽든, 목이 잘리든 상관없이, 네가 죽는 날은 축제일이 될 거야, 씨발!'"[44] 왕비를 콩시에르주리로 이송할 때, 그날이 가까워졌다. 물론 에베르는 여전히 포로의 진정한 본성을 밝혀냈다. "나는 왕비가 창백

---

43 Michel Biard, "Des bons vieux avis aux critiques assassines. La radicalisation d'Hébert au fil des visites du Père Duchesne(décembre 1790-décembre 1792)", *AHRF*, n° 357, juillet-septembre 2009, pp. 47~56.

44 *Le Père Duchesne*, n° 192, novembre 1792.

하고 떨리는 모습으로 이 감옥에 들어왔을 때 거기 있었다. 나는 그가 홀로 남게 되었을 때 비명을 지르는지 들으려고 귀를 기울였다. 그는 마치 먹이를 빼앗긴 굶주린 늑대처럼 끔찍하게 울부짖었고, '내 뚱보 남편처럼, 나는 이제 [머리가 잘려 키가] 줄어들겠군!'이라고 말했다."[45] 모든 것이 똑같았다! "파리의 하수구는 센 강에 있다"•라고 카미유 데물랭Camille Desmoulins이 댓글 형식으로 썼다. 마리 앙투아네트는 분명히 『뒤셴 영감』의 기사를 읽지 않았지만, 에베르가 수년간 품고 있는 증오가 자신을 향하고 있음을 알았다. 왕비는 주변의 반응에 매우 민감했기 때문에, 모든 사람이 자신의 고통을 짊어지듯 결국 자신에게 향한 증오를 짊어지고 있어야 했다.

⚜

하지만 우리는 아직 증인들의 증언에 도달하지 못했다. 이야기의 흐름을 다시 잡아보자. 마리 앙투아네트가 법정에 들어서자, 재판장은 그에게 "피고인들이 앉는 일반 의자에 앉으십시오"라고 권유했다. 재판장은 그에게 "자유롭고 쇠사슬이 없습니다"라고 선언하며 신원을 밝히라고 요구했다. 물론 그가 누구인지 모두 알고 있었다. 또한 그가

---

45   *Le Père Duchesne*, n° 268, 4 août 1793.

•   이 말은 파리의 온갖 부정부패가 센 강까지 오염시킬 정도라는 비유다.

자유롭지 않다는 사실도 잘 알고 있었다! 언제 어느 시대나 마찬가지로, 일반적인 재판처럼 혁명법원의 재판도 그럴듯한 형식적 절차를 고수하려고 했다. 마치 그렇게 하면 왕비의 역겨운 점과 자의적인 면을 가릴 수 있다고 믿었던 것처럼. 지옥 가는 길을 좋은 의도로 깔았다 해도, 선량한 사람을 데려갈 수도 있다.**

배심원들은 한 사람씩 "루이 카페의 과부 마리 앙투아네트의 혐의를 가장 면밀하게 검토"하겠으며 "증오, 악의, 두려움 또는 애정"을 품지 않고, 자신의 양심과 내밀한 확신에 따라 "자유인에게 적합한 공정함과 확고함으로" 결정하겠노라고 맹세했다. 증인들도 오로지 진실만을 말하고, 특히 "증오와 두려움 없이 말하겠다"라고 맹세했다.[46] 그들은 자기 말과 그 말이 지칭하는 것이 얼마나 다른지 거의 잊고 있었다. 그러한 왜곡은 혁명의 가장 깊은 주름 속에서 더욱 커지기 마련이었다. 그들은 자유를 언급하면서, 그 이름으로 살인을 저질렀다. 그들은 증오, 두려움, 애정을 쫓아낸다고 하면서도 그러한 감정의 지배를 받았다.

마리 앙투아네트의 의자는 법정 정중앙, 판사들의 단상 앞에 있

** 아무리 의도가 좋아도, 예상치 못한 결과를 낳게 마련이라는 의미다.

46 "Procès-verbal de la séance du 23ᵉ jour du 1ᵉʳ mois de l'an IIe de la République (14 octobre 1793), 9 heures du matin", Armoire de fer, AE/I/5 n° 18(W 290/179).

었지만, 그의 변호사 중 하나인 쇼보 라가르드Chauveau-Lagarde가 남긴 몇 가지 기록 덕에, 그가 증언을 들을 때만 거기에 있었다는 사실을 알 수 있다. 다른 시간이나 변론 중에는 법정 왼편에 단체 재판의 피고인들을 위해 특별히 마련해둔 단상에 그를 세워놓고 그 주변에 헌병들을 배치했다.

법정에는 사람들이 빼곡히 있었다. 대중은 파페르뒤Pas-Perdus 홀 쪽에 설치한 난간 뒤에 빽빽하게 모여 있었다. 그들은 중대한 사건을 기다리는 군중이었다. 아마도 방청객 중에 마음속으로 피고를 지지하는 사람이 몇몇 있었을지도 모른다. 그러나 그들은 드물고 눈에 띄지 않았을 것이다. 50년 후에 이곳에 『기사 메종 루즈*le chevalier de Maison-Rouge*』를 등장시킬 자유를 가진 이는 알렉상드르 뒤마Alexandre Dumas뿐이었다. 왕비를 위해 마지막으로 모험을 한 전설적인 기사 메종 루즈는 기사 루즈빌Rougeville을 모델로 한 인물로서, 창백한 얼굴에 지나칠 정도로 뚜렷한 불안감을 드러내며 변덕스럽고 관대한 열정을 나타냈다. 법정에는 밀정과 경찰이 있었다. 1792년 9월 랑발 공작부인을 살해한 자 중 하나인 감옥 수사관 피에르 뒤카텔Pierre Ducatel은 요원 네다섯 명의 도움을 받아 잠재적인 공모자를 빠짐없이 탐색하려고 했다.[47]

청중은 주로 파리 섹시옹의 주민·활동가·상퀼로트로서 모두 파리의 수많은 민중협회와 감시위원회의 일원들이었다. 여성들도 참석했다. 그들은 유명한 공화력 2년의 '뜨개질하는 여인들tricoteuses'로,

세탁부, 상인, [베개나 인형 등의] 속을 채우는 사람, 바지를 만드는 여성, 또는 옷 수선공, 방직공장 노동자였다. 혁명을 거치면서 그들은 국가의 수호자… 그리고 봉급의 수호자로 자리 잡았다. 그들은 어디나 참석했다. 국민공회의 연단, 구민회의, 정치 클럽에 등장했고, 필요한 클럽을 직접 만들기도 했다.[48] 결국 혁명은 왕비와 마찬가지로 뭇 여성의 활동까지 금지했다.

분위기는 짜릿했다. 사람들이 서로 밀치고, 피고인을 잘 볼 수 없다고 불평했다. 그들은 재판받는 피고인에게 더 잘 보이게 서 있으라고 몇 번이나 요구했다.[49] 당시에 로베스피에르의 보호를 받으면서 최대의 권력을 누리고 있던 자코뱅 클럽은 여러 사람을 법원에 파견했다. 화약과 초석 관리 부서 소속인 루이 뒤푸르니 드 빌레르Louis Dufourny de Villers는 매일 재판을 방청하고 클럽에 보고하는 임무를 받았다.

---

47 G. Lenotre, *La Captivité et la mort de Marie-Antoinette, op. cit.*, p. 346, note; Albert Soboul, *Répertoire du personnel sectionnaire de l'an II, op. cit.*, p. 305; Pierre Caron, *Paris pendant la Terreur. Rapports des agents secrets du ministère de l'Intérieur*, Paris, Picard, 1910. p. 254. 1793년 10월 15일, 요원 프레보Prévost는 보고서에 "군중이 엄청나게 몰려들었다"라고 썼다.

48 Dominique Godineau, Citoyennes tricoteuses. *Les femmes du peuple à Paris pendant la Révolution française*, Paris, Alinea, 1988.

49 르노트르는 이 기회에 왕비가 말했다고 하지만, 출처는 밝히지 않았다. "Le peuple sera-t-il bientôt las de mes fatigues?" in *Le Tribunal révolutionnaire, 1793-1795, op. cit.*, p. 138.

❖

 마리 앙투아네트가 10월 14일 아침, '자유의 법정'에 들어설 때 정확히 누구를 알아보았는지는 알 수 없으나, 그곳에서 그를 기다리던 사람들이 본 것에 대해서는 조금 알 수 있다. 38세인 왕비는 11월 2일이면 39세 생일을 며칠 앞두고 있으며, 마치 유령처럼 보였다. 그는 검은 상복을 입고 어깨에 두른 모슬린 스카프를 앞으로 묶었으며, 흰색 천으로 꽤 단순하게 만든 커다란 과부 모자를 쓰고, 머리는 롤빵 모양으로 아래에서 묶어 리본으로 고정했다[379쪽 그림 참조]. 어떤 이는 그가 맨머리로 법정에 들어왔다고 하지만, 그럴듯하지 않다. 여성이자 설사 왕비였다 하더라도, 공개적으로 아무것도 쓰지 않고 나타나는 일은 없었다. 그는 예전의 화려한 모자가 아니라 소박한 모자를 썼다. 또한 그가 베르사유 궁에서 수백 벌을 소유했던 드레스 가운데 한 벌도 아니었다.

 그가 입은 드레스는 남편이 죽은 뒤 탕플에서 지은 옷이었다. 그가 가진 마지막 드레스 중 하나였다. 너무나 낡아서 수선해야 했다. 1789년 10월 베르사유 궁을 떠난 이후로 1782년에 작성한 드레스 샘플 목록이 발견되었고, 그것은 그의 의상 관리 목록들과 함께 정식으로 등록되었다. 현재 이 기록은 국가기록원에 있으며, 남아 있는 품목을 목록과 대조하면 무엇이 사라졌는지 알 수 있다. 실크 샘플은 다음과 같은 항목으로 분류되었다. "궁중 의상Grands habits, 큰 바구니 위에 입는 드레스, 작은 바구니 위에 입는 드레스, 튀르키예식 드레스, 레

위식 드레스, 영국식 드레스, 레딩고트redingotes[여성용 경량 코트]." 이 모든 것은 사라졌다.

이번에는 왕비가 벌거벗은 상태였다. 그는 남을 기쁘게 하고 싶은 막대한 욕망 속에 숨어 있다가 길을 잃었다. 이제 그는 유행을 좇는 여성의 꾸밈 속에 있지 않고 자신 속에 있었다. 그는 어떤 장식이나 보석도 달지 않았다. 그는 비엔나에서 지니고 온 시계, 그리고 금으로 만든 결혼 반지와 두 개의 다이아몬드 반지를 이미 콩시에르주리에서 압수당했다. 또한 파리 코뮌 위원들이 '부적 반지bague à talisman'라고 부르던 것도 빼앗겼다. 그들은 반지에 독이 묻어 있다고 의심했다! 그리고 아직도 그들은 그가 그 반지를 빼앗겼을 때 가장 힘들어했다고 말한다. 이 신비로운 반지에 대해서는 다시 언급할 것이다.[50] 그의 곁에서 시중들던 단 한 사람, 열네 살의 로잘리 라모를리에르Rosalie Lamorlière만이 그의 옷 밑에서 검은 끈에 달린 '매우 귀중한' 타원형의 메달을 보았으며, 자신은 그런 물건을 처음 보았다고 말했다. 그 메달에 담긴 것이 왕비에게 살아갈 이유를 주었을 가능성이 크다. 그것은 아들의 초상화와 머리카락 묶음이었다.

그의 신발만이 과거의 우아함을 어느 정도 간직하고 있었다. 로잘리의 말에 따르면, 그것은 '검은 자두색의 예쁜 구두'였으며, 높은

---

50 *Moniteur universel*, t. 17, p. 629. Vendredi 13 septembre 1793, "Commune de Paris, conseil général du 10 septembre".

굽은 '생위베르티Saint-Huberty 스타일'이었다.⁵¹ 그의 유일한 '예비' 신발이었다. 아마도 키를 더 크게 보이고 싶거나 똑바로 서기 위해 신었을지 모른다.

---

51 G. Lenotre, *La Captivité et la mort de Marie-Antoinette, op. cit.*, "Relation de Rosalie Lamorlière", p. 246. 르노트르는 박식한 상인이자 신부인 라퐁 도손Lafont d'Aussonne이 발간한 이야기를 인용했다. L'abbé Lafont d'Aussonne, *Mémoires secrets et universels des malheurs et de la mort de la reine de France*, notice 1, "Rosalie", Paris, Petit, 1824, rééd. A. Philippe libraire, 1836, t. II, pp. 1~33. 라퐁 신부는 29년 후인 1822년 왕정복고 시기에 보즈 부인들dames Boze 덕분에 파리에서 로잘리의 행방을 찾았다고 말한다. 로잘리는 문맹이었다. 그의 증언을 기록한 왕당파 문인은 자신의 감정에 맞도록 다소 과장했을 가능성이 크다. 그러나 그가 콩시에르주리에서 본 마리 앙투아네트의 물질적 삶의 세부사항은 국립기록보관소에 있는, 그러나 라퐁은 분명히 참고하지 않았던, 콩시에르주리의 관련 기록들과 일치한다는 점에서 로잘리의 증언은 여전히 신뢰할 만하다(AN F/7/4392 et W/121).
다음도 참고할 것. Alexandre Tuetey, *Répertoire général des sources manuscrites de l'histoire de Paris pendant la Révolution française, op. cit.*, t. X, 3ᵉ partie, n° 1 à 87. 마리 앙투아네트의 모자와 머리카락의 정보도 로잘리가 제공했다. 그러나 일부 역사학자는 라퐁 신부가 로잘리를 창조했거나 적어도 그가 콩시에르주리에서 있었다는 사실을 날조했다고 비난했다. 로잘리가 기록보관소에 어떤 흔적도 남기지 않았고, 얼마 없는 증인들—즉, 경비원 보Bault의 부인(『왕비의 마지막 순간들에 관한 정확한 이야기』, 파리, C. Ballard 출판사 1817), 그리고 헌병 레제(『탕플 위원 프랑수아 앙투안 무알의 회고록 중 일부, 탕플에서의 6일』, *op. cit.*, pp. 67~70)—도 언급하지 않는 것 역시 매우 의심스럽다. 그러나 수위 리샤르Richard 부인의 하녀였던 열네 살의 문맹 소녀가 너무 하찮은 존재라서 특별히 언급할 필요가 없었을지 모른다. 이러한 의문에 대해 다음을 볼 것. Victor Pierre, "MarieAntoinette à la Conciergerie", in *Revue des questions historiques*, t. XLVII, Paris, 1890.
[끝으로] 로잘리에 관한 소설적이면서도 다소 정밀한 책이 2010년에 출판되었다. Ludovic Miserole, *Rosalie Lamorlière. Dernière servante de Marie-Antoinette*, Paris, Préau, 2010. 미셸 사포리Michelle Sapori의 서문을 참조할 것. 로잘리는 1848년에 파리의 불치병자 입원시설hospice des Incurables에서 세상을 떠났다.

몇 년 전부터 모든 역사가는 마리 앙투아네트가 화려했던 시절의 그가 아니었다는 점에 동의한다. 모든 것이 무너지기 전인 1789년 6월, 그의 친한 영국 친구인 데본셔Devonshire 공작부인이 프티 트리아농을 방문했을 때, 그가 '슬프게 변했다'는 사실을 알아챘다.[52] 혁명이 시작된 지 얼마 되지 않았을 무렵, 왕비는 이미 맏아들인 루이의 죽음을 애도하고 있었다. 일곱 살 반인 왕세자는 6월 4일 뫼동Meudon 궁에서 결핵으로 천천히 숨을 거두었고, 왕비는 그날부터 계속해서 눈물을 삼키며 살았다. 그가 좀 더 뒤에 오빠 레오폴트Léopold에게 쓴 편지에서도 이 사실을 알 수 있다.

혁명의 충격, 10월 6일 민중이 베르사유 궁에서 왕비를 죽이려고 침실까지 난입한 사건, 같은 날 수많은 야유를 고통스럽게 들으면서 파리를 향해 먼지 속을 장례 행렬처럼 음울하게 강제 이동하던 일, 창 끝에 왕실 근위대원들의 피 묻은 머리를 꿰어 들고 흔드는 무질서, 이 모든 것이 그를 돌아올 수 없는 세계로 떨어뜨렸다. 가까이 지내던 사람은 대부분 그의 곁을 떠났다. 그의 자녀들의 훈육관, '가장 다정한 친구', '소중한 사랑'이며, 왕비보다 더 미움 받았던 폴리냐크Polignac 공작부인은 7월 16일 베르사유를 떠났다. 그의 시동생 아르투아Artois 백작도 떠났고, 행복한 나날을 함께했던 이들도 떠났다. "슬픔과 상심, 걱정이 내 영혼을 짓누르고 있습니다. 하루하루 새로운 불행이 찾

---

52 "She is sadly altered."[그는 슬프게 변한 모습이었다.]

아옵니다."⁵³ 날마다 그는 그러한 불행을 혼자 짊어져야 한다는 사실을 알고 있었다. "나는 나를 이해해주는 눈이나 마음을 찾을 수 없습니다."

혁명이 왕비를 집어삼켰고, 고통스럽게 인식하지만 이해할 수 없는 일종의 숙명에 가두어놓았다. 그는 자신이 18세기 최대의 재앙인 1755년 11월 1일 리스본 지진이 일어난 직후에 태어났음을 기억했을까? 나중에 사람들은 그 사실을 떠올렸다. 또한 그가 바로 만성절[모든 성인을 기리는 축일] 다음 날인 '죽은 자들의 날'에 태어났음을 지적하는 사람도 있을 것이다. 어떤 사람은 종말론적인 환영을 간직했다. 예를 들어 1896년에 작가 레옹 블루아Léon Bloy는 '세기말'의 정신착란 상태에서 문자 그대로 '죽은 자의 무리'가 '역사의 모든 우울함이 잠들어 있는' 그의 요람을 굽어보는 모습을 보았다. 디에스 이라이Dies Irae[진노의 날]! 그리고 마리 앙투아네트는 '죽음의 금발 기사'나 '일곱 슬픔Sept-Douleurs의 대공녀'●가 될 운명을 맞이했다. "그는 눈물의 날에 태어났으며, 평생 눈물을 삼키며 살아왔다"는 것이다.⁵⁴

---

53   *Marie-Antoinette. Correspondance, 1770-1793, op. cit.*, p. 515. 1790년 8월 23일, 마리 앙투아네트가 폴리냐크 공작부인에게 쓴 편지.

●   예수가 태어나기 전부터 무덤에 들어갈 때까지 일곱 단계의 고통을 뜻하므로, 예수의 일곱 가지 고통은 성모의 일곱 가지 고통과 같다.

54   Léon Bloy, *La Chevalière de la Mort*, Paris, Société du Mercure de France, 1896.

이러한 종류의 일치점들은 그를 역사적 인물 이상으로, 오히려 소설이나 신비주의 소설의 주인공으로 만들어놓았다. 그는 이미 1788년 8월에 "내 운명은 불행을 가져오는 것"이라고 썼다. "나는 여러분 모두에게 불행을 가져다주고 있습니다."[55] 그리고 1792년 3월, 그를 끝까지 믿었던 사람인 영국의 요원 퀜틴 크로포드Quentin Crawford에게, "나는 환상에 빠지지 않습니다. 내게는 이제 행복이란 없습니다"라고 썼다.[56]

이제 왕비는 이 느리게 표류하는 밤의 표적이 되었다. 그의 시녀 중 한 명인 캉팡Campan 부인은 『회고록Souvenirs』에서 왕 부부가 몽메디Montmédy로 가다가 바렌에서 체포되어 파리로 되돌아오던 날을 회상했다. 왕비를 보니 그때까지 몇 개의 금발이 섞인 밤색 머리가 갑자기 하얗게 세어 있었다. 바렌은 그가 몰락하는 과정에서 가장 잔인한 순간이었다. 국민과 왕실 가족 사이에 남아 있던 신뢰와 환상이 그곳에서 산산이 부서졌다. 그때부터 왕비에게 튈르리 궁은 더는 궁전이 아니었다. 그것은 감옥이자 '지옥'이었다. "우리는 범죄자처럼 봉인된 상태에 있습니다."[57]

---

[55] Marie-Antoinette, Correspondance, op. cit., p. 468 et 500. 1788년 8월 25일 마리 앙투아네트가 메르시 아르장토Mercy-Argenteau에게 쓴 편지, 그리고 1789년 12월 29일 폴리냐크에게 쓴 편지.

[56] Quentin Crawford, Notice sur Marie Stuart, reine d'Écosse et sur Marie-Antoinette, reine de France, Paris, Imprimerie J. Gratiot, 1819, p. 46.

캉팡은 이렇게 썼다. "바렌 여행의 비참한 재앙 이후 처음 왕비를 다시 만났을 때, 그는 침대에서 일어나고 있었다. 그의 표정은 심하게 변하지는 않았다. 그러나 그는 나에게 다정하게 인사한 후, 모자를 벗고 그동안의 고통이 머리카락을 어떻게 변화시켰는지 보라고 했다. 단 하룻밤에 왕비의 머리는 70세 노인처럼 하얗게 세어 있었다."[58]

며칠 후 왕비는 아직 엑스라샤펠[아헨]에 피신해 있던 랑발 공작부인에게 주겠다고 결심한 반지를 보여주었다. 그 반지에는 그의 머리카락 묶음과 함께 이러한 문구가 새겨져 있었다. "불행 때문에 이렇게 머리가 하얗게 세었다." 1년 후 랑발 공작부인은 포르스 감옥에서 그 반지를 낀 채 학살당했다. 1792년 9월 3일 포부르 생탕투안 길의 캥즈뱅* 구의 처형자들은 그 반지를 마치 전리품처럼 랑발의 유품 목록에 기록하고 구민회의 위원들의 서명을 받았다. "회전하는 파란색 돌을 박은 금반지 위에는 문구가 새겨져 있었고, 반지 안쪽에는 사랑의 매듭으로 묶인 금발 머리카락이 있었다." 이 반지가 어떻게 되었는지는 알려지지 않았다.[59]

---

57 1792년 1월 7일 폴리냐크 공작부인에게 쓴 편지, 폴린 드 투르젤Pauline de Tourzel이 인용, in Évelyne Lever, *Marie-Antoinette telle qu'ils l'ont vue*, Paris, Omnibus, 2014, p. 720.

58 Mme Campan, *Mémoires sur la vie privée de MarieAntoinette, reine de France et de Navarre*, Paris, Baudouin, 3 vol., 1823, II, p. 150.

• Quinze-Vingts: 13세기에 맹인 거지들을 수용하기 위해 침대 300개(15x20)를 설치한 병원이 있는 구의 이름이다.

과학자들이 최근에 '마리 앙투아네트 증후군' 또는 '급성 백발증' 이라 부르는 현상을 연구했는데, 어떤 사람들은 그것을 믿지 않았다. 그들은 왕비의 머리가 하얗게 변한 시기를 이르면 1789년 7월이었거나 죽음을 기다리던 때로 늦춰 잡기도 했다. 하지만 증언들은 일치했다. 혁명의 공포와 긴 수감 생활이 그를 변화시켰다. 파리 코뮌의 시청 직원이었던 샤를 고레Charles Goret는 1792년 8월 이후 탕플에서 그의 남편이 죽은 후 그를 처음 만나고 큰 충격을 받았다. "왕비는 극도로 야위어 알아볼 수 없을 정도였다."[60]

이러한 배경에서, 어떤 사람들은 지나치게 행동할 것이다. 예를 들어 왕당파 언론인 말레 뒤 팡Mallet du Pan은 이 사건에서 어느 정도 정보원의 신빙성을 주장하며, 1792년 6월 말 국경에서 첩자 노릇을 한 혐의로 오스트리아인들에게 붙잡힌 자케 드 라 두에Jacquet de la Douay의 진술을 인용했다. 심문 중에 자케 드 라 두에는 튈르리 궁에 군중이 쳐들어가기 전에 왕비가 바깥 출입할 때 한 번 본 일이 있었다고 진술했다. 그는 왕비의 짙은 화장, 처진 가슴, 염증과 뾰루지투성이 얼굴, 침울하고 푹 꺼진 눈, 늘어진 볼, 침에 젖은 창백한 입술을 묘사했다.[61]

---

59 르누트르가 인용한 보고서는 다음에서 확인할 것. G. Lenotre, *La Captivité et la mort de Marie-Antoinette, op. cit.*, pp. 81~84.

60 *Ibid.*, "Relation de Charles Goret, officier municipal", p. 144. 캉팡 부인은 『회고록』에 "불행 때문에 하얗게 센 머리"라고 썼다.

1막 감옥에서

그들은 이미 너무 나갔다. 나중에 그의 지지자와 반대자가 모두 그의 재판을 다시 그려볼 때 상황은 더욱 나빠질 것이다. 지지자는 그가 희생당한 상처의 흔적을 분명히 보여주고자 했다. 반면, 전혀 다른 이유로 반대자는 그를 더는 너그럽게 대하지 않으려고 했다. 그들은 온 힘을 다해 가면이나 화장도 없이 일찍 늙어서 흉측하게 변한 그의 모습을 강조하면서, 그의 어두운 영혼을 세상에 알리려고 노력했다. 오스카 와일드Oscar Wilde의 가장 유명한 소설이 언제나 그렇듯, 잘생긴 도리안 그레이Dorian Gray의 도덕적 진실은 갑자기 그의 초상화가 흉측하게 변하는 순간 드러난다. 혁명가들의 시각에서 볼 때, 마리 앙투아네트의 육체적 몰락은 여성 본성의 악덕이 갑자기 드러난 것과 같았다. 다시 말해 이 재판은 무엇보다도 상상력의 재판이었다. 바로 이것이 이 드라마의 핵심이다.

⚜

그러나 10월 14일 아침의 왕비는 정확히 어떤 모습이었을까? 당시 증언이 거의 남아 있지 않은 가운데, 지나는 길에 왕비의 외모에 대한 소중한 정보를 제공한 로잘리 라모를리에르의 진술을 제외하면, 우

---

61 François Descostes, *La Révolution française vue par l'étranger, 1789-1799: Mallet du Pan à Berne et à Londres d'après une correspondance inédite*, Tours, Mame, 1897, pp. 113~114.

리는 몇몇 그림에 의존할 수밖에 없다. 그중에 단 하나의 그림이 가장 덜 왜곡된 것이다. 바로 폴란드 출신 화가 알렉상드르 쿠차르스키Alexandre Kucharski가 탕플 탑에서 본 그의 모습을 기억하면서 그렸을 마지막 초상화다. 신문 중 마리 앙투아네트는 탕플에서 자신의 초상화를 그린 적은 없었다고 자백한 적이 있다. 그의 초상화는 유명해졌고, 복제판도 다수 존재했다. 그중 하나는 예전에 그를 수발들던 타랑트Tarente 공주가 화가에게 의뢰한 초상화였다. 타랑트 공주는 9월 학살이 일어날 때 아베이 감옥에서 도망친 후, 마침내 영국으로 탈출하는 데 성공했다. 나중에 그린 초상화들은 오늘날 파리의 카르나발레 박물관에 있다. 원본의 소유자인 왕비의 측근 라마르크La Marck 백작은 화가를 알고 있었으며 혁명 직후에 그 작품을 구입했다. 나는 운 좋게도 이 작품의 뒷면에서 진본임을 직접 확인한 라마르크의 손글씨를 볼 수 있었다.[62]

모델은 상복을 입고 있다. 따라서 이것은 1793년 1월 21일 이후에 그린 것이며, 또 다른 사실에 따르면, 파리 코뮌 총회는 4월 1일에 "탕플 감옥 경비원 중 누구도 그곳에서 그림을 그릴 수 없다"라고 결

---

[62] 미공개된 손글씨 노트에서 그의 유화 작품 뒷면에 적혀 있듯이, 라마르크는 쿠차르스키가 탕플 감옥에서 두 차례에 걸쳐 국민방위군으로 근무할 때 왕비를 주의 깊게 관찰할 수 있었다고 밝혔다. 그런 후 그는 자기 집에서 초상화를 그렸다고 한다(개인 소장). 그의 작품은 밋밋한 감옥 벽 앞에 서 있는 반신상을 중립적으로 묘사했다. 라마르크는 혁명 전부터 자신을 위해 일한 쿠차르스키를 알고 있었다. Voir le cahier hors-texte, p. 1 et sa légende, p. 326.

정했다. 그러므로 이 작품은 적어도 1793년 2월이나 3월, 즉 그가 재판을 받기 6개월 전의 그림으로 보인다. 그의 얼굴의 특징을 뚜렷하게 살리지는 못했지만, 아무튼 이것이 바로 참고할 만한 자료다.

분명히 그는 나이보다 훨씬 더 늙어 보인다. 예전 초상화처럼 이 그림도 오스트리아 혈통에서 유래했다는 긴 타원형 얼굴을 쉽게 알아볼 수 있게 그렸다. 또한 미간이 넓고 약간 튀어나온 듯한 눈은 매우 연한 푸른빛이다. 하지만 코의 선은 굳고 돌출되어 뚜렷하게 변했으며, 하도 많이 울어서 눈이 퉁퉁 부어 있다. 입술은 얇고 들어가 있으며, 피부는 납빛처럼 어둡고 무광이다. 로잘리 라모를리에르는 그의 얼굴에 "아주 옅은 수두 자국이 있지만 거의 눈에 띄지 않는다"라고도 했다.[63]

엘리자베트 비제 르브룅Élisabeth Vigée-Lebrun이 1778년 처음 그를 그리면서 "피부 빛이 매우 빛났다"라고 한 말과는 거리가 멀다. 화가는 회고록에 이렇게 썼다. "나는 그렇게 빛나는 피부를 본 적이 없다. 빛난다는 말밖에 달리 표현할 방법이 없다. 그림자가 생기지 않을 만큼 너무 투명했다."[64] 이번에는 그 얼굴에 그림자가 드리워졌다. 그것은 감옥의 그림자일 뿐 아니라 그를 갉아먹는 고통의 그림자이기도

---

[63] G. Lenotre, *La Captivité et la mort de Marie-Antoinette, op. cit.*, "Relation de Rosalie Lamorlière", p. 245.

[64] Élisabeth Vigée-Lebrun, *Souvenirs, 1755-1842*, introduction de Didier Masseau, Paris, Tallandier, 2009, p. 67.

하다. 소수의 목격자가 언급하는 끊임없는 하혈 때문이기도 했을 것이다. 오늘날 우리는 그것이 아마도 악성 섬유종fibrome cancéreux의 증상일 것으로 알고 있다.[65] 왕비가 죽은 후 얼마 지나지 않았을 때 그를 태우고 탕플 감옥에서 콩시에르주리 감옥으로 간 마차에는 그가 흘린 피가 흥건했다고 주장하는 말이 떠돌았다.[66] 그가 흘린 피는 순수한 피와 더러운 피, 범인과 부패시키는 자, 정화하는 자, 살육된 민중의 피, 복수의 피, 희생의 피 같은 은유와 함께 흐르고 있다.

쿠차르스키의 그림을 보면, 마리 앙투아네트는 자신에 대해 어떤 말도 하지 않으며, 옛날의 웃음을 잃은 채 우울하고 멍한 듯한 슬픔만을 드러내고 있다. 젊었을 때 베르사유에서 그를 본 이들이 나중에 기

---

[65] Cécile Berly, "Le sang malade de Marie-Antoinette dans les sources des mémorialistes: comment déconstruire une écriture de la terreur?", *Dix-huitième siècle*, n° 40, Paris, La Découverte, 2008/1.
로잘리 라모를리에르와 헌병 레제는 이 출혈을 언급했다. 8월 말, 왕비는 두 차례 몸이 좋지 않았다. 8월 마지막 며칠 동안 마리 앙투아네트를 본 것으로 알려진 기사 루즈빌도, 10월 말 브뤼셀의 페르센에게 그의 출혈을 언급했다(Axel de Fersen, *Le Comte de Fersen et la Cour de France, Extraits des papiers du comte Jean-Axel Fersen*, publiés par son petitneveu et baron R. M. de Klinckowström, t. II, Paris, Firmin-Didot, 1878, p. 98. "Extraits de son journal", 23 octobre 1793).
세실 베를리Cécile Berly는 '완경 전 생식기의 연속적 증상séquence gynécologique de pré-ménopause'이라는 가설을 제기한다. 또한 그는 19세기 왕당파 역사가들이 이 출혈을 그의 수감 조건(아들과 분리 등) 때문에 생긴 깊은 정신적 상처의 결과로 보는 이유에 대해서도 연구한다.

[66] Axel de Fersen, *Le Comte de Fersen et la Cour de France*, t. II, op. cit., p. 100, 17 novembre 1793.

억하는 모습은 이와 같지 않을 것이다. 그를 매우 가까이서 잘 알았던 리뉴 공prince de Ligne은 죽을 때까지 그의 초상화를 마치 성물처럼 주머니에 간직했다.[67] 루이 드 보날Louis de Bonald은 젊은 시절인 1774년에 베르사유 궁에서 왕의 명령을 전달하는 총사가 되어 왕비를 알현했을 때 자상하고 온화한 미소로 화답해주었다는 얘기를 왕정복고 시기에도 아들 앙리에게 여전히 들려주고 있었다.[68]

그 미소는 수많은 노인을 밝게 해주었다. 샤토브리앙은 『무덤 너머의 기억Mémoires d'outre-tombe』에서 이를 마법 같은 주문으로 만든다. 그 장면은 1789년 6월 베르사유의 외이 드 뵈프Oeil-de-bœuf[왕의 전실] 살롱에서 미사가 진행되고 있을 때였다. 프랑수아 르네François-René가 그 자리에 있다. 그는 20세다. "왕비는 두 자녀를 데리고 지나갔다. 그들의 금발 머리는 마치 왕관을 기다리는 듯했다. […] 어린 왕세자는 누이의 보호를 받으면서 걸어가다가, 나를 발견하고 공손히 왕비에게 보여주었다. 왕비는 나를 슬쩍 바라보며 미소지었다. 그는 내가 처음 알현하던 날처럼 우아한 인사로 나를 맞아주었다. 나는 그 눈빛, 그렇게 일찍 꺼져야 했던 그 눈빛을 결코 잊지 못할 것이다."

1814년 5월, 프랑스 최고 귀족으로서 왕비의 유해가 마들렌 교회

---

[67] Prince de Ligne, *Fragments de l'histoire de ma vie*, t. I, Paris, Plon, 1928, p. 312.

[68] Moulinié, *Louis de Bonald, La Vie, la carrière politique, la doctrine*, Paris, Alcan, 1916, p. 9. 이 구절은 곧 출판될 플라비엥 베르트랑 드 발랑다Flavien Bertran de Balanda의 박사 논문에서 참고했다.

묘지에 묻혀 있다는 사실을 확인하는 임무를 맡았을 때, '고귀한 자작noble vicomte'은 그의 미소가 "그의 입 모양을 잘 나타내고 있다"라고 믿게 된다.[69] 흔히 그렇듯, 샤토브리앙은 아무것도 두려워하지 않았다. 그렇긴 해도 그 미소는 한 세대 전체에게 행복의 약속이자 초대였다. 탈레랑Talleyrand이 군주정의 마지막 몇 해와 그들 세대의 젊은 시절이 겹친다고 지적했듯이, 그 미소는 당시의 달콤한 삶을 반영했다. 그래서 그들은 혁명을 "원망한다." 마리 앙투아네트를 죽임으로써 그의 젊음과 아름다움도 함께 죽인 것이다.

⚜

치세 초기의 왕비에 관한 내용을 회고록에 몇 쪽씩 쓰지 않을 사람이 과연 있을까? 그에 관한 내용은 셀 수 없을 만큼 많다. 모든 내용이 그가 완벽하게 아름답지 않으며, 결점이 있다고 말한다. 그러나 마치 등잔불에 몰려들어 날개를 태우는 나방처럼 모두가 매력, 우아함, 은혜로움 같은 말의 주변을 맴돈다. 그 당시 왕이 지사로 임명한 가브리엘 세나크 드 메이양Gabriel Sénac de Meilhan은 여느 망명객처럼 『회고록』에서 매우 훌륭하게 썼다. "오스트리아의 마리 앙투아네트는 단지

---

[69] François-René de Chateaubriand, *Mémoires d'outre-tombe*, Paris, Flammarion, t. I, 4 vol., 1982, pp. 214~215.

아름답다기보다는 빛난다. 그의 특징은 각각으로는 눈에 잘 띄지 않지만, 전체 조합을 보면 매우 즐겁다. 이처럼 많은 매력을 담은 이 말은 총체적 아름다움을 묘사하는 데 가장 적합했다. 움직일 때마다 우아함과 고귀함을 더할 수 있는 그의 머리는 아무 여성에게나 어울리지 않았다." 세나크는 왕비를 기억할 때 베르길리우스의 시구를 인용하지 않을 수 없었다. "그가 움직일 때마다 진정한 여신이 드러난다Et Vera incessu patuit dea."[70]

비제 르브룅 부인은 [마리 앙투아네트를] "프랑스에서 가장 우아하게 걷는 여성"이라고 말했다.[71] 그리고 『프랑스 혁명에 대한 성찰』의 저자인 영국인 에드먼드 버크Edmund Burke도 1790년대 초 세나크의 『회고록』과 거의 같은 시기에 못을 박듯이 말했다. "16년인가 17년 전, 나는 프랑스 왕비를 본 적이 있다. 베르사유 궁에서 그를 만났을 때만 해도 아직 세자빈이었다. 확실한 것은, 그가 거의 밟지 않은 이 땅 위에서 그만큼 황홀한 모습을 본 적이 없다는 것이다."[72]

시간 그리고 폭풍과 멀리 떨어진 곳에서 마리 앙투아네트는 마치

---

[70] Sénac de Meilhan, *Portraits et caractères des personnages distingués de la fin du xviiie siècle* [⋯], Paris, J.-G. Dentu, 1813, p. 74. 저자는 이 책을 1795년에 함부르크에서 발간했다. 세나크는 망명 초에 이 책을 썼다.

[71] Élisabeth Vigée-Lebrun, *Souvenirs, 1755-1842, op. cit.*, p. 67.

[72] Edmund Burke, *Réflexions sur la révolution de France*, Paris, Hachette, "Pluriel", 1989, p. 95.

요정처럼 모습을 드러냈다. 그는 유령이었다. 리뉴를 비롯한 사람들은 그를 영원히 '매혹적인 왕비'로 기억할 것이다. "그의 모임에서 우아함, 친절함, 세련됨이 하나라도 빠진 모습을 본 적이 있었던가?"

많은 사람이 그 사실을 인정하지 않으면서도 자연스럽게 빠져들었다. 바로 얼마 뒤에 왕비의 재판을 기록한 알렉상드르 드 라메트Alexandre de Lameth는 "많은 사람이 그에게 열정적으로 매달려 있었다"라고 적었다.[73] 열 손가락으로 꼽을 수 없을 정도였던 왕비의 애호가들은 당황했지만 항상 존경심을 잃지 않았고 대체로 조용히 지냈다. 리뉴는 "그 당시 그의 귀여운 경솔함"에 빠져 애호가들의 존재를 알아채지 못했다고 다시 강조했다. 그러나 몇몇은 예외였다. 후에 우리는 아름다운 스웨덴인 악셀 드 페르센Axel de Fersen의 모습을 언급할 것이다. 그러면 스스로 마법에 걸려 희생된 사람은 얼마나 많을까? 베장발 남작baron de Besenval처럼 감히 왕비에게 자기가 언제부터 연정을 품었는지 고백했던 극소수의 미치광이와 오만한 사람들은 단단히 꾸중을 듣고 깔끔하게 제자리로 돌아갔다.[74]

또한 왕비가 애정을 가졌던 세 공작 중 맏이이자 왕의 수석 수행 기사인 쿠아니 공작duc de Coigny이 있었다. 그리고 미남 에두아르 딜

---

[73] Mallet du Pan, *Mémoires et correspondance pour servir à l'histoire de la Révolution française, op. cit.*, p. 95.

[74] Mme Campan, *Mémoires sur la vie privée de Marie-Antoinette*, Paris, Gallimard, coll. "Folio", 2007, p. 117.

롱Édouard Dillon도 있었다. 특히 고백을 거절당했던 사람들도 있었다. 루이 드 노아유Louis de Noailles 자작, 긴Guines 공작, 회고록에 왕비를 위험에 빠뜨리는 내용을 써서 복수를 꾀하게 될 로죙Lauzun 공작이 있었다. 그리고 혁명 직전, 마리 앙투아네트가 내심 믿지 않았지만 너무 소중하다고 여겼던 시동생 프로방스 백작도 있었다. 그는 시동생이 "너무 목을 조르듯이 넥타이를 맸다"라고 조롱하듯이 말했다. 프로방스 백작은 충실한 친구 가스통 드 레비Gaston de Lévis에게 쓴 편지에서 자신이 형수를 미치도록 사랑한다고 썼지만, "비너스처럼 아름답고", "천상의 얼굴"을 가졌다는 마음은 털어놓지 않았다.[75] 이후 프로방스 백작은 형수에 대해 질투와 원한을 품게 되었다. 왕비의 구애자들은 대부분 리뉴처럼 행동하면서 열정을 진실한 우정으로 바꾸는 데 성공했다. "나는 상호적 열정이 아니라면 결코 믿지 않았으며, […] 놀림 받을까 봐 두려워서 누구에게도 고백하지 않았다. […] 이 감정은 결국 가장 깊은 우정으로 자리 잡았다."[76]

---

75 다음에서 그의 편지를 볼 것. *Souvenirs-portraits de Gaston de Lévis*, éd. Jacques Dupâquier, Paris, Mercure de France, 1993, p. 287 sq.
또 로죙의 회고록도 볼 것. "두 달 안에 나는 총애를 받게 되었다." 검열을 거쳤지만, 1822년의 초판에 이처럼 의심스러운 구절이 실려 있다(*Mémoires du duc de Lauzun 1747-1783*, Paris, chez Barrois l'aîné, 1822). 저자가 왕비의 호의를 거절했다고 자랑하는 부분은 잘렸다가 *Revue rétrospective* (t. II)에 실렸다.
캉팡 부인은 『회고록』에서 무례함 때문에 해임된 로죙의 이야기를 들려준다. 1788년에 마리 앙투아네트는 로죙이 그의 삼촌인 비롱 원수가 죽은 뒤 프랑스 수비대를 물려받지 못하게 막았다는 것이다.

✤

마리 앙투아네트가 피고인 자리에 서서 자신의 정체를 밝혔을 때 그의 우아함은 꺼진 듯이 거의 떠다니지 못했다. 그러나 그에게서 여전히 옛 시절의 어떤 기운이 흘러나왔다. 키가 크고 꼿꼿하며, 남들이 부러워했던 그대로 머리를 당당히 든 채로, 그는 언제나 왕비였고, 일종의 잃어버린 품위에 휩싸여 있었다. 총재정부와 왕정복고 시기까지 수많은 예술가가 판사들 앞에 선 그를 상상하면서 이렇게 묘사했다. 나는 그들이 틀리지 않았다는 믿음에 가까워지고 있다. 그는 타고난 귀족적 분위기를 불행한 상태에서도 잃지 않았고, 감옥에서도 그 모습을 본 사람은 많았다. 그를 가까이서 본 사람 중 하나는 이렇게 말할 것이다. 만일 여성에게 의자를 권하는 일이 자연스럽다면, "여성이 거의 항상 왕좌를 가까이하기를 바랄 것"이다. "그는 자신도 모르게 왕비처럼 굴었다"라고 또다시 리뉴 공이 말했다.

　이것은 단순히 '귀족적 몸집'과 '자세의 우아함' 때문만은 아니었다. 자존심도 마리 앙투아네트의 몸을 곧게 세워주었다. 이 세상의 모든 금을 다 준다 해도 그는 적들이 자신을 패배시키고 만족하도록 내버려둘 마음이 없었다. 그는 늘 옹고집이었다. 어린 시절 막 베르사유궁에 도착한 세자빈으로서 1년이 넘어서야 루이 15세의 애첩 뒤 바

76　Prince de Ligne, *Fragments de l'histoire de ma vie, op. cit.*, t. I, pp. 79~80.

리Du Barry에게 혐오심을 억누르고 겨우 의미 없는 말을 건넸다. 그것은 아주 오래전의 일이었다.

그는 자신의 태생은 물론 자신의 권리도 잘 알고 있었다. 1782년 10월 어느 날, 그는 동서지간인 프로방스 백작부인과 격렬히 싸웠다. 그는 합스부르크 가문이 동서의 사보이 가문보다 우월하고 더 전통 깊다고 끝까지 주장했다.[77] 그것은 분명해 보이지만, 그의 성격을 보여주는 특징이다. 샤토브리앙이 부르봉 가문에 관해 말할 때처럼, 행복한 날이나 어려운 시기에도 왕비는 결코 "자신이 태어난 요람의 우월성"을 잊지 않았다. 그는 1792년 7월, 친구인 헤센의 루이즈에게 또다시 편지를 썼다. "나는 독일인[오스트리아인]으로 태어난 것을 지금보다 더 자랑스럽게 느낀 적이 없습니다."[78]

마리 앙투아네트가 자신의 태생과 프랑스에서 차지한 지위에 대해 느낀 자부심은 역경을 헤쳐나가는 힘이 되었다. 그러나 과연 그는 그것이 오히려 더 비극으로 작용한다는 사실을 이해했을까? 왕비를 증오하는 이들에게 그의 오만은 통하지 않았다. "그는 위선과 오만한 성격을 꽤 잘 유지했다"라고 『파리의 혁명 Révolutions de Paris』의 편집인은 그가 재판받는 태도를 힐난하는 형식으로 논평했다.[79]

---

[77] *Journal du marquis de Bombelles*, Genève, Droz, t. I, p. 169. 29 octobre 1782.

[78] Comte de Reiset, *Lettres de la reine Marie-Antoinette à la Landgrave Louise de Hesse, op. cit.*, p. 48.

[79] *Révolutions de Paris*, 17e trimestre, n° 212, p. 95.

청중 가운데서 한 민중 여성이 내어놓은 유일한 말은 "보아라, 그가 얼마나 뻔뻔한지!"였다.[80] 상퀼로트는 툭하면 이 말을 했다. 탕플 탑의 문지기 중 마라의 보호를 받던 로셰Rocher는 이미 자랑스럽게 말하고 있었다. "마리 앙투아네트는 뻔뻔했지만, 나는 그를 억지로 인간으로 변화시켰다." 여기서 우리는 왕비의 타고난 우아함을 볼 수 없다. 많은 사람이 지금까지 "목적도 목표도 없는 오만"에 젖어 있는 여인으로만 보았다.

왕비는 한때 스승이었던 오스트리아의 특명전권대사인 메르시 아르장토에게 보내는 편지에 이렇게 썼다. "강한 성격을 갖고 태어났고, 혈관에 어떤 피가 흐르는지 아주 잘 느끼는 내가 이런 시대와 이런 사람들 속에서 하루하루를 보낼 운명이라는 것이 가능한가요?" 그러고 나서 수취인을 설득하려는 듯이 곧 이렇게 덧붙였다. "그러나 그렇다고 해서 내가 용기를 잃었다고 생각하지 마세요."[81] 또 다른 편지도 있다. "나는 결코 내게 어울리지 않는 비열한 일에 동의하지 않겠습니다. 우리는 고난 속에서 오히려 자신이 누구인지 더 잘 느끼게 마

---

80 Chauveau-Lagarde, *Note historique sur le procès de Marie-Antoinette d'Autriche, reine de France et de Madame Élisabeth de France au Tribunal révolutionnaire, op. cit.*, p 25. 두좀은 마리 앙투아네트가 "목적도 푝표도 없는 오만" 그 사제라고 말했다. G. Lenotre, *La Captivité et la mort de Marie-Antoinette, op. cit.*, p. 57, note.

81 *Marie-Antoinette. Correspondance, 1770-1793, op. cit.*, p. 608. Marie-Antoinette à Mercy-Argenteau, 12 septembre 1791.

련입니다."[82]

일부 사람들이 마리 앙투아네트를 오만하다고 오해한 이유는 그가 확실히 기사의 명예라는 타고난 감정을 가지고 있었기 때문임이 분명하다. 이 내면의 소리는 혁명 중에는 의심을 받거나 아예 들리지 않았다. 또한 이것은 그가 천천히 인내심을 가지고 자신을 형성한 노력의 결과였다. 그는 무적이기 때문이 아니라 자신이 연약하다는 것을 알았기 때문에 적들 앞에서 갑옷을 입었다. 그리고 그는 용기도 갖추고 있었다. 그는 여전히 친구인 욜랑드 드 폴리냐크Yolande de Polignac에게 보낸 편지에서 "내가 역경 앞에서 힘이 빠지거나 용기를 잃지 않았다는 것을 항상 기억해주세요"라고 썼다.[83]

마리 앙투아네트는 단지 용기 있는 척 허세를 부리거나 친구들의 불안을 달래려고 이렇게 말하지 않았다. 그는 언제나 주변의 사건과 일들의 폭력성을 때맞춰 해석하지 못했을지라도 날카롭고 고통스럽게 인식하고 있었다. 이 점에서 그는 분명히 주변 사람보다, 또 왕보다 훨씬 더 통찰력이 있었다.

---

[82] *Revue rétrospective*, seconde série, t. I, Paris, 1835, p. 463. Marie-Antoinette à Mercy-Argenteau, 16 août 1791. "내 피는 내 아들의 혈관을 흐르고 있으며, 언젠가는 그가 마리아 테레지아의 자랑스러운 손자다운 모습을 보여줄 것이라고 희망합니다."

[83] *Lettres inédites de Marie-Antoinette et Marie-Clotilde de France reine de Sardaigne* (publiées par le comte de Reiset), *op. cit*. Marie-Antoinette à la duchesse de Polignac, 31 octobre 1789.

❖

　혁명 초기부터 왕비의 용기를 부인하는 사람은 없었다. 1789년 10월 5일, 대신들이 자녀를 데리고 베르사유 궁에서 랑부이예Rambouillet로 피신하라고 했지만, 그는 왕의 곁을 떠나지 않겠다고 단호히 말했다. 그 후의 일은 이미 잘 알려져 있다. 다음 날 새벽, 왕비의 침전에 민중이 난입했다. 그의 호위병들은 모두 살해되었다. 민중이 그의 침대까지 뒤진 후 마치 먹잇감처럼 그를 내놓으라고 요구했을 때, 그는 용기를 내어 마르브르Marbre[대리석] 마당 위의 발코니에 섰다.

　1792년 4월, 왕실 가족이 튈르리 궁을 마음대로 출입하지 못하게 되었을 때, 그는 혼자만이라도 브뤼셀로 가야 한다는 제안을 받았으나 다시 한 번 거부하면서 왕을 뒤에 남겨두지 않겠다는 뜻을 분명히 밝혔다. 6월 20일, 파리 상퀼로트 무리가 튈르리 궁에 몰려들어 왕에게 붉은 프리기아 모자를 씌우려는 장면을 창밖에서 본 그는 왕이 있는 회의실로 가서 왕이 모자를 쓰는 데 반대했다. "프랑스인이여, 내 친구들이여, 척탄병들이여, 왕을 구해주세요!"[84]

　그는 단지 왕을 포기하기를 원치 않았을 뿐만 아니라 왕을 밀어붙여 저항하고 행동하게 만들었다. 그에게 구원이란 싸움 속에만 있

---

[84] Quentin Crawford, *Notice sur Marie Stuart, reine d'Écosse et sur Marie-Antoinette reine de France*, op. cit., p. 55.

었다. 바렌에서 오직 그만이 말을 몰아 적대적인 군중 사이를 뚫고 가자고 했다.[85] 8월 10일 아침, 튈르리 궁이 마지막 공격을 받기 직전, 그는 왕실에 적대적인 국민공회로 피신하려는 남편을 막으려고 모든 힘을 쏟았다. 그는 남편이 현장에서 민중과 맞서기를 원했다. "무력이 이곳에 있는데 어디로 가라고 하십니까!"[86]

왕비와 관계있는 모든 것이 그렇듯, 그의 무모함은 사람들을 하나로 모으기보다 분열시키며, 지지자를 열광하게 만드는 동시에 반대자를 더욱 분노케 했다. 모든 사람이 1790년 6월에 미라보Mirabeau가 한 말을 알고 있었다. "왕 곁에는 한 남자만 있는데, 바로 그의 부인이다."[87]

사람들은 아주 일찍이 왕비의 힘과 완고함을 예상했다. 그는 장애물이었다. 사람들은 결국 왕비를 희생자로 만들기로 결정했다. 4년 동안 그는 적들의 끊임없는 위협을 받으면서 살았다. 그들은 1789년 10월, 그리고 다시 1792년 6월 20일에 튈르리를 향해 반란을 일으켰을 때 노골적으로 그를 찾아 죽이려 했다. "오스트리아년, 어디 있느

---

85 *Mémoires de la comtesse de Boigne*, t. I, Paris, Mercure de France, 1982, p. 83. 부아뉴 부인Mme de Boigne은 바렌에 있던 슈아죌 공작duc de Choiseul의 이야기를 들려준다.

86 파리 코뮌 검찰관 대리인 뢰데레Roederer가 튈르리 궁을 떠나라고 설득할 때, 왕비가 대답한 말이었다. *Mémoires du comte Roederer*, Paris, Plon, 1942, p. 36.

87 Note de Mirabeau à la Cour, 20 juin 1790.

냐? 그의 머리, 머리를 자르자!" 그는 창 앞에서도 움직이지 않았다. 낯빛도 전혀 변하지 않았다. 한 목격자는 그의 용기에서 심지어 '초자연적인 것'을 발견하기도 했다.[88] 이러한 관점에서 볼 때, 그의 '하얀 전설'은 그가 비극적인 죽음을 맞이하기 훨씬 전부터 시작되었다.

마리 앙투아네트의 머리에는 오래전부터 상금이 걸려 있었다. 1791년 6월 바렌에서 체포된 후, 파리에서는 왕비의 인형을 불태웠다. 왕비의 침실 창문 아래에서도 그를 모욕하는 일이 계속되었고, 그래서 그는 자녀를 데리고 정원을 거닐 수도 없었다. 1792년 8월 10일 전날에는 왕비를 철제 우리에 가두어 민중 앞에 보여주겠다는 사람도 있었다.[89] 그를 수녀원에 가두거나, 파리 거리를 청소하게 만들거나, 살페트리에르의 가난한 이들 또는 개들에게 던져주거나 죽이겠다고 약속했다.[90] 국민의회 시기에 그에게 충고하던 사람들은 여전히 "프랑스 민중은 미워하다가 곧 지칠 것"이라고 믿었지만, 민중의 증오는 오히려 더 커질 뿐이었다.[91]

---

[88] "Bulletin de ce qui s'est passé aux Tuileries le 20 juin 1792" envoyé par le chargé d'affaires de Suède à Paris au comte de Fersen, in Le Comte de Fersen et la Cour de France, t. II, op. cit., p. 304.

[89] 8월 10일에 관해 슈아죌 공작이 페르센에게 들려준 얘기다. Le Comte de Fersen et la Cour de France, t. II, op. cit., p. 43. "Extraits du Journal de Fersen", 11 septembre 1792.

[90] 파리의 거리를 청소하거나 살페트리에르에 30년간 가두는 것은 국민공회 의원 르키니오Lequinio의 생각이었다. Les Préjugés détruits par J. M. Lequinio, Paris, Imprimerie du cercle social, 1ᵉʳ novembre de l'an I de la République(1792), p. 206.

역사상 어느 시기에 어느 여자도 이만큼 많은 증오의 대상이 된 적이 없다. 그가 말하거나 행하거나 만지는 것은 모두 미움을 받았다. 샤스트네Chastenay 부인은 그가 베르사유 궁에 있을 때 그의 말보다 빨리 달린 대형 그레이하운드까지 증오의 대상이 되었다고 말했다. 스웨덴 왕의 대사인 운명론자 스탈Staël 남작은 "이 공주의 불행이 결코 끝나지 않을 것이라는 사실은 충분히 증명되었다"라고 썼다.

마리 앙투아네트는 결코 속지 않았으며, 결코 속은 적도 없다. 어린 세자빈 시절, 그가 1773년 6월에 파리 주민들 앞에 처음 섰을 때 열광적인 환영을 받은 뒤, "한 민족의 친밀감이 너무 싸구려"라면서[92] 놀라워했다. 그러나 그는 그러한 기대를 진심으로 받을 자격을 갖추려고 노력했다. 그는 오래전부터 군중의 변덕이 지나치다는 사실을 경험했다. 신체적으로 위협받을 때는 차분하고 굳건한 태도를 유지할 줄 알았지만, 언어폭력 앞에서는 무력했다. 그에게는 말이 가장 두려운 것이었다.

그는 독살을 우려하던 욜랑드 드 폴리냐크에게 편지를 썼다. "독살은 […] 이 시대의 것이 아닙니다. 걱정할 것은 바로 명예훼손입니

---

91 *Marie-Antoinette et Barnave. Correspondance secrète (juillet 1791-janvier 1792)*, Paris, Armand Colin, 1934, p. 56. Barnave à Marie-Antoinette, 25 juillet 1791.

92 Marie-Antoinette à sa mère Marie-Thérèse, Versailles, 14 juin 1773, in *Marie-Antoinette. Correspondance, op. cit.*, p. 147. 그는 이 편지에서 1773년 6월 8일 파리에 처음 등장했을 때 파리인들의 열렬한 환영을 이렇게 언급했다.

다. 이것이 당신의 불운한 친구를 죽이는 확실한 방법입니다. 가장 단순하고 무고한 것들을 뒤집어엎고 독을 묻히는 것입니다. 착한 시민들을 계속 눈멀게 하고, 군중을 취하게 하며, 우리를 피에 굶주린 채 파리를 학살하려는 괴물로 묘사합니다. […] 우리는 피를 흘려서라도 프랑스를 다시 행복하게 만들기 바라는데 말입니다."[93] 그러는 동안, 그는 살해 대상이 되었다. "살인자들은 끊임없이 불어나고 있습니다."[94] 튈르리 궁 함락 직전, 그는 확실히 그 생각에 사로잡혔다.

⚜

1792년 8월부터 감옥에 갇힌 마리 앙투아네트의 용기는 조용한 체념의 형태를 띠게 되었다. 그는 간수들에게 아무것도 양보하지 않고, 눈물은 숨어서 흘렸다. 그는 단순히 혁명의 포로가 아니라 자존심의 포로이기도 했다. 탕플에서 그는 전권을 가진 몇몇 열성적인 상퀼로트와 직접 맞닥뜨렸고, 가장 적대적인 이들을 무시하는 척 행동했다. 아무것도 보지 않고, 아무것도 듣지 않았다. 왕정복고 시기 이후, 옛 간

---

[93] *Lettres inédites de Marie-Antoinette et de Marie-Clotilde de France reine de Sardaigne* (publiées par le comte de Reiset), *op. cit.* Marie Antoinette à la duchesse de Polignac, 17 mars 1792.

[94] Marie-Antoinette au comte de Fersen, 24 juillet 1792, in *Marie-Antoinette. Correspondance, op. cit.*, p. 807.

수들 중에서 마리 앙투아네트를 동정했다고 자처하며, 이미 죽어서 자신을 변호할 수 없는 자들을 비난하는 사람들이 나타났는데, 그들 중 소수는 마리 앙투아네트가 탕플 탑에서 보낸 시간에 대한 기록을 정리해서 발간하기 시작했다. 왕비의 딸이며 미래의 앙굴렘 공작부인이 될 마리 테레즈 샤를로트 드 프랑스에 관한 보고서, 탕플에서 충실하게 왕실 가족의 하인 노릇을 하던 위Huë 남작, 장 바티스트 클레리Jean-Baptiste Cléry, 루이 프랑수아 튀르지Louis François Turgy의 보고서들은 분명한 이유로 어느 정도 편향된 시각이 반영되어 있다는 점을 염두에 두어야 한다. 그러므로 신중하게 받아들여야 한다. 그런 점만 유념하면 활용하지 못할 일은 없다.

그리고 일부 인물은 여전히 남아 있다. 에베르와 파리 국민방위군 총사령관인 앙리오Hanriot라는 인물이다. 그는 매번 탕플을 순시할 때마다 망설이지 않고 왕비를 모욕한 인물이다. 덜 알려진 사람도 있었다. 전직 말안장 제조공이었던 공병 로셰는 진정한 파리 상퀼로트로 6월 20일과 8월 10일 튈르리 궁 공격에 가담했으며, 마라와 에베르의 열렬한 구독자였다. 루이 16세의 마지막 시종으로 1793년 2월까지 왕실 가족을 계속해서 섬긴 클레리Cléry는 로셰가 "긴 콧수염에 검은 털모자를 쓴 무서운 인물"이라고 말했다.[95] 사실 에베르가 "마담 베토[거부권의 아내]를 노리는 회색 늑대"라고 불렀던 로셰는 탕플 탑의 수문장이었으며, 랑발 공작부인을 살육한 자들과 어울려 마리 앙투아네트의 감방까지 들어가서 피가 낭자한 친구의 얼굴에 입을 맞추라고 강요하려던 사람이었다. 부조리함은 대개 슬프게도 진부하게 보일 뿐이다. 여기서 그것은 추악하고 찡그린 모습으로 드러났다.

확실히 그들은 끔찍한 일에 대한 무서움은 느끼지 않았다. 1793년 3월, 로셰는 파견의원 르장드르Legendre와 함께 리옹에서 자코뱅파 시장을 지원했다. 4월 24일, 마라가 지롱드파의 고발에서 무죄를 선고받았을 때, 로셰는 도끼를 든 채 마라를 국민공회까지 의기양양하게 인도했다. 이후 그는 파리 혁명군의 핵심 기둥이 되었다. 폭력과 의심이 섞인 밀폐된 분위기 속의 탕플에서 로셰는 뒤셴 영감처럼 파이프 담배를 무심코 피우고, 마리 앙투아네트의 감방 앞에서 그를 모욕하는 노래를 부르며 카르마뇰 춤을 추었다. 그리고 감방 벽에 새긴 모욕적인 문구들을 지우지 말라고 명령했다. "마담 베토가 카르마뇰 춤을 출 것이다", "어린 이리들을 짓밟아야 한다."

파리의 세관에서 일하던 '교활한 악당'인 티종Tison과 그의 아내는 코뮌이 탕플에 수위로 파견한 첩자였다. 또한 코뮌에서 제비를 뽑거나 교대로 탕플에 파견한 위원도 몇 명 있었다. 그들은 의사 르클레르Leclerc, 재단사 레슈나르Léchenard, 시계공 튀를로Turlot, 가발사 마티외Mathieu, 그리고 왕비의 감방 벽난로 근처에 놓인 유일한 의자에 앉

---

95 Cléry, *Journal de ce qui s'est passé à la tour du Temple pendant la captivité de Louis XVI, roi de France*, première édition: Londres, Impr. de Baylis, 1798, réed. Paris, Mercure de France, 1968 et 1987, pp. 48~49. 『메르퀴르 드 프랑스』의 부록에는 마리 앙투아네트의 딸이 탕플 감옥에서 지냈을 때의 추억을 실었다. "Récit des événements arrivés au Temple, depuis le 13 août 1792 jusqu'à la mort du dauphin Louis XVII"(première édition, 1823), p. 156.

아 있는 척하는 환속 신부인 베르나르Bernard였다. "나는 수형자들에게 테이블이나 의자를 주는 것을 본 적이 한 번도 없다. 마리 앙투아네트에게는 짚단만 줘도 충분하다."[96] 왕비를 혼자 두는 일은 절대로 없었다. 그에게는 공화국의 교훈을 계속 내렸다. 그는 죽음의 위협을 받기도 했다. "행동, 몸짓, 말, 시선, 심지어 침묵까지도… 모두 악의적으로 해석되었다"라고 프랑수아 위가 말했다.[97] 과거의 왕비가 거의 신과 같은 존재였던 만큼, 평등의 감정이 이제는 간수들에게 단순한 권리를 넘어 일종의 복수일 뿐만 아니라 어쩌면 자신들이 누구인지 잊게 만드는 쾌락이 되었다. '불운한 포로'의 지지자에게 당연히 그것은 '불행을 모욕하는 행위'였다.[98] 그리고 위는 왕비가 일상적인 관계에서 간수들을 '부드럽고' '정직하게' 대했다고 강조한다.

---

[96] "Relation de Turgy", in G. Lenotre, *La Captivité et la mort de Marie-Antoinette*, op. cit., p. 113. 생트 마르그리트의 부사제 출신이자 피티에Pitié[자비] 병원에 근무하던 자크 클로드 베르나르Jacques Claude Bernard는 8월 10일 반란 코뮌의 일원이자 9월 7일에 의장이 되었으며, 코뮌 총회의 위원, 몽트뢰이 구의 로베스피에르파 지도자 중 하나였다. 그는 공화력 2년 테르미도르 11일에 단두대에서 처형당했다. 튀르지는 1793년 10월까지 탕플에서 왕의 가족을 섬겼다. 그전까지 그는 베르사유 궁과 튈르리 궁에서 왕의 식사담당관이라는 소박한 직책을 맡았다. 그의 보고서는 장 에카르Jean Eckard가 처음 발간했다. Jean Eckard dans les pièces justificatives de ses *Mémoires historiques sur Louis XVII, roi de France et de Navarre*(Paris, H. Nicolle, 1818).

[97] *Souvenirs du baron Huë, officier de la chambre du roi Louis XVI et du roi Louis XVIII(1787-1815)*, Paris, Calmann-Lévy, s.d., p. 102.

[98] 튀르지의 보고서(p. 113)와 르피트르의 보고서(p. 163)를 다음에서 참고할 것. G. Lenotre, *La Captivité et la mort de Marie-Antoinette, op. cit.*

나중에 왕비의 이야기를 하는 사람들 대부분의 정치적이고 은밀한 의도를 고려하지 않는다면, '그의 선함'을 증명하려는 이 일관성을 거의 감동적으로 느끼게 될지도 모른다. 그러나 그는 화려했던 시절에도 사람들을 즐겁게 하고 도와주기를 좋아했다. 가끔 마리 앙투아네트는 자신을 고발한 뒤 미쳐서 오텔 디외hôtel-Dieu 병원에 수용된 티종 부인의 소식을 물었다. 또 어느 날, 그는 아들이 간수에게 인사하는 것을 잊었다고 야단쳤다. 분명히 그의 몸에 옛날 궁중 예절의 흔적이 남아 있었다는 뜻일 것이다. 나는 그가 특히 엄격하게 자기를 통제했다는 징후를 읽을 수 있다고 믿는데, 이것은 그의 재판 과정에서도 다시 드러날 것이다.

이러한 상황 속에서 수많은 전기작가가 이야기하는 그 어리숙하고 경박한 젊은 왕비는 과연 어떻게 되었나? 그가 고통에 굴복한 경우는 오직 두 번뿐이었다. 한 번은 남편을 마지막으로 본 1793년 1월 20일, 또 한 번은 7월 3일, 아들을 자신에게서 강제로 떼어낼 때였다. 그 후 그는 한 번도 불평하지 않았다. 그의 딸은 이렇게 회고했다. 8월 1일과 2일의 밤에서 새벽 사이에 탕플에서 콩시에르주리로 옮긴다는 포고령을 읽을 때, 그는 '그저 담담하게' 단 한마디도 하지 않았다고 한다.[99] 그러나 마리 앙투아네트는 사랑하는 딸과 시누이인 엘리자베트Élisabeth 부인과도 억지로 헤어져야 했다. 그들은 그의 주머니를 뒤지고, 마지막 기억까지 앗아갔다. 탕플 탑을 떠날 때, 낮은 문틀에 머리를 부딪친 후 다쳤느냐는 물음에, 그는 꿈꾸는 듯이 대답했다. "오! 아니요! 이제는 아무것도 나를 다치게 할 수 없습니다."[100]

1막 감옥에서

⚜

1793년 8월 2일 새벽 2시에 마리 앙투아네트가 '죽음의 대기실'인 콩시에르주리에 도착했을 때를 잠시 살펴볼 필요가 있다. 이를 통해 그를 갑자기 법정으로 데려갈 때까지 76일 동안 감금했던 곳이 어떤 세계였는지 알 수 있을 것이다. 이 세계는 그의 행동에 영향을 미쳤을 것이 분명하다. 적어도 그는 코뮌 위원들이 모는 마차를 타고 밤에 [혁명법원 안마당] 쿠르 뒤 메Cour du Mai에 도착했다. 평상시 같으면 '손뼉치기, 발 구르기, 미친 듯한 웃음'으로 피고인을 맞이하는 '뜨개질하는 여인들'과 같은 군중을 피할 수 있었다. 어떤 수감자가 증언했듯이, 낮이었다면 이러한 방식으로 '새로운 희생자'를 환영하는 군중을 만났을 것이다.[101] 그는 간수들이 들고 있는 등불의 희미한 빛을 따라 감옥의 사무실을 거치지 않고 바로 감방으로 떠밀려 들어갔다.

8월 초, 그는 수감자 280명이 재판을 기다리던 감옥에 밤늦게 도착했다. 반지하의 좁은 공간에 들어섰을 때 그는 아무것도 잘 볼 수

---

99 *Récit des évènements arrivés au Temple depuis le 13 août 1792 jusqu'à la mort du dauphin Louis XVII*(par la duchesse d'Angoulême), Paris, Audot, libraire-éditeur, 1823, rééd. in Cléry, *Journal de ce qui s'est passé à la tour du Temple pendant la captivité de Louis XVI, roi de France, op. cit.*, p. 179.

100 *Ibid*.

101 *Mémoires du comte Beugnot*, Paris, E. Dentu, t. I, 2 vol., 1868, p. 190.

없는 상황에서 압박감과 호흡 곤란을 경험했을 것이다. 일종의 방이라 할 만한 공간을 갖추고 있었던 탕플에서 그는 상층 테라스를 산책할 수 있었고, 딸과 시누이와 함께 생활했다. 아들을 7월 3일에 강제로 구두장이 시몽의 손으로 넘겨야 할 때까지 그는 아들에게 역사책과 여행기, 소설을 읽도록 교육했다.[102] 그는 심지어 피아노 포르테를 사용할 수 있었다. 그것은 아마도 베르사유와 트리아농에서 행복했던 작은 음악회들, 좋아하는 오페라 곡들을 부르던 추억을 떠올리게 했을지 모른다.

왕비의 콩시에르주리 감방은 한때 간수들의 회의실이었다가 퀴스틴Custine 장군이 단두대로 갈 때까지 한 달 동안 머물던 방이었다. 그것은 감옥 1층 왼쪽 길고 어두운 복도 끝에 있었다. 다른 방보다 약간 더 큰 이 방에는 선반과 같은 철창을 설치한 높은 창문이 두 개 있는데, 여자 수감자들이 나갈 수 있는 마당 쪽을 향했다. 그는 두 달 반의 감금 생활에서 한 번도 산책권을 누리지 못한 유일한 사람이었다. 그는 형장으로 가는 날 아침까지 신선한 공기를 느끼거나 하늘을 볼 수 없었다. 빅토르 위고Victor Hugo는 1846년에 콩시에르주리를 오랜 시간 방문하고 나서 벽과 철창이 "이 두 가지 자유롭고 신성한 것, 공

---

[102] Vente Coutau-Bégarie, 16 novembre 2015, lot n° 51, "Conseil général de la Commune de Paris du 29 mai 1793: Antoinette demande le roman de Gil Blas de Santillane pour son fils. Le conseil lui accorde cette demande".

기와 빛"을 대체했다고 지적했다.[103]

마리 앙투아네트는 단지 세상과 단절된 게 아니라 감옥의 나머지 부분과도 단절되어 있었다. 그는 너무도 특별한 손님이기 때문에 혹시 탈출할까 봐 관계자들은 몹시 두려워했다. 역사가 대다수가 말하듯이, 또 9월 초에 그런 방침을 내렸지만, 재판 때까지 그를 다른 감방으로 옮기는 일은 보안상의 이유로 거의 일어나지 않았을 가능성이 크다.[104] 그의 감방 내부는 간소했으며, 나무로 만든 책상, 의자 둘, 구석의 바로 앞 벽을 따라 배치한 끈 침대가 있었다. 또한 라탄으로 만든 화장용 의자와 붉은 양가죽 비데도 있었다.[105] 앞에서 언급한 하녀 로잘리 라모를리에르가 위고에게 작은 천 의자를 가져다주었고, 탁자 위에는 꽃다발을 놓아주었다. 이 모든 것에는 슬픔의 바다 속에서

---

103 Victor Hugo, *Choses vues*, "1847. Visite à la Conciergerie", Paris, J. Hetzel, s.d., p. 96.

104 프랑수아 마세 드 레피네François Macé de Lépinay와 자크 샤를Jacques Charles의 설득력 있는 관점을 다음에서 확인할 것. *Marie-Antoinette à la Conciergerie*, "Annexe I. Marie-Antoinette occupa-t-elle une ou deux cellules à la conciergerie?", Paris, Tallandier/CNMHS, 1989, p. 83 sq.
몽주아Montjoye는 왕비의 감방과 구금 당시를 가장 잘 설명하고 있다. Montjoye, *Histoire de Marie-Antoinette-Josephe-Jeanne de Lorraine, Archiduchesse d'Autriche, reine de France*, Paris, Perronneau, 1797.

105 *Mémoires des dépenses de la veuve Capet à la Conciergerie*, AN W/121 dossier 1/10, s.d. Le mémoire est cité par Émile Campardon, in *Histoire du tribunal révolutionnaire de Paris*(1862), Paris, Plon, 1866, pp. 110~111, note. 74일 동안 마리 앙투아네트의 식비는 1,407리브르였다. "아침에는 커피, 저녁에는 수프, 삶은 고기, 채소 요리, 닭고기와 디저트를 제공했다."

도 마지막으로 살아 숨 쉬고 밝게 웃는 최후의 음표가 필요했기 때문이다. 이 모든 것이 평범한 묘지와 다름없었다. 르네 샤르René Char는 "지하감방의 무미하고 끔찍한 토양"이라고 어딘가에서 말했다.

바닥은 벽을 따라 가장자리에 세로로 벽돌을 놓았다. 깨진 돌로 세운 벽에는 나무 틀에 찢어진 천을 늘어뜨려놓았다. 그 천에는 여전히 백합꽃 문양의 흔적이 보이지만, 누군가 세심하게 뜯어낸 것 같았다. 감방의 정중앙에 나무 칸막이를 놓아서 둘로 나누었다. 칸막이에는 구멍이 있는데, 천으로 가려놓았다. 마리 앙투아네트는 두 명의 헌병이 입구 쪽에 있는 첫 번째 방에서 적어도 9월까지 생활했다.

왕비에게는 등불이나 횃불이 허락되지 않았다. 가을이 되면서 낮이 짧아지고, 밤이 점차 그의 감방을 더 오래 침범하며 더 춥고 습해졌다. 그에게 남는 것은 여성의 마당에 설치한 가로등의 희미한 빛과 복도의 천장 아래서 울려 퍼지는 발걸음 소리, 열쇠와 자물쇠 소리뿐이었다. 책 몇 권만 허락되었지만, 늘 즐기던 바느질은 금지되었다. 대신 그는 감방 벽에 걸린 태피스트리의 실을 풀어서 만든 끈을 손가락 사이에 넣었다 빼며 시간을 보냈다. 그는 이렇게 부조리의 실을 뽑아내는 흉내를 내며 오랜 시간 앉아 있었다. 마치 그의 기억 깊은 곳에서 패전한 군대가 지나가는 것 같은 모습이 떠올랐다. "나베트[방적기의 북] 또는 존재의 천사들 / 그들은 공간을 수선한다."[106]

---

[106] Philippe Jaccottet, *À la lumière d'hiver*, Paris, Gallimard, 1977.

나중에 다시 얘기하겠지만, 9월 초 마지막이자 전설적인 탈출 시도 이후, 그는 더욱 어려운 조건에 놓였다. 로잘리는 관계자들이 "하루 24시간, 밤낮으로" 그의 감방을 검사하며, 그의 침대를 뒤지고, 벽을 두드려보고, 창문의 창살에 이상이 없는지 확인했다고 증언했다.

⚜

수감자가 도착했을 때, 이 감방에서 구속 절차가 이루어졌다. 평소와 달리 사람들이 많이 몰려 있었다. 복도 전체에 헌병들이 꽉 들어찼다. 마리 앙투아네트는 수많은 장교와 코뮌의 행정관들에게 둘러싸였다. 왕비의 곁에는 수위 리샤르와 그의 아내가 따라다녔다. 이제 리샤르가 모든 것을 책임졌다. 우리는 그 사람이 느꼈을 감정, 당혹감, 아마도 공포감을 상상할 수 있다. 코뮌 위원들이 물러나자 그의 곁에 남은 로잘리 라모를리에르는 왕비가 '끔찍하게 헐벗은 방'이라고 중얼거리면서 '놀라는' 눈으로 주위를 둘러보는 모습을 보았다. 그때는 8월 초였고 무더웠다. 그는 얼굴에 맺힌 땀방울을 몇 번이나 손수건으로 닦아냈다. 잠시 후 로잘리가 잠자리에 드는 그를 도우려고 하자, 그는 간단히 이렇게 말했다. "고마워요, 아가씨, 이제 내게는 아무도 없으니, 내 일은 나 혼자서 할게요."

그는 콩시에르주리에 도착했을 때 어떤 감정을 느꼈을까? 그는 이 감옥이 법원의 감옥임을 알고 있었으며, 이것이 수많은 사람에게 마지막 단계임을 잘 알고 있었다. 우리는 빅토르 위고의 『사형수 최후의 날*Dernier Jour d'un condamné*』을 기억한다. 그는 "움직이지도 또 소리치지도 못할 만큼 기절한 사람처럼, 그리고 자신을 땅에 묻는 소리를 들은 사람처럼" 자신의 감방에 들어갔다.[107]

장차 제국 시기에 지사가 되는 자크 클로드 뵈뇨Jacques-Claude Beugnot는 10월 초 기소되고 체포되어 콩시에르주리에 [12월 26일 라포르스로 이감될 때까지] 갇혔다. 마리 앙투아네트가 아직 그곳에 있을 때였다. 뵈뇨는 본질적으로 낙천적이고 유쾌했지만, 그날은 모든 것이 무너지기 시작하는 것처럼 느꼈다. 그는 회고록에서 파리의 심장부에 있으면서도 "사막 한가운데 길을 잃은 여행자처럼" 느꼈다. "나와 세상 사이에 넓은 심연이 있었다. […] 내 생각은 연관도 없고 결과도 없이 흘러갔다. […] 내가 죽을 운명이라는 사실만이 내 마음을 지배했다."[108]

마리 앙투아네트는 분명히 죽음에 대해 오랫동안 생각했겠지만, 나는 그가 콩시에르주리에 도착한 이후의 초기 순간들을 지나면서 모든 희망을 잃었다고 믿지 않는다. 그는 항상 생명의 편에 있었다. 나는 그 시대 사람들이 튈르리 궁 시절에 그가 자살을 꾀했다고 하는 말 역시 한순간도 믿지 않는다.[109] 그는 아이들 때문에 살고 싶어했다.

---

[107] Victor Hugo, *Le Dernier Jour d'un condamné*, Paris, Pocket, 2006, p. 56.

[108] *Mémoires du comte Beugnot, op. cit.*, I, p. 190 sq.

그는 왕비이기 때문에 살아야만 했다. 그는 너무 고집스럽고 완고해서 쉽게 포기할 사람이 아니었다. 로잘리는 왕정복고 시기에 라퐁 도손에게 증언할 때, 자신이 들은 말을 털어놓았다. 왕비는 수위 리샤르의 아내에게 자신은 적어도 9월까지는 포로 교환으로 풀려나거나 망명을 할 수 있다고 말했다는 것이다.

그러나 마리 앙투아네트는 이제 자기 삶의 결정권자가 아니었다. 그는 이미 [현실을 초월한] 25시의 인물 같은 존재가 되어버렸으며, 그의 배심원들도 마찬가지였다. 그의 운명은 이미 오랫동안 그의 통제 밖에 있었다. 그것은 그가 대부분 알지 못하는 수천 가지의 일들에 달려 있었다.

비극은 언제나 드러나지 않는 것의 주름 속에 숨어 있다.

---

109 이에 관해서는 다음을 참고할 것. une lettre du comte de Fernan Nuñez, ambassadeur d'Espagne à Paris, à son ministre, du 5 janvier 1791: "Elle a songé à s'empoisonner", in Évelyne Lever, *Marie-Antoinette telle qu'ils l'ont vue, op. cit.*, p. 579.

2 막

외국인

많은 사람이 마리 앙투아네트 재판은 무의미하며, 쓸모없기 때문에 끔찍하다고 썼다. 샤토브리앙은 거듭해서 이 치욕적인 일을 가장 적극적으로 강조했다. "혁명의 첫 번째 범죄는 왕의 죽음이지만, 가장 끔찍한 범죄는 왕비의 죽음이다."[1] 이후로 그를 모방하는 사람들도 생겨났다. 바르베이 도레비이Barbey d'Aurevilly는 이것이 바로 신이 혁명을 용서하지 못하게 하는 유일한 범죄라고 말했다. 사람들은 왕비가 오직 권력에 따른 명예만 가지고 있었다고 강조했다. 그는 군주의 주권을 조금도 나눠 갖지 못했다. 더욱이 1775년 6월 랭스Reims에서 축성식을 받지도 않았다. 1791년 3월, 국민의회는 왕비의 섭정권을 모두 박탈했다. 왕의 재판 직전에 한 의원이 국민공회의 연단에서 표현한 대로, 그는 신성불가침하지 않으며 반역자나 평범한 음모자의

---

1   François-René de Chateaubriand, *Œuvres complètes*, t. II, *Œuvres politiques*, Paris Firmin-Didot, 1847, p. 434. "1816년 2월 22일 리슐리외 공작duc de Richelieu이 상원에서 발표한 왕비의 유언에 관한 연설".
이와 관련해서 스탈Staël 부인이 『프랑스 혁명에 관한 고찰』에서 말한 내용도 참고할 것. *Considérations sur la Révolution française*, Paris, Tallandier, 1983, p. 306.
나중에 샤토브리앙의 친구인 바랑트Barante 남작은 '비열한 분노'에 대해 이야기했다. "그들은 복수보다는 모욕하기 위해 그의 죽음을 원했다."("Procès et mort de la reine Marie-Antoinette", in *Le Correspondant*, t. 29, 10 janvier 1852)

무리와 다를 바 없는 권리를 가지고 있었을 뿐이다.² 국민공회가 남편 루이 16세에게 베풀었던 위엄을 왕비에게 허락하지 않았고, 그에게 형사법원의 모든 모욕을 가하며 그를 왕좌에서 처형대로 끌어내림으로써 마치 일반 범죄자처럼 취급했다. 왕을 죽이는 것보다 더 심하게 그를 죽였다.³ 그가 왕비였음을 잊고자 했을 뿐만 아니라 이유 없이, 목적 없이, 단지 복수하기 위해, 그리고 두려움을 불러일으키기 위해 그를 무자비하게 희생시켰다.

마리 앙투아네트의 재판은 결국 신권적 주권souveraineté de droit divin의 뒤집힌 원칙에서 그 이유를 찾을 수 있다. 그것은 끊임없이 진화하는 정치적 맥락 속에 자리 잡고 있었다. 우리는 사건들이 남긴 논리적 증거 뒤에서 항상 인간의 망설임이 남긴 흔적을 찾을 수 있다. 처음에는 왕보다 먼저 그를 재판하려 했고, 그 후 왕이 죽은 뒤에는 감옥에 남겨두었던 그를 다시 떠올리게 되었다.⁴

---

2   Convention nationale. "Rapport de Mailhe au nom du comité de législation, 7 novembre 1792". AP, t. 53, p. 281.
3   나폴레옹 치하의 재무부 장관 출신 몰리엥Mollien의 말을 참고할 것. Comte Mollien, *Mémoires d'un ministre du Trésor public*, t. III, Paris, Guillaumin, 1845, p. 123.
4   1792년 8월 27일, 자코뱅 협회에서 카미유 데물랭은 국민공회가 왕의 재판을 할 수 있을 때까지, 왕비의 재판을 진행할 것을 요구했다. F.-A. Aulard, *La Société des Jacobins*, t. IV, *Recueil de documents pour l'histoire du club des Jacobins de Paris*, Paris, Jouaust et Noblet, 6 vol., 1889-1897, p. 242.

1793년 10월 14일, 판사들 앞에 선 마리 앙투아네트는 이 모든 망설임, 돌변, 욕설과 잊었던 일들을 알고 있었을까? 탕플 감옥에서는, 한 지지자가 바깥에서 신문기사의 주요 제목들을 큰 소리로 외치는 일이 있었다. 또 가끔은 간수들의 감시망을 뚫고 그에게 신문 내용을 전달하기도 했다. 그러나 콩시에르주리에서는 어떠했을까? 왕은 자신이 죽은 뒤 가족이 자유롭게 떠날 수 있도록 해달라고 죽기 바로 전날 요청했다. 당시 법무부 장관인 가라Garat는 "국민은 언제나 위대하고 공정하다며, 그의 가족의 운명에 책임질 것"이라고 대답했다.[5] 그 결과가 어떠했는지는 이미 잘 알려져 있다.

그러나 두 달의 일시적 휴식이 있었다. 그의 재판 문제는 1793년 3월에 다시 수면 위로 떠올랐다. 바로 공화국이 위기를 맞이했을 때다. 그 시점에 방데 반란이 일어나기 시작했다. 북부와 동부 국경 지역에서는 연합군이 다시 국민공회의 군대를 압도하기 시작해서 상황을 더욱 악화시켰다. 프로이센군은 라인 강 좌안을 다시 점령했다. 퀴스틴 장군은 7월 21일에 그들에게 마인츠를 넘겨주었다. 그들 편에서는 오스트리아군이 벨기에로 진격했다. 엑스 라 샤펠[아헨]과 리에

---

5   왕의 편지와 가라의 답변은 다음에서 볼 것. Cléry, *Journal de ce qui s'est passé à la tour du Temple pendant la captivité de Louis XVI, roi de France, op. cit.*, pp. 115~117.

주가 2월 말에 포위되었다. 3월 18일, 뒤무리에Dumouriez의 군대는 루뱅 근처의 네르빈덴Neerwinden에서 패배했다. 전쟁 시작 이후 두 번째로, 코부르크 공prince de Cobourg의 오스트리아군과 곧이어 요크 공작duc d'York의 영국군이 공화국 땅을 밟았다. 콩데 공이 긴 포위 공격을 받다가 결국 6월 14일에 항복했고, 발랑시엔은 7월 28일에 항복했다. 1792년 8월과 마찬가지로 패배의 유령과 적군이 파리까지 침범할 것이라는 공포가 여전히 민심을 사로잡고 있었다.

그때 국민공회에서는 이 재앙을 두고 논쟁하며, 이를 정치적 무기로 삼았다. 각 파벌은 패배를 이용해 서로를 전멸시키려고 했다. 공화국 전체 영토의 봉기와 국경에서의 후퇴는 서로 뒤엉켜서 더 큰 힘을 발휘했다. 혁명가들의 눈에는 내부의 적과 외부의 적이 하나의 얼굴로 보였다. 방데 봉기자들, 피트Pitt, 코부르크, 반란군, 영국 정부, 오스트리아 군대가 모두 하나로 보였다. 이 방정식의 핵심은 모든 패배를 설명하는 동시에 극복할 방법을 찾는 것이었다. 어떻게 점차 빠져드는 정치적 교착 상태에서 벗어나 혁명을 이끌어낼 것인가? 배신의 환상이 모든 의미를 갖는 것은 바로 이 지점이었다. 이 환상은 쉽게 사라지지 않았을 것이다.

우리는 1814년, 워털루 패배 이후 1815년, 1870년, 1940년 등 역사의 중요한 위기마다 배신의 환상이 다시 나타나는 것을 본다. 배신은 단순히 모든 것을 설명하는 데 그치지 않고, 오히려 혁명 역학의 절대적인 필요조건이 되었다. 반혁명이 진정으로 존재했든, 아니면 왜곡되거나 조작되거나 무한히 확대되었든, 반혁명이 없는 혁명은 없다. 1791년 12월, 당시 지롱드파의 브리소Brissot가 자코뱅 클럽 연단에서 한 연설을 떠올릴 필요가 있다. "여러분, 솔직히 말씀드립니다. 저에게는 단 하나의 두려움이 있습니다. 그것은 우리가 배신당하지 않을 때의 두려움입니다. 우리는 수없이 많은 배신이 필요합니다!"[6] •

배신의 유령은 혁명을 무한대로 과열시키는 동시에 급진화의 명분을 제공한다. 이는 5월 말에 지롱드파를 제거하고, 6월 말에는 당통과 그 지지자들을 배제하는 엄청난 연료로 작용했다. 마리 앙투아네트는 재판이 시작되었을 때 이러한 사실을 알고 있었을까? 자신이 몇 달째 파벌들의 인질이었으며, 권력투쟁의 희생자라는 사실을 상상할 수 있었을까? 혁명의 각 단계와 위기는 그의 운명을 결정하는 또 다른 계단이었다.

3월 이후, 아직 권력의 정점에 이르지 않은 로베스피에르는 조종자로

---

[6] Discours de Brissot aux Jacobins, 30 décembre 1791, cité par Patrice Gueniffey, in *La Politique de la Terreur. Essai sur la violence révolutionnaire(1789-1794)*, Paris, Fayard, 2000, p. 159.

• 배신은 언제나 두렵지만, 역설적으로 배신을 당하지 않으면 적이 누구인지 모르기 때문에 더욱 두렵다. 배신이 있어야 국내외에서 혁명의 적이 드러난다는 의미다.

서 활동하며, 몰락한 왕비에 대한 새로운 공격은 노디에의 말처럼 회의 때마다 전투 또는 비극이 되는 국민공회에서 시작되었다. 야망, 두려움, 열정, 꿈이 뒤섞여 있는 국민공회는 자신을 훼손하는 방법을 유일한 생존 수단으로 삼고, 결국 법의 테두리 바깥에서 목적을 찾게 되었다. 그럼에도 국민공회는 혁명의 정신이자 그 변화가 울려 퍼지는 곳이었다. 그리고 국민공회는 파리 코뮌과 섹시옹들이 때로는 맞서거나 바깥에서 함께 연주하는 소리를 울리는 공명상자 같았다. 3월 27일, 청백리[로베스피에르]는 마리 앙투아네트를 판사들 앞에 세우는 방법을 분명히 제시했다. 공화국이 위기에 처했고 배신당했기 때문에 적들을 처벌해야 한다. 왕은 국민의 이름으로 처형되었다. 왕비도 그래야 한다.

우리는 로베스피에르가 연설하는 모습을 상상할 수 있다. 여느 때보다 더 차갑고 거리감 있으며 냉철하고 엄격한 태도, 새로 분칠을 하고 단정하게 묶은 가발, 극심하게 창백한 얼굴, 주름이 짙은 피부, 늘 쓰는 녹색 뿔테 안경의 색유리 알 뒤에서 흔들리거나 고정된 눈, 단조로운 말투, 고음의 쉰 목소리. 마리 앙투아네트는 이 모습을 거의 본 적이 없다. 어쩌면 멀리서만 본 적이 있을지 모른다. 하지만 이 인물은 그의 몰락에서 제일 중요한 역할을 했다. 그는 바로 고대 인간의 운명을 결정하던 그리스의 모이라스[운명을 결정하는 세 자매] 또는 로마의 파르케스[운명을 결정하는 여신들]와 같은 존재였다.

"지금은 국가를 구할 것인가 아니면 아무런 자원도 없이 몰락하게 내버려둘 것인가, 둘 중 하나를 결정할 시점입니다. 진정으로 조국을 진단하고 적합한 치유책을 적용할 때입니다. [...] 충분히, 너무 오랫동안, 중대한 범죄자들에게 책임을 묻지 않았습니다. 폭군의 처벌… 그것만이 바로 우리가 자유와 평등에 바친 유일한 찬사일까요? 폭군 못지 않게 죄를 짓고 국민에게 비난받았지만 보호를 받는 존재가 법의 칼날을 벗어나도록 허용해야 합니까? 결코 그렇지 않습니다. 법의 칼날은 이곳에서 그의 범죄를 처벌하기만 기다리고 있습니다."[7]

마리 앙투아네트의 이름을 언급하지는 않았지만, 나중에 로베스피에르가 국민공회에 제출한 법안은 분명히 그를 가리켰다. 마리 앙투아네트는 자유와 국가 안전에 대한 공격에 가담했던 사실을 통보받은 즉시 재판에 회부되어야 했다. 로베스피에르는 4월 10일에도 역시 이 제안을 반복했지만, 소용없었다. 국민공회는 여전히 지롱드파의 지배를 받고 있었으며 다른 생각을 하고 있었다.[8]

이것이 바로 마리 앙투아네트의 운명에 불확실성을 던져 넣으면서 그의 비극을 만들어낸 혁명의 망설임과 삭제, 반전이었다. 그는 확실히 유죄지만, 살아 있는 동안 공화국과 유럽 여러 왕국의 전쟁에서

---

7   *AP*, t. 60, p. 606. Séance du 27 mars 1793.
8   로베스피에르는 두 번의 연설에서 마리 앙투아네트뿐만 아니라 오를레앙 공작을 포함한 온 가문을 겨냥했다. 뒤무리에의 배신이 한창이고, 지롱드파와 몽타뉴파의 형제들이 싸우고 있을 때, 그의 고발은 매우 정치적인 것임이 분명했다. 로베스피에르는 마리 앙투아네트를 지목하면서 그를 구하려 한다고 의심받는 지롱드파를 곤경에 빠뜨리고자 했다.

귀중한 협상카드였다. 3월 말 4월 초에, 지롱드파의 지지를 받았고 발미 전투를 승리로 이끈 북부군 사령관 뒤무리에 장군은 파리의 과도한 행동에 분노하며, 이 비극의 1막에 참여했다. 그는 자신의 군대를 이끌고 국민공회로 행진하며 자코뱅파를 제거하려 했던 것으로 알려졌다. 군대가 그를 따르지 않아서 그는 일부 장교와 함께 탈영해 결국 오스트리아군 진영으로 피신했다는 것도 알려졌다. 하지만 왕비가 그의 계략의 핵심 중 하나였다는 사실은 잘 알려지지 않았다. 그는 왕비의 석방과 군주제 회복을 조건으로 코부르크 공작과 휴전협정을 맺었다. 그리고 오스트리아군에게 몇몇 요새를 담보로 약속하기도 했다. 한편, 뒤무리에 장군은 자기를 잡으러 온 전쟁부 장관 뵈르농빌Beurnonville과 국민공회 파견의원 네 명을 그들에게 넘겨주었다.[9]

　4월에 북부군에서 뒤무리에를 대신한 당페르Dampierre 장군이 다시 협상을 시도하며, 탕플 감옥에 갇힌 왕비를 국민공회 위원들과 교환하는 조건을 제의했다. 단지 그는 오스트리아가 받아들이기 훨씬 어려운 조건을 추가했다. 바로 공화국의 인정과 '무기한 휴전'에 관한 합의서 서명이었다. 당시 브뤼셀의 오스트리아 대표는 장차 제국의 총리가 될 클레멘스 폰 메테르니히Klemens von Metternich였으며, 그는 5월 2일 이 제안에 부분적으로 화답했다. "국민공회가 코부르크 원수

9　카뮈Camus, 키네트Quinette, 라마르크Lamarque, 방칼Bancal은 1793년 4월 2일부터 오스트리아군에게 붙잡혀 오랫동안 수감 생활을 한 후 1795년에야 석방되었다.

에게 국민공회 의원들과 뵈르농빌 장관을 석방하는 대신 왕실 가족을 놔주는 협정을 제안했다는 말을 방금 들었습니다."[10]

지롱드파가 몰락한 후, 당통이 다시 협상을 주도했다. 그는 당시 친구들과 함께 구국위원회를 장악했으며, 공포정치를 끝내려고 평화의 길을 찾고 있었다. 6월에는 대표단을 브뤼셀, 베네치아, 피렌체, 나폴리로 파견했다. 그와 동시에 어떤 정권에서든 교묘한 음모를 위해서라면 기꺼이 심부름하는 전문가라 할 비밀 첩보원들도 국경으로 파견했다. 이 중에는 모리스 로크 드 몽가이야르Maurice Rocques de Montgaillard, 그리고 한때 바스티유 감옥에 갇혔고[1782~1789년], 2년 뒤[1795년] 다시 한 번 노력해서 마리 앙투아네트의 딸과 포로 교환을 성사시킨 옛 후작 포테라ex-marquis de Poterat가 있었다. 가장 온건한 몽타뉴파는 이탈리아 각국의 중립성을 유지하고, 특히 오스트리아를 비롯한 연합과 휴전을 시작하는 목표를 가지고 있었다. "정부의 가장 건강한 일부는… 전 세계의 비난을 받지 않는 것에 집중하고 있었다"라고 위그 베르나르 마레Hugues Bernard Maret가 설명했다. 그는 장차 나폴레옹의 장관이 되었는데, 마리 앙투아네트의 동생 마리 카롤린 오스트리아Marie-Caroline d'Autriche 나폴리 왕비에게 파견된 인물이

---

10 Metternich à Trauttmansdorff, 2 mai 1793, cité par G. Lenotre, in *Le Baron de Batz*, Paris, Perrin, 1902, p. 33. 페르센은 1793년 4월 20일 일기에 이 협상에 대해 언급했다. *Le Comte de Fersen à la Cour de France, op. cit.*, II, p. 71.

었다.[11] 탕플에 감금된 마리 앙투아네트는 적어도 말로만이나마 오간 협상의 끝자락에 있었다.[12]

그러나 당통은 7월 초에 구국위원회에서 배제되고, 오스트리아인들은 정전협상, 특히 '무제한' 조건의 협상을 원하지 않았다. 그들은 교환을 수용할 수는 있지만, 최후의 수단으로 먼저 공화국이 몇몇 도시와 일부 영토를 양도하는 조건을 붙였다. 1792년 6월에는 이미 왕국을 분할하는 방안을 논의했고, 은밀히 알자스와 로렌을 탐내고 있었다. 이후에는 프랑스의 플랑드르와 피카르디까지 목표로 삼았다. 브뤼셀에서 메르시 백작은 비엔나 주인들의 생각을 대변했다. "이 나라에서 가장 아름다운 지방들을 빼앗으면, 더는 아무것도 아닌 존재가 될 것이다."[13]

오스트리아인들은 프랑스 왕정을 구하기 위해서가 아니라 자신들의 이익을 위해 전쟁을 벌이고 있었다. 그들은 성공을 거두면서 더욱 큰 욕심을 부렸다. 그들은 북부와 동부에서 발판을 확장하고, 공화

---

11 Ernouf, *Maret, duc de Bassano*, rééd. Paris, Nouveau Monde éditions, 2008, p. 145. 알베르 소렐이 이미 인용한 내용을 앞에서 확인할 것.

12 당통이 계속해서 외국 강대국들과 협상하기 위해 마리 앙투아네트의 처형을 피하고 그의 목숨을 구하려는 태도에 관해서는 다음을 볼 것. Albert Mathiez, *Danton et la paix*, Paris, La Renaissance du livre, 1912, p. 195 sq.

13 *Le Comte de Fersen et la Cour de France, op. cit.*, II, p. 91. "Journal de Fersen", 30 août 1793. 프란츠Franz 2세가 코부르크 공작에게 쓴 편지도 다음에서 볼 것. Albert Mathiez, in *Danton et la paix, op. cit.* 1793년 4월 24일, 그는 코부르크에게 "즉각적인 요새 점유를 보장하는 어떤 제안에도 귀를 기울이지 말라"라고 조언했다(p. 151).

국 군대의 무질서한 상태를 이용해 앞으로의 승리를 확신했다.

⚜

마리 앙투아네트는 당시 상황을 정말로 알지 못했지만, 전쟁에 가려진 진실은 그에게 끔찍한 시련이었다. 그는 비엔나에서 두 오빠 요제프와 레오폴트의 뒤를 이어 황제에 즉위한 조카 프란츠 2세가 냉정하게 야망의 제단 위에 자신을 버릴 것이라고 상상할 수 있었을까? 그의 오빠 요제프는 가문의 맏이로서 가끔 그를 엄격하게 대하면서도 아껴주었다. 요제프는 여동생의 상황에 민감했고, 혁명 초기부터 조언을 아끼지 않았다. 왕비는 오빠를 잘 알았으며, 1790년 2월 요제프가 50세도 되기 전에 죽었을 때 진심으로 울었다. "오빠는 나를 매우 사랑했다. 오빠의 죽음은 나와 그의 나라에 큰 불행이었다."[14]

요제프의 후계자이자 먼 조카인 프란츠 2세에게 마리 앙투아네트는 어떤 존재였을까? 많은 사람이 그를 더는 중시하지 않았다. 그는 교환 대상도 아니었다. 여름을 나는 동안, 그의 이름은 오스트리아 외교서신에서 거의 사라졌다. 오직 그의 친구들만이 이러한 국가적 침묵을 불명예스럽게 생각했다. 순진하거나 순수한 마음을 가진 사

---

[14] Quentin Crawford, *Notice sur Marie Stuart, reine d'Écosse et sur Marie-Antoinette reine de France, op. cit.*, p. 46.

람들만이 황제가 파리로 특사를 보내 마리 앙투아네트가 이제 오스트리아와 프랑스의 관계에서 벗어나 자유로워졌으므로 아무 조건 없이 그를 석방해달라고 요구하면 충분하다고 믿었다.[15]

7월에는 황제의 측근이 루이 16세의 옛 비밀 사절인 브르퇴이 남작baron de Breteuil에게 이런 말까지 했다. 만일 탕플 감옥에 갇힌 포로가 가족과 함께 석방될 경우, 오스트리아인들은 곤혹스러워하며 그를 받아들이는 것이 좋을지 숙고할 것이라는 말이었다. 브르퇴이는 "그들이 하려는 협약을 방해하는 요소를 제거하겠다"라고 보고했다.[16] 이 고백은 끔찍하다. 오스트리아 대공녀였던 인물이 이렇게 외로웠던 적은 없다. 한편, 공화국은 영토 양도를 논의하는 것도 듣고 싶어하지 않았다. 7월 중순에 로베스피에르가 구국위원회 위원이 되었을 때, 마리 앙투아네트는 이제 협상이라는 말을 더는 듣고 싶지 않았다. 전면전이 벌어지고 곳곳에서 살육이 일어날 것이었다.

우연히도 7월에 국민공회에서는 다시 왕비를 공격하고 반역에 대한 이야기를 시작했다. 8월 1일, 새로 로베스피에르의 편이 된 베르트랑 바레르Bertrand Barère는 구국위원회의 이름으로 '오스트리아 여

---

15 1793년 2월 1일자 미발간 편지에서, 미라보의 친구인 라마르크 백작은 옛날 파리에서 마리 앙투아네트의 조언자 노릇을 한 후 오스트리아 군대에 황제의 대리인으로 파견된 메르시 아르장토에게 이같이 제안했던 것이다. Archives d'Arenberg, Enghien. 34C, vol. 4 suppléments, n° 6 bis "Pièces diverses qui ne figurent pas dans la publication de M. de Bacourt".

16 Albert Sorel, in *L'Europe et la Révolution française, op. cit.*, III, pp. 468~469.

인Autrichienne'을 가차 없이 비판했다. 바레르는 그가 모든 재앙의 원인이라고 고발하며, 유럽 왕들의 얼굴에 마치 장갑을 던지듯 그를 던졌다. "국민 정의는 그에게 권리를 행사하고, 그를 음모자 재판소에 넘기라고 요구한다. 왕정의 모든 뿌리를 뽑지 않는 한, 우리는 자유가 공화국의 땅 위에서 번영하는 것을 볼 수 없으며, 오스트리아 여인에게 타격을 주어야만 프란츠, 조지, 카를로스, 빌헬름에게 그들의 신하들과 군대가 저지른 범죄를 느끼게 할 수 있다."[17]

이렇듯 바레르는 함부로 왕들의 이름을 불러 그들을 더욱 모욕했다. 프란츠는 황제, 조지는 영국 왕, 카를로스는 에스파냐 왕, 빌헬름은 프로이센 왕이다. 그 후 바레르는 왕비를 콩시에르주리로 이송하는 법안을 통과시키고, 프랑스에 거주하는 모든 외국인을 체포하며, 파리의 출입문을 모두 폐쇄하게 했다. 로베스피에르의 친구이며 혁명의 대천사인 생쥐스트 역시 같은 말을 했다. 더는 오스트리아 사람들과 대화하는 것이 중요하지 않고, 그들을 벌하고 무찌르는 일이 중요하다는 것이다. "구국위원회는 오스트리아에 가장 훌륭한 보복이란 그의 가족에게 교수형과 불명예를 안겨주는 것이라 생각했고, 공화국 병사들이 총검을 가지고 그들을 공격하도록 권유했습니다."[18]

그 후 구국위원회의 가장 열광적인 인물 중 하나이며, 빨간 머리

---

17 Rapport de Barère à la Convention, 1er août 1793.

18 AP, t. 76, séance du 16 octobre 1793.

때문에 '호랑이'라고 불리는 비요 바렌Billaud-Varenne이 두 번 발언했다. 9월 5일, 그는 10월 3일 이후 '인류와 여성의 수치'라고 부를 사람의 처형을 처음으로 요구하고, 일주일 이내에 재판에 부치라고 주장했다. 이 제안은 통과되었다.[19]

마리 앙투아네트는 그것을 알지 못했다. 국민공회 내부, 그리고 파리 코뮌과 국민공회 사이의 힘과 폭력의 관계가 무엇보다도 그에게 불리한 방향으로 작용했다. 이 두 곳은 서로 죄인을 차지할 권리가 자기들에게 있다고 끊임없이 으르렁댔다. 국민공회 연단에서 왕비의 사형을 주장할 때마다 파리 코뮌은 격하게 반응했고, 국민공회는 구민들이 침입할 위협을 받았다. 한쪽은 국민의 대의기관이고, 다른 한쪽은 직접 민주주의였다. 정당성을 명분으로 벌어진 이 싸움은 당대의 전체 역사를 관통했다. 1793년 9월과 10월에, 반란의 날마다 왕비의 목숨이 점점 줄어들었다. 이러한 상황에서 그의 재판은 이후 지롱드파의 재판과 마찬가지로 일종의 협약이나 조약과 같은 의미였다. 그의 죽음으로 몽타뉴파가 주도하는 국민공회는 파리 코뮌과 자기

---

19 9월 5일, 국민공회 연단에서 마리 앙투아네트의 처형을 요구한 사람은 비요만이 아니었다. 바레르는 구국위원회를 대표해 혁명군 창설을 제안하는 김에 그의 처형도 함께 요구했다. "왕당파는… 피를 원한다. 그들은 마리 앙투아네트와 브리소와 음모자들의 피를 가지게 될 것이다." 이 내용은 『몽타뉴파의 신문Journal de la Montagne』에 나왔다. 1793년 9월 8일 『모니퇴르』의 기록은 약간 차이가 있지만, 같은 내용을 담았다. AP, t. 73, séance du 5 septembre 1793, p. 425.

운명을 연관시키며 동맹을 맺었다. 다시 말해 국민공회는 파리 코뮌에 졌다. 9월과 10월에 파리의 가장 진보적인 섹시옹들, 에베르파 인사들이 강력히 그의 처형을 요구했기 때문이다.[20]

자코뱅 클럽과 코르들리에 클럽 모두에서 수많은 동의안을 제출했다. 에베르 자신은 『뒤셴 영감』에서 공격을 주도했다. 안보위원회 Comité de sûreté générale의 밀고자들은 상퀼로트 계층이 참을성을 잃고 조급해졌다고 말했다.[21] 파리 코뮌은 전국 곳곳에서 전례 없는 청원운동을 은밀히 조직했다. 점점 더 강력한 요구를 담은 모든 청원은 매번 국민공회 의장에게 제출되었다. 이 운동은 9월 3일에 시작되어 재판 순간에 정점에 달했으며, 12월까지 뜨거운 축하와 격려와 함께 계속되었다. 나는 총 90개 이상의 청원을 수집했지만, 훨씬 더 많았을 것이라고 생각한다. 이들은 전국의 모든 곳, 국경 지역, 서부와 남부,

---

20　9월 21일 르죈Lejeune, 23일 브로셰Brochet, 9월 8일, 20일, 30일 데피외Desfieux가 발한 법안을 참고할 것. 이들은 모두 에베르파이며 또한 코르들리에 클럽 회원이었다. 특히 9월 27일 에베르가 발의한 안(『모니퇴르』, 18권, 11쪽)도 다음에서 확인할 것. F. A. Aulard, *La Société des Jacobins, op. cit.*, t. V, p. 392, 414, 416, 418, 428, 436. 그리고 1973년에 출판된 『공화력 2년의 민중운동과 혁명정부*Mouvement populaire et gouvernement révolutionnaire en l'an II*』에서 알베르 소불은 이미 에베르파와 일부 '진보적' 섹시옹(마라 섹시옹 등)을 지목하며 그들을 10월의 중대한 재판(왕비와 지롱드파 재판)의 주요 원인으로 규정했다. 로베스피에르의 측근인 자코뱅파는 오랫동안 에베르파를 따르기를 망설였다.

21　Pierre Caron, *Paris pendant la Terreur, op. cit.*, I, p. 64 et 95("rapports de Givet et de Perrière", 11-9 et 14-9-1793).

민중협회, 전국의 코뮌, 디스트릭트와 주민의 총회에서 왔다. 마치 눈사태처럼 밀려왔고, 항상 같은 말을 되풀이했다. "오스트리아의 암노새", "사악한 오스트리아년", "희생자의 피로 흠뻑 적신 오스트리아의 흉악한 암호랑이"….²²

1791년에 이미 그를 묘사한 풍자화의 제목은 "오스트리아 암탉 poule d'Autru/yche"(타조나 오스트리아의 뜻)이라는 매우 직설적인 말장난을 통해 황금과 다이아몬드를 탐하는 사람이 어리석은 새의 깃털 장식 모자를 쓴 모습으로 표현했다.• 그림 설명에서는 그가 외국 출신이며, 왕들의 연합과 공모하고, 옛 군주제의 종말을 인정하지 않으려는 태도, 그의 사치와 낭비를 의도적으로 섞어서 제시했다. "나는 금과 은을 쉽게 소화하지만, 헌법은 삼킬 수 없다." 이러한 공격의 뒤에는 왕에 대해서는 품지 않았던 질투가 깃들어 있음을 알 수 있다. 루이 16세는 군주제를 상징했다는 잘못밖에 없었던 반면, 왕비는 그 범죄의 화신이었다.

---

22 Alexandre Tuetey, *Répertoire général des sources manuscrites de l'histoire de Paris pendant la Révolution française, op. cit.*, t. X, 3ᵉ partie, n° 194 à 283.

• 오스트리아는 타조를 뜻하기도 한다. 타조는 위험이 닥치면 모래에 머리를 숨기는 어리석은 새라는 속설을 이용해 마리 앙투아네트가 비겁하고 어리석으며 현실을 외면한다고 풍자했다.

상퀼로트의 관점에서 마리 앙투아네트는 전쟁의 큰 죄인이자 공화국의 큰 배신자였다. 이러한 인식은 오래전부터 깊이 뿌리박혀 있었다. 생시몽이 회고록을 쓰던 당시 베르사유 궁에서는 이미 로렌 가문을 싫어했는데, 이는 그 가문이 프랑스 혈통의 왕족보다 우위의 특권을 누리고 있었기 때문이며, 정작 그 가문은 프랑스 출신조차 아니었기 때문이다.

카바니스Cabanis가 말했듯이, 그 "존경받을 만한 공작duc admirable"은 "로렌의 가문이 어떻게 모든 이익을 얻을 수 있었고, 가장 우연하고 무관심한 일에서까지 특별한 구별과 권리를 주장하는 특권을 만들어냈는지"에 독설을 내뱉으며 몹시 한탄하고 불평했다. 얼마 후에 로렌의 프란츠 3세가 마리 앙투아네트의 어머니인 오스트리아의 마리아 테레지아와 결혼하면서 비엔나에 정착했을 때 프랑스인은 그 가문을 더욱 미워하게 되었다. 오랫동안 왕국에서는 프로이센과 군인 왕 프리드리히 빌헬름Friedrich Wilhelm 또는 철학자 왕 프리드리히 2세를 더 좋아했으며, 프로이센은 자연스러운 동반자였다.

1750년대 후반 루이 15세가 이미 '사랑받는 왕bien-aimé'이 아닌 상황에서, 외무대신 슈아죌이 영국의 영향력을 견제하기 위해 프로이센과 맺은 동맹을 깨고 오스트리아와 동맹을 맺었을 때, 궁중과 엘리트들은 매우 부정적으로 받아들였다. 프랑스는 전통적인 적이었던 합스부르크 가문과 수치스럽게도 비밀동맹을 맺었다.

게다가 리슐리외와 마자랭Mazarin이 전통적으로 합스부르크 가문을 포위하던 외교와 군사 전략마저 뒤엎어버렸다. 이러한 정책의 변화는 당시 7년 전쟁의 어려운 상황과 겹쳐 있었다. 오스트리아와 동맹을 맺은 후 프랑스군은 로스바흐Roßbach 전투를 비롯해 여러 전투에서 패배했으며, 1763년에 영국과 불리한 평화조약을 체결해서 캐나다, 인도, 여러 섬을 잃었다. 곧 프랑스 왕실이 비엔나의 덫에 빠졌다는 얘기가 지배적인 여론이 되었다.

1770년에 열네 살인 오스트리아의 작은 대공녀 안토니아가 프랑스에 도착해서, 나중에 혁명가들은 그저 앙투아네트라고 부르겠지만, 마리 앙투아네트가 되어 루이 15세의 손자인 어린 세자와 결혼했을 때, 그는 오스트리아에 대한 적개심에 얼마나 무겁게 짓눌리게 될지 전혀 몰랐다. 그는 단순히 왕비가 되는 데 그치지 않고, [아기를 낳는] 배, 서약서와 담보, 그리고 가치 없이 생겨난 유럽의 새로운 문제의 핵심 조각이 될 운명이었다. 그는 이미 적대적인 세력들 사이에서 '기괴한 동맹'이라고 불리던 것의 살아 있는 화신이었다.

이 모든 것은 함정 같았다. 마리 앙투아네트는 혁명의 인질이 되기 훨씬 전인 1770년에 이미 가문의 이익과 유럽 정치의 희생양이었다. 그는 어머니의 편지를 받았고, 곁에서 어머니의 명령대로 그를 이끌어주고 모국의 이익을 늘 상기시켜주는 메르시 백작의 끊임없는 지도를 받았다. 그래서 그는 새 나라를 진심으로 사랑하고, 자신의 취향을 각인시켜 지속적으로 형성하면서 자기 위치에 적응하는 한편 프랑스어도 완벽히 구사하려고 노력했지만, 독일어 억양을 제거하지 못했으며, 여전히 '오스트리아 여인'으로 남아 있었다. 이를 이해하려면, 그와 가까웠던 봉벨Bombelles 후작이 1781년 12월에 첫 세자가 태어났을 때 쓴 일기를 읽어야 한다. 그것은 마치 절망적으로 자신을 위안하려는 사람이 쓴 글처럼 보인다. "우리의 가짜 친구들은 잘못 생각하고 있다. 왕세자의 어머니는 언젠가 자기 아들이 통치할 국민의 적이 되지 않을 것이다."[23] 그러나 적이 되는 일이 일어날 수도 있었다!

그런 사실을 상기시키고, 그의 가족을 모든 악의 근원으로 몰고 가는 작가들이 등장했다. 1756년 오스트리아와 동맹조약을 서명하던 시기에 장 루이 파비에Jean-Louis Favier가 처음으로 이를 지적했고, 1789년에는 클로드 샤를 드 페소넬Claude Charles de Peyssonnel이 『프랑스의 정치적 상황』에서 이를 언급했으며, 특히 혁명 초기에 언론인 장 루이 카라Jean-Louis Carra가 『애국적 문학지Annales patriotiques et littéraires』에서 이 주제를 널리 알리는 운동을 벌였다. 오스트리아와 오스트리아 여인에 반대하는 정치비평도 수없이 나왔다.[24]

---

23 *Journal du marquis de Bombelles, op. cit.*, I, p. 92. 25 décembre 1781.

24 Jean-Louis Favier, *Doutes et questions sur le traité de Versailles du 1ᵉʳ mai 1756*, 1756, rééd. par Carra en 1789; Claude-Charles de Peyssonnel, *Situation politique de la France [⋯]*, Neufchâtel, Paris, Buisson, 1789. 다음도 볼 것. *L'Orateur des États généraux* de Carra publié en avril 1789.

2막 외국인

혁명이 일어나고 1792년 4월 이후 시작된 전쟁은 결국 동맹의 최종적 실패를 가져왔으며, 마리 앙투아네트가 왕비가 된 이유조차 앗아갔다. 이 때문에 그는 더욱 심한 비난을 받았다. 그때부터 합스부르크 가문의 딸은 국민이 정체성의 신화를 불리하게 만드는 대상이 되었다. 그는 어두운 그림자이며 거부해야 할 대상인 동시에 프랑스에 존재한다는 사실만으로도 공화국의 군사적 패배의 근본 원인이자 핑계가 되었다. 그 소문은 점점 커졌다. 그가 1787년 오스트리아에 반대하는 외무대신 베르젠Vergennes 백작을 독살했고, 오스만 제국과 전쟁하는 자기 오빠 요제프 황제에게 황금을 가득 실어 보내 국고를 탕진했으며, 특히 1790년부터는 프랑스의 패배와 적들의 승리를 바라면서 튈르리 궁이나 불로뉴 숲에서 비밀스러운 밤 모임을 주최했다는 음모론까지 퍼졌다.

이와 같은 다양한 주장이 무엇을 감추고 있는지 좀 더 살펴보겠지만, 당분간 여론은 왕비가 주도하고 전국에 뿌리를 두었다는 위험한 '오스트리아 위원회comité autrichien'의 존재를 의심하지 않았다.[25] 1790년경부터 '오스트리아 위원회'라는 말이 등장했다. 이 위원회는 먼저 가장 강경한 해결책의 지지자들, 즉 프랑스를 전쟁으로 몰아가려는 세력들을 지칭했다. 그 후에는 왕비를 모든 악의 근원으로 몰아가고, 어두운 계략과 왕에 대한 치명적인 영향력을 고발할 때 쓰는 말이 되었다. 1792년 6월에는 이와 관련해서 군주제의 마지막 두 외무대신인 몽모랭Montmorin 백작과 클로드 앙투안 발데크 드 레사르 Claude Antoine Valdec de Lessart의 재판이 진행되었는데, 둘 다 '오스트리아 체제의 노예들'로 낙인찍혔다.²⁶ 이들의 재판은 연기되었지만, 곧 혁명이 이들을 강타했고, 둘 다 1792년 9월에 파리와 베르사유에서 학살당했다.

이제 더는 증거가 필요 없게 되었다. 소문은 저절로 퍼지고 점점 더 커져만 갔다. 1793년 공화국이 오스트리아에 계속 패배하던 시기에, 왕비는 감옥에 갇힌 채 어느 때보다도 더 큰 죄인이 되었다. "그는 남편과 자식, 자신을 받아들인 나라를 오스트리아 가문의 야심 찬 계획에 제물로 바쳤으며, 국민의 피와 돈, 정부의 비밀정보를 이용해 그들의 계획을 돕고 있다."²⁷ 탕플과 콩시에르주리 감옥에서 그는 비엔

---

25 이 말은 1790년 10월 2일 『파리의 혁명*Révolutions de Paris*』에 처음 나타났다. "당신들이 작은 방에서 여는 귀족적 회의, 국회 내에서도 그 영향력을 느낄 수 있는 오스트리아 위원회, 왕의 대신들이 작성한 문서로 각국에 주재한 대사들에게 은밀히 내리는 지령, 이 모든 것이 비난받고 있다."
'오스트리아 위원회'에 관해서는 다음을 볼 것. Th. E. Kaiser, "Le fantôme du comité autrichien", in *Révolutions et mythes identitaires*, dir. Annie Duprat, Nouveau Monde éditions, 2009, pp. 31~47.

26 1792년 5월 23일 입법의회에서 지롱드파 브리소가 한 말이다(*AP*, t. 44, p. 36). 1792년 6월 4일 샤보Chabot가 대신들을 비난하는 보고서도 볼 것(*Ibid.*, p. 544).

27 *Le salut public*, "Aux républicains", Paris, s.n.s.d., octobre 1793. L'article est cité dans *Mémoires de Mme Roland*, Paris, Baudouin frères, 1827, p. 550.

나의 잔혹한 정책의 실끝을 여전히 잡아다니고 있다는 의혹을 계속 불러일으켰다. 그러나 지금 오스트리아의 수도에서는 그의 소식을 더는 듣고 싶어하지 않는 상황이 되었다. 이 점에서 보면, 마리 앙투아네트는 1939년과 1940년에 양쪽의 적 사이에서 고통받았던 폴란드 국민과 비슷한 상황을 겪은 셈이다.

이런 상황에서는 도피처나 도망칠 길이란 어디에도 없었다. 그를 마지막까지 비난하는 소책자는 기소 직전까지 발간되었고, 그 내용은 너무도 끔찍했다. 어떤 익명의 저자는 단두대를 즐겁게 의인화했다. 이 잔인하고 유쾌한 척하는 단두대는 그에게 반말로 말했다. "너 같은 귀여운 머리는 내 기계의 장식품이 될 만하겠어. 나는 오랫동안 네 머리가 고국으로 돌아가기를 바랐다는 사실을 알고 있어. 네 머리를 포탄에 실어서 날리고, 그것이 떨어진 곳에서 또다시 포탄에 실어서 보낸다면 소원대로 빨리 도착하겠지. […] 너희 나라 오스트리아인들은 그것을 보고 아주 기뻐하겠지!"[28] •

"너희 나라 오스트리아인들이여!" 적어도 당시 사람들이 읽을 재

---

28   *J'attends le procès de Marie-Antoinette mise au cachot pour tous ses crimes de lèse-nation au premier chef*, Paris, s.n.s.d. 아니 뒤프라Annie Duprat는 이 소책자에 1792년 9월 29일의 명령에 관한 언급이 있다고 한다. *Marie-Antoinette. Une reine brisée*, Paris, Perrin, 2006, p. 21 et 263(notes).

• 따라서 누가, 언제 발간했는지 알 수 없는(s.n.s.d.) 소책자가 이 명령 이후에 발간되었음을 알 수 있다.

판의 공식 증언 기록에는 그를 "마리 앙투아네트 로렌 도트리슈Marie-Antoinette Lorraine d'Autriche"라고 적시했다. 공판을 시작할 때 그의 이름을 연결해서 부른 후, 자연스럽게 로렌과 오스트리아를 연결한 점을 비난했다! 10월 14일 아침에 재판장 에르만이 그에게 신원을 밝히라고 요청했을 때, 그가 실제로 어떻게 대답했는지는 알 길이 없다. 나중에 다시 이름의 기원을 답하라고 압박을 받았을 때, 그는 도전적이고 피곤한 듯이 자기 나라의 이름을 잘 간직해야 한다고 대답했다. 그러나 그가 자신에게 로렌의 피가 흐른다는 사실을 기억하고 있었는지 의문이 든다.

그 순간 마리 앙투아네트는 자기 조상 로렌 공작들이 잠들어 있는 낭시의 코르들리에 수도원 예배당을 떠올렸을지도 모른다. 1770년 5월 17일, 어린 세자빈은 비엔나를 떠나 파리로 가는 길에 그곳에 잠시 멈춰 기도를 드렸다. 그곳은 마치 프랑스 땅의 첫 번째 정거장 같았다. 지금도 그곳을 방문하는 사람들이 있다. 혁명 이후로 여러 차례 변화가 있었지만, 아직도 그의 흔적이 남아 있다.

예배당 내부는 온통 흑백으로 고요하며, 우물천장의 4각형 틀에는 눈물을 흘리는 수백의 천사들을 가득 새겨놓았고, 로렌 공작들의 대리석 무덤들이 잘 정돈되어 있다. 이 무덤들은 더는 통치 권한을 행사하지 않지만, 그 위에 있는 왕권의 상징인 왕관, 홀, 정의의 손이 옛날의 힘과 위엄을 보여준다. 입구에는 아마도 1820년대 후반에 새겼을 명판이 마리 앙투아네트의 결혼 이후 이곳을 방문한 가족의 기억을 되새기고 있다. 1777년 4월에 그의 오빠 로마인의 왕[신성로마제국 황제] 요제프 2세, 1815년 7월에 그의 조카인 오스트리아 황제 프란츠 1세, 1828년 9월에 그의 시동생과 그의 딸인 샤를 10세와 앙굴렘 공작부인이 다녀갔다. 망자들을 추모하기 위해 그들 앞에 모인 망자들의 행렬이다.

몇 달 전, 나는 이 시간의 흐름에서 벗어난 곳을 산책하면서 당시의 격식 있는 양식으로 문에 붙여놓은 명판에서 읽었던 "프랑스인의 사랑을 받았던" 왕세자빈이라는 문구를 떠올리고, 20년 후에 판사들 앞에 끌려온 몰락한 왕비를 생각하면서 그의 어지러운 운명을 생각하지 않을 수 없었다.

이제 마리 앙투아네트를 로렌 출신이자 오스트리아인이라고 비난하는 사람들은 바로 이 판사들과 특히 공소인인 푸키에 탱빌이었다. 더는 말이 아니라 그의 생명과 직결된 문제였다.

마리 앙투아네트가 자기를 소개한 후, 재판장이 그에게 자신의 혐의 내용에 귀를 기울이라고 말했고, 푸키에 탱빌은 그 내용을 서기인 니콜라 조제프 파리Nicolas Joseph Paris에게 읽도록 했다. 혁명 시기에 로마인 이름을 모방하는 일이 유행한 데다 국민공회 의원 르펠티에를 살해한 자와 같은 이름을 쓰고 싶지 않았기 때문에 그[파리]는 지난 1월부터 '파브리키우스Fabricius'로 이름을 바꾸었다.

이것은 마리 앙투아네트 재판의 첫 번째 중요한 순간이다. 앙투안 캉탱 푸키에Antoine Quentin Fouquier는 1793년에 46세였다. 키가 크고 뚱뚱하며, 매우 짙은 갈색 머리, 두껍고 무성한 눈썹 속에 깊숙이 박혀 있는 눈, 얇은 입술에 강한 의지를 보여주는 턱, 얼굴에는 옛날 천연두를 앓은 흔적이 남아 있는 사람이었다. 그의 음색이나 말하는 방식을 언급한 문헌을 찾을 수 없어서 몹시 아쉽다. 그는 프랑스 북부의 생캉탱 근처에서 태어났다. 그의 아버지는 부유한 농부이자 고향 마을인 에루엘Hérouël의 영주였다. 맏형인 피에르 엘루아Pierre Éloi는 왕의 수행 귀족이자 병참장교였으며, 전국신분회의 제3신분 대표로 선출되었으나 놀랍도록 조용히 살았다.

앙투안 캉탱은 바조슈basoche[법률사무원조합]에서 일하다 샤틀레Châtelet 법원에서 왕의 검사직을 사들였다. 하지만 몇몇 전기작가가 말하는 것처럼 그는 불운한 일을 겪고 도박에 집착했기 때문에 1783년에 검사직을 팔아야 했다. 그 후 그는 빈둥거리며 경찰조직에 약간 손을 뻗기도 하다가 혁명법원에서 두 번째 경력을 쌓기 시작했다. 그는 사촌인 카미유 데물랭의 도움을 받았지만 나중에 아무런 가책도 없이 데물랭을 단두대로 보냈다. 그는 센 도의 형사법원을 거쳐 생캉탱 법원에서 1793년 3월 국민공회가 창설한 혁명법원에 배속되었다. 그는 거기서 다음 해 7월 로베스피에르의 몰락까지 16개월 동안 모든 파벌 다툼을 견디며 버텼다.

푸키에에게 이것은 끝의 시작이었다. 이제 사람들은 공포정치의 청산을 원했다. 1794년 8월 초 그는 체포당한 직후 국민공회에 남긴 메모에서 자신이 불행한 자들의 구원자이자 악인들의 공포였다고 자랑했다. 그는 자부심을 가지고 "2,400명 이상의 모든 반혁명자를, 모두 매우 포악한 자를 심판"한 것은 자신의 공이었다고 말했다. 그는 지난 16개월 동안 매일 밤 세 시간 이상 자지 못할 정도로 열심히 일했다고 주장했다. 그리고 무엇보다도 그는 의무와 직무에 필요한 사항을 잘 아는 공무원으로서 명령에 따랐을 뿐이다. "저는 국민공회의 도끼였을 뿐입니다. 도끼를 비난할 수 있습니까?" 물론 "이 확고하고 변함없는 태도" 때문에 그에게는 수많은 적이 생겼다.[29] 그는 오랫동안 로베스피에르를 섬긴 이유가 자신의 선택이나 우정 때문이 아니라 정치적 세력관계를 날카롭게 인식한 현실적인 이유 때문이었다고 주장하면서 '폭군' 로베스피에르를 슬쩍 비난하고 부정했다.

한편, '청백리'는 그를 매우 의심해서 엄격히 감시했고, 자신이 몰락하기 직전에 그를 제거하려고 했다. 공포정치 시기에 모든 사람은 서로 의심했고, 로베스피에르는 확실히 그 일에 뛰어났다. 푸키에에 관한 한, 결코 이유 없는 의심이 아니었다. 옛 왕의 검사는 자만심이 강했다. 그는 예민하고 모든 것을 지휘하기를 좋아하며, 자신의 성격이 "활달하고 격렬하다"고 자인했다. 그는 지시받는 것을 싫어했고, '청백리'를 내심 미워했으며, 심지어 그의 몰락에도 기여했을 것이다.

---

29 AN W/500, affaire Fouquier-Tinville, dossier 1, fol. 65. Minute manuscrite du "Supplément au mémoire justificatif d'Antoine Quentin Fouquier ex-accusateur public du Tribunal révolutionnaire à la Convention nationale, 19 thermidor an II".

사람들은 그렇게 믿고 싶어했다. 그동안 그는 명령을 따랐고, 그가 로베스피에르의 몰락을 원했다면, 공포정치와 결별하기를 원해서였기 때문은 결코 아니었다.[30]

하지만 푸키에는 아무 거리낌 없이 자신을 "온화하고 인간적"이라고 말했다.[31] 어쩌면 그 말이 맞을지 모른다. 아무도 비겁한 자들의 양면성을 충분히 강조하지 못한다. 그는 가족에게 아주 다른 사람처럼 보였으며, 두 번의 결혼에서 태어난 아이들에게 둘러싸여 있었고, 1782년에 첫째 부인을 잃은 후 결혼한 둘째 아내 앙리에트 제라르 도쿠르Henriette Gérard d'Aucourt의 사랑을 듬뿍 받았다. 그가 젊은 시절에 쓴 편지는 어머니에 대한 존경심으로 가득 차 있으며, 또 다른 편지는

---

[30] *Mémoire général et justificatif pour Antoine Quentin Fouquier ex-accusateur près le tribunal révolutionnaire [...]*, Paris, an II. 푸키에는 감옥에 갇힌 지 얼마 안 되어, 1794년 8월 4일(공화력 2년 테르미도르 17일)에 안보위원회에 첫 번째 의견서를 보내고, 이틀 후인 19일에 두 번째 의견서를 보냈다. 로베스피에르에게 적대감을 품고 있던 것과 관련해, 르쿠앵트르Lecointre, 메를랭 드 티옹빌Merlin de Thionville, 마르텔Martel 의원들과 대화를 나누었지만 그들과 친구관계는 아니었다. 두 의견서의 원본은 국가기록원에 있다. AN: W 500 dossier 1, fol. 64 et 65.
또 다음도 참고할 것. Albert Mathiez, *Autour de Robespierre*, chap. 6, Paris, Payot, 1957. 1794년 6월, 신비주의자illuminée 카트린 테오Catherine Théot 사건이 터졌을 때, 로베스피에르는 푸키에 탱빌을 제거하려고 했다.

[31] 판사 포레스티에의 신문에 푸키에의 답변. Interrogatoire de Fouquier par le juge Forestier, 1er frimaire an III (21 novembre 1794), cité par Alphonse Dunoyer, *Fouquier-Tinville*, Paris, Perrin, 1913, p. 256.

젊은 아들 피에르 캉탱Pierre Quentin이 중위로 오랭Haut-Rhin군에 적절히 배치되었음에도 아들의 경력을 걱정하는 모습을 보여준다.[32]

푸키에는 분명히 "가족이 많은데 불행하고 무일푼"이라고 한탄하는 내용을 메모에 넣었다. 매우 당연하게도 선량한 사람들이 그의 재판을 참관하러 와서 그가 피고인들을 잊어주는 대가를 받지 못하는 경우 그들을 재판에 세우기 전에 이미 사형선고를 내렸으며, 그들의 유산을 처분했다고 비난했다. 출두 명령서를 급하게 작성하는 바람에 단 한 글자가 틀리거나 빠져서 단두대에 서야 하는 사람도 생겼고, 미리 서명만 해놓은 백지 청구서를 준비하거나 피고인 수를 할당하고 무더기로 공소하는 행위가 실제로 존재했다.

푸키에는 본질적으로 피를 흘리는 것보다는 기회주의자였고, 비굴하며 정치적인 사람이었다. 나는 그의 마지막 편지를 손에 넣었다. 그가 처형 하루 전인 1795년 5월 6일 아내에게 보낸 편지다. 비록 그가 최악의 인간이었을지라도 한 인간의 마지막 순간과 연결되었기 때문에 감동적인 편지다. 또한 바로 판결 직전 시작되어 자신이 어떤 형을 선고받았는지 알았을 때 끝나기 때문에 감동적이다. 편지는 이렇게 시작한다. "용기는 나를 떠나지 않으며, 결코 떠나지 않을 것이

---

32   BHVP Ms 175, fol. 197~199. 그의 재판 기록에서 그의 아들과 관련된 편지들을 찾을 수 있다. 푸키에는 전쟁부 장관 부쇼트Bouchotte의 보좌관 출신인 배심원 디디에 주르되이Didier Jourdeuil를 이용했다. A. Dunoyer, *Fouquier-Tinville, op. cit.*, pièces justificatives, XXVII, p. 462.

오. 나는 그것을 믿고 싶소. 무슨 일이 있어도 내 양심은 평온하고 흠이 없소." 그리고 끝은 이렇다. "아아! 결국 당신은 듣고 말았소! 당신에게 온 마음을 다해 키스하오." 성급하게 종이 위에 내갈긴 편지다. 그러고 나서 세탁물과 개인 소지품을 걱정하는 모습도 보인다. 많은 사람을 떨게 했던 두려운 남자, 바로 혁명법원의 무자비한 공소인인 그가 셔츠와 슬리퍼를 걱정하면서 편지를 이렇게 마무리하는 모습은 평범한 부르주아 같다.[33] 인생의 비극은 평범한 사람들이 삶의 사소한 일에 몰두해서 서로 다투다가 결국 눈앞의 죽음을 보지 못하는 존재임을 증명하는 말도 안 되는 희극처럼 보인다.

이번에는 법원이 그의 말을 들으려 하지 않았다. 그리고 그를 완전히 침묵하게 만들었다. 푸키에는 1795년 5월 7일 아름다운 봄날 단두대에 올라갔다. 로베스피에르를 보낸 지 10개월 후, 마리 앙투아네트 사후 18개월 만이었다. 학살자들은 이제 피해자가 되었고, 이들 모두에게 공통점이 있다면, 바로 폭력적인 죽음을 맞이하고 비극의 주인공이 되었다는 점이다. 모든 권력은 힘을 남용하기를 좋아한다. 그것이 권력의 본성이다.

왕비 재판 당시 푸키에 탱빌은 권력의 정점에 있었다. 판사들은

---

[33] Archives J. B. de Proyart, lettre inédite de Fouquier-Tinville à sa femme, la Conciergerie (6 mai 1795).

그에게 "시민, 내 상관Citoyen, mon patron"³⁴이라고 시작하는 편지를 보냈다. 8월 21일, 그는 에르만과 함께 퀴스틴 장군 사건에 대해 그가 쓴 공소장으로 국민공회에 초청받았다. 전 검찰관 보네Bonnet의 서기 출신인 개인 비서와 두 명의 젊은 대리인이 그를 확고히 보좌했다. 한 명은 가족의 친구인데, 미혼인 장 바티스트 플뢰리오 레스코Jean-Baptiste Fleuriot-Lescot는 푸키에의 부모가 아들처럼 키워준 인물이었다. 다른 한 명인 미셸 그레보발Michel Grébauval에 관해 복수심에 불타는 익명의 노트를 보면, 이 두 사람[보좌관 두 명]이 "남편과 아내라는 농담을 듣고도 한없이 즐거워할 만큼" 항상 붙어 다녔다고 비난했다.³⁵

2025년 5월, 로베스피에르의 지지 없이는 아무것도 할 수 없었던 플뢰리오는 그의 덕택에 파리 시장으로 임명됐다가 그와 함께 7월에 몰락했다. 그의 재판 당일, 아직 며칠 더 재직하고 있던 푸키에 탱빌은 최측근 친구를 단두대에 보내지 않기 위해 결국 스스로 사임하는 방법을 찾았다. 이렇게 해서 그는 조금 더 인간적인 모습을 보여주었지만, 그리 큰 변화는 아니었다.

1793년 7월 이후로 푸키에는 주로 구국위원회의 명령을 받았다. 9월 25일, 전 왕비의 재판을 앞두고 그는 플뢰리오와 함께, 그리고 구

---

34   A. Dunoyer, *Fouquier-Tinville, op. cit.*, appendice VI, p. 417. Lettre du substitut Bonnet à Fouquier, 21 messidor an II(9 juillet 1794).

35   AN W/500, affaire Fouquier, 2ᵉ dossier: pièces à charges, fol. 71. "Note sur Michel-Marc Grébauval" [sic].

국위원회와 협력해 60명의 배심원 명단을 새로 만들었다. 그들에게 각각 보내는 편지에는 그들의 사명이 어떤 것인지 분명하게 적혀 있었다. "국민의 복수는 여러분의 손에 달렸습니다." 그 과정에서 가장 확실하지 않은 배심원들은 배제되었다. 그는 추첨 순서를 엄격히 지키기보다 마지막 순간까지 '그의' 배심원 명단을 다듬었으며, 이곳저곳에서 한 이름을 제거하거나 당시 '확고한 사람'이라는 평을 받던, 즉 사형에 찬성하던 사람들 사이에서 새 이름을 더하는 작업을 계속했다.

열다섯 명의 배심원 중 콩시에르주리의 의사이며 로베스피에르의 개인 의사인 조제프 수베르비엘은 유일하게 사임하겠다고 했다. 그는 자신이 감옥에 수감된 피고인에게 치료를 해주면서 개인적으로 접촉했기 때문에 자격이 없다고 말했다. 그러나 수베르비엘은 진정한 공화주의자였다. 배심원단에 꼭 필요한 사람이었다. 재판장 에르만은 이렇게 말했다고 한다. "누군가 그대에게 사임하라고 한다면, 그건 터무니없는 비난일 것입니다. 그는 그대가 피고인의 큰 불행에 몹시 가슴 뭉클할 가능성을 걱정했기 때문에 그런 말을 했을 테니까요." 수베르비엘은 배심원이 되겠으며, 어떤 영향도 받지 않고 다른 배심원처럼 투표하겠다고 맹세했다.

이 재판은 모두 조작되었다. 배심원단은 공소인이 지명한 사람들이었고, 판사들은 피고인에게 불리한 선입견을 가졌으며, 이후에 더 자세히 언급할 변호인들도 직권으로 임명되어 엄격히 감시받았다. 푸키에는 그들을 매우 의심했으므로, 안보위원회를 설득해 그들의 변론이 끝난 후 결과와 상관없이 그들을 체포하게 만들었다.³⁶ 물론 그들은 그 사실을 모르고 있었다. 그들은 재판 전날에 지명받았다. 그들은 존재하는 고소 자료를 충분히 읽을 시간도 없었고, 변론서를 쓸 시간도 없었다. 게다가 증인을 출석시킬 수도 없는 상황이었다.

푸키에는 전 왕비의 출석을 가장 중요한 사건으로 생각했다. 그는 나중에 그것을 자신의 업적으로 언급하기도 했다. 그는 이미 몇 주째 왕비를 기다렸으며, 그동안 구국위원회와 안보위원회가 아무 일도 하지 않아서 법원이 명성을 잃었다고 주장했다. 그는 8월 25일 모든 정치 클럽에서 그런 소문이 돌기 시작했다고 썼다.³⁷ 그는 10월 14일 아침에 반드시 승리할 것이라고 생각했으나, 정말로 기뻤을까? 그는 이

---

36 안보위원회는 10월 14일에 마리 앙투아네트의 변호인들을 체포하고 심문하며, 뤽상부르Luxembourg 감옥*에 구금하라는 명령을 내렸다. *AP*, t. 76, Convention nationale, séance du 16 octobre 1793.
 • 뤽상부르 궁은 혁명 초 루이 16세의 큰동생이자 장차 루이 18세가 될 프로방스 백작의 거처였다. 그러나 1791년 6월 20일과 21일 밤 사이에 그는 벨기에 방향으로 도주했다. 그 후 국회는 뤽상부르를 감옥으로 만들었다. 나중에 루이 16세 일가를 뤽상부르 감옥에 감금하는 안을 검토했지만, 지하통로로 백작이 도주했다는 사실 때문에 탕플 탑에 가두기로 결정했다.

37 Lettre de Fouquier-Tinville au président de la Convention, 25 août 1793, citée par Émile Campardon, in *Histoire du tribunal révolutionnaire, op. cit.*, p. 104.

미 몇 주 전부터 자신의 증거 자료가 몹시 부족하다고 불평했다. 그는 8월에 두 차례나 국민공회에 편지를 썼다.

10월 5일, 푸키에는 안보위원회에 마리 앙투아네트에 대한 증거가 부족하기 때문에 재판 절차를 진행하기 어렵다고 알렸다. 그러나 그날 그는 아무것도 받지 못했다. 며칠 동안 서로 책임을 떠넘기며 시간을 보내다가 결국 11일에 안보위원회는 그에게 전 왕의 재판 관련 자료들을 열람할 수 있도록 허락해주었다. 그러나 나는 그 자료들을 어디에 보관하고 있었는지 밝히지 못했다. 푸키에는 지난해 관련 문서를 정리하던 책임을 맡은 이른바 '24인 위원회'의 위원 몇 명을 심문해야 했다.

한편, 매우 온건한 성향의 국민공회 의원 피에르 보댕Pierre Baudin은 당시 공화국 기록위원회의 책임자로서 별로 서두르지 않았다.[38] 그는 재판이 열리는 당일인 10월 14일 아침에야 중요하지 않은 자료를 몇 가지 보냈을 뿐이다. 우리는 증인과 피고인의 사전 심문에 만족해야 하겠지만, 그 결과도 별로 유익하지 않았다.

---

[38] 아르망 가스통 카뮈Armand-Gaston Camus는 1789년 8월 국민공회에 최초의 기록보관소 관리자로 뽑혔고, 1794년 4월 초 뒤무리에에게 석방된 후 오스트리아의 포로가 되었다. 그는 1795년 12월에야 석방되었다. 아르덴Ardennes 출신으로 국민공회 의원이 되었지만 왕 사형에 투표하지 않은 피에르 보댕은 카뮈의 첫 번째 대리인이었다. 그는 1794년 6월 25일 시행된 기록보관법에 카뮈보다 더 큰 역할을 담당한 인물이었다. Carl Lokke, "Archives and the French Revolution", *The American Archivist*, vol. 31, n° 1, janvier 1968.

본질적으로 국민공회는 왕비를 파리의 구민들에게 넘김으로써 그 사건에서 완전히 손을 떼기로 결정했다. 의미심장하게도 국민공회는 루이 16세의 재판 당시에 자체적으로 만들었던 조사위원회를 이번에는 만들지 않기로 했다. 이제 파리 코뮌과 혁명법원이 알아서 처리하라는 뜻이었다!³⁹

푸키에는 증인으로 나와서 자신이 직접 목격하지도 않고 그저 들은 일을 전하거나 그 기회를 이용해서 자신이 중요한 사람인 양 행세하는 불쌍한 사람들을 이용했다. 베르사유 궁의 가정부였던 렌 미요Reine Millot는 위대한 신들의 이름을 걸더니 피고인이 2억 리브르 이상을 그의 오빠에게 넘겨주었다는 말을 쿠아니 공작에게 직접 들었다고 증언했다. 그는 또 확실한 출처를 강조하면서 피고인이 오를레앙 공작을 살해하려는 계획도 세웠다고 말했다. 법무부에서 편집자로 일하던 피에르 조제프 테라송Pierre Joseph Terrasson은 두 번째 증인이 되어 왕 일가가 바렌에서 파리로 돌아올 때 피고인의 맹렬한 눈길

---

39 8월 19일, 푸키에가 자신의 재판 자료가 하나도 없다고 불평하면서 국민공회에 보낸 편지를 읽어줄 때, 몽타뉴파 의원인 샤를리에Charlier는 국민공회를 모든 책임에서 해방시켰다. 그는 전 왕비의 공소장을 국민공회가 작성할 일이 아니라고 주장했다. "마리 앙투아네트는 다른 사람들과 다를 바 없는 여성입니다. 우리에게는 그를 상대로 공소장을 작성할 이유가 없습니다. 안보위원회가 관련 자료를 공소인에게 넘기기만 해도 충분한 일입니다." 그의 제안은 채택되었다(*Moniteur universel*, t. 17: séance du 19 août 1793, p. 433).

을 보았으며, 피고인이 1791년 7월 17일 마르스 광장에서 군중에게 총격을 가하려는 복수 계획의 충분한 증거로 확신한다고 증언했다. 세 번째 증인인 극장경영자이자 언론인인 장 바티스트 라브네트Jean-Baptiste Labenette는 피고인의 부하들이 자신을 죽이려고 했지만 가까스로 피했다고 눈 하나 깜빡이지 않고 증언했다.

사람들은 봤다고 주장하지만 아무도 제시하지 못한 편지들을 쫓고 있었다. 마라Marat 섹시옹의 지도자 중 하나로, 자코뱅 클럽과 코르들리에 클럽 회원이자 경찰관리자이며, 푸키에와 가까운 사이이기 때문에 배심원에 뽑힌 디디에 주르되이는 8월 10일 사건 이후 단두대에 오른 스위스 근위대 대령 다프리d'Affry의 집에서 한 통의 편지를 찾았다. 디디에 주르되이는 마리 앙투아네트가 군중에게 발포하라는 명령을 다프리에게 내렸다고 확신했다. 또 왕의 대신이 작성한 편지에 따르면, 마리 앙투아네트는 전쟁 초기에 동맹군에 대한 그의 작전 계획을 알고 있었다.

그러나 그 문서는 '카페Capet' 재판의 자료 목록에 포함되었지만, 그 편지들이 어떻게 되었는지 아무도 모른다. 최소한 24인 위원회의 전임자 두 명, 즉 유명한 기구 비행사[앙드레 자크 가르느랭André-Jacques Garnerin]의 형으로서 위원회 서기였던 장 바티스트 가르느랭 Jean-Baptiste Garnerin과 국민공회 의원 발라제를 심문했다. 한 명은 그것들이 파리 코뮌에 있다고 하고, 다른 한 명은 안보위원회에 있다고 대답했다. 이 모든 것은 불안감과 믿기 어려운 비전문성을 느끼게 한다. 그들은 그 일과 상관없는 것처럼, 그리고 이 모든 증거가 필요 없는 것처럼 대수롭지 않게 여겼던 것이다.

당시 투르토 드 셉퇴이Tourteau de Septeuil 남작이 관리하던 왕실비 자금에서 마리 앙투아네트가 서명했다는 유명한 지출 승인서도 마찬가지다. 이것은 그의 낭비뿐 아니라 해외로 송금한 증거였다. 그중에서 망명한 폴리냐크를 위한 8만 리브르의 지출 승인서는 카드 게임에 자주 등장하는 미스티그리mistigri[마치 조커 같은 와일드카드]처럼 계속해서 문제시되었다. 가르느렝이나 발라제도 각각 하나씩 손에 넣었지만, 액수는 2만 리브르짜리였다. 결국 푸키에는 그 문서가 '분실'되었음을 인정하면서 끝까지 찾아내겠다고 약속했다. 재판이 끝난 후인 10월 16일에도 그것을 여전히 수색 중이었다.[40]

그 와중에 흔히 그레코Greco라 불리던 프랑수아 티세François Tisset는 주르되이와 마찬가지로 파리 코뮌 감시위원회 소속으로 열심히 일했다. 그도 셉퇴이의 집에서 다양한 식료품을 사는 데 들어간 200만 리브르 이상의 지출 승인서를 보았으며, 이는 가격 인상을 통해 민중

---

[40] AN AE/I/5 n°18. Armoire de fer. Lettre de Garnerin, ci-devant secrétaire de la commission des 24 à Fouquier-Tinville, Paris, le 25 du 1ᵉʳ mois, an II de la République(16 octobre 1793).
또한 푸키에가 구국위원회에 보낸 모든 편지와 그들이 증거 자료를 찾는 과정에서 주고받은 답장도 참고할 것. 마리 앙투아네트 역사가들은 이러한 편지를 거의 활용하지 않았다. 이 문서집에서 고소 자료의 파일은 거의 비어 있다. Fol. 38 à 72.

을 굶주리게 하려는 의도에서 나온 것이라고 증언했다. 그러나 이 지출 승인서들 역시 사라졌다.

보다시피 푸키에의 증인 목록은 정보원과 경찰의 이름으로 가득 차 있다. 이들 대부분은 8월 10일의 '범죄자'의 서류에 접근권을 가졌지만, 당시 행정조직의 무질서 상태가 너무 심해 아무도 이를 제대로 제출할 수 없었다. 공포정치는 단순히 행정의 과잉이 아니라 혼란스러운 무질서 그 자체였다. 그러나 우리의 경찰들은 직무상 심리적 교활함과 이중성을 익히고, 감시자처럼 의심하는 버릇이 있었기 때문에 다른 사람들보다 더 나았다. 그들은 예리한 청각과 먼 곳까지 보는 눈을 가졌다. 마리 앙투아네트 재판의 증인 가운데 절반 이상은 혁명 후 살아남지 못했지만, 그들은 그렇지 않았다.

나는 경찰의 비밀계좌를 조사하면서 푸키에 목록에서 여러 명을 찾았다. 예를 들어 프랑수아 티세는 총재정부Directoire 시기에 심문실에서 근무했다. 그 후 경찰 총감찰관들inspecteurs généraux de police에게 붙은 비밀요원의 수당을 받았다. 제국 시기에 그는 강력한 장관[푸세]의 보호를 받으며 언론 감시 업무를 계속했다. 인쇄소 노동자로 일했던 그는 혁명 기간 중 몇몇 신문이 단두대의 영광을 찬양하는 선전물들을 출판했다는 사실을 알고 있었다.[41]

법 집행관 출신 디디에 주르되이는 그보다 운이 좋지 않았다. 그는 집정정부 초에 나폴레옹이 내린 자코뱅파 금지령에 걸렸지만, 푸세의 보호를 받았다. 인도양의 코모르Comores 섬으로 추방형을 선고받았던 그는 숨어서 이름도 바꾸었다. 아무도 그를 쫓지 않았다. 이후 그는 아브르Havre에서 수익성 높은 전당포를 열고, 그 인근에서 망명 귀족의 소유에서 국유재산으로 바뀐 부동산을 밀매해 큰 돈을 벌었다. 그에게 이것은 일상이었다. 그는 이미 공포정치 시절 파리에서 교회 토지를 매각할 때 투기 행위도 하고 있었다.[42]

마찬가지로 변호사 출신 테라송은 곧 1794년 4월에 국민공회가 만든 시민행정·경찰·법원위원회에 배치되었다. 그는 이미 1793년 5월에 법무부 장관을 위해 '관찰자'로서 첩자 노릇을 했다. 로베스피

---

[41] *Compte rendu aux sans-culottes de la République française par très haute, très puissante et très expéditive dame guillotine*. À Paris, l'an 2ᵉ de la République. Par F. B. Tisset, ouvrier d'imprimerie.
티세는 정의의 검, 평등의 자, 그리고 단두대 아래에서 왕, 왕비, 주교의 목이 잘린 모습을 담은 표지를 직접 그렸다. 그는 퐁뇌프Pont-Neuf 섹시옹의 구민회의 소속이었다가 급진적 성향 때문에 1795년 2월에 추방되었다. 그는 푸키에를 따라 리옹으로 갔으며, 파리 코뮌 경찰국의 감시위원으로 혁명법원에서 유죄 판결을 받은 자들의 심문을 담당했다. 1799년 3월, 그는 경찰청ministère de la Police의 2급 요원으로 임명되었다(AN index du t. VIII des PV du Directoire). Il émarge pour 150 francs d'indemnités de mission dans les comptes secrets de la police. Dépenses secrètes, an VIII (Archives Fouché, Louveciennes).
다음도 참고할 것. A. Soboul, *Répertoire* [⋯], *op. cit.*, p. 420.

[42] Lettre de dénonciation de Letourneau au rédacteur de *La Quotidienne*, 18 septembre 1814. Sur le site Connaissances et perspectives, réf. n° 2084. "Letourneau-affaire Didier Jourdeuil." 8월 10일 파리 코뮌의 일원이었던 주르되이는 9월 학살에 참여했다. 그는 전쟁부 장관의 보좌관이었으며, 푸키에를 도와주어 자기 아들을 군대에서 적절한 자리에 배치할 수 있었다. 생니케즈Saint-Nicaise 길에서 나폴레옹을 겨냥한 폭탄테러 사건이 일어난 후, 공화력 9년 니보즈 14일(1801년 1월 4일) 집정부의 명령으로 추방되었다. 그는 아브르에서 리오테Leautey라는 이름으로 살았다.

에르의 몰락 전후 두 차례 감옥에 갇혔던 그는 왕정복고 시기까지 끝내 살아남았다. 신앙심이 깊은 사람들은 그가 그때 '잊힌 노인'으로서, 교회에서 속죄하며 기독교인들을 교화하는 일에 평생을 바쳤다고 말할 것이다.[43] 또한 그는 마리 앙투아네트 재판에서 증언하지 않으면 신분상 불리하게 만들겠다는 위협을 받았다고 한다. 그러나 부르봉Bourbons 가문이 돌아온 후 갑자기 무릎을 꿇고 가슴을 치며 회개하는 모습으로 바뀐 옛 혁명가들의 무리를 조심해야 한다.

재판 증거로 편지가 없었기에 사람들은 어리석은 것들로 대신했다. 그들은 마리 앙투아네트를 콩시에르주리로 이감할 때 찾아낸 사크레 쾨르Sacré-Cœur 그림을 반혁명 세력의 결집을 나타내는 위험한 징표로 제시했다. 이번에는 방데 반란자들이 피고를 변호하듯이 자신들을 변호하다 보니 오히려 역효과가 났다. 개인적 신심과 숭배의 상징인 이 그림은 몇 달 만에 내전의 상징이 되었다. 이에 대해 증언하는 에베르는 그 점을 확신했다.

---

43 Louis-Ange Pitou, *L'Urne des Stuarts et des Bourbons ou le fond de ma conscience sur les causes et les effets du 21 janvier*, Chez L. A. Pitou, 31 août 1815. 다음에서 법무부 장관 가라를 위해 작성된 그의 관찰 보고서 일부를 찾을 수 있다. W. A. Schmidt, *Tableaux de la Révolution française, publiés sur les papiers de la police secrète de Paris*, Paris, 3 vol., t. II, 1880-1890, p. 141 et 198. 테라송은 아마도 지롱드파 성향의 인물이었으며, 가라는 1793년 5월 9일에 그를 시민행정위원회에 임명해 자코뱅 클럽을 감시하는 임무를 주었다.
다음도 참고할 것. Tuetey, *Répertoire général des sources manuscrites de l'histoire de Paris pendant la Révolution française*, t. IX, *op. cit.*, p. 296, 754.

에베르는 음모자들이 이 표식을 들고 다니던 모습을 보았다. 더구나 튈르리 궁전에는 성직자 시민헌법에 반발한 비선서 사제들이 북적거렸다. 왕이 그들의 추방에 대해 거부권을 행사하게 된 것도, 바로 피고인의 영향을 받았기 때문이다. 더 나아가 에베르와 가까운 증인들이 전하는 바로는 반교권주의, 그리고 투쟁적이거나 신념에 가까운 무신론도 분명히 재판의 한 양상이었다. 그러나 나중에 마리 앙투아네트의 열광적 지지자들, 그를 성인과 순교자로 승화시키려는 사람들이 믿었던 대로 그것은 재판에서 가장 핵심적인 문제가 되지 않았다.

전 왕비의 재판에서 합당한 증거를 제시하지 못했기 때문에, 증인들은 자신들의 과거 신분에 대한 복수의 기회를 찾았다. 이러한 점에서도 마리 앙투아네트의 재판은 과거의 신분제, 위계질서, 궁중의 예우를 넘어선 평등의 승리를 보여주는 사례였다. 한때 '가장 화려한 위신'으로 둘러싸여 있던 그를 평등하게 대우하는 것은 의심할 여지 없이 재판의 공정성을 상징하는 것이라고 재판장 에르만은 강조했다. 파리 코뮌의 검사 쇼메트는 귀족적 언행으로 콩시에르주리 감옥에 수감된 거리의 아가씨 두 명과 함께 그를 재판에 출석시키려는 계략을 꾸몄다. 이 세 여성은 같은 수레에 실려 단두대에 끌려갈 뻔했다. 하지만 법원은 이와 같은 유쾌한 농담을 좋아하지 않았다.[44] 약간 의심은 가겠지만, 사람들은 마리 앙투아네트를 재판할 때 형평을 고려한 것이 아니라 일반 여성과 다를 바 없는 사람으로 다루었을 뿐이라고 주장했다.

전 왕비의 재판은 마치 광범위한 사회적 전복작전 같았다. 갑자기 평민이 귀족에게 마치 자신들이 같은 세계에 속한 것처럼 말을 걸었다. 베르사유 국민방위군 병장 출신 라브네트는 왕의 전쟁대신이었던 라 투르 뒤팽에게 인사한 뒤 자신을 알아보지 못한다는 사실에 놀랐다. 노년의 귀족은 즉시 차갑고 매섭게 대답했다. "선생, 나는 당신에 대해 들어본 적이 없습니다." 그 밖에도 8월 10일 이전에 튈르리 궁전에 배속되었던 사람들은 왕비와 나눈 대화를 거리낌 없이 이야기했다. 거물급 인사들처럼 이들도 중요한 역할을 했다. 거물급들은 평민들에게 속내를 털어놓았고, 국가의 가장 은밀한 현안까지도 알려주었다. 그들은 평민들을 침묵하게 만들려고 노력했기 때문에 그들을 진심으로 받아들였던 것이다.

푸키에는 분명히 이 모든 것에 속지 않았다. 더 나은 증거가 없거나 확실한 증거에 의존할 수 없었기 때문에, 그의 기소는 왕비를 향한 것이라기보다는 처음부터 그의 죽음을 요구한 사람들의 의도에 맞춘 것이었다. 그는 남이 듣고 싶어하는 대로 완벽하게 연설했다. 마리 앙투아네트 재판은 구체제가 혁명을 상대로 벌인 전쟁의 재판과 같다. 명백히 국민이 군주제에 적대적이었던 것이 아니라 오히려 군주제가 국민에게 음모를 꾸미며 대적했기 때문에 실패가 반복되었다. 1789년

---

44 그들 중 한 명인 에글레Eglé는 석 달 후에 "카페의 과부와 공모했다"라는 혐의로 단두대에 올랐다. *Mémoires du comte Beugnot, op. cit.*, p. 242 sq.

2막 외국인

10월 5일, 1791년 7월 17일, 1792년 6월 20일과 8월 10일에 일어난 모든 폭력 사태는 궁중이 초래한 결과로, 매번 자기들에게 닥친 위기를 숙고하던 때 일어났다. 그리고 '앙투아네트'가 바로 그 핵심이었다.[45]

파브리키우스는 푸키에의 공소장 네 쪽을 법정의 관습처럼 무미건조하고 단조로운 목소리로 읽었다. 낭독을 듣는 사람들은 나쁜 문체, 반복, 학술적 참고자료, 혁명 당시 감탄을 금치 못할 과장된 표현들 때문에 프랑스어가 간결하고 고전적인 아름다움을 가진 언어라는 사실을 잊었을 것 같다. 여기에는 확신, 의심, 뜬소문, 환상, 시대의 분위기, '외세와 주고받은 범죄와 유해한 비밀통신', 그들에게 보낸 '수백만 리브르', '밀담'과 '오스트리아 내각', '향연', '음모', 영향력과 은폐가 모두 담겨 있었다. 마치 튈르리 궁 왕의 방 커튼 뒤에서 비단 천이

---

[45] AN AE/I/5 n° 18. Armoire de fer. Minute autographe de l'acte d'accusation, fol. 37. 4 pages manuscrites datées du 2ᵉ jour de la 3ᵉ décade du 1ᵉʳ mois de l'an II de la République(13 octobre 1793). 혁명법원 판사 열 명, 재판에 참여하지 않은 판사들, 서기인 파브리키우스, 푸키에 탱빌이 이 문서에 서명했다. 열 명의 의장 조제프 에르만, 가브리엘 투생Gabriel Toussaint, 에티엔 푸코Étienne Foucault, 피에르 셀리에Pierre Sellier, 앙드레 코피날André Coffinhal, 가브리엘 들리에주Gabriel Deliège, 피에르 루이 라그메Pierre-Louis Ragmey, 앙투안 마리 메르Antoine Marie Maire, 프랑수아 조제프 드니조François Joseph Denisot, 에티엔 마송Étienne Masson이다. 푸키에의 기소문은 10월 14일에 소책자 형태로 배포되었으며, 1793년 10월 16일자 『모니퇴르』에 실렸다.

살짝 스치는 소리까지 들리는 듯했다. 그 소리는 결코 모습을 드러내지 않지만, 모든 것을 보고 듣고 알고 있는 마리 앙투아네트를 고발하는 소리였다.[46]

마리 앙투아네트는 트로이의 목마와 같고, 수단을 가리지 않는 마타 하리Mata Hari였으며, 흑색 이야기 속의 사악한 요정, 위대한 조종자이자 당연히 가장 큰 범죄자이며, '프랑스의 재앙이자 흡혈귀'였다. 에르만은 재판이 끝나기 직전에 아주 적절히 말했다. "이 모든 사실이 구두 증거가 된다면, 피고를 온 국민 앞에 세워야 할 것입니다. […] 바로 국민이 앙투아네트를 고발하고 있습니다. 지난 5년간 일어난 모든 정치적 사건이 그의 유죄를 증명합니다."[47]

이것은 한 여성에게 너무 큰 짐이었다. 고발의 무게는 그를 단순한 시민으로 대우할 의도가 없었음을 충분히 보여주었다. 그는 왕비였기 때문에 유죄였다. 증거가 많든 적든 상관없었다. 그들은 모든 왕비, 특히 외국의 왕비들을 더럽고 악랄하다고 여겼기 때문이다. 에베르는 곧 자기 신문에 여느 때처럼 잔인한 축하의 글을 썼다. "나는

---

46 롤랑 부인은 『회고록』에서 1792년 6월에 왕이 파리 시장 페티용Pétion과 대화하면서 이 소리를 들었다고 썼다(*Mémoires de Madame Roland, op. cit.*, p. 171).

47 *Procès de Marie-Antoinette dite Lorraine-Autriche veuve de Louis Capet*, à Paris, chez Caillot et Courcier, imprimeurs, deuxième année républicaine, pp. 167~168. 『모니퇴르』나 『혁명법원 관보』와 비교했을 때, 그 후 며칠 동안 공개된 모든 기록 중 이 재판 기록의 '공식' 버전이 가장 상세하다. 내가 따로 언급하지 않는 한, 나는 이 버전을 계속해서 참고할 것이다.

[…] 모든 범죄에 대해 그가 유죄라고는 생각하지 않는다. 그는 왕비가 아니었던가? 바로 그 하나의 죄로 그의 목숨을 단축시키기에 충분하다."[48]

아첨과 찬사는 종종 권력에 대한 두려움, 예의, 복종을 암시하는 매우 좋은 인상을 준다. 당시에 푸키에와 그의 공소문은 말 그대로 극찬을 받았다. 사방에서 온 칭찬의 편지들은 아직도 기록보관소에 잠들어 있으며, 잊히고 말았다. 그것들은 비겁하고 우스꽝스러웠기 때문이다. 예를 들어 초대 법원장이자 치안판사였던 자크 몽타네Jacques Montané의 편지가 있다. 그는 푸키에의 고발로 7월 말 직무정지를 당하고 감옥에 갇혔다. 그는 석방되기를 원했고, 푸키에에게 피고를 사정없이 벌하라는 편지를 썼다.

"나는 북쪽의 메살리나Messaline[로마 제정 초 음란한 황녀]에 대한 공소장을 읽으며 가장 큰 기쁨과 심지어 존경심까지 느꼈습니다. […] 이 공소장은 후세에 전해지고, 당신을 영원히 기념하며, 공화국의 진정한 동지들의 감사를 받을 것이고 국민 행복의 무한한 권리를 보장해줄 것입니다." 그러고 나서 몽타네는 (아무리 찾으려 해도 찾을 수 없었던) 사실관계의 명료성과 남성다운 진실성을 칭찬했다. 끝으로 그는 자신을 잘 꾸미기 위해 피고가 국민에게 가한 고통에 걸맞게 고통스러운 죽음을 맞이하기를 바랐다. 그러나 이것도 왕비가 민중에게 가

---

[48] *Le Père Duchesne*, n° 298(octobre 1793).

한 것에 비하면 아주 적은 것일지 모른다고 썼다.⁴⁹ 사람은 자신을 구하기 위해서라면 한없이 무자비해질 수 있다.

푸키에는 이 편지에 속지 않았다. 그는 샤를로트 코르데 재판 당시 재판장인 몽타네를 관대하다는 이유로 고발했으며, 그가 공식 사임을 완강히 거부하자 감옥에 계속 가두었다. 푸키에는 로베스피에르가 몰락할 때까지 몽타네를 거기에 두었지만, 결국 기소하지 않음으로써 그를 구해준 셈이 되었다. 당시 로베스피에르는 단호하고 충실한 의장을 원했다. 그래서 그 자리에 에르만을 임명했다.⁵⁰ 혁명법원의 공소인이 재판관들을 얼마나 쥐락펴락했는지 알 수 있다.

증인이나 배심원들과 마찬가지로 판사들도 이 역사에서 잊힌 존재였다. 심문을 시작할 때 탁자 뒤에 앉아 있는 그들은 마치 혁명이 피

---

49 AN W/500, affaire Fouquier. 3ᵉ dossier. Lettre de Montané à Fouquier-Tinville, 24ᵉ jour du 1ᵉʳ mois de l'an II de la République (15 octobre 1793).

50 JBM Montané, de Grenade près Toulouse, président de la première section du Tribunal révolutionnaire de Paris, dénoncé par Fouquier-Tinville, à la Convention nationale, de l'imprimerie de F. Porte (12 octobre 1794).
또 다음의 문서도 참고할 것. les pièces du procès Fouquier (AN W/500) et Procès de Fouquier-Tinville et autres membres du tribunal du 22 prairial au tribunal révolutionnaire, n° I à xlvii, Paris, De l'imprimerie du Bulletin républicain, enclos du Temple, n° 37, an III (floréal an III-fin mai 1795). BHVP 10 4846.

고에게 조용히 던지는 침묵의 질책처럼 보였다. 에르만만이 증인과 피고인을 한 사람씩 심문했으며, 그동안 다른 판사들은 별다른 말을 하지 않았다. 그들은 단지 배역을 맡았을 뿐이지만, 매우 필요한 존재였다. 그들은 재판을 법적 절차로 보이게 만드는 데 반드시 필요했다. 분명히 특별법원 소속 판사들은 운이 좋지 않았다. 혁명법원이든 비시Vichy 정부[2차 세계대전 당시의 친나치 정부]의 특수부서든 그곳 소속의 판사들은 언제나 불운했다. 그들은 모두 고발장을 작성했고 공소장과 심의 결정서에도 서명했다.

좀 더 가까이서 그들을 보면, 그들은 서로 닮은 동시에 그만큼 달라서 놀라게 된다. 혁명은 역사의 보이지 않는 실로 그들을 묶어 자유의 법정으로 보냈다. 왕비가 말없이 서서 그들을 관찰하고 있었다. 그들은 며칠 동안 완전한 빛을 받다가 곧 어둠 속으로 돌아갈 터였다.

그나마 기억에 남는 사람은 재판장 마르시알 에르만뿐이다. 로베스피에르는 8월 말에 마치 믿음직한 신하 같은 그를 재판관으로 임명했다. 그는 에르만을 높이 평가하고 어떤 상황에서도 믿을 수 있는 사람이라고 생각했다. 그는 오래전부터 에르만을 알고 있었다. 혁명 이전에 로베스피에르가 아라스Arras의 아르투아Artois 지방의회 일반 변호사로 평판을 얻고 명성을 쌓아갈 때, 젊은 에르만은 그를 보좌했다.

에르만은 1793년 당시 34세였다. 우아한 체격에 잘생긴 데다 전통적 법복 가문 특유의 단순함과 올바른 예절도 갖추었다. 그는 명백히 편파적 행위를 저지른 적이 한 번도 없으며, 무엇보다도 친척들이 그의 이름으로 특혜를 받는 일이 없도록 가장 신경 썼다. 이는 드문 일이었기에 충분히 기록할 만하다.[51] 그는 1794년 6월 10일, 로베스피에르가 혁명법원을 재편해서 토론도 변호인도 변론도 없는 일종의 '불타는 법정Chambre ardente'● 으로 만든 이후 더는 혁명법원을 주재하지 않았다. 하지만 그는 적어도 대다수의 감옥 내 음모 사건, 이른바 대공포정 시기에 수백 명을 단두대로 보낸 사건들의 책임을 면하기는 어렵다. 바로 그가 이끄는 시민행정·경찰·법원위원회에서 유죄인 명단, 허위 증언, 거짓 고발들을 조작했기 때문이다. 그는 "부패하지 않고 언제나 단순했으며 원칙을 충실히 지키면서" 소임을 다했다고 자부했겠지만,[52] 청백리가 몰락한 후에는 버티지 못하고, 푸키에 탱빌과 같은 날 단두대에 올랐다.

에르만은 마리 앙투아네트의 유죄를 확신했다. 그는 10월 12일에 예비 심문을 담당했다. 그리고 재판 동안에도 토론을 이끌었다. 그러나 라마르틴Lamartine의 말대로, 모든 결정은 '공포정치의 강철 대변인'인 푸키에가 내렸다.[53] 에르만은 함께 앉은 판사 네 명과 그저 [푸

---

51 Albert Mathiez, *Autour de Robespierre, op. cit.*, chap. 7, "Herman et son frère".

● 1545년 프랑수아 1세가 처음 설립한 특별법원이며, 시대마다 다른 성격의 국사범을 심판했다.

52 Herman au Comité de salut public, 11 thermidor an II sept heures du soir. BHVP Ms 807.

53 Alphonse de Lamartine, *Histoire des Girondins*, Robert Laffont, coll. "Bouquins", 2 vol., 2014, II, p. 1516.

키에의 결정을] 따랐을 뿐이다. 그의 오른쪽에는 51세의 가브리엘 들리에주와 48세의 앙투안 마리 메르, 일명 메르 사바리Maire-Savary가 있었다. 왼쪽에는 57세의 조제프 프랑수아 동제 베르퇴이Joseph-François Donzé-Verteuil와 31세의 피에르 앙드레 코피날이 있었다.[54]

유일하게 오베르뉴 출신인 코피날은 다부진 몸, 검은 눈과 짙은 눈썹의 인상적인 얼굴에 활달하고 호통치는 듯이 말하는 성격으로 널리 알려진 사람이었다. 그보다 나이가 든 판사들은 비교적 생기가 없었다. 이들은 프랑스 각지, 예를 들어 동제는 벨포르, 들리에주는 마른Marne의 생트메느우Sainte-Ménehould, 코피날은 캉탈Cantal의 비크쉬르세르Vic-sur-Cère에서 왔지만, 그 자리에 우연히 모이지는 않았으며, 그들 모두 군주정 시절의 관직을 수행한 부르주아 계층에 속했다. 동제의 아버지는 벨포르 시의 최고행정관이자 판사였으며, 들리에주

---

54 피에르 부이용Pierre Bouillon(1776-1831)의 그림에서 이 재판의 배치를 대략 유추할 수 있다. 이 그림은 즉석에서 그린 것이 아니라 재판 후 1년이 지난 1794년 또는 1795년, 테르미도르 반동 국민공회 시기에 제작된 것으로 알려져 있다. 그러나 이 책에 실린 작품은 마리 앙투아네트 재판의 가장 정밀한 묘사 중 하나임이 분명하다. 부이용은 몽시오 Monsiau의 제자다. 그는 19세에 왕실 가족을 성인화 형식hagiographiques으로 묘사하는 〈(1792년) 6월 20일의 유명한 장면들: 왕과 척탄병〉, 〈엘리자베트 부인의 헌신〉을 그렸다. 프레데리크 카즈나브Frédéric Casenave는 〈오스트리아의 마리 앙투아네트가 혁명법원에서 받은 판결〉을 판화로 제작하면서 '비열한 에베르l'infâme Hébert'를 공격하는 왕당파적 설명문을 달았다. 이 판화는 1795년 11월 31일, '파리, 마자린 길rue Mazarine 24번, 판화가 베리테Vérité 화랑'에 등록되어 있었다. 부이용은 에베르가 혐의를 고발하던 10월 14일 오후의 모습을 담았다. 그는 이 장면을 극적으로 표현함으로써 마리 앙투아네트에게 유리하도록 했다(원본 그림은 카르나발레 박물관, 판화실, D 5974에 있다).

의 아버지도 상당히 부유해서 생트메누우의 정기시 세관장직을 사들였다. 코피날은 비크 바이아주bailliage de Vic의 변호사 아들이었고, 메르 사바리의 아버지는 왕의 사냥개 사육장의 의사였다가 루이 15세 치세에 파리 소금창고의 관리직 중 하나를 매입했다.[55]

19세기에 프레데리크 모로Frédéric Moreau가 『감성교육L'Éducation sentimentale』•에서 지적했듯이, 그들은 혁명이 일어나기 훨씬 전부터 자주 파리로 '올라가' 글쓰기나 법률 분야에서 경력을 쌓기 시작했다. 한 사람(코피날)은 샤틀레의 검사서기로, 또 한 사람(메르 사바리)은 아버지를 이어 베르망통Vermenton 시의 왕 대리관직을 차지했으면서도 동시에 파리 고등법원의 변호사가 되었다. 이 모든 것에는 일관성이 있으며, 혁명기 고위 사법관들의 매우 특징적인 면모를 보여주었다. 그들은 부르주아 출신, 관직, 게다가 귀족 신분을 인정해주는 직책을 가졌다. 그들은 군주정하에서 수 세대에 걸쳐 이루었던 사회적 상승을 혁명기에 더욱 빠르게 이루는 기회를 얻었다.

---

55 앙리 본Henri Beaune은 그의 전기(리옹, 1898)에서 그렇게 말했다. 하지만 뉴턴Newton이 왕의 대규모 사냥개 사육장에서 언급한 수많은 인물 가운데 그의 이름을 찾을 수 없다. 물론 뉴턴이 모든 사람을 언급하지는 않았다. W. R. Newton, *Les Chevaux et les chiens du roi à Versailles au xviii*ᵉ *siècle. La grande et la petite écurie, les écuries de la reine, le grand chenil et la louveterie*, Paris, Champion, 2015.

• 원제는 『감성교육, 한 젊은이의 이야기*L'Éducation sentimentale, histoire d'un jeune homme*』(1869)이며, 귀스타브 플로베르Gustave Flaubert의 아바타인 프레데리크 모로가 열여덟 살부터 사랑을 배우는 과정을 다루는 자전적 소설이다.

조제프 동제 베르퇴이의 경력만이 훨씬 더 독특했다. 그는 낭시의 수도원에서 사제 수련을 시작한 뒤 예수회에 들어갔고, 1768년 로렌의 예수회가 해산될 때까지 그 단체에 남았다. 따라서 예수회 사제 출신이 마리 앙투아네트 재판의 판사 중 하나였던 것이다! 이처럼 역사 연구는 전혀 예상하지 못했던 곳으로 우리를 이끄는 경우가 있다는 점에서 놀랍다. 그 후 동제는 파리로 이사해 몽마르트르 수녀원장의 사제가 되었고, 특히 문학공화국*에 들어갔다. 여느 예수회원처럼 그도 볼테르의 천적이자 장차 국민공회에서 루이 16세 사형에 찬성한 의원[루이 마리 스타니슬라스 프레롱Louis Marie Stanislas Fréron]의 아버지 엘리 프레롱Élie Fréron의 『아네 리테레르L'Année littéraire』[문학의 해]에 기여했다. 또한 1775년에 자신의 인생을 예고하는 듯한 재치 있고 전조적인 제목의 학술서, 『사형선고를 받은 가장 저명한 인물들의 최후의 감정Derniers sentiments des plus illustres personnages condamnés à mort』을 출판했다. 특정인은 먼저 말을 글로 쓰거나 내뱉는데, 그 말 때문에 죽게 된다는 것이었다. 10월 14일에 그는 곧 단두대에 서게 될 피고의 마지막 감정을 어떻게 생각했을지 궁금하다.

동제가 3월에 설립된 혁명법원에 기소대리인으로 임명되었다가

• république des lettres: 신분제 사회에서 재능을 먼저 고려하는 능력 중심의 사회를 의미한다. 아카데미, 살롱, 프리메이슨 단체 같은 곳에서는 볼테르, 디드로, 장 자크 루소나 벤저민 프랭클린 같은 사람들이 귀족과 자리를 함께할 수 있었다. 이러한 현상은 사회적 변화를 잘 보여준다.

재판관으로 임명받기 전까지는 거의 알려지지 않았다. 그전에 그는 사제직을 포기했을 것이다. 그는 공직을 수락하는 편지에서 '공화국에 큰 일꾼이 될 것'과 '중대한 일들', 그리고 '큰 위험'에 대해 언급했다.[56] 그의 말은 틀린 곳이 없었다. 어쨌거나 마리 앙투아네트 재판의 판사 중 그만이 법관 경험이 부족했다. 푸키에가 나중에 피니스테르Finistère 도 행정부의 지롱드파 잔재를 청산하기 위해 그를 브레스트Brest 혁명법원의 공소인으로 만들었을 때, 그는 아무런 거리낌 없이 수락했고, 그 과정에서 이미 언급한 외눈의 보네를 서기 겸 대리인으로 곁에 두어 만일의 사태에 대비했다. 보네는 한쪽에 유리 눈을 박은 광신자로서, 보는 사람을 불안하게 만들었다.[57]

보네가 상관에게 보낸 미공개 편지 덕에 우리는 동제의 정보를 더 많이 얻었다. 적어도 그들이 관대하기 때문에 죄를 짓지는 않았다는 것은 분명하다. 보네는 옛 사제가 선한 의지를 가졌다고 해도 "스스로 생각하는 법을 모른다"라고 하며, 언제나 "자기가 해야 할 것과

---

[56] Lettre de Donzé-Verteuil au ministre de la Justice, 25 mars 1793, citée par G. Lenotre, in *Le Tribunal révolutionnaire(1793-1795), op. cit.*, p. 71.

[57] 피니스테르 도의 행정관 스물여섯 명이 공화력 2년 프레리알 3일(1794년 5월 22일)에 처형당했다. 동제는 로베스피에르의 몰락 후 3일이 지나서도 다섯 명의 사형수를 추가로 보냈다. H. Wallon, *Les Représentants en mission et la justice révolutionnaire dans les départements de l'an II(1793-1794)*, t. II, chapitre vii, "La Bretagne", Paris, Hachette, 1889. 또 다음도 참고할 것. *Dénonciation de la conduite du tribunal révolutionnaire de Brest*, de l'imprimerie de Guffroy, rue Honoré, n° 35, s.d.(1795).

는 정반대를 하려고 애쓴다"라고 말한 뒤, "그가 어떤 일을 건드리면, 그건 그냥 엉망으로 만들어버리기 위해서다"라고 덧붙였다.[58]

요컨대 동제는 정치적 필요에 따라 끊임없이 변하는 미로 속에서 길을 잃은 듯한 학자였다. 그는 자신이 옛날에 했던 일을 잊기 위해 다수의 망명자와 '혼란을 부추기는 비선서 사제들'을 단두대로 보냈다는 사실을 자축했다.[59] 그가 푸키에에게 보낸 편지를 보면, 다른 판사들이 재판의 어떤 형식도 따르지 않고 '단두대 판사juge guillotineur'라고 서명했을 때, 그는 '혁명법원 판사들juges révolutionnaires'의 진짜 일원임을 자칭했다. 그들은 어떤 이름이건 거의 똑같다고 인식했다.

동제를 제외한 모든 판사는 자신의 증거를 갖추었다. 그들은 전문가였다. 들리에주는 마른에서 입법회의 의원이 되었고, 그 후 생트메느우, 나중에 몽타뉴쉬르엔Montagne-sur-Aisne으로 이름이 바뀐 지역의 법원장이 되었다. 코피날은 자코뱅 클럽의 회원이며, 혁명 초기에 설립한 파기법원의 보고관이었고, 1792년에는 이른바 8월 17일 특별법원 창설 당시 판사의 일원으로서 8월 10일의 '범죄자들'을 처벌하는 임무를 수행했다. 그는 푸키에 탱빌의 최측근으로, 특히 이해관계

---

58 AN W/500, affaire Fouquier-Tinville, 2ᵉ dossier, fol. 8 et 9. Bonnet à Fouquier, 14 floréal an II(3 mai 1794) et 21 messidor an II(9 juillet 1794).

59 *Verteuil aux citoyens représentants, membres du comité de législation*, Évreux, 2 brumaire an IV(24 octobre 1795), cité in Jean-Louis Debauve, "Pour une réhabilitation de l'accusateur public Donzé-Verteuil", *Les Cahiers de l'Iroise*, n° 4(nouvelle série), 37ᵉ année, octobre-décembre 1990, p. 185.

로 얽힌 친구였다.

구체제에서 식민지 무역은 매우 중요했는데, 전쟁과 특히 생도맹그Saint-Domingue의 흑인 반란 때문에 심각하게 위협받았다. 어떤 사람들은 혁명에 찬성하면서도 설탕을 생산하는 섬에서 이익을 얻을 수 있다는 이유로 노예제 폐지에 반대하기도 했다. 나폴레옹 치세의 경찰부 장관인 푸셰는 낭트 출신의 노예선 선장이자 생도맹그 설탕농장 소유주의 아들이었다. 그는 개인적 이익과 혁명적 투쟁 사이의 모순을 잘 보여주는 사례다. 또한 코피날은 식민지 농장주의 딸인 준비에브 파주Geneviève Page와 결혼했다. 이처럼 두 사람이 식민지와 밀접한 관계, 오늘날 '식민지 로비lobby colonial'라고 부를 수 있는 관계를 맺었다는 점에 주목해야 한다. 사람들은 그들이 신문기자 클로드 밀상Claude Milscent 같은 흑인 운동가들을 단두대에 보냈다고 비난하기 시작했다. 특히 밀상이 그들을 고발하겠다고 위협했기 때문이다.[60]

코피날은 자코뱅파와 밀접하게 연루되어 있어서 로베스피에르 사망 후 겨우 며칠만 살아남았다. 테르미도르 9일(1794년 7월 27일), 코피날은 로베스피에르가 국민공회의 고발을 당한 직후 그의 집으로 찾아가서 반란을 선언한 시청으로 그를 데려갔다. 코피날은 국민방위군 총사령관이며 막시밀리앙[로베스피에르]의 확고한 지지자인 앙리오 장군을 안보위원회에서 구출할 때도 이바지했다. 미슐레는 이

60　Yves Benot, "L'affaire Milscent", *Dix-huitième siècle*, n° 21, 1989, pp. 319~327.

를 코피날의 '잔인한 우정'이라고 표현한 뒤, 그의 강인하고 치명적인 손이 "로베스피에르를 법의 은신처에서 끌어내어 죽음의 자리로 옮겼다"라고 덧붙였다.[61]

우리는 그 후의 일을 잘 알고 있다. 국민공회의 군대가 시청을 공격했고, 로베스피에르를 단두대로 보내기 전에 입을 다물게 만들고 싶어한 것처럼 코피날의 턱은 산산조각났다. 판사였다가 며칠 전에 혁명법원의 부의장이 된 그는 며칠 동안 숨어 있다가 들켜서 8월 6일 단두대에 올랐다. 그 전날 푸키에는 콩시에르주리에서 그의 감방 바로 옆 칸에 있었는데, 그가 밤새 옛 친구들을 욕하면서 고함치는 소리를 들어야 했다는 말이 있다.

마리 앙투아네트 재판에서 코피날의 동료 판사들은 더 신중했기 때문에 더 오래 살아남을 가능성이 컸다. 동제 베르퇴이는 청백리가 몰락한 후 브레스트에서 체포되어 에브뢰Evreux 감옥으로 이감되었고, 1년 후 1795년 10월 국민공회 해산 직전 특별사면으로 석방되었다. 들리에주와 메르 사바리는 1795년 4월 푸키에 탱빌의 재판에 출석해 모두 무죄 판결을 받았다. 그들이 구제받은 것은 분명히 그들에 관한 온건한 증언 덕분이었을 것이다. 물론 그들은 무시무시한 직책을 수행했지만, 인간성을 잃지 않았던 덕분이기도 했다! 테르미도르 국민공회 시기에는 공포정치의 진짜 책임자를 엄격히 가려내면서 자

---

[61] Jules Michelet, *Histoire de la Révolution française*, op. cit., p. 877.

신의 생명을 구하려고 노력했으며, 재판 자체의 합법성까지 부정하지는 않았다. 그들은 내부에서 복수심에 사로잡혀 개인적 이득을 챙기거나 로베스피에르파의 이름으로 공화국을 분열시키고 음모를 꾸민 혐의자들을 찾아내려고 노력했다.

들리에주와 메르 사바리는 단지 추종자들이었다. 그들은 몰락 후 '폭군'으로 낙인찍힌 로베스피에르와 개인적인 연관성이 없었다. 그들은 확실히 잘못된 편에 있었지만, 나쁜 의도는 없었다. 여러 증인은 그들이 직무를 수행할 때 공정하고 정직하게 행동했다고 증언했다! 특히 그들은 애국자였다. 어떤 증인은 들리에주가 어느 정도의 격렬함, '타고난 열정'을 지니긴 했지만 착한 사람이었다고 말했다. 심지어 메르 사바리는 마음이 여린 사람이라고 생각하는 증인도 있었다! 그는 절차를 지연시키고, 재소자들에게 편의를 제공하고자 했던 것 같다. 또한 잘 아는 사람들의 사형에 투표할 때면 그가 눈물을 흘렸다는 증언도 있었다.[62]

나는 왕비의 재판 날에 메르 사바리가 어떤 표정이었는지 보고 싶을 지경이다! 더욱이 그는 이미 독특한singulier 판사라는 소문이 돌

---

[62] Procès de Fouquier-Tinville et autres membres du tribunal du 22 Prairial au tribunal révolutionnaire, op. cit., n° XXIV, XXVIII, XXIX, XLI et XLII. Témoignages de D. Duchâteau, ex-secrétaire du parquet de Fouquier, de J.-B. Tavernier, ex-greffier du TR, de J. Boucher, ex-huissier du TR, de C. E. Dobsen, ex-président du TR, d'Antonelle, ex-juré du TR.

았다. 혁명 이전부터 그는 잔 프랑수아즈 사바리Jeanne Françoise Savary 와 루이 15세의 덧없는 사랑의 결실이었다는 소문이 있었다. 그것은 1745년 베르사유에서 있었던 일이다. 이 인물에 대한 다소 동화 같은 이야기를 전한 역사가는 단 한 명이었다.[63]

여기서 멈출 수도 있지만, 몇 가지 놀랄 만한 연결점이 있었다. 어떻게 의사이자 궁중의 하위 관리로서 단지 상황이나 편의상 남편 노릇을 하던 앙투안 메르Antoine Maire라는 인물이 그다음 해에 부르고뉴의 생트팔레Sainte-Palaye와 베르망통Vermenton의 두 곳에서 영지와 함께 베르망통의 왕의 대리관직을 취득해서 아들에게 물려줄 수 있었을까? 잔 프랑수아즈는 리옹과 부르고뉴 출신 가문의 서적상 기욤 사바리Guillaume Savary의 누이동생이었다. 기욤은 파리에서 같은 직업을 가진 르벨Lebel(또는 Le Bel) 가족과 가까운 사이였다. 당시 도미니크 기욤 르벨Dominique Guillaume Lebel은 루이 15세에게 쾌락거리를 찾아 주는 시종장이었고, 1755년에는 파르크 오 세르Parc-aux-Cerfs[사슴농장의 후궁]를 조직했다. 그리고 니콜라 프랑수아 르벨Nicolas François Lebel은 1767년에 잔 프랑수아즈의 조카와 결혼했다.[64] 혁명 직전에 그는 마리 앙투아네트의 동서였던 프로방스 백작부인의 서점주 겸 지리학자로 일하고 있었다. 이 모든 것은 불길했다. 비극적인 이야기에는 때

---

[63] Henri Beaune, *Un juge de Marie-Antoinette [Antoine Maire-Savary]*, Lyon, Bermoux et Cumin, 1898. 앙리 본은 표면적으로 매우 진지했던 리옹 출신의 법관으로, 프랑스의 관습법에 정통했다.

때로 벽장 속에서 사생아들이 나오기도 한다.

우리는 결코 인생의 어두운 면을 끝까지 밝힐 수 없을 것이다. 우리는 인간이라는 반죽을 분리하거나, 무엇이 인간을 두렵거나 비겁하게 만들어 폭력에 굴복시키는지, 무엇이 선의를 가진 인간을 돌이킬 수 없는 일이나 피를 보는 길로 접어들게 만드는지 결코 이해하지 못할 것이다. 성 아우구스티누스는 어디선가 "악을 이해하려 하지 마라. 이는 밤을 바라보거나 침묵을 들으려 하는 것과 같다"라고 썼다.

그러나 어쨌든 공포정치와 맞닥뜨린 운명에는 일종의 숙명이 있다. 무죄 판결을 받은 후, 들리에주는 생트메느우 법원 판사직을 얻었지만, 보조 판사로 일하면서 조용히 살아가다 1807년 제국 시기에 생을 마쳤다. 동제 베르퇴이는 사라졌다. 훨씬 후에 그를 낭시에서 볼 수 있었다. 신부로 남아 있던 그의 동생이 그를 거두었을 것이다. 그는 낭시의 신학교에 숨어서 은밀하게 살았던 것 같다. 어찌 되었든 그는 1818년 그곳에서 죽었다.[65] 그의 사망신고서에는 이름의 절반을

---

64 21세인 그는 이모와 같은 이름으로 마리 잔 프랑수아였다. 결혼 증서 일부는 르벨 가문을 다루는 족보 사이트에 소개되어 있다. 또한 푸키에 탱빌의 재판 자료 중에서 피고인 4번인 메르 사바리는 "혁명 이전에는 파리의 의회에서 변호사였고, 베르망통 시의 왕의 대리관이었다"라고 소개한다. AN W/499: "Procès-verbal de la séance du 8 germinal an III (29 mars 1795); présentation des accusés."

65 *Les Cahiers de l'Iroise*, n° 4(nouvelle série), 19e année, octobre-décembre 1972, "Au sujet de la mort de Donzé-Verteuil, ex-accusateur public au tribunal de Brest", p. 253.

가리고 '동제'라고만 적혀 있었다. 아마도 그는 삶의 절반을 지우고 싶었거나 잊히기를 원했을지도 모른다.

메르 사바리의 마지막은 더욱 놀랍다. 그는 파리를 떠나 부르고뉴의 작은 마을인 비토Vitteaux에 정착했다. 그곳은 그의 어머니의 고향 스뮈르앙오수아Semur-en-Auxois 근처였다. 그는 거기서 버림받은 사람처럼 반쯤 미친 상태로 25년 이상 살았다. 술독에 빠진 채 음악에서만 위안을 찾았다. 1822년 크리스마스 전날 그를 발견했을 때, 곁에는 바이올린이 있었고, 머리는 벽난로의 재에 묻혀 있었으며, 아직 타오르던 불에 얼굴이 그을려 있었다. 그의 전기작가는 묻는다. "그가 죽은 원인은 무엇일까? 뇌졸중인가, 술 때문인가, 두려움 때문인가, 아니면 회한 때문인가?"[66]

이것은 앞의 글을 쓴 사람의 판단일 뿐이다. 그러나 회개하는 처형자들이 종종 연민을 불러일으킨다는 것은 사실이다. 그들은 악행에서 벗어나지는 않지만, 더 인간적으로 변했다. 19세기의 위대한 소설가들은 대부분 공포정치의 폭풍 같은 증오와 폭력의 이유를 설명하려고 무척 애쓰며, 각자 전문적인 해석을 내놓았다. 1820년 샤토브리앙의 친구인 피에르 시몽 발랑슈Pierre Simon Ballanche는 『이름 없는 인간L'Homme sans nom』을 출판했다. 거기서 그는 자신을 불운한 여행

---

66 Henri Beaune, *Un juge de Marie-Antoinette [Antoine Maire-Savary]*, op. cit.

자로 묘사했다. 그 여행자는 이탈리아 산속 외딴 마을을 지나다가 어떤 노인의 오두막에 머물렀다. 그러나 아무도 노인의 이름이나 정체를 전혀 몰랐으며, 그는 '왕 시해자의 집'에 머물렀다는 사실만 알게 되었다.

우리는 다음의 이야기를 상상할 수 있다. 7월 왕정하에서 발자크는 혁명가가 마치 귀신을 쫓아내듯 공포정치를 몰아내고 싶어했음에도 결국 순응할 수밖에 없었음을 후회하는 모습을 그렸다. 그의 작품에서 자주 보듯이, 그는 단편소설 『공포정치하의 일화*Un épisode sous la Terreur*』에서 그 핵심을 보여주었다. 여기서 그는 혁명의 저급한 작업 집행자*인 샤를 앙리 상송Charles Henri Sanson을 등장시켰다. 1793년 1월, 왕이 처형된 이후의 어느 날 밤에 불행한 그는 목숨을 구하려고 [성직자 시민헌법을] 거부한 늙은 사제가 숨어 사는 오두막집까지 찾아갔다. 상송의 부탁을 받은 신부는 "한 성스러운 사람의 영혼의 안식을 위한 미사"를 집전했다. 검은 옷을 입은 낯선 사람이나 그의 희생자[루이 카페]의 이름은 알려지지 않았지만, 독자는 이야기의 주인공들보다 먼저 그들의 정체를 짐작할 수 있었다. 처형자의 가슴속에 떠도는 기억들, 그의 얼굴에 흘러내리는 땀, 노신부가 유산으로 간직하고 있는 순교자 왕의 피로 얼룩진 손수건이 그의 후회를 충분히

● 사형 집행관을 공식적으로 '고급 작업 집행관exécuteur des hautes œuvres'이라고 불렀다. 저자의 말장난이다.

말해주고 있다. 비밀미사를 집전하는 중에 상송은 용서, 속죄, 구원의 기적을 이루는 사람이 된다.[67] 사람들은 이 모든 것을 믿고 싶어한다. 하지만 인간의 역사는 훨씬 평범하다. 그들은 시련에 늘 굴복하지는 않는다. 어떤 은총이든 그것을 온전히 받아들일 수 있는 기회는 드물다. 평범한 삶처럼 공포정치 역시 그런 사람들로 가득 차 있다.

혁명법원에는 귀족 계층도 있고 평민 계층도 있다. 그들은 우리 역사의, 그리고 먼 훗날까지도 가장 비밀스러운 존재들이다. 그들의 모습을 찾기 위해서는 오랫동안 기록보관소에서 시간을 보내야 한다. 그들은 바로 왕비 재판의 판결 배심원 열다섯 명이다. 단체 초상화 같은 모습을 그리는 일은 절대로 쉽지 않다. 이 독특한 배심원단은 아나톨 프랑스Anatole France의 말처럼 희생자를 삼키는 '신비한 야수'로서 각자 자신의 궤적을 가지고 있지만, 모두 혁명 아래서 교차한다.

이 열다섯 명은 루이지 피란델로Luigi Pirandello의 연극 〈여섯 인물의 이야기〉를 생각나게 한다.* 나는 처음에 이탈리아 극작가의 연극 연출가가 되어서 그들과 만나는 느낌을 받았다. 그들은 무대 위에서

67　Honoré de Balzac, *La Comédie humaine*, t. VIII, Un épisode sous la terreur(1839), Paris, Gallimard, "Bibliothèque de la Pléiade", 1977, p. 433 sq.

가족을 잃은 것을 슬퍼하며 자신들에게 그런 아픔을 안겨준 자가 누구인지 애타게 찾고 있었다. 아버지, 어머니, 자녀들 각각이 자신들의 이야기를 가지고 있고, 모두가 서로를 반박하며 충돌했다. 그러나 용감한 연출자는 그들의 상황을 하나도 이해하지 못한다. "아, 만약 각자가 멋진 독백이나… 정말로… 강연 형식으로, 자신 안에 끓고 있는 모든 것을 대중 앞에서 털어놓을 수 있다면 얼마나 편할까."[68] 연출자가 바라지만 실행하기 너무 어려운 일이 있다. 그것은 바로 각자 다른 사람의 비밀도 필요한 경우 털어놓을 수 있게 만드는 것이다. 그렇게만 하면, 그들이 어떠한 모습으로 나타나더라도 왜곡되지 않고 그대로 보일 것이다.

왕비의 배심원들이 서로 별반 다르지 않게 살았다는 것은 사실이다. 그렇다고 해서 그들의 이름을 알지 못하면 의미가 없다. 오랫동안 역사가들은 재판 기록을 참조하지 않고 부정확한 목록을 공개했다. 20세기 초, 르노트르와 귀스타브 고테로Gustave Gautherot는 이름을 빼거나 그들의 직업에 대한 틀린 정보를 제공하기도 했다. 한술 더 떠서

• 이탈리아의 루이지 피란델로(1867 – 1936)는 연극, 소설, 시를 썼지만, 연극에서 가장 크게 공헌해 1934년 노벨문학상을 받았다. 수많은 작품 가운데 연극은 40편 정도가 있다. 그는 부조리극Theatre of the Absurd의 선구자로 평가받는다.

68   Luigi Pirandello, *Six personnages en quête d'auteur*, Paris, Gallimard, coll. "Folio", 1977, p. 112.

혁명사가 제라르 월터Gérard Walter는 1968년에 매우 불완전한 재판 기록을 출판하면서 예전의 목록에 없던 정보를 추가했다.[69]

10월 14일 배심원의 바탕은 명백히 구민회의의 활동적이고 혁명적인 상퀼로트였다. 상퀼로트가 민중을 의미하는 말이긴 해도, 실제로 그들은 절반만 민중에 속했고, 1789년 프랑스 인구 2,600만 명 가운데 약 5퍼센트에 해당하는 소수에 지나지 않았다. 만약 그들이 어떤 것을 상징한다면, 그것은 바로 그 자신일 뿐이다. 앞서 보았듯이, 배심원들은 재판 전에 공소인이 엄선한 사람들이었다. 대다수는 하

---

69 Gérard Walter, Le Procès de Marie-Antoinette, Paris, Mercure de France, 1968, rééd. Complexe, 1993, p. 53. 열다섯 명의 이름 중에서 정확한 것은 겨우 여섯 명뿐이다. 나머지 아홉 명 가운데 여섯 명은 재판에 참여하지 않았다.
다음도 참고할 것. G. Lenotre, Le Tribunal révolutionnaire(1793-1795), op. cit., p. 148, et Gustave Gautherot, L'Agonie de Marie-Antoinette, Tours, Mame, 1907, p. 183.
앙리 왈롱만이 순서는 틀렸지만 정확한 명단을 제시한다. Henri Wallon, Histoire du tribunal révolutionnaire avec le journal de ses actes, t. I, Paris, Hachette, 1880, p. 329. 정확한 이름은 다음 자료에서 확인할 것. Armoire de fer: EA/I/5 n° 18, pièce 10: "convocation du juré de jugement, 12 octobre 1792" et pièce 51: "procès-verbal d'audience".
당시 철자법으로 소환 순서대로 정리한 배심원의 정확한 명단은 다음과 같다. n° 1 Gamey [sic], n° 2 Chrétien, n° 3 Thoumin, n° 4 Antonelle, n° 5 Renaudin, n° 6 Trinchard, n° 7 Nicolas, n° 8 Lumières [sic], n° 9 Desboisseaux, n° 10 Baron, n° 11 Souberbielle, n° 12 Fiévez [sic], n° 13 Sambat, n° 14 Devèze, n° 15 Bénard [sic].
귀스타브 고테로는 재판에 '참석한' 보충 배심원들로 샤틀레, 그르니에Grenier, 베누아 트레Benoît Trey, 제몽Gemond, 주르되이, 쉬아르Suard를 지목한다. 이들의 이름은 '철제 금고armoire de fer' 재판 기록에 나오지 않지만, 그들이 실제로 참석했을 가능성은 있다.

층 부르주아 계층의 장인, 직업 종사자, 파리의 직능단체 출신이었다. 몇몇은 파리에서 태어났지만, 대부분은 1789년 직전 파리에 정착했다. 이와 같은 사회적 다원화, 18세기 후반 파리의 직업 교체와 재편이 부분적으로 혁명의 뿌리가 되었다고 볼 수 있다.

그들 중 첫 번째인 레오폴드 르노댕Léopold Renaudin은 보주Vosges 출신으로, 고향 로렌이 프랑스 땅이 되었을 때 그곳을 떠났다. 그는 1776년에 류트 제작자가 되었고, 1781년에 왕립음악아카데미Académie royale de musique의 공식 공급자가 된 뒤, 그 맞은편 생토노레 길에 정착했다. 혁명 전부터 그는 확실히 같은 지역 출신이며 류트 제작자 형제를 가진 샤를 레오폴드 니콜라Charles Léopold Nicolas를 알았을 것이다. 그도 또한 생토노레 길에 인쇄소를 열었다. 르노댕은 왕립음악아카데미의 바이올린 독주자인 자크 니콜라 뤼미에르Jacques Nicolas Lumière와도 관련이 있었을 것이다.

여러 배심원은 장사를 하고 있었다. 장 바티스트 상바Jean-Baptiste Sambat는 태트부Taitbout 길에서 미니어처 그림 작업실을 운영했다. 샤를 위앙 드부아소Charles Huant-Deboisseaux는 생루이앙릴Saint-Louis-en-l'île 길에서 청동 조각가로 활동했으며, 장 드베즈Jean Devèze는 대목이었고, 프랑수아 트랭샤르François Trinchard는 몽펠리에 출신의 소목이었으며, 조르주 가네Georges Ganney는 가발 제작자, 피에르 프랑수아 바롱Pierre-François Baron은 모자 제작자였다. 샤를 니콜라 크레티엥Charles-Nicolas Chrétien은 두 누이와 함께 뇌브생마르크Neuve-Saint-Marc

길에 있는 카바레를 1787년 6,500리브르에 샀다. 페이도Feydeau 길의 테아트르프랑세Théâtre-Français 극장과 매우 가까운 곳이었다. 장 루이 피에베Jean-Louis Fiévé가 무역업에 종사했다는 사실 이외의 정보는 없다. 클로드 베나르Claude Besnard는 법원 집행관이었다. 다른 이들은 '재능 있는 부르주아'라고 부를 수 있는 계층에 속했다. 앞에서 이미 다뤘던 조제프 수베르비엘은 베아른Béarn 출신이며, 1774년에 파리에 정착했다. 그는 부인과 전문의로서, 특히 '결석 제거 외과의사'(신장 결석 수술)의 전문가로 빠르게 명성을 얻었으며, 먼저 오텔 디외 병원에서 페랑Ferrand의 지휘를 받았고, 그 후 샤리테 병원에서 수석 외과의사로 일했다.

우리 배심원 중 오직 한 명 프랑수아 투맹François Thoumin만이 순수하게 지방 출신이었다. 그는 멘Maine의 라세Lassay 담배회사의 본사 창고관리자이자 세무변호사로 활동하다가 곧 마옌Mayenne으로 옮겼으며, 1793년 5월 국민공회에서 뽑혀 혁명법원의 배심원이 되었을 때부터 파리에 정착했다. 그는 혁명 초기에 빌렌 라 쥐엘 디스트릭트의 [이익을 지키는] '프로퀴뢰르 생디크procureur syndic'•로 선출된 적이 있었는데, 그의 경력에서는 약간 멀어진 것처럼 보이지만 나이로 보자면 그렇지 않았다. 스물여덟 살인 클로드 베나르를 제외하면, 배심원들은 1793년에 이미 30대 후반 또는 40대 초의 성숙한 남성들이었

• '감사관' 정도의 의미로 볼 수 있는데, 적확한 번역어가 없다.

다. 혁명기에 그들은 잘 정착하고 결혼해서 가정을 이루고 가게를 운영하는 상태였다.

분명히 그들의 삶은 혁명으로 변화했다. 모두가 매우 일찍 혁명에 참여했다. 레몬수 가게의 크레티엥, 인쇄업자 니콜라, 외과의사 수베르비엘은 1789년 7월 14일 바스티유 요새 공격에 가담했다. 그들은 '정복자' 증서로써 공식인정을 받았고, 1790년 6월 국민의회의 법령으로 약 950명의 파리 부르주아 민병대 전투원들과 함께 기념 메달을 받았다. 모두가 각자의 섹시옹 민중협회에서 활동하고 혁명위원회의 일원으로 뽑혔다.[70] 르노댕과 니콜라는 빠르게 자코뱅 클럽의 중심 회원 명단에 이름을 올렸고, 니콜라는 1794년 초에 매우 영향력 있는 통신위원회comité de correspondance의 일원이 되기도 했다.

그들도 곧 일반적인 길을 걸었다. 류트 제작자인 르노댕은 8월 10일 반란 코뮌의 일원이었고, 바이올린 연주자인 뤼미에르, 목수인 드베즈, 법원 집행관인 베나르, 조각가 드부아소와 가발 제작자 가네 역시 파리 코뮌의 총회에 들어갔다. 인쇄업자인 니콜라는 1793년 6월에 국민공회와 연계해서 활동하도록 파리 코뮌에서 창립한 감시

70　피에베, 크레티엥, 뤼미에르, 베나르, 트랭샤르는 거주지 민중위원회에 속해 있었으며, 이들 가운데 트랭샤르는 루브르 섹시옹이 뮈제옴Muséum으로 바뀌면서 그 회의를 이끌었다. 르노댕은 가르드 프랑세즈Gardes-françaises[국민방위군]에서 오라투아르Oratoire로 바뀐 섹시옹, 니콜라는 피크[창] 섹시옹, 가네는 메종 코뮌Maison commune(시청) 섹시옹, 드베즈는 레퓌블리크[공화국] 섹시옹, 드부아소는 프라테르니테[형제애] 섹시옹, 바롱은 마라 섹시옹, 상바는 몽블랑 섹시옹의 민중위원회에서 각각 활동했다.

위원회의 핵심 구성원이 되었다.[71] 훗날 대공포정 시기에 소목인 트랭샤르는 재판에 회부할 수감자 목록을 작성하는 임무를 가진 민중위원회의 하나인 '뮈제옴 섹시옹 민중위원회'의 위원이 되었다. 그들은 구체제에서는 꿈도 꾸지 못했을 권력을 혁명기에 얻게 되었다.

이 모든 것은 정말 아찔할 정도로 놀랍다. 몇 달 만에 그들은 무의미하고 평범한 존재에서 벗어나 수천 명의 동료를 살리거나 죽일 수 있게 되었다. 한마디로 그들은 한때 왕비였던 여성을 단지 판화 속 모습으로만 보았을 뿐이며, 그와 자신들 사이의 거리가 얼마나 컸는지와는 상관없이 그를 구하거나 처형할 수 있었다. 이것이 바로 마리 앙투아네트 재판의 의미이기도 했다. 평범한 소규모 자영업자의 복수, 비범하고 접근하기 어려운 것, 오래도록 꿈도 꾸지 못하던 일을 일상적인 것이 누르고 승리하는 복수였다. 로베르토 칼라소Roberto Calasso는 그것이 "지루한 자들이 처음 승리한 반란"이라고 말했다.[72] 그의 말이 옳다. 그들을 이해하려면, 그들이 미처 준비를 갖추지 못한 상황에서 막중한 권력을 휘두르게 되었을 때 얼마나 황홀했을지 고려해야 할 것이다.

---

71 Henri Calvet, *Un instrument de la Terreur à Paris. Le comité de salut public ou de surveillance du département de Paris*(8 juin 1793-21 messidor an II), op. cit. Sur Renaudin, p. 65; sur Nicolas, p. 74 et p. 382.

72 Roberto Calasso, *La Ruine de Kasch*, Paris, Gallimard, 1987, p. 99.

혁명은 그들을 이전보다 훨씬 부유하게 만들었다. 우선, 그들은 공포정치 시기 정부에서 새로 맡은 배심원 역할로 매달 270리브르를 받았다. 레몬수 상인 크레티엥은 훨씬 더 큰 행운을 누렸다. 그는 자기 거주지에서 아시냐assignats[화폐]를 위조하던 최초의 공장을 고발했고, 국민공회는 그에게 1만 2,000리브르의 포상금을 주었다.[73] 다른 이들도 새 직무를 통해 사업을 다시 시작하거나 파산을 피할 기회를 잡았다. 상퀼로트의 권력망 역시 다른 사람들 못지않게 편법과 편애를 일삼았다. 트랭샤르는 8월에 배심원으로 임명된 후, 그와 함께 뮈제옴 섹시옹 민중위원회에서 활동한 플뢰리오 레스코의 도움을 받아 루브르 길에 새로운 목공소를 열었다. 그는 계약을 따내고 공공사업 실적을 쌓아 올리며, 로베스피에르의 숙소 주인 모리스 뒤플레 Maurice Duplay와 협력해서 법률 발송 부서의 사무실이나 재무부의 사무실을 개조하는 일에 관여했다.[74]

인쇄업자 니콜라도 혁명의 수혜자였다. 그는 혁명 기간만큼 일을 많이 했던 적이 없다. 그는 먼저 『몽타뉴파 신문』의 인쇄인이 되었고, 이후에 파리 코뮌 감시위원회에 참여하면서 포스터, 회람, 보고서의 인쇄 독점권을 땄다. 또한 그는 전쟁부 장관 부쇼트의 일도 도왔다.

---

[73] AN W/500, affaire Fouquier, fol. 87. "Défense de Chrétien aux accusations portées contre lui à la tribune de la Convention en date du 12 vendémiaire an III"(4 octobre 1794).

[74] AN W/500, affaire Fouquier, fol. 12 et 15.

일단 1793년 9월에 배심원으로 임명된 그는 클레망Clément과 함께 『혁명법원 관보』의 인쇄 독점권을 나누어 가졌다.⁷⁵ 그는 더 넓은 인쇄소를 찾아 근처의 생토노레 길에 모리스 뒤플레가 새로 사들인 '옛 성모수태 수녀원maison de la Conception' 건물로 인쇄기를 옮겼고, 일꾼을 열세 명이나 고용했다.

니콜라에게 자코뱅 클럽에서 공격받았던 카미유 데물랭은 그의 섭리적 예지력을 비꼬아 말했다. "지난 1월(1792년), 나는 니콜라 선생이 삶은 사과를 먹고 있는 것을 보았다. [⋯] 1794년 1월[니보즈]에 그렇게 검소하게 살던 상퀼로트가 혁명법원에서 인쇄비로 15만 프랑 이상을 받게 되었다는 사실을 어떻게 믿을 수 있는가? [⋯] 이렇게 나는 단두대 곁으로 가는 귀족이 되었고, 니콜라는 부의 곁으로 가는 시민이다. 니콜라 선생, 가장 좋은 의도로 흘러가는 '개인적 이익'을 경계하시오." 그리고 그는 "권력의 유혹"과 "이처럼 막강한 힘이 갖는 눈부신 신기함"에 대해 경고하기도 했다.⁷⁶ 실제로 법원 집행관 클로드 베나르는 공공행정기관에서 직무를 남용해 공공재산을 팔아 이익을 거둔 적이 있지만, 법원에서 차지한 위치 덕분에 간신히 체포를 면

---

75   *Bulletin du tribunal criminel (révolutionnaire) établi par la loi du 10 mars 1793, pour juger sans appel les conspirateurs*. De l'imprimerie Clément, cour des Barnabites, vis-à-vis du Palais, 1793-1794. 옛 성모수태 수녀원은 혁명기에 모리스 뒤플레의 소유가 되었고, 니콜라는 그곳에 세들었다. 자코뱅 클럽 회원들 사이에 정치적 견해와 경제적 이익이 복잡하게 얽혀 있었다는 사실을 알 수 있다.

76   *Le Vieux Cordelier*, n° 5(15 janvier 1794).

했다.⁷⁷

그들은 모두 푸키에 또는 그의 대리인들과 개인적인 관계를 맺고 있었다. 뤼미에르는 푸키에의 개인 비서였고, 트랭샤르도 플뢰리오 레스코처럼 푸키에의 덕을 봤다. 그러나 그들은 거의 모두가 청백리의 영향을 받았다. 수베르비엘은 로베스피에르의 개인 의사였고, 그래서 그가 세든 뒤플레 집에 자주 찾아갔다. 로베스피에르는 그를 정기적으로 만나 궤양 치료를 받았다. 르노댕, 뤼미에르, 트랭샤르는 모두 로베스피에르의 '창조물créatures'이었고, 때때로 그의 정보원 역할도 했다. 고향인 멘을 떠난 투맹은 종교적 관용을 축하하며, 12월부터 다시 교회를 열어 예배하게 되었다고 기뻐했다. "종교는 국가에 필요하며, 신도들은 하느님을 잘 섬길 것이다."⁷⁸

인쇄업자 레오폴드 니콜라는 로베스피에르의 최측근 경호대의 일원이었으며, 언제나 그를 혼자 내보내지 않고 몇 사람과 함께 곤봉을 들고 자코뱅 클럽까지 호위했다. 카미유는 니콜라를 "크고 강인하다"라고 묘사했다. 그는 크레티엥, 트랭샤르와 함께 민중 배심원단을 떠들썩하게 옹호하고 지원하는 인물 중 하나였다. 당시 사람들은 그들을 '열렬한 애국자chauds patriotes'라고 불렀다. 예를 들어 크레티엥

---

77 AN W/434, fol. 977.
78 AD Mayenne L1840. Thoumin à la citoyenne Beaulieu, marchande à Lassay, à Paris, ce 7 décembre 1793, l'an II de la République française.

은 대로에서 주먹다짐을 서슴지 않았고, '민중의 권리'를 내세우며 자신의 거주지 르펠티에 섹시옹 총회를 지배했고, 위협적인 말을 퍼뜨렸으며, 테이블 위에 권총 두 자루를 보란 듯이 올려놓고서 마치 트랭샤르와 뤼미에르가 뮈제옴 섹시옹에서 그랬던 것처럼 '선동적 결의안motions incendiaires'을 통과시켰다.[79]

니콜라는 자신의 카페에서 민중 클럽인 '공화국 수호자 협회 Société des défenseurs de la République'를 운영했다. 9월 '학살자들의 두목chef des massacreurs'으로 이름을 날린 스타니슬라스 마이야르Stanislas Maillard, 그라몽Grammont, 발리에르Vallière 등이 그 클럽에 가입했다. 이들은 모두 최근에 파리 혁명군armée révolutionnaire de Paris의 최고사령관으로 승진한 롱생Ronsin의 참모부 소속이었다.

모든 이가 진정한 상퀼로트였다. 화가 상바는 자신을 '상바sans bas이자 상퀼로트'•라고 소개했으며, 소목 트랭샤르는 편지에 '트랭샤르, 진정한 공화주의자'라고 서명했다. 그렇다고 해서 그들의 차이점

---

[79] *Procès de Fouquier-Tinville et autres membres du tribunal du 22 Prairial au tribunal révolutionnaire, op. cit.*, n° XXXVIII: témoin N. Rébillard, employé à la commission des mouvements des armées de terre.
또한 다음에서 경찰 보고서를 확인할 것. Pierre Carron, in *Paris pendant la Terreur*, t. II, p. 140 et 250(rapport de Lebreton, 8 janvier 1794).

• 상퀼로트는 귀족의 반바지를 입지 않은 사람, 즉 노동자의 긴바지를 입은 사람이라는 뜻인데, 상바는 자기 이름과 발음이 같은 말로 '귀족의 스타킹을 신지 않은 사람sans bas'이라는 뜻을 강조하면서 자신이 진정한 평민 노동자임을 자부했다.

이 결코 사라지지는 않았다. 그 차이점은 바로 공포정치 자체의 차이였다. 앞서 보았듯이, 투맹은 자신의 종교를 저버리지 않았다. 로베스피에르의 뒤를 따라 트랭샤르는 '최고존재Être suprême' 숭배만을 맹세하고 자신을 '자연의 인간'이라고 소개했다. 바롱, 샹바, 베나르, 크레티엥 등은 확고한 에베르파, 맹렬한 무신론자이자 탈기독교 운동가들이었다. 몇 달 후 에베르라는 별이 점점 빛을 잃기 시작하자, 바롱은 1794년 2월에 자코뱅 협회에서 '숙청'당했고, 샹바는 감옥에 갔다. 그들은 모두 프레리알Prairial 법(1794년 6월)과 로베스피에르의 대공포정 시기의 혁명법원 배심원 명단에서 배제되었다.

그들의 편지와 훗날 그들이 판사 앞에 서게 되었을 때 말하거나 쓴 것을 통해, 그들이 배심원으로서 자신의 역할을 어떻게 인식했는지에 대해 조금이나마 엿볼 수 있다. 프랑수아 트랭샤르는 '성스러운 배심원 제도'라고 말했다. "법이 내게 말했다. 네 의견의 원천은 오직 네 양심과 최고존재만이라고 생각하라."[80]

마옌 출신 프랑수아 투맹은 마인츠를 적의 손에 넘겨준 죄를 물어 퀴스틴 장군의 사형에 투표한 직후 이렇게 말했다. "나는 내 양심에 따라 의무를 다했다. 나에 대한 판단은 동료 시민들에게 맡긴다."[81]

---

80 AN F7/4775 "Dossier Trinchard", Mémoire justificatif de Trinchard au Comité de sûreté générale, s.d.

그러고 나서 그는 이러한 조건에서 군사 전략가가 아니더라도 장군이 배신했는지 아닌지를 알 수 있다고 덧붙였다.

사실 많은 사람이 자신의 양심에 대해 언급했다. 피에르 앙투안 당토넬Pierre Antoine d'Antonelle, 혁명 당시 '앙토넬'이라고 불리던 그는 이제 처음 언급하는 열다섯 번째 배심원이었다. 그는 이 주제에 대해 논쟁의 여지가 없는 말을 했다. 그는 자신의 양심에 따라 많은 동료를 죽음으로 내몰았음에도 훌륭한 인물로 평가받을 만했다. 47세의 귀족 출신인 그는 배심원단 가운데 가장 노련하고 경험이 많은 인물이었다.

1793년 10월 14일, 앙토넬은 단정치 않은 모습으로 동료 배심원들과는 구별되었다. 그는 키가 크고, 회색 눈동자에 검은 머리, 매부리코를 갖고 있었다.[82] 더욱이 그는 자신의 역할에 대해 가장 오랫동안 숙고했다는 점에서 다른 배심원들과 달랐다. "배심원의 양심보다 본질적으로 침해할 수 없는 것은 없다고 믿는다. [⋯] 그것은 자유의 살아 있는 성소다. 그곳은 영원하며, 심지어 접근해서는 안 된다. 만약 그것이 공격받는다면, 땅 위에 피난처는 없을 것이다."[83]

---

81   Thoumin, *Mon opinion comme juré dans l'affaire d'Adam Philippe de Custine jugé le 27 août 1793*, s.l.s.d., 1793. BnF Ln27 65403.

82   앙토넬에 관해서는 다음을 볼 것. Pierre Serna, *Antonelle. Aristocrate révolutionnaire, 1747-1817*, Paris, Éditions du Félin, 1997.

83   AN W/567B "papiers Antonelle": Réflexions politiques, Révolution française.

그의 이름으로 보아 앙토넬은 귀족 출신이지만 신분이 강등되었고, 아를Arles의 시장을 역임했으며, 입법의회 의원이자 미래의 바뵈프주의자였다. 그는 배심원들이 공개적으로 자신의 평결 이유를 밝힐 권리를 옹호했다. 9월부터 구국위원회는 그 권리를 허락하지 않으면서 "혁명법원 배심원은 재판에서 이유를 밝힐 때 배심원의 성격을 잃는다"라는 핑계를 댔다. 그것은 사실 배심원단을 더 잘 통제하려는 의도였다.[84] 그렇다고 해서 앙토넬이 자기 평결 이유를 발표하지 못할 이유는 없었다. 너무 독립적이었던 그는 1794년 2월에 배심원단에서 쫓겨나 뤽상부르 감옥에 갇혔다가 로베스피에르가 몰락한 후에 석방되었다.

배심원들은 종종 자신을 변호해야 할 때가 되어서야 비로소 양심을 거론했다. 그때는 공화국의 존립이 달린 내전과 같은 긴박한 상황이었다. 혁명법원에서는 본질적으로 자신이 적이 되기 전에 먼저 적을 무찔러야 했다. 이 점을 가장 잘 표현한 배심원은 도피네Dauphiné 귀족 출신으로 로베스피에르의 충실한 추종자였던 클로드 프랑수아 드 파양Claude François de Payan, 일명 파양이었다.

파양은 대공포정 시기에 친구에게 다음과 같은 편지를 썼다. "사랑하는 친구여, 오랫동안 나는 혁명법원의 배심원이었고, 따라서 판

---

[84] *Déclarations motivées d'Antonelle juré au tribunal révolutionnaire*, à Paris de l'imprimerie de G. F. Galletti, s.d., 1793. "Avertissement", BHVP 960331.

사나 배심원들의 행위에 대해 몇 가지 관찰을 할 의무가 있다고 생각한다네." 그리고 이 법원은 구체제나 혁명기의 어떤 사법권과 상관없는 전혀 예외적인 법원이라고 설명했다. 그는 덧붙여 말했다. "이것은 정치적 법원이라네. […] 혁명을 지지하지 않은 사람들은 조국을 위해 아무것도 하지 않았기 때문에, 그 자체로 혁명에 반대하는 사람들이지. […] 국가 정의를 피하는 사람은 그 누구라도 어느 날 우리가 구해줘야 할 공화주의자들을 멸망시킬 악당일세. 사람들이 판사들에게 계속 되풀이하는 말이 있네. 주의하시오, 무고한 자를 구하시오. 그러나 나는 조국의 이름으로 그들에게 말한다네. 죄인을 구하는 것을 두려워하시라!" 이어서 그는 친구에게 자연이 자신을 감성적인 인간으로 만들었음을 잊어달라고 부탁했다. "민중위원회에서는, 정의의 가면을 쓴 개인의 인도주의와 온건함은 죄악일 뿐이지."[85] 죽지 않기 위해 죽여야 한다는 것이다. 그가 하고 싶은 말이었다. 폭력이 극심한 시기마다 사람들은 자신의 범죄를 정당화하기 위해 정당방위라는 원칙 뒤에 숨곤 했다.

---

[85] *Rapport fait au nom de la commission chargée de l'examen des papiers trouvés chez Robespierre et ses complices, par E. B. Courtois, dans la séance du 16 Nivôse an III de la République française*, À Paris, nivôse an III de la République. Lettre de Payan, l'agent national à Roman-Fonrosa, 20 messidor an II(8 juillet 1794), pp. 396~397. [파양의 친구] 로망 퐁로사Roman-Fonrosa는 1794년 6월 19일에 활동을 시작한 오랑주Orange의 무시무시한 민중위원회에 판사로 임명되었다.

이 맥락에서 우리는 배심원들의 때로는 격렬한 열정, 자의적인 행동, 신속한 결정들을 더 쉽게 이해할 수 있다. 로베스피에르가 몰락한 후, 그들이 재판받을 때 이런 점들을 비난받는 상황을 피할 수 없을 것이다. 공포정치 시기에는 '조국 사랑에서 비롯된 과도한 열정'을 더는 묵과하지 않게 되었다. 소목 트랭샤르는 '피의 인간'의 언어를 내뱉으며, 자신에게는 유죄가 확실한 피고발자만 필요하다고 선언하고, 아무 죄 없는 피고인을 유죄로 만들려면 정당한 이유를 찾는 과정이 너무 느리기 때문에 난처하다는 사실을 인정했다.[86] 가네는 오직 사형에만 투표한 것을 자랑하며, 배심원으로 활동하는 동안 단 한 명의 무고한 사람도 찾지 못했다고 설명했다. 크레티엥은 특히 부유층의 유죄 판결에 기뻐했다. 법원은 이 배심원들을 통해 두 마리 토끼를 모두 잡았다. 부자들을 처분하고, 그들의 재산을 몰수했다.[87] 수베르비엘은 임산부의 거짓 진술을 찾아내 그들을 단두대로 보내는 데 탁월한 능력을 발휘했다.•

---

86 AN F/7/4775 "Dossier Trinchard". 트랭샤르에 관해서는 다음도 볼 것. Alphonse Dunoyer, *Deux jurés du tribunal révolutionnaire: Vilate "Le petit maître"— Trinchard "L'homme de la nature"*, Paris, Perrin, 1909.

87 *Procès de Fouquier-Tinville et autres membres du tribunal du 22 Prairial au tribunal révolutionnaire, op. cit.*, n° XXV, suite de l'audience du 19 germinal an III.

[1793년 10월] 14일, 왕비 앞에서 확고한 신념과 두려움을 느끼는 배심원들의 모습을 상상해보아야 한다. 두려움은 나쁜 조언자다. 번영처럼 그것도 사람을 이기적으로 만든다. 누구든 폭력을 행사하고서도 정당한 벌을 받지 않을 수 있겠지만, 결코 폭력의 감옥을 벗어날 수 없다. 이는 곧 과도함과 과잉 경쟁으로 이어진다. 자신과 자신의 생존만을 너무 걱정하는 사람은 다른 사람에게 거의 동정심을 보여주지 못한다. 이런 이유로 푸키에는 그들을 굳게 믿었다. 그리고 그들 속에는 '심지가 굳은' 사람들이 있었다. 크레티엥은 증인 심문을 하지도 않고, 이미 왕비의 유죄를 결정했다.[88] 선량한 상퀼로트처럼 트랭샤르도 왕비를 "공화국의 상당 부분을 꿀꺽한 흉포한 짐승"이라고 말했다.[89] 그들이 어떤 평결을 내릴지 상상할 수 있다. 40년 후, 의사 조제프 수베르비엘은 여전히 의견을 바꾸지 않고, 왕비는 죽어 마땅했다고 말했다. 그는 심지어 왕비의 '잘못'이 아니라 '범죄'라고까지 말했다. 그러나 그는 이미 늙었고, 시대는 변했다. 그는 친구에게 "오늘같으면, 왕비를 유죄라고 하지 않았을 것"이라고 고백했다.[90]

- 감옥에서 임산부는 출산할 때까지 사형을 연기받을 수 있었기 때문에, 당시에 거짓 증언을 가려내는 일은 중요했다.

[88] Ibid., n° xxvii, audience du 23 germinal an III, témoin Anne Ducret.

[89] AN W/500, affaire Fouquier, premier dossier, fol. 19. Lettre de Trinchard à son frère(octobre 1793).

[90] Poumiès de la Siboutie, *Souvenirs d'un médecin de Paris*, Paris, Plon-Nourrit, 1910.

모든 배심원이 이처럼 확고한 의견을 갖고 있지는 않았다. 왕정복고 시기, 예비 배심원 중 하나인 프랑수아 제몽은 자기 사위이며 옛 국민공회 법무부 장관 가라의 아들에게 고발당했다. 그는 마리 앙투아네트의 사형에 투표했다는 혐의를 부인하고자 자신이 배심원단에 속하지 않았다는 사실을 증명하기 위해 무진 애썼다. 그는 심지어 가라 부자를 법정에 세우고, 공증인 앞에서 자신의 무죄를 증명하는 증서에 서명하기도 했다. 1822년에는 이러한 소문이 매우 해로운 영향을 끼쳤다. 더욱이 그는 제국 시기 푸셰의 보호를 받아 부유한 언론사 주가 되었고, 그 시대의 대표적 자유주의 신문인 『르 콩스티튀시오넬 *Le Constitutionnel*』[입헌왕정]의 지분을 소유했다는 사실 때문에 비판을 받았다.[91]

진실하거나 거짓이거나 비겁하거나 폭력적이거나 감성적이거나 부드럽거나, 이들 가운데 누가 더 낫거나 나쁜지 가리기 어렵다. 순진함은 보통 행복이거나 선물이지 결코 덕목이 아니다. 아나톨 프랑스는 『신들은 목마르다』에서 이들을 훌륭하게 묘사했다. "열광적인 증언에 따르면, 과도한 일에 치인 그들은 냄새나는 공기 속에서 뇌가 짓눌리고, 윙윙거리는 소리에 귀가 멍해지며, 관자놀이가 욱신거렸지

---

[91] Sur le procès Gémond/Garat, *Recueil général des lois et arrêtés en matière civile*, t. 23(avril 1823), p. 422.

만, 법원이나 공공장소 안팎에서 상퀼로트와 뜨개질하는 여성들의 성급한 재판과 협박을 받으면서 계속 재판을 이어갔다."[92]

아마도 우리는 몸이 느끼는 순간에만 진정으로 사건을 경험하는 것 같다. 그들은 바로 왕비 재판의 이 끔찍한 이틀 동안 그랬을 것 같다. 혁명을 열렬히 좋아했던 미슐레는 그들을 용기 있고, 심지어는 무모한 사람들로 만들었다. 그는 그들이 "가장 위험한 자리에 있었다"라고 말했다. 상상해보라! "르펠티에의 피는 아직 김이 나고 있었다." 그러나 어떤 배신자도, 어떤 혐의자도, 어떤 반혁명자도 그들을 칼로 찌르려고 시도하지 못했다. 아니, 만약 그들 중 몇몇이 혁명 이후에도 살아남지 못하고 재판이 끝난 지 몇 달 안에 죽었다면, 그것은 모두 그들 스스로가 해결했기 때문이다. 그들은 서로를 죽였다. 그것을 위해서 다른 사람이 필요하지 않았다. 파벌 간의 투쟁만으로도 충분했다. 니콜라, 뤼미에르, 베나르, 드부아소는 모두 로베스피에르와 같은 날이나 며칠 안에 단두대에 올랐다. 그들은 로베스피에르와 너무 가까이 지냈고, 테르미도르 9일 반란에 깊이 연루되었기 때문에 시청과 자코뱅 클럽으로 피신했어도 살아남지 못했다. 드부아소는 코피날과 함께 안보위원회로 가서 앙리오 장군을 빼내려고 노력했다.[93] 류트 제작자 레오폴드 르노댕은 이듬해 사망했다. 그는 푸키에 탱빌과 함

92　Anatole France, *Les dieux ont soif*, Gallimard, coll. "Folio", 1989, pp. 183~184.
93　AN W/434 1977(Lumière, Nicolas, Desboisseaux).

께 재판을 받고 1795년 5월에 사형선고를 받아 처형당했다.

같은 재판에서 트랭샤르, 크레티엥, 가네는 기적적으로 무죄를 선고받았다. 그렇다고 해서 바로 자유로워지지는 못했다. 몇 달 동안 트랭샤르는 앙글레즈Anglaises, 생트펠라지Sainte-Pélagie, 르플레시Le Plessis 같은 파리의 감옥들을 전전하다가 1795년 10월에야 겨우 풀려났다. 가네는 그보다 조금 앞서 7월에 풀려났다.

그 후 그들의 이야기는 총재정부 시절 자코뱅주의의 마지막 격변과 긴밀히 엮여 있었다. 드베즈와 상바는 공포정의 선동가로 의심받았다. 드베즈는 1795년 2월 테르미도르 반동기에 체포되었고, 상바는 1796년 5월 기소처분을 받고 르플레시에 갇혔다.[94] 앙토넬과 크레티엥은 그라쿠스 바뵈프Gracchus Babeuf의 평등파 음모에 연루되어 방돔 재판에서 판결을 받았다. 바뵈프는 결석 재판을 받았으며, 두 사람은 모두 1797년 5월에 무죄로 풀려났다. 크레티엥은 계속해서 소란을 피우며, 그의 카페를 마네주Manège의 네오자코뱅 클럽 지부로 개조했고, 1800년 12월 보나파르트[나폴레옹]를 겨냥한 생니케즈Saint-Nicaise 길의 폭탄테러 사건 이후 해외로 추방되었다. 그는 1802년 3월 인도양의 그랑드 코모르Grande Comore 섬에서 사망했다.

그 가운데 가장 잘 버틴 사람들은 거의 모두 푸셰의 보호를 받기

---

94 K. Tonnesson, *La Défaite des sans-culottes*, Paris, PUF, 1959. 드베즈에 관해서는 p. 152 참조.

시작했다. 트랭샤르는 그의 첩보원으로 일했고, 상바는 그의 전속 화가가 되었다.[95] 모자 제작자 바롱, 가발 제작자 가네, 대목 드베즈는 어찌 되었는지 알 수 없다. 피에베는 아마 무역업계로 돌아갔을지 모른다. 투맹은 현명하게 마옌으로 돌아간 후 좋은 일을 하기 위해 에베르파 친구들을 고발하기도 했다. 앙토넬은 아를로 돌아가 부유하게 살면서 왕당파의 박해를 받다가 1817년에 사망했다.

로베스피에르의 주치의로 가장 인내심이 강했던 조제프 수베르비엘의 사례야말로 가장 놀랍다. 그는 외과의사로서 의심할 여지 없는 명성을 날린 덕에 모든 정권을 견디고 살아남았다. 그는 마르스 학교(옛 군사학교)의 보건부 책임자로 임명받았고, 이후 국민방위군의 외과의 소령[군의관 소령]이 되었으며, 나중에 제국 시기에는 파리 기마경찰대의 외과의사가 되었다. 1814년 부르봉 왕가가 복귀했을 때, 그는 도망치지 않고 아무런 거리낌 없이 기마경찰대의 모든 참모를 거느리고 튈르리 궁으로 왕을 찾아갔다. 탕플 감옥에서 홀로 살아남은 앙굴렘 공작부인은 그의 이름을 듣자마자 기절했다고 한다.

---

95 앙리 부쇼Henri Bouchot에 따르면, 상바는 최소 네 개의 미니어처를 푸셰 가문을 위해 제작했다. 그 내용은 조제프 푸셰와 장남, 아내의 초상으로 1800년에 푸셰의 무릎에 앉은 아내의 모습도 포함되어 있다. 그리고 상바는 1802년과 1805년에 경무부 장관 시절의 푸셰 초상 두 점도 그렸다. Henri Bouchot, *La Miniature française*, Paris, Goupil, 1907, n° 3, pp. 105~112.

1830년 오를레앙 가문의 루이 필리프가 7월 정변으로 정권을 잡았을 때, 수베르비엘은 바스티유 정복자의 대표단을 이끌고 다시 튈르리 궁으로 갔다. 그러나 그는 새 왕의 아버지인 필리프 에갈리테를 단두대로 보낸 사람이었다! 그렇긴 해도 1808년에 그에게 [최고 훈장] 레지옹 도뇌르Légion d'honneur를 수여하지 않았다. 1814년에 그는 모든 공직에서 해임되었으며, 결코 왕립의학아카데미 회원이 될 수 없었지만 1830년대에도 계속해서 의사직을 수행했다. 그는 결석 수술 전문가로서 외국에도 명성을 날렸고 영국의 초청도 받았다.

　수베르비엘은 결국 지친 전투 끝에 1846년 파리의 루아얄 길(이것은 지어낸 이름이 아니다)에서 90세를 넘기고 세상을 떴다. 그는 혁명이 간직한 드문 사람들 중 하나였다. 프랑수아 제라르François Gérard는 1819년에 그의 초상화를 그렸다. 나는 초상화에서 검은 프록코트를 입고 목에 흰 타이를 묶은 그의 지적인 눈길, 거물급 부르주아의 친근하고 따뜻한 표정을 보았다.[96] 대개 얼굴을 보고 폭력성을 예측하기는 어렵다. 수베르비엘은 마리 앙투아네트 배심원단에서 유일하게 다게레오타입[최초의 사진술] 사진을 남겼다. 아마도 그가 죽기 직전 사진작가 트랭카르Trinquart가 찍은 것으로 추정된다. 이 사진에서 그는 인생의 황혼기에 접어든 매우 노인다운 연약한 모습으로 남아 있다. 하지만 그는 여전히 자랑스럽게 바스티유 정복자의 메달을 차고

96　Bayonne, Musée d'art et d'histoire.

있다. 그의 젊은 친구인 의사 푸미에스Poumiès는 그가 끝까지 공화주의 신념과 로베스피에르에 대한 우정을 지켰다고 말한다. 그는 옛 왕립 감옥에서 가져온 돌 하나를 마호가니 상자에 넣고 프리기아 모자를 씌워 집에 간직하고 있었다. 그는 마지막 증인이었다. 그렇다고 해서 그가 가장 대표적인 증인이었다는 말은 아니다. 그는 사라졌고, 왕비는 이미 53년 전에 죽었다!⁹⁷

---

97 의사 카바네스가 수베르비엘에 관해 쓴 글을 볼 것. Cabanès, *Le Cabinet secret de l'histoire*, Paris, Albin Michel, 1905.

3 막

피고인

마리 앙투아네트의 심문이 시작된 시점은 아직 재판의 첫날일 뿐이었다. 재판은 마치 피할 수 없는 카운트다운처럼, 남은 시간을 쫓는 질주마냥 계속 이어졌다. 재판은 너무 길어, 그가 어떻게 하루하루 견뎌냈는지 궁금할 정도였다. [1793년 10월] 14일 첫 번째 재판은 오전 9시부터 오후 3시까지 진행되었다. 심리를 중단한 후 오후 5시부터 밤 11시까지 증언 청취와 재심을 이어갔다. 증인 마흔한 명 중 벌써 열일곱 명이 증언대에 섰다.

　이튿날, 피고인은 더 오래 시달렸다. 재판은 오전 같은 시각에 시작해서 오후 3시까지 열렸다. 오후 5시에 재판을 다시 시작해서 10월 16일 새벽 4시까지 멈추지 않았다. 그사이 마지막 증인들을 심문했으며, 변호인들은 변론을 했고, 공소인은 구형을 했으며, 재판장은 최대한 편파적이지 않은 방식으로 모든 논의를 요약한 후, 배심원들이 결정을 내려야 할 질문들을 제시했다. 그리고 한 시간 남짓 재판을 중단했으며, 그동안 배심원들은 한밤중인데도 심의를 거듭했다. 아마도 마리 앙투아네트의 생애에서 가장 길고 어두운 밤이었을 것이다. 결국, 새벽 4시 조금 전에 판결이 나왔다. 그는 홀로 목숨을 걸고 28시간 동안 육체적·정신적 싸움을 벌이면서 모두의 적이 되었으며, 아마도 평생 가장 적대적이었던 집단을 상대해야 했다.

최근에 나는 한 형사 재판을 참관했다. 그것은 성범죄의 도덕성 재판이었다. 검찰은 8년을 구형했지만, 최고 형량은 20년의 감옥형이었다. 심문 과정에서 나는 양측이 긴장하고, 점차 피로해지는 모습을 보았다. 얼굴을 가린 채로, 머리를 들지 못하고, 수없이 질문하는 과정을 반복하면서 중압감과 침묵이 법정을 짓눌렀다. 무엇보다 원고들과 피고 사이에 유리벽이 있는 것같이, 명백하고 두꺼우며 무거운 침묵을 가장 먼저 느낄 수 있었다. 양쪽 모두 거의 얼굴을 맞대고 만질 수 있을 만큼 가까이 있었음에도, 서로 말하거나 들을 수 없었고, 소통할 수도 없었다. 산산이 부서진 삶의 침묵이었다.

그들은 같은 순간, 같은 장소에 있었지만, 눈멀고 귀막힌 세계에 갇힌 낯선 존재들일 수밖에 없었다. 자폐증처럼 남의 말을 듣지 않은 채, 고통과 확신이 부딪치는 재판이었다. 나는 이 재판을 보면서 마리 앙투아네트의 재판을 떠올렸다. 나는 그가 겪었음직한 것을 당시와 멀리 떨어진 시점과 환경에서 막연히 느꼈을 뿐이지만, 그의 경우 이미 유죄를 선고받은 불행한 특권을 누렸다. 그래도 나는 어떤 공명, 분위기와 기후의 유사성을 느꼈다고 믿었다. 또한 평범한 인물들이 갑자기 특별한 상황을 맞이해서 마치 절대 벗어날 수 없는 재판 절차에 짓눌리고 부서지는 것 같다는 느낌도 받았다.

나는 바로 앞서 목격한 재판과 마리 앙투아네트의 재판이 닮았다고 생각했다. 증거나 증인, DNA도 없이 법정에서 오직 의심이나 개인의 확신에만 의존하고, 모두가 숨죽인 채 판결을 내리지만, 결국 아무도 위로하지 못하고 끝나는 재판이라는 점에서 두 재판은 본질적으로 닮았다. 결국, 우리가 앞으로 보게 되듯이 마리 앙투아네트도 성범죄 혐의로 재판을 받았다. 그의 재판은 심지어 역사상 성범죄 재판의 최초 사례였다.

❈

시간의 두께 속에 남아 있는 흔적은 드물고 연약하다. 게다가 그 흔적들은 명백히 정치적 이유로 다시 쓰거나 정리되거나 왜곡된 경우가 많기 때문에 읽기가 더욱 어렵다. 대중의 근거 없는 혁명적 믿음은 일종의 검열과 다름없으며, 그것과 반대되는 것을 절대로 용납하지 않는다. 다시 말해 그 후 며칠 간 여기저기서 발간된 재판의 방청 기록은 진정으로 일어난 일을 제대로 반영하지 못한다. 국가기록원의 철제금고 문서에 포함된 미공개 방청 기록은 현장의 생생한 열기 속에서 기록한 상태로 놔두었기 때문에 아마 더 진실에 가까울 것이다. 이 기록에서 우리는 왕비의 반응에 대한 정보를 조금밖에 얻을 수 없다. 아마도 기록자는 속사포처럼 교차심문이 쏟아지는 것에 놀란 것 같다. 그는 공책의 여백에 피고가 증언을 듣고 대답한 내용을 아주 간결하게 써놓았다. "카페 과부는 남편이 1789년 6월 23일 제헌의회에서 했던 연설을 자신에게 읽어주었다고 인정했다", "카페 과부는 라파예트에게 오라투아르 섹시옹의 적탄병들을 해임하라고 명령한 적이 없다고 주장했다",[1] "마리 앙투아네트는 '선의의 역사'를 계속 부정했다." 그러나 이와 같은 답변 뒤에는 분명히 어떤 여인이 있었다.

비록 우리가 가진 자료가 적고 다시 쓰인 것이라고 할지라도, 우리는 멀리서 마리 앙투아네트가 지나가는 모습을 몇 번이나 알아보고 놀라게 된다. 그가 마치 병, 모욕, 굴욕, 고립, 감옥의 영향을 하나도 받지 않은 것처럼 보이기 때문이다. 이틀 동안 그는 자신과 고통을 잘 통제했고, 자신을 재판하는 이들을 향한 멸시도 억눌렀다. 그의 변호인들은 재판 시작 며칠 전부터 국민공회에 편지를 보내 연기 요청을 하자고 권유했지만, 마리 앙투아네트는 이미 1791년 10월에 그들을 '악당, 미친 사람, 짐승의 떼'라고 비판했기 때문에, 그런 사람들에게 아무것도 요구하고 싶지 않다는 이유로 마지막까지 버티다가 바로 전날 요청했다.[2]

마리 앙투아네트는 이틀 이상이나 모든 질문에 일일이 답했고, 어떤 함정도 피하며 넘어갔다. 심지어 질문하는 사람들이 이름이나

---

1   Armoire de fer AE/I/5 n° 18, "Notes d'audience". L'épisode remonte à l'époque de la fuite à Varennes en juin 1791. 열렬한 애국자이며 튈르리 궁 경비를 책임지고 있던 오라투아르 섹시옹 국민방위군 대대 척탄병들은 의심을 받았다. 소문에 따르면, 왕의 도주를 공모했던 라파예트La Fayette는 그들에게 경비를 맡기는 일을 금지하려 했다고 한다. 그리하여 그는 튈르리 궁의 경비를 유급 경비대가 아닌 자원 경비대에게 맡기고 싶다는 구실을 찾았다.

2   Marie-Antoinette à Fersen, 31 octobre 1791, in *Le Comte de Fersen et la Cour de France, t. II, op. cit.*, p. 208. Et ChauveauLagarde, *Note historique sur le procès de Marie-Antoinette d'Autriche, reine de France et de Madame Élisabeth de France au Tribunal révolutionnaire, op. cit.*, p. 10. Sa lettre à la Convention citée par G. Lenotre, *La Captivité et la mort de Marie-Antoinette, op. cit.*, p. 388. 국민공회는 연기를 거부했다.

날짜를 물을 때도 그는 수정하고 바로잡았다. 그는 매우 조심스럽게 행동했고, 누구도 위험에 빠뜨리지 않도록 노력했다. 그는 자신 앞에 선 증인의 일부가 갑작스러운 질문에 허를 찔리고 결국 자신과 공모 했다는 혐의를 받게 되리라는 사실을 잘 알고 있었다. 그는 용기, 자제력, 온건함을 갖고 맞섰다. 무고하고 연약한 여성의 옹호자들인 공쿠르Goncourt 형제, 피에르 드 놀락Pierre de Nolhac 역시 부드럽게 말했다고 하지만, 나는 믿지 않는다.[3] 필요할 때는, 그는 눈 하나 깜빡하지 않고 거짓말을 했다. 그는 남편이 재판받을 때 했던 행동과 정반대로 행동했다. 그는 자신을 방어했다. 우리는 그의 대답에서 적절한 논리와 관련성을 보면서 정치적 의미에서 감탄하게 된다.

마리 앙투아네트는 촛불만 켜놓은 어두컴컴한 법정에 서 있었다. 그는 재판장 에르만, 푸키에, 배심원들의 끊임없는 질문에 별 불평 없이 차분하고 침착하고 상세하게 답변했다. 그를 심문하는 판사의 태도와 목소리를 알 길은 없지만, 마농 롤랑Manon Roland 덕에 조금이나마 짐작할 수 있다. 지롱드파 내무부 장관이었던 롤랑의 부인 마농 롤랑은 며칠 후 같은 사람들에게 심문을 받았으며, 그들을 먹이를 사냥하는 맹수들에 비유했다. 마농은 죽기 직전 회고록에 이렇게 적었다.

---

3   L'Histoire de Marie-Antoinette des Goncourt date de 1858, op. cit. Pierre de Nolhac, alors conservateur du château de Versailles, publie, dans la même veine de la femme incomprise et martyre, La Reine Marie-Antoinette chez Calmann-Lévy à Paris en 1902.

그들은 "큰 범죄자를 잡아놓고, 금세 자백을 받아낼 수 있다는 확신에 차서 편견과 분노의 행동을 서슴지 않는 자들이었다."⁴

⁂

판사들은 테이블 뒤에서 자신들의 위치가 주는 권위에 기대어 마리 앙투아네트의 답변이 마음에 들지 않거나 반대로 자신들이 듣고 싶은 말을 끌어내려고 할 때 그를 침묵시키기 위해 애썼다. 적어도 그들은 상상력이 부족하지 않았다고 말할 수 있다. 그들은 그에게 모든 것, 무엇이든 상관없이 물었다. "피고가 의원의 절반을 살해하려 했던 적은 없었나요? 예전에 시동생 아르투아 백작과 함께 국회를 폭파하려 하지 않았나요?" 종종 그렇듯이 터무니없는 질문을 받을수록 그는 더욱 자신 있게 대답했다. 에르만이 그의 범죄를 집요하게 추궁할 때, 그는 이렇게 대답했다. "나는 부인할 마음은 없습니다. 내가 말한 것은 진실이며, 앞으로도 계속 진실을 말할 것입니다."⁵ 판사들은 그가 남편에게 영향력을 행사해서 꼭두각시로 만들었음을 자백하라고 요구하기도 했다. 그는 "충고하는 것과 실행하는 것은 전혀 다른 일입니다"라고 답했다.⁶ 너무 멍청한 질문을 하는 때도 있었다. 예를 들어 자

---

4   *Mémoires de Madame Roland, op. cit.*, p. 424 et 426.
5   *Le Procès de Marie-Antoinette, op. cit.*, p. 132.

신을 왕의 군대의 지휘관과 병사들에게 술을 먹이고, 허리띠에 권총을 찬 모습의 아마존Amazone으로 만들려고 할 때, 그는 조용히 말했다. "그것에 대해 답할 것이 없습니다." 또는 역적의 진영으로 넘어간 라파예트가 그의 공모자가 아니었는지 묻는 경우도 있었다.

마리 앙투아네트가 이처럼 사리에 맞지 않는 질문을 잇따라 받을 때, '두 세계의 영웅'이라고 자칭하게 될 라파예트를 혁명의 주범으로 생각하던 그가 조용히 분노를 삼키는 모습을 상상할 수 있다. 그가 생각하기에, 파리 국민방위군 사령관이었던 라파예트는 1789년 10월 5일과 6일의 베르사유 사태를 조장했거나 그게 아니라면 최소한 방치했다. 또한 1년 후에는 그를 왕과 떼어놓기 위해 국회에 간통 혐의로 고발하겠다고 위협하면서 강제로 이혼시키려 했던 인물이었다. 마리 앙투아네트는 그를 신사로 생각했던 만큼 용서할 수 없었다. 더욱이 튈르리에 자신을 감금한 간수로 여겼다. 마리 앙투아네트는 라파예트를 '괴물' 또는 측근의 말처럼 '가엾은 악당'으로 보고 있었으며, 1792년 7월 뒤늦게나마 그가 자신과 왕을 구하려고 시도했을 때 그의 손길을 단호히 뿌리쳤다.[7]

---

6   *Ibid.*, p. 140.

7   L'expression est du comte de Fersen dans une lettre à Gustave III du 5 septembre 1790. Citée in Evelyn Farr, *Marie-Antoinette et le comte de Fersen. La correspondance secrète*, Paris, L'Archipel, 2016, p. 113. 라파예트는 1792년 3월 15일, 입법의회에서 콩도르세Condorcet를 통해 다시 한 번 마리 앙투아네트를 왕과 분리시키고 감금하려고 시도했다.

두 차례 심리 사이에 마리 앙투아네트는 변호인인 샤보 라가르드에게 자신이 한 말과 말하는 방식을 걱정했다. "너무 품위 있는 태도로 대답을 한 건 아닐까요?" 그는 마지막으로 호감을 사려고 노력한 것 같다. 비록 프랑스인들이 그를 외국인으로 대하면서 재판을 하고 있었지만, 그는 자신이 프랑스인임을 보여주고 싶어했다. 그에게 전 국민을 구현하는 신성한 권력을 주어 프랑스 왕비로 만들어준 보이지 않는 끈이 여전히 그의 마음속에서 끊어지지 않은 것 같았다. 그때 그는 여성이 아니라 군주로서 자신을 방어했다.

10월 12일 밀실 심문에서, 오스트리아로 송금한 사실에 대한 질문을 받고 그는 이렇게 답했다. "나는 종종 그런 식의 공격을 받았습니다. 나는 남편을 너무 사랑하기 때문에 그가 다스리는 나라의 돈을 허비하지 않았습니다. 내 오빠는 프랑스의 돈이 필요 없었습니다. 그와 프랑스는 같은 원칙에 묶여 있기 때문에 그에게 돈을 보낼 이유가 없었습니다."[8] •

그리고 왕에게 다시 왕위를 회복해주려고 바렌으로 도주하라고 사주하지 않았느냐는 질문에는 이렇게 대답했다. "그는 이미 왕이었으므로 다시 왕위에 오를 필요는 없었습니다. 우리는 늘 프랑스의 행복만 바랐고, 프랑스가 행복하기만 바랐습니다."[9] 또 국민을 속이려

---

8   Le Procès de Marie-Antoinette, op. cit., p. 6.
•   조서의 말투를 이해하기 쉽게 바꾸었다.

고 노력하지 않았느냐는 질문에는 이렇게 답했다. "맞습니다, 국민은 속았습니다. 잔인하게 속았습니다만, 속인 사람은 내 남편도 아니고, 나도 아니었습니다. 그렇게 해서 이익을 보는 사람들이 국민을 속였습니다."[10]

『모니퇴르』에 기사도 실렸고, 그의 지지자들이 유럽 전역에 매우 일찍 퍼뜨린 영웅적인 소문도 있었다. 재판이 시작되기 전인 9월 초부터 그가 콩시에르주리의 감방에서 아마르의 심문에 화려하게 대답하는 모습이 전해졌다. "당신들이 나를 처형하고 죽일 수도 있겠지만, 결코 나를 심판하지는 못하겠지요."[11] 하지만 그는 재판을 거부하지 않았고, 자신의 판사들을 부인하지도 않았다. 어떻게 그럴 수 있었을까? 그는 싸우기로 결심했고, 기꺼이 싸움판에 들어갔다.

훗날 마리 앙투아네트의 변호인은 그가 육체와 말의 싸움에서 '강인한 정신력과 영혼'을 보여주었다고 회고했다. 그러나 왕정복고 시기에 회고록을 출판하는 변호인이 과거의 의뢰인을 비판하기란 어려웠을 것이다. 이후 그의 추종자들은 계속해서 감탄을 멈추지 않았으며, 그의 재판이 진행되는 동안에도 그를 성인으로 만들지는 못할지라도 복권시키려고 노력했다. 그들의 의도는 분명했다. 마리 앙투

---

9   Ibid., p. 15.
10   Ibid., p. 10.
11   "Extraits du journal du comte de Fersen, 26 septembre 1793", in Le Comte de Fersen et la Cour de France, op. cit., t. II, p. 93.

앙투아네트를 순교자로 만들고 싶었던 것이다. 제2제국 시기의 공쿠르 형제, 쥘Jules과 에드몽Edmond은 그를 미화하는 성인전에서 '놀랄 만큼의 인내심과 냉정함'을 가졌다고 묘사했다.[12] 이 점에서 그들을 반박하기는 어렵다. 심지어 자코뱅파조차도 그가 '본능적인 에너지'를 발휘해 판사들을 '굽히거나' '설득하거나' '무장 해제하려' 했던 사람임을 인정할 수밖에 없었다.[13]

우리는 마리 앙투아네트가 역경 속에서도 자신을 뛰어넘을 수 있었고, 불행 속에서도 성장할 수 있었던 여성임을 느낀다. 아마도 죽음을 거부하고 끝까지 승리하려는 절대적 생존본능에 사로잡힌 사형수들의 끈기와도 관련이 있을 것이다. 누군가 그의 머리를 물속에 넣고 짓누를 때, 그가 숨을 쉬려고 발버둥 치는 모습을 보는 듯하다. 그의 변호인은 그가 여러 차례 희망의 신호를 보내며, 운명이 비극으로 끝나지 않기를 바랐다고 증언했다. 우리는 그의 행동에 대해 가능한 설명을 모두 찾을 수 있다. 나는 다음과 같은 설명이 가장 설득력 있다고 생각한다. 그는 능력, 지성, 감정을 완전히 갖추었고, 자기를 완벽

---

12 Edmond et Jules de Goncourt, *Histoire de Marie-Antoinette*, Paris, Firmin-Didot, 1858 (1879), réed. in *Marie-Antoinette. Anthologie et dictionnaire*, dir. Catriona Seth, Robert Laffont, coll. "Bouquins", 2006, p. 590.

13 *Procès de Marie-Antoinette, ci-devant reine des Français ou recueil exact de tous ses interrogatoires, réponses, dépositions des témoins, suivi de plusieurs anecdotes sur sa mort*, Paris, chez tous les marchands de nouveautés, s.d., (1793). Signé N. Prévost; réed. Paris, 1865, 초판의 서문을 참고할 것.

히 통제할 수 있는 수준에 도달한 여성이었다.

※

그때 마리 앙투아네트는 자신의 상태가 어떻게 되었는지 깨달았을까? 왜냐하면 그는 먼 길을 돌아왔기 때문이다. 나는 그가 청소년 시절에 어리석고 경솔하며 예상치 못한 행동을 해서 어머니의 꾸중이나 듣던 사람이라고 생각하지 않는다. 적어도 그것뿐만이 아니었다. 또한 1932년에 스테판 츠바이크Stefan Zweig나 그 후의 전기작가들이 묘사한 '보통 여인'과 마리 앙투아네트는 달랐다. 19세기 접점에서 그의 열렬한 추종자들이 우리에게 전해준 교리문답의 성인도 아니었다. 그가 직면했던 결혼, 망명, 혁명, 공포정치같이 특별한 환경이 그를 깊이 흔들었고, 어떤 면에서는 어쩔 수 없이 그가 되어야 했던 모습을 강요했다.

모든 것에 명확히 이름을 붙이고 치료하는 오늘날, 우리의 삶을 병리학과 그 치료의 문제로 환원하려는 임상적 강박관념으로 그를 진단한다면, 그는 아마 '외상 후 스트레스 장애'라는 진단을 받을 것이다. 이러한 성격의 형성, 성격의 왜곡, 힘든 상황과 역경 속의 연속성 파괴, 이런 요인 때문에 그는 아주 일찍부터 비범한 길을 걸어야 했다.

우리는 마리 앙투아네트의 진정한 모습을 알기 위해 그의 편지를 매우 세심하게 읽어야 한다. 그의 삶은 시작부터 이미 비범했다. 결국, 그는 오스트리아의 마리아 테레지아의 딸이었다. 그는 대공녀로 태어났고, 게다가 세계에서 가장 강력한 국가 중 하나의 왕비가 되었다. 어떤 사람들은 몇몇 왕비는 평범하게 살았다고 반박할지도 모른다. 그러나 마리 앙투아네트는 그렇지 않았다! 그는 군주로서 살아가는 순간마다 때로는 군주의 모습을 충분히 드러내지 않으려 했고, 때로는 너무 강하게 드러내기도 했다. 그렇게 함으로써 왕비 뒤에 숨겨진 여성의 모습을 보여주려고 했다. 그는 성격이나 신념, 두려움 같은 면에서 매우 독특한 여성이었다.

마리 앙투아네트가 프랑스 궁에 도착했을 때 모든 확신이 처음으로 무너졌다. 그는 '유럽에서 가장 아름다운 왕국'을 통치하기 위해 모든 자매 중에서 선택받은 것을 자랑스러워했지만 높은 데서 곤두박질한 느낌이었다. 그는 베르사유 궁의 온갖 음모, 간계, 술수에 휘말렸고, 무뚝뚝하고 말없고 무관심하며 서툴고 차가운 남편에게 외면받으면서, 자신을 이끌어줄 사람 하나 없어 더는 보호받지 못하는 처지가 되었다고 느꼈다. 프랑스와 정략결혼을 주도했던 슈아쥘 공작이 그를 도와줄 수 있었겠지만, 그가 도착한 지 몇 달 뒤 슈아쥘은 왕의 신임을 잃고 궁을 떠났다. 남편은 결코 곁에 있지 않았고, 그에게 아무 말도 하지 않았다. 그는 어머니가 되어야 했으나, 결혼하고 8년 후인 1778년에야 그렇게 되었다. 나는 그가 이것을 고통스러운 모욕으로 느꼈으리라는 것을 조금도 의심하지 않는다. 그는 쉰부른 궁의 고치 안에 있는 것처럼 보호를 받으면서 단순하고 다정한 가족생활을 할 수 있다고 기대했으나 지옥을 발견했을 뿐이다.

마리 앙투아네트에게 궁중은 매우 빠른 속도로 제약, 야망, 함정, 지루함, 거짓의 세계가 되었다. 궁중은 늙은 세계였고, 그는 젊었다. 정체된 세계에서 그는 슬프고, 답답하고, 우울한 것을 모두 싫어했다. 예절, 특히 외국인 공주들을 교육하기 위한 이 장치 때문에 그는 질려 버렸다. 그는 자신을 거스르고 부정하고 단지 그림자 연극의 실루엣으로 존재하도록 강요받았다. 그는 오랜 시간이 지나서야 비로소 자신이 없는 왕이란 벌거벗은 존재이며, 출생의 자의성에 기초한 건축물을 지탱하기 위해서는 모든 것이 관례와 의식, 서열, 신비로움과 두려움이어야 한다는 것을 이해할 수 있었다.

마리 앙투아네트는 여전히 어린아이였고, 웃음과 경쾌함 그 자체였다. "나는 너무 어리고 경솔했어요"라고 어머니에게 썼다. 그는 궁중에서 '작디작은 기계장치', 탐욕과 가면들만을 볼 수 있었다. 그와 같은 오스트리아 출신으로 1671년에 오를레앙 공작과 결혼한 팔라틴 공주 엘리자베트 드 바비에르Elisabeth de Bavière는 루이 14세 치세에 똑같은 경험을 했다. "여기 온 후, 나는 너무나도 추한 것들을 보는 데 익숙해졌다. 그래서 내가 가짜가 지배하지 않는 곳에 있다면, 이 궁중처럼 거짓말을 장려하고 인정하지 않는 곳에 있다면, 천국을 발견했다고 믿을 것이다."[14]

---

14 *Lettres de la princesse Palatine*, Paris, Mercure de France, 1985, p. 69. Saint-Germain, le 19 février 1682.

베르사유는 그 자체로 세계의 표준이었지만, 그의 어린 시절의 꿈을 깨뜨린 곳이었다. 발레리 라르보Valery Larbaud는 자신을 닮은 소설의 주인공, 아르헨티나 청년 부자 바르나부스A. O. Barnabooth의 교육 과정을 추적하면서, 한 시대에서 다른 시대로 넘어가는 과정에 대해서는 한마디도 하지 않고 사람들의 환상에 대해서만 말했다. "젊은 이는 학교를 졸업할 때 이미 자신의 기준인 미터mètre 자를 가지고 나왔으며, 사물을 그 자로 쟀을 때 더 크거나 작으면 화를 냈다. 현실은 그에게 필요하다면 막대기를 열, 백, 천 부분으로 잘게 나누는 방법을 가르쳤다. 이렇게 나는 전쟁을 통해 성숙해졌다."[15]

베르사유 역시 하나의 전쟁이며, 마리 앙투아네트는 거기에 대비하지 못한 상태였다. 그는 자신에 대해 의심하며, 자신을 믿지 못했다. 오스트리아 대사 메르시 아르장토는 마리 앙투아네트가 군중 속에서 당혹스러워하고, 사람들을 만날 때 두려워하며, 모르는 사람들과 말을 하지 않는다고 마리아 테레지아에게 썼다. 마리 앙투아네트가 잦은 참견꾼이나 구걸하는 사람들에게 굴복하는 것은 그들을 피하기 위해서였다. 그는 저항하는 일을 힘겨워했다. 그는 "자신이 싫어하거나 너무 어렵거나 복잡하다고 생각하는 일을 잠깐이라도 생각하는 것"을 싫어했다. 그는 그것들을 허영심과 가식의 땅인 "이 나라의

---

15 Valery Larbaud, A. O. *Barnabooth. Son journal intime*, Paris, Gallimard, 1913, pp. 185~186.

성가신 문제"라고 말했다. 그의 마음속에는 큰 고독이 깃들어 있었다. 때로는 그것이 전부일 때도 있었다. 그는 어머니에게 보내는 편지에 이렇게 썼다. "가족을 떠나서 사는 것이 이다지도 고통스러운 일임을 충분히 경험했어요."[16]

망명은 곧 자신의 몸을 뒤에 두는 일이다.* 그리고 실제로 1770년 5월 스트라스부르에서 그가 입고 온 대공비의 옷을 벗기고 새로운 신분인 세자빈의 옷으로 갈아입히던 그 놀라운 강제 통과의례는 그 순간을 기이한 은유적 이야기처럼 들리게 만든다. 괴테는 마리 앙투아네트보다 조금 먼저 그곳을 방문했다. 통과의례를 위해 라인 강의 섬에 천막을 세웠고, 그 안에 이아손Jason의 신화적 모험을 담은 양탄자 벽걸이를 걸어놓았다. 가장 큰 벽걸이에는 이아손이 크레온Créon 왕의 딸인 크레우사Créuse와 결혼하는 모습, 그에게 버림받은 메데이아Médée의 끔찍한 복수로 불타는 궁전과 아이들을 죽이는 모습을 표현했다. 괴테는 이를 "역사상 가장 끔찍한 결혼의 예"라고 평했다. 그는 열네 살짜리 공주 앞에 "가장 흉측한 유령"을 보내려는 것 같다고 느꼈다.[17]

16　Marie-Antoinette à Marie-Thérèse, 2 septembre 1771, in *Marie-Antoinette. Correspondance, op. cit.*, p. 88.

•　자신의 삶과 현재의 몸을 두고서 다른 곳으로 간다는 비유다.

망명은 또한 정신의 일부를 포기하는 것과 같다. 베르사유에서 마리 앙투아네트는 행복하지 않았다. 리뉴는 파리 오페라의 가면무도회에서 마리 앙투아네트가 처음 경험한 모험을 매우 의미심장하게 얘기했다. "그는 거기서도 다른 곳과 마찬가지로 행복하지 않았다. 사실 그가 최고의 사람과 결혼한 그날, 그러나 모든 남자 가운데 가장 못생기고 혐오스러웠던 사람과 결혼한 그날부터 그가 완벽히 행복하게 지내는 모습을 본 적이 없다는 것을 나는 증명할 수 있다."[18] 심지어 메르시도 그가 종종 '슬픔의 순간들'을 겪었다고 적었으며, 그 원인을 '왕세자의 이해 불가한 행동' 때문이라고 설명했다.

종일 겨우 한두 마디만 하고, 아내에게 어색하고 딱딱한 투로 말하며, 단지 사냥만 하면서 살아가고, 딴 방에서 자는 사람을 어찌해야 할까? 왕세자는 일단 왕이 된 후 일에 몰두하면서 왕비에게 모습을 드러내는 일이 더욱 줄었다. 그러나 1778년 12월에 첫딸이 태어난 후에는 왕비의 곁에서 잤다. 그는 동생 프로방스 백작처럼 매우 살이 쪘다. 마리 앙투아네트는 어느 날 어머니에게 쓴 편지에서 남편을 '가련한 사람'이라고 표현해서 깜짝 놀라게 만들었다. 그는 편지로 남편의 몸에 대한 혐오감을 말하기 어려웠겠지만, 그들을 갈라놓는 것이 무

---

17 W. Goethe, *Dichtung und Wahrheit. Poésie et vérité. Souvenirs de ma vie*, Paris, Aubier, 1992.

18 Prince de Ligne, *Fragments de l'histoire de ma vie*, t. I., *op. cit.*, p. 115.

엇인지 꾸준히 말했고, 그 내용이 거의 전부였다. 그는 왕이 너무 조용하고, 너무 느리고, 너무 무기력하며, '과도하게 무기력하고 겁이 많은' 사람이라고 생각했다.

마리 앙투아네트는 남편의 '체계적인 정확성'과 특히 갑작스러운 태도를 빈정거리거나 짜증을 냈다. 어느 날, 왕이 왕비의 시녀들에게 평소보다 조금 더 친절하게 대했을 때 왕비는 신랄하게 말했다. "여러분, 동의하시죠? 나쁜 환경에서 자란 아이임에도 왕이 방금 여러분을 아주 훌륭한 태도로 맞이해주셨네요."[19] 그는 친구[로젠베르그 백작]에게 이렇게 말했다. "나와 왕의 취향은 다릅니다. 왕은 오로지 사냥과 기계장치만 좋아합니다. 당신도 내가 대장간에서 무례하게 행동하리라는 것을 인정하시겠지요."[20]

결론적으로 마리 앙투아네트에게 남편은 지루한 존재였다. 그의 렉퇴르lecteur[책 읽어주는 사람]인 충직한 신부 베르몽Vermond은 그가 남편을 사랑하지 않았으며, 왕의 됨됨이를 알면 달리 행동하기 어려웠을 것이라고 솔직히 말했다.[21]

---

19 캉팡 부인이 『회고록』에서 전한 말이다.
20 Marie-Antoinette au comte de Rosenberg, 17 avril 1775, in *Marie-Antoinette. Correspondance, op. cit.*, p. 208.
21 "Note de l'abbé de Vermond" mai 1779, in Évelyne Lever, *Marie-Antoinette telle qu'ils l'ont vue, op. cit.*, p. 262.

⚜

마리 앙투아네트는 행복하지 않았고, 결국 스스로에 대한 의심이 커지면서 점차 자신을 사랑하지 않게 되었다. 이를 나타내는 분명한 징표는 그가 마음에 드는 화가를 찾는 데 시간을 많이 썼다는 사실이다. 엘리자베트 비제 르브룅이 그의 첫 초상화를 그린 1778년까지, 그는 어떤 초상화에도 만족하지 않았다. 그는 어머니에게 보내는 편지에서 계속 불만을 토로했다. 그는 초상화에서 자기 모습을 전혀 알아볼 수 없었다. 1774년 10월에 이렇게 말했다. "제 모습을 닮게 그린 화가를 아직 찾지 못해 절망할 수밖에 없습니다." 그리고 한 달 뒤인 11월에는 이렇게 말했다. "화가들이 저를 죽이고 절망하게 합니다. […] 방금 [제 초상화가] 도착했으나, 너무나 닮지 않아서 [어머니께] 보내드릴 수가 없습니다."[22]

그는 오랫동안 내면에서 영혼, 감정, 외모의 자연스러운 조화를 추구했지만, 그러한 조화를 그림에서 찾을 수 없었다. 그는 타인의 시선, 우정의 포기, 자신의 제약에서 벗어난 세계의 가벼움에서 그 조화를 찾으려고 했다. 이런 관점에서 볼 때, 그의 삶은 대부분 끊임없이 앞을 향한 도주 행각을 닮았다. 그는 탈출을 통해 자유를 얻기를 열정

---

[22] Marie-Antoinette à Marie-Thérèse, 18 octobre et 16 novembre 1774, in *Marie-Antoinette, Correspondance, op. cit.*, p. 196 et 198.

적으로 갈망했다. 그는 베르사유에서 트리아농으로, 트리아농에서 파리로 도망쳤지만, 사실 그가 처음으로 피하고자 했던 것은 자신의 무료함, 번뇌, 의심이었다.

모든 곳에서 그의 불만이 드러났다. 민감한 감수성, 남을 즐겁게 하고 싶은 극단적 욕망—부아뉴 부인은 "남을 즐겁게 하고 싶은 과도한 욕망"이라고 말했다—, 도박에 대한 광적인 열정, 치장 욕구, 패션에 대한 폭식적인 열정이 모두 불만의 표시였다. 로즈 베르탱Rose Bertin과 미용사 레오나르Léonard가 존재하는 이유도 그의 삶이 불완전하며, 그가 그 사실을 알고 있었기 때문이다. 예나 지금이나 신발, 모자, 잡동사니를 강박적으로 수집하는 소비주의적 습관은 빈 공간을 채우기 위한 것이다. 우리가 온갖 쓸모없는 물건으로 집을 어지럽히는 것은 유령을 더 잘 쫓아내고 싶기 때문이다. 하지만 그와 동시에 그는 자신의 취향을 드러내면서 자기 존재를 주장했다. 최근 엘리자베트 비제 르브룅에 대해 마르크 퓌마롤리Marc Fumaroli가 발간한 책의 아름다운 제목을 빌려서 말할 때, 마리 앙투아네트는 '여성의 세계 mundus muliebris'의 여왕이 되었다.[23]

이 '여성의 세계'라는 피난처에서는 형태와 스타일, 트리아농의

---

[23] Marc Fumaroli, Mundus Muliebris: *Élisabeth Vigée-Le Brun, peintre de l'Ancien Régime*, Paris, éd. de Fallois, 2015.

광기와 랑부이예 낙농장, 폭포와 동굴, 순수함, 우아함, 놀라움, 자연, 유적의 기억이 탄생했다. 이 모두가 여성의 욕망이었고, 당시 철학자와 독실한 신자를 비롯해 그 시절에 남성의 덕목을 주장하며 아테네보다 로마나 스파르타를 선호하던 이들의 큰 충격과 분노를 불러일으켰다.

모든 것이 깨지기 쉬운 거울에 반영된 행복 같았다. 1784년 스웨덴 왕 구스타브Gustave 3세를 위해 트리아농에서 열린 '그리스식' 야간 축제, 랑부이예 낙농장의 에트루리아식 식사, 엘리자베트 비제 르브룅이 그린 '갈리아식'(슈미즈를 입은) 마리 앙투아네트의 초상화, 위베르 로베르Hubert Robert, 라그르네Lagrenée, 미크, 장 자크 테브냉Jean-Jacques Thévenin의 풍경과 유적들, 조르주 자코브Georges Jacob의 안락의자와 장 앙리 리즈네르Jean Henri Riesener의 가구들이 모두 그것이다. 사치로 보였던 것들이 이제는 단순해졌다. 극단적인 정제精製는 '극단적인 우아함'이 되었을 뿐이다.

역설적인 점은, 이 모든 것에서 '오스트리아 여인'이 어느 때보다 더 프랑스 여성답다는 것이었다. 당시에는 거의 알아차리지 못했는데, 베르몽 신부가 "그는 완전히 프랑스의 말투와 취향을 받아들였다"라고 말할 정도였다.[24] 결국, 오늘날 우리가 '프랑스식 취향'이라고

---

24 "Note de l'abbé de Vermond", mai 1779, in *Marie-Antoinette telle qu'ils l'ont vue*, *op. cit.*, p. 262.

부르는 것은 바로 마리 앙투아네트였다. 1780년대에 프티 트리아농 궁을 조롱조로 '작은 비엔나'라고 불렀다는 사실을 지금은 상상조차 하지 못할 것이다.

하지만 이 꿈의 왕국, 트리아농 궁이나 1784년 왕이 그에게 선물한 생클루Saint-Cloud 궁*의 친근하고 다정한 유토피아에 숨는 것은 여전히 또 하나의 도주 방식이었다. 그는 권력을 갈망하며 끊임없이 권력을 행사하려고 하는 야심 찬 여성으로 여겨졌다. 그러나 그는 권력을 두려워했기 때문에 오래도록 거부했다. 그의 속내를 들었던 라마르크 백작은 "왕비는 대신들의 인사문제에 관여하지 않고 거리를 두었다"라고 말했다. 그것은 그가 겨우 왕비가 되자마자 슈아죌 공작이 다시 권력을 잡게 해달라고 그에게 끊임없이 졸랐기 때문일 것이다.[25] 그는 1774년 7월 어머니에게 이렇게 썼다. "제가 들은 사례가 많지 않지만, 매우 어렵고 곤란한 사례도 많다는 사실을 알 수 있어요."[26] 슈아죌이 [장차 세자빈의 프랑스어와 예절 교육을 위해] 비엔나로 파견한 베르몽 신부는 오랫동안 마리 앙투아네트 곁에 있었기 때문에 그를

• 루이 16세는 1784년 10월 24일에 생클루 궁을 600만 리브르에 매입해서 마리 앙투아네트에게 선물했다. 1784년의 가치를 오늘날의 가치로 환산하면 6,765만 9,317.47유로(한국 돈 1,000억 원 이상)에 해당한다.

25 Archives d'Arenberg, Enghien, Carton 35/17, fol. 11 "Appréciation d'un passage des mémoires du baron de Besenval"(qui se vante de son influence sur la reine).

26 Marie-Antoinette à Marie-Thérèse, 30 juillet 1774, in *Marie-Antoinette. Correspondance, op. cit.*, p. 192.

잘 알았고, 그가 '원칙과 취향'²⁷에서 정치에 관심이 없다고 묘사했다.

오스트리아 측은 계속 실망했고 불만이 많았다. 마리 앙투아네트를 비꼬는 말로 '불성실 채무자'라고 했다.²⁸ 그리고 마치 투자하듯이 그를 파리로 보냈지만, 기대했던 만큼의 성과를 거두지 못했다고 불평했다. 왕비는 자신이 태어난 나라의 이익을 위해 적극적으로 개입하기를 매우 꺼렸다. 메르시는 1783년에 오스트리아 총리 카우니츠 Kaunitz 공작에게 보낸 편지에서 그가 "사안의 중요성을 잘 이해하지 못한다"라고 그를 변명해주듯이 썼다.²⁹ 그런데 그것은 그의 지능 문제가 아니라 오히려 '신중했기' 때문이다. 그는 프랑스와 오스트리아라는 두 강대국 사이에서 자신의 위치가 얼마나 불안정한지를 너무 잘 알았기에, 무모하게 나설 엄두를 내지 못했던 것이다.

마리 앙투아네트는 무엇보다도 자신을 인질이자 담보로 삼았던 1756년의 동맹관계가 끊어지면 자신이 얼마나 위험하게 될 것인지 잘 알고 있었다. 1784년 10월, '에스코 위기 la crise de l'Escaut'•가 발생

---

27 "Note de l'abbé de Vermond. La Muette, 5 juin(1774)" jointe à une lettre de Mercy à Marie-Thérèse, 7 juin 1774, in *Correspondance secrète entre Marie-Thérèse et le comte de Mercy-Argenteau [···]*, t. II, éd. A. d'Arneth et M. A. Geffroy, Paris, Firmin-Didot, 1875, p. 171.

28 Kaunitz à Mercy, 18 mars 1787, in *Marie-Antoinette telle qu'ils l'ont vue, op. cit.*, p. 444.

29 Lettre de Mercy au prince de Kaunitz, 17 juin 1783, in Joël Felix, *Louis XVI et Marie-Antoinette. Un couple en politique*, Paris, Payot, 2006, p. 318. 그 당시 오스트리아는 터키(튀르키예)에 선전포고를 하려고 했으며, 프랑스의 지원을 받고 싶어했다.

해 비엔나와 네덜란드가 전쟁 직전까지 가고, 파리가 이를 막기 위해 개입하겠다고 위협했을 때, 그는 오빠 요제프 2세에게 이렇게 분명히 썼다. "이 끔찍한 분열의 싹이 자라지 못하게 할 수 없다면, 나는 어느 편에 서야 할까요?"[30] 그때 그는 두 나라 사이의 갈등을 진정시키는 것만을 바랐으며, 절대 의도적으로 영향을 미치거나 분명히 오빠 편을 들고자 하지는 않았다. 당시 해군대신인 카스트리Castries 후작에게, 만약 자기 오빠의 야망이 유럽 평화를 위협한다면, 자신이 맨 먼저 오빠를 비난할 것이라고 털어놓았다.[31]

루이 16세는 마리 앙투아네트에게 자신이나 장관들의 정치에 끼어들지 말라고 요청하지 않았다. 혁명이 일어날 때까지 루이 16세는 권력에 집착하는 모습을 보여주었다. 그가 받은 교육과 성격 때문에, 또 할아버지[루이 15세]의 애첩들의 영향력을 잊지 않았기 때문에, 그는 여성이 권력을 추구하는 음모를 매우 경계했다. 1774년부터 베리

- 에스코(스켈더) 강은 네덜란드가 통제하는 강이었는데, 1784년 4월 요제프 2세는 안트베르펜 시에 상선을 띄워 오스텐데를 차지하고 바다로 나가라고 명령했다. 네덜란드는 협곡의 릴로Lillo 요새에서 포를 쏘고 배를 나포했다. 이 위기를 타개하기 위해서 양국은 5월부터 벨기에에서 협상을 시작했다.

30 Marie-Antoinette à Joseph II, 26 novembre 1784, in *Marie-Antoinette. Correspondance, op. cit.*, p. 417.

31 Joël Felix, *Louis XVI et Marie-Antoinette. Un couple en politique, op. cit.*, p. 318. 저자는 카스트리 원수의 미발간 일지를 활용한다.

Véri 신부는 루이 16세가 "여성에게 국사에 영향을 미칠 역할을 맡길 의지가 없었다"라고 말했다.[32]

루이 16세는 자존심이 강하며, 말이 적고, 짜증을 잘 내며, 고집이 센 성격이었다. 마리 앙투아네트는 "왕이 성격상 매우 말을 적게 했다"라고 적었고, 또 "토론에 능하지 않다"라고 판단했다. 그는 또 "왕의 자연스러운 불신"에 관해서도 언급했다. 1784년 요제프 2세에게 쓴 편지에서 그는 "솔직히 말씀드리자면, 정치 문제는 내가 가장 손대기 어려운 분야"라고 고백했다.[33] 그리고 혁명 직전, 메르시 아르장토 백작에게 다음과 썼다. "나는 항상 보조 역할만 합니다. 그리고 왕은 내게 그것을 자주 느끼게 해줍니다."[34] [스승이자] 대신인 모르파 Maurepas 백작이나 특히 1780년대 외무대신 베르젠은 왕을 따르면서도 별로 협조적이지 않은 모습을 보여주었다.

결국, 왕비가 권력의 현실과 직면하고, 남편과 함께 그 몫을 감당한 것은 바로 혁명이 그의 인생에 갑작스럽게 뛰어들었기 때문이다. 그는 권력자로 변신하지 않았지만, 곧 권력의 기회와 필요성, 위험을

---

32 "Journal de l'abbé de Véri", 21 juillet 1774, in Évelyne Lever, *Marie-Antoinette telle qu'ils l'ont vue, op. cit.*, p. 98.

33 Marie-Antoinette à Joseph II, 22 septembre 1784, in *Marie-Antoinette. Correspondance*, p. 409.

34 Marie-Antoinette à Mercy (19 août 1788), in *Marie-Antoinette. Correspondance, op. cit.*, p. 462.

빨리 이해하게 되었다. 5월에 전국신분회États généraux의 시작부터 그들이 베르사유 궁을 떠나 튈르리 궁으로 옮기는 10월의 끔찍한 날들까지 단 몇 달만에, 마리 앙투아네트와 루이 16세는 왕과 왕비로서 그 존재 이유이자 정체성을 이루던 모든 것, 신성함, 명령권, 신민의 사랑과 존경을 마치 누군가 흑마술을 부린 것처럼 한 방에 사라지게 만드는 것을 보았다. 국민의회는 그들의 권력을 몰수했고, 국민은 그저 분노와 증오만을 보여주었다.

 몇 주 만에 왕 부부는 주권, 정부, 군대를 잃었다. 그뿐만 아니라 경비마저 허술해서 바람만 불면 문이 덜컥거리는 궁전, 관습, 주변 인물까지 모두 잃었다. 왕 부부가 겪은 것은 모두 그들에게 진정한 고통을 안겨주었음이 분명하다. 당시 마리 앙투아네트는 편지를 쓸 때마다 '고통peine'이라는 단어를 잊지 않았다. 그는 왕권이 엄청난 피해를 당했다고 생각했다. 그는 왕권이 '타락했다'고 믿었다. 봉벨 후작은 그들의 고통이 '정신적 죽음'이며, 육체적 죽음보다 천배나 잔인하다고 말했다.

⚜

마리 앙투아네트의 인생에서 첫 번째 큰 변화의 상징적 장면은, 모두가 기억하듯이, 1770년 5월의 스트라스부르에서 일어난 일이었다. 1789년 그의 모든 고통이 이번에는 맏아들의 죽음에 집중되었다. 왕세자 루이 조제프 드 프랑스는 수년간 결핵을 앓다가 6월 4일

뫼동 궁에서 숨을 거두었다. 그는 일곱 살 반이었다. 마리 앙투아네트는 처음 아이를 잃은 것이 아니었다. 물론 그가 가장 사랑한 아들이었고, 가장 유약하기 때문에 모든 희망을 쏟아부었던 아이였다. 마리 앙투아네트는 이미 1779년과 1783년 11월에 두 번이나 유산했고, 1787년 6월에 11개월 된 둘째 딸 소피 베아트리스Sophie-Béatrice를 잃었다. 이제 그에게 남은 자녀는 1778년 12월에 태어난 유일한 딸, 흔히 '무슬린Mousseline'이라고 불린 마담 루아얄, 그리고 1785년 3월에 태어난 둘째 아들 노르망디 공작 루이 샤를Louis Charles이었다. 루이 샤를은 형이 죽은 후 공식적으로 왕세자가 되었다. 마리 앙투아네트는 곧 그에게 닥칠 운명을 피하려는 듯 그에게 '사랑하는 양배추chou d'amour'라는 애칭을 붙였다. 그가 바로 탕플 감옥의 아이로, 재판 과정에서 중요한 역할을 맡게 된다.

첫째 왕세자의 애도 의식은 6월 7일 베르사유에서 거행되었다. 이것은 오히려 군주제의 종말을 알리는 개막 행사처럼 보였다. 아이의 심장을 밤중에 발드그라스Val-de-Grâce로 옮기고, 시신을 왕들의 무덤인 생드니 대성전에 안장하는 동안, 궁중 전체가 대대적인 애도 속에 왕비 앞에서 행진했다. 봉벨은 자신이 직접 본 대로 썼다. "가장 음산하고 감동적인 풍경이었다. 왕비는 자기 방 난간에 서서, 검은 복장을 한 시녀들과 함께, 혼절하지 않으려고 애쓰며, 중궁전 사람들이 마치 의식을 행하듯이 열을 지어 천천히 행진하면서 자신을 향해 인사하는 모습을 지켜보았다."[35] 왕비는 머리부터 발끝까지 검은 레이스

망토를 두르고 있었다. 마치 작별인사를 하는 장면 같았다. 가정의 슬픔과 정치적 폭력이 얽히고설켜 6월을 더욱 끔찍하게 만들었다. 마리 앙투아네트는 이제 "환상의 시간은 지나갔다"는 사실을 깨달았다.[36]

하지만 그만이 현실에 홀로 맞서고 있었다. 반면, 왕은 점점 더 1880년대에 강에서 건진 익사자들 얼굴의 석고상을 닮아가고 있었다. 그들의 얼굴은 반쯤 멍하고 때로는 읽기 어려운 우울함을 보여주었다. 왕은 1787년 베르젠이 죽은 후 처음으로 입지를 잃었다. 그전까지만 해도, 그도 루이 13세처럼 특정 체제 안에서 훌륭한 왕이었다. 달리 부를 방법이 없기 때문에 '내각ministériat' 정도로 부를 수 있는 체제에서, 왕은 신하들을 선택해 대신으로 임명했고, 그중 한 사람이 자문회의를 주도하면서 왕과 특별한 관계를 맺을 수 있었다.

루이 13세에게 리슐리외 추기경이 있었다면, 루이 16세에게는 모르파와 베르젠이 있었다. 외무대신[베르젠]이 사망한 후 두각을 나타내는 대신이 없었고, 모두가 서로 반대 의견을 말하게 되었다. 대신들은 계속 바뀌었다. 왕은 칼론Calonne, 로메니 드 브리엔Loménie de Brienne 주교, 스위스 출신 은행가 네케르Necker, 브르퇴이 남작, 그리고 다시 네케르를 임명했고, 이들과 함께 의견과 정책을 계속 바꾸면

---

35 *Journal du marquis de Bombelles*, t. II, *op. cit.*, p. 331, le 7 juin(1789).

36 Chantal Thomas, *La Reine scélérate. Marie-Antoinette dans les pamphlets*, Paris, Le Seuil, 1989, p. 80. D'après une lettre de Marie-Antoinette à la duchesse de Polignac mal datée du 31 août 1789.

서 국민에게 저항하거나 양보했다. 1788년 5월, 바로 이 불안정한 시기에 국무회의Conseil d'État에서 전국신분회의 소집을 심의하는 도중 왕비가 처음으로 회의에 참석했다. 그는 이미 개인적으로 궁중의 지출을 줄이는 데 힘을 쏟았다. 왕비의 영향력으로 로메니와 네케르가 국무회의에 들어갈 수 있었다.

루이 16세가 확신을 갖지 못한 채 외롭고 연약해졌을 때 혁명이 그를 덮쳤다. 그는 여러 가지를 시도한 후, 매우 빠르게 포기하게 되었다. 영국의 먼로 프라이스Munro Price 같은 역사가들은 그가 그때 깊은 우울증에 빠졌기 때문에 대응할 힘을 잃었을 것이라고 추정했다.[37] 마리 앙투아네트의 시녀 캉팡 부인은 바렌에서 도주에 실패한 이후 왕이 누구에게도 일주일 이상 말을 하지 않았다고 적었다. 그는 사건이 완전히 새롭게 흘러가는 것을 보면서 몹시 당황했다. 얼마 후 그는 이렇게 말했다 "나는 내가 약하고 결단력이 없다고 지적받고 있음을 알아요. 그러나 나 같은 처지에 선 사람은 하나도 없습니다."[38]

마리 앙투아네트는 이러한 변화를 매우 빨리 인식했다. 그는 이미 1788년에 "왕은 제정신이 아닙니다"라고 썼다.[39] 그는 1791년 8월

---

37 Munro Price, *The fall of the french monarchy. Louis XVI, Marie-Antoinette and the baron de Breteuil*, Basingstoke, Macmillan, 2002.

38 Lettre de Fersen à Gustave III, 29 février 1792, à propos de sa conversation avec le roi le 13 février aux Tuileries, in *Le Comte de Fersen et la Cour de France*, t. I, *op. cit.*, introduction, p. LXVI.

메르시에게 보낸 편지에서 루이 16세의 우유부단함을 더할 나위 없이 잘 지적했다. "제가 누구를 말하는지 당신도 아십니다. 우리가 그를 설득했다고 믿는 순간, 말 한마디, 한 가지 이유 때문에 그는 자신도 모르게 변합니다."[40] 대부분의 경우, 그는 남편의 '지나친 선량함'[41]을 매우 조심스럽고 사려 깊게 언급했다. 구체제하의 궁중에서 왕의 '선량함'을 이야기하는 것은 일반적으로 그가 약하다고 비판하는 것이었다.

⚜

[미국 외교관 거버너 모리스Gouverneur Morris는] 한편으로 왕의 무기력함을 강조하고, 심지어 '완전히 쓸모없는 사람'[42]이라고 모멸적인 평가를 내리며, 다른 한편으로는 왕비의 반응에 놀라기도 한다. 1789년 10월, 왕 일가가 튈르리로 강제 이주하고 나서 며칠 후, 당시 파리 고

---

39 Marie-Antoinette à Mercy-Argenteau, 19 août 1788.

40 *Revue rétrospective*, seconde série, t.I, 1835. "Correspondance secrète de Marie-Antoinette avec Léopold II […]." Lettre de Marie-Antoinette à Mercy-Argenteau, 16 août 1791, p. 459(la lettre est absente dans l'édition d'Évelyne Lever).

41 Marie-Antoinette à Léopold II, 29 mai(1790), in *Marie-Antoinette. Correspondance, op. cit.*, p. 508.

42 *Journal de Gouverneur Morris*, Paris, Plon, 1901, p. 222. 거버너 모리스가 1791년 외무대신 몽모랭 백작과 나눈 대화.

등법원의 젊은 판사 에티엔 드니 파스키에Étienne-Denis Pasquier는 왕 부부의 대조적인 모습에 충격을 받았다. "왕의 얼굴에는 체념의 기색이 짙게 드러나 있었다. [...] 왕비의 고통에는 더 강인한 것과 분노가 배어 있었다."[43] 왕비의 측근들도 왕비가 "왕보다 훨씬 더 민감하게 느낀다"라고 말했다. 미라보의 친구이며, 왕비와 오랫동안 일했던 라마르크*는 왕비의 '신속한 결단력'과 '활기 넘치는 의지'를 높이 평가했다.[44]

    루이 16세의 불안한 치세 마지막 3년 동안, 왕비가 파리에서 매우 중요한 역할을 했다는 사실을 아무도 부인하지 못할 것이다. 그때까지 마리 앙투아네트는 루이 16세를 '나보다 위에 있는 사람'으로 생각했지만, 이제는 '내 옆에' 또는 '내 근처에' 있는 사람으로 인식했다.[45] 이처럼 부사adverbes의 변화가 위치의 변화를 감추고 있었다. 왕비는 끊임없이 글을 쓰고, 남의 의견을 많이 들었다. 그는 라마르크, 몽테스키우Montesquiou 신부, 루이Louis 신부 같은 조언자들에게 둘러싸여 있었다. 브뤼셀에 있는 '늙은 여우' 메르시도 좋을 때나 나쁠 때

---

43 *Mémoires du chancelier Pasquier*, t. I, Paris, Plon, 1914, p. 56.

• 라마르크 백작은 벨기에 지방의 군인 가문 출신으로 혁명 전에 프랑스 남부에 주둔했고, 프로방스 지방 출신인 미라보 백작과 친구가 되었다. 그는 혁명이 일어났을 때 왕실, 특히 왕비와 미라보의 중재자 노릇을 했다.

44 *Correspondance entre le comte de Mirabeau et le comte de La Marck pendant les années 1789, 1790 et 1791*, t. I, éd. A. de Bacourt, Paris, Le Normant, 1851, p. 157.

45 Joël Felix, *Louis XVI et Marie-Antoinette. Un couple en politique*, op. cit., p. 434.

나 왕비의 곁에 있었다. 스웨덴의 악셀 드 페르센은 특히 중요한 역할을 했다. 1790년 미라보는 왕보다 왕비를 만나서 은밀하게 조언했다. 다음 해 바렌 도주 이후, 제헌의회의 저명한 의원 바르나브는 왕비와 정기적으로 편지를 주고받았다.[46] 몽모랭 같은 대신은 왕비가 없으면 왕을 아예 만나지 않으려고 했다. 왕비는 1791년 8월 메르시에게 편지를 썼다. "양쪽의 말을 최대한 듣고 나서 그것을 토대로 결정을 내렸습니다."[47] 오스트리아의 외교관[메르시]도 "모든 것은 왕비의 결정에서 비롯되었다"라고 평가했다.

왕비는 자신을 드러내기 시작했다. 처음으로 그는 최전선에 섰고, 비밀기금을 가지고 유럽 전역에 배치된 첩보망을 활용하기 시작했다. 그는 듣는 법을 배우고, 자신의 감정을 드러내지 않는 법도 익혔다. 예전에는 생각해보지 않고 무모하게 행동했으며, 자신의 반응을 숨기는 법을 몰랐다. 화가 나면 얼굴이 '빨개졌다'라는 말도 있었다. 어떤 이는 홍조를 매력적이라고 생각했고, 또 어떤 이는 위험하다고 여겼다. 그 후 그는 가면을 썼다.

은폐는 전쟁 시기의 필수적인 저항 수단이 되었다. 왕비는 처음

---

46 편지는 다음에서 확인할 것. *Marie-Antoinette et Barnave. Correspondance secrète (juillet 1791-janvier 1792), op. cit.*

47 Lettre de Marie-Antoinette à Mercy-Argenteau, 16 août 1791, *Revue rétrospective*, seconde série, t. I, *op. cit.*, p. 459.

으로 도망치지 않고 맞서기로 결심했다. 그는 사람들의 권력과 교묘한 정치적 술수 앞에서 두려워하지 않고 맞서겠다고 작정했다. 혁명과 왕의 침묵이 그를 그 길로 이끌었고, 그럼에도 그가 지지하던 파벌은 이미 패배자가 되었다. 앞으로 그는 자신을 억제하는 법을 배우고, 곤란하고 이중적인 역할이 필요할 경우 성격이나 기질에 맞지 않더라도 싫지 않은 척 연기하는 법도 익혔다. "가끔 나는 나 자신조차도 이해하지 못할 때가 있으며, 지금 말하는 것이 정말 나인지 확인하기 위해 다시 생각해야 할 때도 있습니다."[48]

우리는 마리 앙투아네트가 어떤 방법으로 인내심을 가지고 교묘하게 자신의 통신을 차단하고 서신을 보호했는지 결코 알 수 없다. 바로 그 때문에 자코뱅파는 그의 서류를 찾지 못했다. 나중에 악셀 드 페르센에 대해 이야기할 때 보겠지만, 왕비는 적어도 1787년부터 자신이 보내는 편지를 숫자로 암호화하는 법을 익혔다.[49] 그러므로 그는 그러한 경험이 있었다. 그러나 혁명기에는, 보내는 편지의 암호화, 받는 편지의 해독, 고유명사 목록, 숫자 표, 페이지 번호와 키워드가 일치하는 책을 공유하는 암호체계가 흡사 공장과 실험실 같은 방식으로 작동했다.

---

48 Marie-Antoinette à Axel de Fersen, 7 décembre 1791, in *Marie-Antoinette, Correspondance, op. cit.*, p. 734.

49 Evelyn Farr, *Marie-Antoinette et le comte de Fersen. La correspondance secrète, op. cit.*, p. 30.

왕비의 비서인 프랑수아 고글라François Goguelat와 수석 시녀인 잔 캉팡은 온종일 이 작업에 몰두하곤 했다. 캉팡 부인은 이렇게 썼다. "왕비는 외국과 서신을 교환할 때 암호를 썼다. […] 나는 그가 편지를 찾아오는 일을 도와주었으며, 그가 암호화한 편지를 정확히 복사해 주면서도 내용을 하나도 알지 못했다."⁵⁰ 그리고 왕비도 이렇게 썼다. "나는 글쓰기에 너무 지쳤어요. 이렇게까지 일한 적은 없었습니다."⁵¹ 보통 베르나르댕 드 생피에르Bernardin de Saint-Pierre의 『폴과 비르지니 Paul et Virginie』를 활용했지만, 다른 사람에게는 다른 책을 이용했다.

또한 왕비는 '흰색 잉크'나 레몬즙으로 글을 쓰기도 했다. 이중 봉투를 쓰거나 모자, 비스킷 상자, 차나 초콜릿 포장 속에 편지를 숨기고, 수신인의 가짜 주소와 상상의 이름을 만들어 위장했다. 필요할 때는 서류를 태우거나 믿을 만한 친구 집에 숨기기도 했다. 1791년 9월에 그는 오빠에게 썼다. "오늘도 나는 방문을 꼭 닫고, 방의 주인이 되었답니다."⁵² 마리 앙투아네트는 누군가 자신을 계속 염탐한다는 사실을 알고 있었으며, 반역자처럼 이중생활을 했다. 조언자들을 만나

---

50   Mme Campan, *Mémoires sur la vie privée de Marie-Antoinette*, Paris, Baudouin frères, 1823.

51   Marie-Antoinette au comte de Fersen, 2 et 7 novembre 1791, in *Marie-Antoinette. Correspondance, op. cit.*, p. 662.

52   *Revue rétrospective*, seconde série, t. II, 1835. Marie-Antoinette à Léopold II, 3 septembre 1791, p. 7.

고 싶을 때는 튈르리 궁의 경비를 피해 비밀통로로 들어오게 했다. 무한한 주의를 기울여야 왕비의 확실한 친구가 될 수 있었다. 파리 주재 러시아 대사 시몰린 남작Baron de Simolin은 어느 날 저녁 왕비가 직접 침실 문의 '빗장'을 거는 모습을 보았다.[53] 몇몇 충실한 인사들이 때로는 목숨을 걸고 그의 통신원 노릇을 했다. 중궁전의 집사장 루이 조르주 구그노Louis Georges Gouguenot는 1794년 4월 왕비의 비밀을 털어놓지 않고 단두대에 올랐다.[54] 프랑수아 고글라, 그리고 1793년 4월까지 파리에 남아 있던 슈발리에 드 자르제chevalier de Jarjayes 같은 사람은 살아남았다.

왕비는 어느 때보다 더 단호했지만, 이것은 약자들의 행동임이 분명하다. 이것이 바로 왕비의 가장 큰 모순이었다. 그는 남성의 무대에 올라갈 준비도 되어 있지 않았고 꿈조차 꾸지 않았음에도, 갑자기 어떤 결정을 했다면 그것은 취향이나 희생정신 때문이 아니었다. 오히려 생존본능, 그가 편지에서 자주 쓰던 말대로 의무와 신념 때문이었다. 기사도 정신도 한몫했을 것이다. 그것이 그의 성격의 일부였음을 잊지 말아야 한다. 그는 맹목적으로 자신을 따르는 사람들의 헌신에 감동받았다. 마치 옛날 기사들이 영주에게 충성했던 것처럼. 어떤

---

[53] Evelyn Farr, *Marie-Antoinette et le comte de Fersen. La correspondance secrète, op. cit.*, Simolin à Catherine II(31 janvier 1792), p. 261.

[54] 그의 아내는 마리 앙투아네트의 시녀 중 한 명으로 캄팡 부인, 오기이 부인과 함께 튈르리 궁전에 있었다.

사람들은 한 번 체포되어 풀려난 뒤에도 왕비를 떠나기를 거부했다. "사람들의 마음을 다스리기 위해 그에게는 왕관이 필요 없었다."[55]

마리 앙투아네트는 그들에게 충성의 증표를 나누어주고, 비밀편지를 봉인할 때 찍을 반지를 주었다. 이를테면 그가 오랜 친구인 에스테르하지Esterhazy에게 [라틴어] 문구가 새겨진 작은 조개와 금반지를 보낸 일이 있는데, 거기에 새겨진 문구는 "하느님, 왕과 왕비를 지켜주소서"였다. 또 1792년 4월, 영국인 퀜틴 크로포드는 파리를 떠나기 직전에 왕비에게 도장intaille을 맡겼다. 도장에는 올리브 가지를 들고 있는 독수리의 모습이 새겨져 있었다. 크로포드는 어두운 방에서 마지막으로 만났던 왕비의 얼굴을 영원히 잊지 못했다.[56] 이 모든 것은 이제 어린이들의 장난이나 임시변통이 아니었다. 왕비의 생명이 달린 일이었다. 초기 궁중 생활과는 달리, 이번에 그는 하나도 놓치지 않으려고 했다. 그는 자신과 타협하려 들지 않았다. 그리고 그는 그렇게 되었음이 분명하다. 세상은 그를 따라잡았고, 그는 피하지 않았다.

---

55 François Goguelat, *Mémoire de M. le Baron de Goguelat, lieutenant-général, sur les événemens relatifs au voyage de Louis XVI à Varennes; suivi d'un précis des tentatives qui ont été faites pour arracher la Reine à la captivité du Temple*, Paris, Baudouin frères, 1823, p. 12.

56 Quentin Crawford, *Notice sur Marie Stuart, reine d'Écosse et sur Marie-Antoinette reine de France*, op. cit., p. 46 et 54.

❋

왕비는 평소 너무 당연해서 전혀 생각지도 못했던 대의명분을 옹호하기로 했다. 그 대의는 신권적 군주제, 까마득히 오래전부터 누리던 왕의 권리와 왕세자의 권리를 뜻했다. 이러한 목표를 이루기 위해 마리 앙투아네트는 그 어떤 방법이라도, 심지어 가장 복잡하고 굽은 길이라도 찾아서 왕에게 본래의 힘과 상징성을 회복해주려고 노력했다. 또한 역경 속에서도 왕이 자신의 소명으로 돌아가도록 만들고 싶었다. 국민과 하나 되기 위해 뽑힌 사람들의 신비하고 신성한 운명으로 왕을 이끌어주고자 했다. 그가 옹호하는 절대주의는 혁명이 이해하는 절대주의와 달랐다. 왕은 '왕국의 기본법'을 지키는 데 주의를 기울여야 했다. 왕의 권력은 절대적이지 않으며 분권적 사회의 세 신분이나 수많은 단체가 누리는 '권리, 자유, 특권'의 제약을 받았다.

마리 앙투아네트는 1789년 8월 친구인 욜랑드 드 폴리냐크에게 이렇게 썼다. 왕과 자녀들의 행복은 "가장 위에서부터 가장 아래까지" 모든 신민의 행복과 하나가 되어야 한다.[57] 사람들은 왕비의 특징을 강조하면서 그를 왕권의 열광적인 지지자라고 했다. 아마도 이것

---

57 이 편지는 에블린 르베르의 주목을 받지 못했다. *Marie-Antoinette, Correspondance, op. cit.* 역사가이며 수집가인 푀이예 드 콩슈가 이 편지를 인용했다. Feuillet de Conches dans ses *Lettres et documents inédits*(6 vol., 1864-1873). 이 편지를 신중하게 다뤄야 한다.

이 왕좌와 제단을 그리워하던 사람들을 오랫동안 매혹한 이유일지도 모른다. 1950년대 중반, 루이 마시뇽Louis Massignon은 마리 앙투아네트를 주제로 쓴 수필에서 "순수한 이상을 칼처럼 휘두르는 성녀"라고 묘사했다.[58]

정말로 마리 앙투아네트는 마지막 순간까지도 자기 가족의 권리를 옹호했다. 그는 아들의 치세가 분명히 1793년 1월 21일부터 시작되었다고 보았다. "죽은 자는 살아 있는 자를 붙잡는다. 왕은 죽었다, 왕 만세!" 만약 운명이 더 호의적이었다면, 그는 자신의 섭정권을 열렬히 옹호했을 것이다. 사실 그는 재판에서 그 점을 비난받았다. 에베르와 10월 15일의 증인인 구두장이 시몽은 모두 그가 탕플 감옥에서 아들을 왕으로 대하고, 권력을 주었으며, 높은 식탁 위에 방석을 놓고 앉혔다며 비난했다.

이처럼 현란한 시대착오 뒤에는 분명히 우리가 눈여겨봐야 할 불편한 진실이 있다. 우선 왕비가 무슨 일이 벌어지는지 보지 못하고, 이해하지 못했다는 것이다. 물론 그만 그런 것은 아니었다. 프랑스의 상당 부분이 혁명이 강요하는 완전한 백지화 정책에 반발했으며, 주권이 왕에서 국민으로 급작스럽게 넘어가고, 각자의 위치가 뒤바뀌는 것에 저항했다. 아마도 왕비라는 역할 자체가 그를 다른 사람들보

---

[58] Louis Massignon, *Écrits mémorables*, t. I, Paris, Robert Laffont, coll. "Bouquins", p. 178. 1956년에는 '마리 앙투아네트 탄생 200주년'이라는 글이 처음 나왔다.

다 더 오래 구세계에 묶어두었을지도 모른다. 그는 혁명을 왕과 국민 사이의 오해로 보았으며, 배신자들이 오해를 증폭시킨다고 믿었다. 혁명은 음모의 산물이며, '파벌과 광인들의 무리'가 저지른 엄청난 음모였다.⁵⁹

왕비는 국민이 끌려다닌다고 생각했다. 혁명의 관점에서 보면, 그는 음모의 핵심이었다. 이렇게 볼 때, 자코뱅파들이 그가 신비롭고 사악한 힘에 둘러싸였다고 생각한 것은 로제 카이우아Roger Caillois가 상상력에 관한 에세이에서 말했던 문어에 대한 환상과 완벽히 일치한다. "거미는 함정의 중심에 있다. 문어는 그 자체가 함정이다!"•

우리는 파스칼의 명언을 잘 알고 있다. "피레네 산맥 이남에서는 진리이고, 그 너머에서는 잘못이다." 왕비의 재판은 이러한 비극적인 오해 속에 기록되었으며, 이것이 무엇을 증명하든, 누구든 언제든지 다른 사람을 배신하거나 배신당할 수 있다는 것이다. 1814년 10월 비엔나에서 탈레랑이 러시아의 알렉산드르Alexandre 황제에게 세심하게 말했듯이, 배신은 단순한 날짜 문제만이 아니었다.•• 그것은 정신과

---

59 Lettre de Marie-Antoinette à Catherine II, 3 décembre(1791), in *Journal du marquis de Bombelles, op. cit.*, t. III, p. 395. 왕비는 파벌 때문에 국민이 "방향을 잃었다"라고 말했다.

• 자코뱅파는 왕비를 단순한 적이 아니라 '문어'처럼 매우 무서운 존재, 그의 촉수에 걸리면 벗어날 수 없는 덫으로 여겼다.

•• 배신은 특정일에 일어난 것처럼 보이지만, 실은 그 뿌리가 깊고 복합적인 현상이라는 뜻이다.

감각의 모든 기관이 생성하는 상징을 해체하고 분리해서 갑자기 낯설게 만드는 현상을 뜻하기도 했다.

마리 앙투아네트는 왕위를 지키기 위해 사실상 1756년 프랑스-오스트리아 동맹의 원칙에 따른 정책을 추진했다. 그는 혁명과 국민의회, '실행 불가능한 모순투성이'인 헌법에 맞서 시간을 끌면서 동맹국들에 도움을 요청했다.[60] 그는 1791년 6월, 왕이 몽메디Montmédy로 도주하는 과정에서 이러한 동맹의 수단과 효율성을 받아들였다. 왕은 부이에Bouillé 장군의 보호를 받아 자유롭게 행동할 수 있다고 생각했다. 그러나 왕비는 동맹국이 과연 믿음직스러운지 의심스러웠다. 그래서 황제에게 1만~1만 2,000명의 오스트리아군 병력을 뤽상부르[룩셈부르크]에 집결시켜달라고 요청했다. 브르퇴이 남작과 봉벨 백작은 스위스 군대를 모집하기 위해 베른으로 파견되어 알자스나 프랑슈 콩테Franche-Comté로 진격할 병력을 모으는 임무를 수행했다. 또 '처음 단계'에 필요한 자금 1,500만 프랑을 마련하기 위해 브뤼셀, 비

---

60 Marie-Antoinette à Mercy, 7 août 1791, in *Marie-Antoinette telle qu'ils l'ont vue*, op. cit., p. 661. 1791년 9월 14일, 왕이 헌법에 충성 맹세를 하러 국민의회에 갔을 때 마리 앙투아네트는 동행하지 않았다. 하루 전, 의원 대표단이 아침에 왕이 헌법을 받아들인 것에 감사하려고 튈르리 궁에 왔을 때, 마리 앙투아네트는 아이들과 함께 그들 앞에 나타났다. "Nous partageons les sentiments du roi", *AP*, t. XXX, Séance du mardi 13 septembre 1791. 바렌에서 돌아온 후, 왕실 가족은 튈르리 궁에 구금되어 있었다. 그는 유럽 각국에 보내는 은밀한 서신에 왕이나 자신 모두 다른 방법으로 행동할 자유가 없다고 썼다.

엔나, 마드리드, 스웨덴 왕에게 편지를 썼다.

바렌에서 왕실 가족이 체포된 후, 마리 앙투아네트는 국민의회에 강제로 군주권을 인정하게 하고, 왕과 타협하게 만들기 위해 프랑크푸르트 또는 엑스라샤펠에서 '유럽 군주들의 무장회의'를 조직하는 데 온 힘을 쏟았다. 그러나 헛수고였다. 오랫동안 그는 외국 군대가 프랑스 영토에 침입하는 것에 반대하는 목소리를 냈으며, 타당한 이유가 있었다. 그는 오빠에게 "이것은 우리를 무섭게 만들고" 또한 왕의 지위도 약화시킬 것이라고 설명했다.[61] 프랑스가 오스트리아와 전쟁을 시작하고, 튈르리 궁이 직접 위협받기 시작할 때까지 마지막 순간이 되어서야 왕비는 절망적인 상황에서 가족의 생명을 구하기 위해 브룬스비크Brunswick[브라운슈바이크] 공작이 군대를 이끌고 파리로 들어오는 편이 낫겠다고 판단했다. 그것은 "우리가 받은 모욕에 대한" 복수이기도 했다.[62]

왕비에게도 극단주의자들이 있었다는 것이 그의 비극이었다. 그가 싸워야 할 상대는 혁명뿐만 아니라 가장 격렬한 동맹들, 특히 외국으로 넘어가 라인 강의 국경을 점점 더 위협하던 귀족 망명자들이었다. 트리어Trèves 대주교 선제후가 망명자들을 후원하던 코블렌츠

---

[61] Marie-Antoinette à Léopold II, 1^{er}(juin 1791), in *Marie-Antoinette. Correspondance, op. cit.*, p. 535.

[62] *Le Comte de Fersen et la Cour de France*, t. II, *op. cit.*, p. 234. Lettre de Marie-Antoinette à Fersen, 19 avril 1792.

Coblence에서, 그의 시동생들인 아르투아와 프로방스 백작들은 루이 16세에게 반기를 들었다. 장래 루이 18세가 될 프로방스 백작은 바렌의 도주가 실패한 후 자신을 섭정으로 선포하려고 시도하기도 했다. 망명 귀족의 일부는 자신들의 권리와 특권을 주장했으며, 콩데 공의 명령을 받으면서 왕국으로 밀고 들어가고 싶어 안달했다. 마리 앙투아네트는 시동생들의 계획을 저지하려고 애썼다. 그는 이렇게 가족 간의 전쟁이 새로 일어난다면, 어떤 위험이 닥칠지 빠르게 감지했다. 그것은 약해질 대로 약해진 왕권뿐만 아니라 국가 전체의 단합까지 위협할 것이 분명했다.

모든 사람은 어떤 체제 안에 갇혀 있으며, 우리는 모두 어느 정도 그런 상태에 놓여 있지만, 그렇다고 우리가 무지하거나 통찰력이 없다는 말은 아니다. 이 점을 확실히 알기 위해서 우리는 마리 앙투아네트가 1791년 9월 3일 오빠 레오폴트에게 이 주제에 대해 써서 보낸 각서를 읽어야 한다. 그것은 단지 같은 생각을 반복해서 표현했다. 왕은 유일한 '합법적 권력'이다. 망명 귀족들을 제지하라. 내전이나 대외 전쟁이 일어나서는 안 된다.

"망명자들 가운데, 그들도 모르는 사이에 편파적인 정신이 형성되고 있다는 것을 숨길 수 없습니다. […] 그들이 법보다 더 큰 복수심을 품고 돌아올 때, 그들은 자신들이 표출하는 분노의 대상이 될 것입니다. 증오심은 인세나 상호석이며, 외국 군대가 지나는 곳에는 반드시 내전이 일어날 것입니다."[63]

전쟁은 인간의 오락이다. 마리 앙투아네트는 그런 싸움을 결코 좋아하지 않았다.

결국 망명자들은 이 모든 사실을 알게 되었다. 파리에서만큼 라인 강 너머에서도 왕비를 싫어하는 사람들이 있었다. 바렌 사건 이후, 그를 파리로 데려오는 임무를 맡았던 온건파 의원들의 지도자 앙투안 바르나브는 그의 운명에 깊이 감정이입했고, 그래서 그와 함께 잤다는 소문이 떠돌았다. 사람들은 왕비가 왕과 자신의 직무를 비하했다고 비난했다. 궁중의 일부 인사들은 베르사유 궁의 오래된 원한을 품고 코블렌츠로 망명했다. 왕비는 그들에게 똑같이 돌려주었다.

물론 마리 앙투아네트의 재판 당시에는 그 모든 것이 잘못 표현되거나 심하게 왜곡된 채로 나타났다. 푸키에 탱빌과 판사들도 역시 그들의 체계에 갇혀 있었기 때문에 왕비가 원하는 것이 무엇인지 이해하거나 받아들이지 못했다. 그들은 왕비의 복잡한 수법을 제대로 파악하지 못했으며, 아마 그것을 조롱했을지도 모른다. 그들은 서로 상충하는 판결의 제약을 받거나 엄격한 성찰의 부담을 지느니 차라리 스스로 만든 환상을 확신하고 안심하는 편을 택했다. 이미 알려졌

---

63 *Revue rétrospective*, seconde série, t. II, 1835. "Correspondance secrète de Marie-Antoinette avec Léopold II et autres personnages étrangers avant et après le voyage de Varennes", mémoire annexé à la lettre de Marie-Antoinette à Léopold II du 3 septembre 1791, p. 16.

듯이, 끊임없이 입에 오르내렸지만 결코 충족되지 않은 복수심은 공포정치의 핵심이었다. 당연히 복수심은 그의 재판에 은밀히 침투했다. 그리고 복수심과 함께 질투와 증오가 차례로 끼어들었다. 복수심은 실망스러운 사랑의 표시였을까? 어쨌든 그것은 아무도 위로하지 못했다. 복수심은 맹목적이고 귀머거리 같아서 더듬거리다가 손에 닿는 대로 입에 넣었지만, 결코 만족하지 못했다.

※

마리 앙투아네트의 판사들은 정치적 차원에만 집중할 수도 있었다. 그러나 그들은 증거가 부족했다. 그들은 왕비를 고발했고, 여성을 모욕하고자 했다. 그들은 권력을 행사하려는 마리 앙투아네트의 기이한 주장을 보면서, 자연스럽게 그가 극단적으로 타락했기 때문이라고 생각했다. 여기서도 환상은 버리기 어렵고, 먼 옛날로 거슬러 올라갔다. 종종 그렇듯이, 그에 대한 비판은 1770년대 초반부터 궁중에서 나오기 시작했다. 세자빈에서 왕비로 지위가 바뀌었지만, 그의 독립성과 자유, 모험심은 용서받지 못했고, 봉벨의 말대로 그에게 '젊음의 시끄러운 취향'의 대가를 물렸다. 왕비의 사회에는 턱시도를 입은 남성들이 출입했고, 내실에서 그와 함께 저녁을 먹었다. 그곳의 여성들은 거의 모든 것에 대해 웃을 수 있었고, 지나치게 춤추고 즐기며 살았다. 수많은 사람이 그것을 모욕으로 여겼다. 심지어 공개적으로 즐거운 순간도 있었다. 오로지 왕비와 함께라면 리뉴는 사랑의 신으로 변장할 수 있었다. "여기 기쁨이 있다! 여기 기쁨이 있다!"라고 노래하는 전령을 앞세우고 양쪽에 긴 날개를 펼친 그가 따라갔다.[64]

    왕비를 공격하는 최초의 선전문은 궁중에서 그를 질투하는 이들, 억압받던 계급의 사람들 작품이었다. 귀찮은 사람들을 물리치기는 불가능하니까, 무시하지 않는 편이 낫다. 누구나 거절은 용서하지만, 무례함은 용서하지 않는다. 그는 어느 여름날 아침, 마를리 궁의 정원 고지대에서 일출을 바라보고자 했는데, 사람들은 베르사유 궁의 숲속에서 밤중의 밀회를 즐긴다고 상상했다.[65] 마리 앙투아네트는 거의 혼자서 오페라의 무도회에 가면을 쓰고 참석했는데, 사람들은 그가 연인들과 함께 있었다고 생각했다. 그는 폴리냐크 공작부인, 오쇵 Ossun 백작부인, 랑발 공작부인 같은 친구들과 모여서 오래 머무는 것을 좋아했는데, 사람들은 그들을 왕비의 애인이라고 상상했다. 그가 왕과 자지 않는다면, 아무하고나 자며, 특히 그의 내밀한 모임에 참석하는 아주 매력 있는 시동생 아르투아 백작과 잔다고 생각했다. 파리에는 그의 연인들의 명단이 엄청나게 퍼지고 있었다.

---

64 Prince de Ligne, *Fragments de l'histoire de ma vie, op. cit.*, I, p. 120.
65 『새벽의 일출*Le Lever de l'aurore*』은 1774년 8월 파리에서 익명으로 나온 작품으로서, 왕비가 장차 필리프 에갈리테가 될 샤르트르 공작과 사통했다고 비난했다. Chantal Thomas, *La Reine scélérate, Marie-Antoinette dans les pamphlets, op. cit.*, et Annie Duprat, *Marie-Antoinette, Une reine brisée, op. cit.*

이러한 상황에서 프랑스의 궁중 사제장이며 호화롭지만 너무 순진한 로앙Rohan 추기경이 백작부인을 사칭하는 라모트Lamotte 부인의 사기꾼 무리의 덫에 빠졌을 때, 세간에서 왕비와 로앙 추기경의 관계를 믿었던 것도 놀랄 일은 아니다. 로앙은 왕비의 서명을 위조한 쪽지를 보고 속아서 왕비에게 목걸이를 전달하는 일에 휘말렸다. 라모트 일행은 보석상 뵈메르Boehmer와 바상주Bassange가 제작한 호화로운 다이아몬드 목걸이를 가로채 런던으로 빼돌려 팔았다. 이 이야기는 탐욕스럽고 쾌락을 숭배하는 왕비가 연인, 동성애의 쾌락, 향수, 금, 보석의 취향으로 악행을 일삼는다는 부정적인 전설을 강화하는 역할을 했을 뿐이다. 로앙 추기경의 불행한 공개 재판과 1786년 5월의 무죄 선고, 이 이야기를 처음부터 끝까지 조금도 상상하지 못했을 마리 앙투아네트가 과연 무죄였는지 노골적으로 의심하는 풍조, 이렇게 세 단계는 구체제라는 잔치가 끝나고 있음을 알리는 세 번의 종소리였다. 결국 오스트리아 여인은 '창녀'가 되었다.

목걸이 사건의 진정한 스캔들은 단 한 장면에 담겨 있으며, 그것은 명백히 성적인 성격을 띠고 있다. 베르사유 궁전의 정원에서 교회의 왕자•가 왕비로 변장한 배우이자 매춘부인 니콜 르게Nicole Leguay를 밤에 만나는 장면이었다. 이 만남은 왕실 인물의 신성성뿐만 아니

• 로앙Louis-René-Édouard de Rohan(1734-1803)은 에르퀼 메리아덱 드 포랑 게메네 Hercule-Mériadec de Rohan-Guéméné와 루이즈 드 로앙 수비즈의 아들로 태어나 스트라스부르 주교이며 추기경으로 궁중 사제장이었다. 그를 로앙 공prince de Rohan이라 부른다.

라 종교에 대한 존경심도 한꺼번에 훼손했다. 그러므로 로앙 추기경의 불경죄는 곧 왕이 아니라 전 국민에 대한 불경죄로 바뀌었다. 음란하고 방탕한 중상비방문은 검열의 손길을 벗어나 국경 밖에서 다량 발간된 후 유통되었다. 심지어 미국의 차기 파리 대사인 거버너 모리스처럼 신중한 인물조차도 거리낌 없이 왕비의 수많은 연인을 언급했다. 민중은 더욱 멀리 나갔다. 그가 트리아농에서 어린이나 먹을 파이를 먹거나, 날마다 최소 여섯 명의 남성과 잠자리를 가진 후, 그들을 죽이고 끓는 물에 삶아 형체를 없앤다는 비난이 퍼졌다.[66] 대중의 집착은 뿌리가 깊고 쉽게 사라지지 않았다. 20세기 초, 중국의 마지막 황후 서태후도 이와 비슷한 일탈 행위를 했다는 말이 있다.

왕비가 양다리를 벌린 모습은 단순히 남성의 병적인 관음증을 말하는 데 그치지 않았다.[67] 그것은 체제의 도덕적 타락, 간통, 무질서와 전복을 선언했다. 모든 것이 뒤죽박죽이었다. 애첩이 없는 왕은 권력을 잃었고, 그사이에 왕비는 연인들을 늘리며 통치했다. 결국 혁명가

---

66 1792년 왕당파 언론인 말레 뒤 팡은 민간의 소문을 이렇게 전했다. Mallet du Pan, *Mémoires et correspondance pour servir à l'histoire de la Révolution française*, t. II, *op. cit.*, p. 197.

67 여기서는 혁명기의 팸플릿 하나만 언급하겠다. 그 제목만으로 모든 팸플릿을 요약할 수 있기 때문이다.『루이 16세의 아내 마리 앙투아네트의 자궁의 격노*Fureurs utérines de Marie-Antoinette, femme de Louis XVI*』"어머니는 딸에게 이를 읽지 못하게 할 것이다." Au Manège et dans tous les bordels de Paris, 1791.

들이 보기에, 마리 앙투아네트의 진정한 범죄는 여성의 역할과 위치를 넘어 남성의 자리를 차지했다는 것이다.

1789년 미국에서 막 도착한 거버너 모리스는 놀라움을 감추지 않고 "우리는 여성의 나라에 있습니다"라고 기록했다.[68] 그가 회고록에서 '살기 좋은 시절'의 마지막 몇 년 동안의 프랑스 사회를 묘사하던 시기에, 이 주제에 대해 많이 알고 있던 탈레랑 또한 혁명 직전에 여성이 모든 곳에 존재했음을 강조했다. 여성이 분위기를 주도하며 관습, 언어, 취향, 심지어 정치까지도 지배한다고 했다. 그는 이 주제에 관해 이렇게 썼다. 파리의 살롱에서 젊은 여성이 정부의 결정이나 가장 복잡한 행정 운영에 대해서도 자유롭게 이야기할 수 있었다.[69] 오늘날 우리는 양성평등의 시대를 살고 있지만, 그때는 어떤 시대와도 닮지 않은, 슬프고 무관심하며 절차적인 시대였다.

혁명은 평등이 특권층에 거둔 승리일 뿐만 아니라 여성 세계에 대한 남성의 복수이기도 했다. 엘리자베트 비제 르브룅은 『회고록』에서 잘 말했다. "그 당시에는 여성이 통치했지만, 혁명이 그들을 권좌에서 끌어내렸다." 『클레리의 일지 Journal de Cléry』를 은밀히 발간한 공화주의 성향의 출판인은 각주에 이렇게 적었다. "여성이 남성 노릇을

---

68 *Journal de Gouverneur Morris*, 7 octobre 1789, *op. cit.*, p. 92.

69 *Mémoires et correspondances du prince de Talleyrand*, Paris, Robert Laffont, coll. "Bouquins", 2007, p. 155.

하는 사회에는 불행이 따른다!"[70]

이 모든 것은 루소의 영향을 받았다. 루소의 『연극에 관하여 달랑베르에게 보낸 편지 Lettre à d'Alembert sur les spectacles』, 1750년대 전환기에 여성의 힘에 대해 그가 느낀 두려움이 남성들에게 영향을 끼쳤다. 그리고 자코뱅파는 별생각 없이 이를 실천했다. 사람들은 그 점을 깨달았을 것이다. 마리 앙투아네트는 법정에서 이 논쟁의 중심에 서 있었다. 군주의 자의적 권력과 루이 15세의 애첩부터 왕비[마리 앙투아네트]까지 여성의 해로운 영향력과 계속 결합하던 베르사유 궁전의 혼합 사회와 결별하기 위해, 혁명은 모든 회의체에서 남성다운 존재와 남성의 힘이 지배하는 새로운 정치 규범을 덕virtue의 상징 아래 놓았다.

몽테스키외는 『페르시아인의 편지 Lettres persanes』에서 하렘 제도를 술탄의 폭압적 권력과 연결 지었다. 여자는 도덕적 타락의 대상이고, 나아가 정치 체제 혼란의 주범이었다. 그런데 구체제 말은 에로티시즘과 난교로 가득 차 있었다. 우리는 1777년에 은밀히 출판된 비방 드농의 걸작 『내일은 없다 Point de lendemain』를 기억한다. "○○○ 백작부인은 나를 사랑하지 않은 채 나를 데려갔다. 그는 나를 배신했다. 나는 화가 났고, 그는 떠났다. 그것은 순서대로 일어나는 일이었다….

---

[70] Cléry, *Journal de ce qui s'est passé à la tour du Temple pendant la captivité de Louis XVI, roi de France*, op. cit., p. 66, note.

그에게 더 잘 복수하기 위해, 그를 다시 갖고 싶다는 충동을 느꼈다. 이번에는 내가 그를 사랑하지 않게 되었다."[71]

1789년 파리의 제3신분은 진정서에서 최초로 매매춘 규제 정책을 요구했다. 방탕함은 특권이다. 에로티시즘은 반혁명적이다. '정직하고 선량한 부르주아'의 건전한 풍습을 옹호하는 주장은 제3신분이 귀족과 싸우는 과정에서 충분히 주목받지 못했다.[72] 1793년 10월, 국민공회에서 파견한 조제프 푸셰 의원이 느베르Nevers에서 수행하던 임무를 보면서 어떻게 공화국 결혼식을 조직했는지, 어떻게 순백의 비둘기 떼처럼 젊은 신랑·신부를 초대해 조국의 제단 위에서 영원한 사랑을 맹세하게 했는지, 그리고 한 명은 국경으로 싸우러 가고, 다른 한 명은 가정에 남아 자녀를 교육하도록 했는지 살펴야 한다.[73]

국민공회는 여성에게 허락했던 청원서 제출과 집회 권리를 매우 빠르게 축소했다. 9월에 마리 앙투아네트와 면담하고 재판에도 참석했던 아마르는 여성의 권리를 부정하는 싸움을 벌일 때 헤라클레스

---

[71] 1812년판 서문은 이미 약간 다르게 시작된다. "나는 ○○○ 백작부인을 맹목적으로 사랑했다. 나는 스무 살이었고, 순진했다. 그는 나를 배신했고, 나는 화가 났으며, 그는 떠났다. 나는 순진했기에 그를 그리워했고, 나는 스무 살이었으며, 그는 나를 용서했다."

[72] Érica-Marie Benabou, *La Prostitution et la police des mœurs au XVIIIe siècle*, Paris, Perrin, 1987, p. 459 et 466.

[73] 1793년 10월 22일 느베르에서 열린 '용기와 풍습'에 바친 축제에 관해서는 내가 쓴 『푸셰』를 참고할 것. *Fouché. Les silences de la pieuvre*, Paris, Tallandier/Fayard, 2014, p. 131.

를 자처했다. 며칠 후인 10월 30일에 그는 여성의 정치 클럽과 단체를 폐쇄하는 법령을 국민공회에 상정했다. 그의 주장은 간단했다. 여성의 성격은 신경질적이라서 쉽게 '과잉 흥분'에 빠지며, 그래서 자유와 공공업무에 치명적이라는 것이다. 여성은 실수와 무질서를 뜻한다. 여성의 도덕적 교육은 "거의 성과가 없다." 이러한 생각은 혁명기에 나온 수많은 문헌 속에 반복해서 나타났다. 어떤 언론인은 이렇게 썼다. "우리가 날마다 말하듯이, 사실상 프랑스 여성의 풍습은 아직까지 혁명을 이기지 못했다."[74]

그러므로 여성을 가정으로 돌려보내거나 잠잠하게 만들어야 한다. 그들은 잠재적으로 반혁명적이기 때문이다. 마리 앙투아네트의 재판은 샤를로트 코르데, 롤랑 부인, 올랭프 드 구즈Olympe de Gouges 같은 여성의 재판 사이에 있었다.

⚜

모든 것이 연결되어 있었다. 1789년에 잔 드 라모트가 런던으로 망명해 자신을 정당화하는 글을 출판하면서 목걸이 사건이 다시 수면 위로 떠올랐다. 그는 자신이 왕비와 친구인 폴리냐크 공작부인의 열정

---

74 Cléry, *Journal de ce qui s'est passé à la tour du Temple pendant la captivité de Louis XVI, roi de France*, op. cit., p. 66, note.

에 죄 없이 피해자가 되었다고 주장했다. 라모트는 정치적으로 타락한 만큼 개인적으로도 방탕한 레즈비언이 평민 여성을 더럽히고 조종한다는 주제를 던졌다.[75] 훗날 혁명기에 라모트의 재판을 다시 열었다. 1792년 7월에는 그 재판을 파기하고, 모험가[라모트]를 복권했다. 그가 런던에서 가난과 절망에 쪼들리다가 결국 창문으로 뛰어내리지 않았다면, 푸키에 탱빌은 확실히 그를 데려다가 폐위된 왕비의 증인으로 세웠을 것이다.

그렇다고 해서 문제 될 것은 없었다. 10월 15일, 에르만은 다시 그 주제를 꺼냈다. 그는 프티 트리아농의 은신처에서 라모트 부인과 친밀한 관계를 맺었다는 주장이 사실인지 피고[마리 앙투아네트]에게 집요하게 질문했다. 그러고 나서 당연한 듯이 결론지었다. "그가 바로 유명한 목걸이 사건에서 당신의 피해자가 아니던가요?"[76] 마리 앙투아네트가 이렇게 모욕을 받고 얼마나 분노했을지 짐작할 수 있다. 뵈메르 목걸이에서 나온 다이아몬드들은 그의 사치의 증거였다. 그것들은 또한 푸키에 탱빌과 판사들을 다른 수사 방향으로 이끌었다. 왕비의 사치와 낭비, 그의 모임에 참석하는 '황금으로 잔뜩 치장한' 총신들, 그가 함께하고 싶어한 친구들의 '제한된 목록', 트리아농의 '막

---

75 『라모트 백작부인의 회고록』을 둘러싸고 1789년과 1790년에 나온 문학에 관해서는 다음을 참고할 것. Sarah Maza, "Le collier de la reine" in *Marie-Antoinette. Anthologie et dictionnaire, op. cit.*, p. 697.

76 *Le Procès de Marie-Antoinette, op. cit.*, p. 132.

대한' 지출, 그리고 그를 '여신'으로 섬기던 끊임없는 연회, 이 모든 것이 그들의 관심거리가 되었다.[77]

1781년 재무대신 네케르가 왕에게 올린 정부의 연금과 특전의 보고서부터 1790년에 『붉은 책Livre rouge』이 발간될 때까지 파리에서 떠돌던 온갖 소문이 메아리치는 듯하다. 요컨대 마리 앙투아네트가 국고를 탕진해 국가를 파산으로 몰아갔다는 소문이었다.

마리 앙투아네트는 궁중이나 다른 곳 모두에 사기와 탈법 행위, 탐욕과 남용이 있다는 사실을 잘 알고 있었다. 또한 너무 많은 편파적 특혜도 있었다. 폴리냐크 일족에게 수많은 수당을 주었고, 여러 사람에게 연금으로 70만 리브르를 지급한 데다 빚도 갚아주었다. 기슈 공작부인에게 80만 리브르의 지참금도 지급했고, 쿠아니, 베장발 등 여러 사람에게도 은급을 주었다. 1787년이 되어서야, 아마도 너무 늦게서야, 그는 최초로 중궁전의 지출을 줄였다. 또한 생클루 궁 구입에 600만 프랑을 쓰기도 했는데, 그것은 왕의 선물이었다. 그는 여러 번이나 트리아농의 공사를 했지만, 화려한 의전을 생략하고 딸린 시종과 시녀도 없이 살았기 때문에 확실히 베르사유 궁보다 지출을 줄였다. 캉팡 부인은 그가 트리아농에서 검소하게 살았다고 확인했다.

그가 자책할 것이 있다면, 그것은 지출한 비용보다는 트리아농에서의 삶이었다. 그는 전원 축제, 목장, 벽에 금이 간 것처럼 보이던 오

---

77   *Ibid.*, p. 67, pp. 131~132.

두막, 이러한 유토피아와 농민의 순진함을 가장한 놀이 때문에 오랫동안 국민의 불평과 소문에서 벗어날 수 있었다. 하지만 나중에는 그 대가를 씁쓸하게 치르게 된다. 그의 답변은 적어도 정직하게 들린다. "점차 지출이 늘어난 것은 어쩔 수 없었어요. 그리고 나는 이 일들이 어떻게 되었는지 모두가 알게 되기를 누구보다 강하게 바랍니다."

마리 앙투아네트가 무엇을 더 말할 수 있었겠는가? 그는 아마도 왕국의 공공회계와 재정에 대해 잘 알지 못했을 것이다. 오늘날 우리가 알게 된 바로는, 루이 16세의 치세 마지막 몇 년 동안에 미국 독립전쟁에 프랑스가 개입하면서 막대한 비용을 썼기 때문에 적자가 발생했다. 우리는 여전히 루이 16세의 평화로운 통치를 말하지만, 프랑스는 1778년부터 1783년까지 6년간 영국과 전쟁을 치렀다. 1789년 궁정 비용은 4,200만 리브르로, 이는 당시 국가 총지출의 약 6.5퍼센트에 해당하며, 제국과 왕정복고기 때와 거의 같은 수준이었다. 반면, 같은 해 국가 부채 상환 비용은 놀랍게도 2억 4,100만 리브르였으며, 이는 전체 지출의 41퍼센트를 차지했다.[78]

재판에서는 물론 이러한 주제들을 거의 고려하지 않았다. 마리 앙투아네트의 판사들은 트리아농의 삶을 사치스럽다고 여겼다. 그들은 사치가 방탕으로 연결되고, 방탕은 은밀함을 추구하기 때문에 큰

---

[78] 이 수치는 다음에서 인용했다. Jean-François Solnon, *La Cour de France*, Paris, Fayard, 1987, p. 518 sq.

죄악이라고 생각했다. 친밀한 사람들의 특별한 모임, 왕비가 소수에게만 나눠준 초대장, 일반인 출입을 금지한 정원, 관리인에게 내린 엄격한 지침들, 마리 앙투아네트는 이러한 사생활, 이러한 현대성의 대가를 톡톡히 치러야 했다. 여러 가지 환상이 잇따라 일어났고, 결국 사람들은 '마담 데피시Madame Déficit'[적자 부인]를 외치기 시작했다. 잘 알다시피 간통하는 여성은 낭비하는 여성이라는 것이 널리 퍼진 믿음이었다.

※

이 모든 것은 단지 시작이었다. 여성의 명예를 더 훼손하고자 그의 판사들은 어머니라는 역할마저 공격하는 사악한 생각을 떠올렸다. 이렇게 해서 그들은 다시 한 번 왕비에게 타격을 주었다. 19세기 로맨티시스트들은 마리 앙투아네트의 모습을 이용해, 왕비의 역할을 여성 또는 어머니의 역할에서 분리하려고 시도했다. 왕비는 책임이 없었고, 여성이나 어머니는 책임이 있었다. 알렉상드르 뒤마의 주제가 바로 이것이다. "왕비는 큰 범죄자다. 여성은 고귀하고 순수한 영혼이다. 왕관을 부수는 것도 나쁜 일이 아니니 불행이 정화되기 때문이다."[79] 그러나 어떻게 이토록 분리할 수 없는 것을 분리할 수 있을까? 마리 앙투아네트는 왕비가 아니었다면, 지금과 같은 여성이나 어머니가 되지 못했을 것이다. 그는 하나이고, 같은 인물이었다.

혁명가들은 이를 잘 알고 있었다. 어머니를 건드리는 것은 왕실 혈통의 신성함을 건드리는 것이며, 신성성과 혈통의 관계를 끊어버리고 그와 함께 다시 한 번 왕정을 처형하는 것이다. 그들의 목표는 매우 중요했다. 탕플 감옥의 2층에서 작은 카페가 시몽 부부의 감시를 받으면서 살아 있었기 때문이다. 그리고 그 아이는 왕이었다. 어머니를 비하하는 것은 곧 아들을 비하하는 것과 같았다. 공화국은 결코 죽기를 원치 않는 불운한 성향을 가진 왕권의 살아 있는 몸을 더럽히면, 결국 그것은 썩어 문드러지고 저절로 무너질 것으로 보았다.

이와 같이 폭군을 살해하는 온갖 방법이 있었다. 공화국은 이미 아버지에게도 그런 짓을 했고, 이제는 아들도 포함해서 또 다른 측면을 탐구했다. 자신을 방어할 수 없는 아이를 건드린다는 점에서 더욱 나쁜 행위였으며, 일종의 도덕적 폭군살해였다. 그런데 그러기 위해서는 어머니의 명예를 훼손할 필요가 있었다. 도대체 뇌가 얼마나 병들었으면 마리 앙투아네트에게 가장 소중한 것을 공격해서 그를 공격하려는 악마 같은 계략을 꾸밀 수 있는 것인지 상상조차 하기 어렵다. 그를 죽이기 전에 마지막으로 고통을 주는 것. 아마도 에베르가 푸키에 탱빌과 함께 이렇게 논의하고 합의한 후 구두장이 시몽을 사주해 왕세자의 입으로 말하게 만들었을 것이다. 시몽은 너무 작은 인물이라 이런 종류의 변태적 상상력을 발휘할 가능성은 없었다.

---

79 Alexandre Dumas, *Le Chevalier de Maison-Rouge*, Paris, Gallimard, coll. "Folio", 2005, p. 136.

왕정주의자들은 1793년 10월 기준으로 여덟 살 반인 아이를 프랑스의 왕으로 여기고 있었다. 당국이 1793년 7월 3일에 아들을 빼앗아 시몽에게 넘긴 후, 어머니는 아들과 얘기할 기회도 없었고 만나지도 못했다. 딸의 말로는, 왕비가 탕플을 떠나 콩시에르주리로 이동하는 날에는 오로지 아들이 테라스에 나와 산책하는 모습만이라도 보려고 하염없이 창문가에 서 있었다고 한다.

마리 앙투아네트는 항상 아이들을 사랑했다. 어쩌면 그는 자신의 어린 시절을 떠올리고 있었을지 모른다. 아니면 잃어버린 순수한 시절을 그리워했을지 모른다. 그를 닮았거나 그에게 감동을 주는 것들은 모두 연약하고 취약했다. 캉팡 부인은 이렇게 적었다. "그는 항상 중궁전 사람들의 자녀들을 곁에 두고, 아주 다정하게 대했다."[80]

식사 시간에는 아이들을 무릎에 앉히거나 놀이, 작은 공연, 무도회 등을 주최했고, 맛난 것을 직접 먹여주기도 했다. 어머니가 되기 전에 그는 베르사유 궁 근처의 작은 마을인 루브시엔Louveciennes 근처에서 다섯 살짜리 사내아이를 데려다 입양했다. 친구인 욜랑드 드 폴리냐크의 아이들도 마치 자기 아이처럼 사랑했다. 아들은 '그랑 아르망grand Armand', 딸은 아글라에Aglaé였으며, 욜랑드가 1780년에 기슈Guiche 공작과 결혼했기 때문에 딸의 애칭을 '기셰트Guichette'로 지

---

[80] Mme Campan, *Mémoires sur la vie privée de Marie-Antoinette*, Paris, Gallimard, coll. "Folio", 2007, p. 77.

었다.

또 그와 같은 또래의 아이들도 있었다. 마리 앙투아네트는 훗날 공토 공작부인이 될 조제핀 드 나바유Joséphine de Navailles를 '내 귀여운 흰 생쥐'라고 불렀고, 그 밖에도 아메나이드 당들로Aménaïde d'Andlau, 델핀Delphine, 엘제아르 드 사브랑Elzéar de Sabran도 있었다. 왕의 고모들 곁에서 자란 아델 도스몽Adèle d'Osmond은 훗날 부아뉴 백작부인이 되어 마리 앙투아네트가 자신에게 선물을 주었다고 회상했다.[81]

마리 앙투아네트가 첫딸을 낳기 전까지 베르사유에서 태어난 모든 아기, 특히 시동생 아르투아 백작의 두 아들, 앙굴렘과 베리가 그를 슬픔과 절망에 빠뜨렸다. 그는 출산이 자신의 운명에 영향을 미친다는 사실을 잘 알고 있었다. 그는 왕비였고, 그의 아이들은 완전히 그에게 속하지 않았다. 그들은 정치와 혈통이 걸린 큰 판에서 탐나는 인질이거나 두려운 인질이었다. 그는 아이들을 궁중과 여론의 야망과 증오에 휩쓸리지 않도록 최대한 보호하려 했다.

마리 앙투아네트는 아이들 덕에 큰 기쁨을 누리는 동시에 큰 슬픔도 느꼈다. 첫아들이자 첫 세자의 짧은 생애의 마지막 몇 달 동안, 왕비는 매일 아침 베르사유 궁에서 마를리 궁으로 아들을 보러 다녔

---

[81] *Mémoires de la comtesse de Boigne*, Paris, Mercure de France, 2 vol., 1971, t. I, p. 66. 다음도 참고할 것. *Mémoires de la duchesse de Gontaut, gouvernante des Enfants de France pendant la Restauration (1773-1836)*, Paris, Plon, 1891, pp. 6~7.

다. 당시 시종이던 세말레Semallé 백작에 따르면, 그는 아들을 본 후 매번 눈물을 흘리면서 떠났다고 한다. 세자가 죽은 후, 그는 둘째이자 마지막 아들인 노르망디 공작 루이 샤를에게 모든 애정을 쏟았다. 1785년 5월 둘째를 낳은 직후, 왕비가 친구 샤를로트 드 헤센에게 "국민의 영광과 기쁨이 될 아기"[82]라고 썼던 것을 고려할 때, 그가 자신의 미래를 어떻게 예측할 수 있었겠는가?

마리 앙투아네트가 마지막 몇 년 동안 극적 상황으로 깊이 들어갈수록, 그의 아들과 딸은 그에게 더 소중해졌다. 아직 베르사유에 있을 때 그는 아이들의 훈육을 담당했던 욜랑드 드 폴리냐크에게 편지를 썼다. "내 유일한 위안은 아이들뿐입니다."[83] 그리고 석 달 후 튈르리 궁에서 다시 썼다. "정말로, 만약 내가 행복할 수 있다면, 두 어린아이들 덕분일 것입니다. 사랑하는 양배추[아들]는 매력적이며, 나는 그 아이를 미친 듯이 사랑해요. 그 애도 자기 나름대로 나를 많이 사랑하며, 거리낌이 없어요. 나는 그 애의 별명 부르기를 좋아하는데, 그렇게 해서 당신과 당신 가족을 생각나게 만들면 좋겠습니다."[84]

---

82 Marie-Antoinette à Charlotte de Hesse(19 mai 1785) in *Lettres inédites de Marie-Antoinette et de Marie Clothilde de France, op. cit.*

83 Marie-Antoinette à la duchesse de Polignac, 12 août 1789, in Evelyn Farr, *Marie-Antoinette et le comte de Fersen. La correspondance secrète, op. cit.*, p. 284.

84 Marie-Antoinette à la duchesse de Polignac, 29 décembre 1789, in *Marie-Antoinette. Correspondance, op. cit.*, p. 500.

그 당시 왕비의 아들은 네 살이었다. 그는 새로운 훈육관 투르젤 부인에게 이렇게 썼다. "건강하고 튼튼한 아이들이 모두 그렇듯이, 우리 아들도 매우 산만하고 가볍고 화도 잘 내지만, 극도로 산만하지 않을 때는 착하고 다정다감합니다. […] 그는 명랑한 성격을 가지고 태어났습니다."[85] 튈르리 궁에서 그는 딸을 정원 쪽 1층 방에 재우고 아들은 위층에서 훈육관과 함께 재웠다.

마리 앙투아네트가 친구 욜랑드 드 폴리냐크에게 편지를 쓰고 있을 때, 그의 딸 이야기를 몇 마디 덧붙이는 일도 가끔 있었다. "내가 간단히 써야 하는 이유는 단순합니다. 내가 글을 쓰고 있는 동안 그 어린아이가 들어왔기 때문입니다." 이 시기에 그의 아이들은 각자 자신의 궁, 부훈육관, 하녀, 교사들을 가지고 있었다. 그러나 탕플 감옥에서는 처음에는 왕과 함께, 그리고 왕이 처형당한 후에는 왕비 혼자서 자녀의 교육을 완전히 책임졌다.

마리 앙투아네트가 투르젤 부인에게 아들의 건강, 운동의 필요성, 사소한 변덕에 대해 자세히 알려주는 내용을 읽기만 해도 그가 얼마나 세심했는지 알 수 있다. 베르사유에서 딸이 치통으로 고통스러워할 때, 그는 너무 놀라서 가장 친한 친구들에게 이 문제를 아주 오랫동안 이야기했다.[86] 1780년에 그의 어머니가 받은 마지막 편지들에서, 그는 딸이 젖을 떼고 처음으로 자신을 알아보았으며, 처음으로

---

[85] Marie-Antoinette à la duchesse de Tourzel(24 juillet 1789), *Ibid.*, pp. 489~490.

아빠라고 말했다는 이야기를 잔뜩 늘어놓았다.

마리 앙투아네트를 통해 우리는 온전히 『에밀Emile』의 세계 속에 있으며, 가족의 친밀한 분위기와 감정이 활짝 피어나는 순간을 경험한다. 또한 튈르리 궁 점령 직전에 있었던 마지막 가족 의식은 누구도 무심히 넘길 수 없는 것이지만 아무도 충분히 주목하지 않은 것으로서, 미래 왕의 교육과 그가 어머니로서 지닌 감성적 태도에 대해 많은 것을 말해준다. 1792년 3월, 루이 16세는 왕비의 요청으로 아들에게 기사 작위를 주었고, 또 아들의 마음과 용기에 맞는 여인을 선택하게 했다. 아이는 그때 어머니 쪽으로 다가가 무릎을 꿇고, 손을 잡으며 이렇게 말했다. "저는 어머니를 제 마음의 여인으로 삼으며, 모든 이로부터 어머니의 권리를 지키기 위해 죽을 것을 맹세합니다."[87]

거의 같은 시기에, 퀜틴 크로포드가 왕비를 튈르리에서 빼내 브뤼셀까지 데려갈 수단을 마련했음에도 왕비는 단호하게 거절했다. 마리 앙투아네트는 남편, 특히 아이들을 놓고 떠나지 않겠다고 했다. 퀜틴 크로포드는 말했다. "모성애의 감정이 왕비를 죽음까지 각오하게 만들었다."[88] 아이들은 그의 목숨이었다. 그는 마지막 순간까지 이

---

[86] Marie-Antoinette à Charlotte de Hesse, octobre 1780, in *Lettres inédites de Marie-Antoinette et de Marie-Clotilde de France*, op. cit.

[87] Mathurin de Lescure, *Correspondance secrète et inédite sur Louis XVI, Marie-Antoinette, la Cour et la Ville de 1777 à 1792*, 2 vol., Paris, Plon, 1866.

렇게 말할 것이고, 재판하기 몇 주 전에 콩시에르주리 감옥에서 질문 받을 때도 다시 한 번 말했다. "내 가족은 내 아이들이며, 나는 그들과 함께 있지 않으면 행복하지 않아요. 그들 없이는 아무 데도 갈 수 없습니다."[89]

⚜

왕세자가 어머니 품에서 강제로 떨어진 후 몇 달 동안 알려진 바로는 그가 처음 며칠은 많이 울었고 음식도 거절했다는 것뿐이다. 앞으로 일어날 일을 이해하려면, 마리 앙투아네트가 아들의 성격에 대해 말한 것에 주목할 필요가 있다. 왕비는 투르젤 부인에게 아들이 겁이 많고, 잘 모르는 사람들에게 반드시 친절해야 한다고 생각하며, 특히 허황한 얘기에 혹하기 쉬운 성격이라고 강조했다. "그 아이는 남의 말을 쉽게 반복하며, 비록 거짓말을 하려는 의도는 없었지만, 자기가 상상

---

[88] Quentin Crawford, *Notice sur Marie Stuart, reine d'Écosse et sur Marie-Antoinette reine de France, op. cit.*, p. 55. 마리 앙투아네트가 탕플 감옥에 수감되어 있던 1793년 3월에도 같은 제안을 받았으나, 그는 이렇게 대답했다. "내게 아이들이 없으면 무슨 낙이 있겠어요? 이렇게 생각만 해도 나는 조금도 후회하거나 아쉽지 않습니다."(*Marie-Antoinette. Correspondance, op. cit.*, Lettre de Marie-Antoinette au chevalier de Jarjayes[février ou mars 1793], p. 817)

[89] AE/I/5 n° 19. "Affaire de l'œillet". Procès-verbal du premier interrogatoire de Marie-Antoinette à la Conciergerie, 3 septembre 1793.

한 것을 덧붙이기도 합니다. 그것이 가장 큰 결점이라서 반드시 고쳐줘야 합니다."[90]

왕세자의 행동에서 변화를 처음 주목한 사람들은 탕플의 감시위원들이었다. 그중 한 명인 프랑수아 도종은 어느 날 시몽의 방에서 왕세자와 구슬치기 놀이를 하던 중 아이가 위층 방에서 어머니와 고모가 걸어다니는 소리를 듣더니 상스러운 말을 해서 몹시 놀랐다고 주장했다. "저 빌어먹을 창녀들이 아직도 단두대에 서지 않았다고?"[91] 그 아이는 완전히 고립된 상태에 있지 않았고, 감시위원들과 국민방위대 근무자를 볼 수 있었다. 왕세자는 매일 탕플의 테라스에 나갈 수 있었지만, 구국위원회의 명령으로 앙투안 시몽이 늘 그를 보살폈다.

시몽은 1793년에 57세였으며, 그의 아내인 마리 잔 알라담Marie Jeanne Aladame은 48세였다. 그는 1788년 첫 아내인 바르브 우아요 Barbe Hoyau가 사망한 뒤 얼마 지나지 않아 재혼했다. 그는 첫 아내 덕에 생활기반을 마련할 수 있었다. 바르브는 1760년대 말에 파리의 구두장이였던 첫 남편의 재산을 시몽에게 물려주었다. 하지만 그 사업은 빠르게 쇠퇴하기 시작했다. 그 후 부부는 센 길에서 소박한 식당과

---

[90] Marie-Antoinette à Mme de Tourzel(24 juillet 1789), in *Marie-Antoinette. Correspondance, op. cit.*, p. 489.

[91] G. Lenotre, *La Captivité et la mort de Marie-Antoinette, op. cit.*, "Relation de Daujon", pp. 66~67.

여관을 차렸으나 역시 실패했다. 식당은 폐업했고, 시몽은 빚더미에 앉아 열악한 조건에서 구둣방을 다시 열었다. 그는 오늘날 오데옹 네거리에 아주 가까운 에콜 드 메드신École-de-Médecine 길이 된 코르들리에 길 32번지에 자리 잡았다. 그는 열정적으로 혁명에 참여했고, 파리에서 가장 진보적인 테아트르 프랑세Théâtre-Français 섹시옹 구민회의에서 적극적으로 활동했으며, 이후 [1792년] 8월 10일 봉기에는 반란 코뮌의 위원이었다가 파리 코뮌 총회 위원이 되었다. 그는 완전한 상퀼로트였다.

　마라는 시몽과 같은 길 18번지에 살면서, 나중에 마라 섹시옹이 될 테아트르 프랑세 섹시옹을 이끌었는데, 시몽을 잘 알았고 인정했기 때문에 구국위원회에 어린 카페를 감시할 적임자로 추천했다. 시몽은 이미 탕플에서 코뮌 위원으로 활동하며, 일부 동료들의 의심스러운 행동을 고발하는 열의를 증명했다. 그는 [1793년] 7월 3일에 그 직무를 시작해 1794년 1월 19일에 그만두고 코뮌 총회로 돌아갔고, 그것은 자신이 요청했기 때문이라고 말했다. 그는 아마도 이 시기보다 더 많은 보수를 받은 적이 없었을 것이다. 그는 6,000리브르, 아내는 3,000리브르를 받았다. 그러나 그에게 남은 생은 얼마 없었다. 테르미도르 9일의 반란에 가담한 혐의로 다음 날(1794년 7월 28일) 로베스피에르, 쿠통Couthon, 생쥐스트와 함께 단두대에 서야 했다. 그의 둘째 부인은 오랜 후인 1819년에 불치병 환자 병동에서 죽었다.[94]

　시몽은 수수께끼 같은 사람이었다. 어떤 이는 그를 수많은 사건을 용감하게 감당한 사람으로 여겼고, 다른 이는 가학성 냉혈한으로 여겼다. 심지어 때 이르게 베트남 방식의 재교육 프로그램을 적용해 어린 세자를 가문의 족쇄에서 '해방하고' 혁명에 복귀시키려는 정치위원 같다고 생각하는 사람도 있었다.

시몽은 그저 천박한 수다쟁이, 무엇보다도 비굴한 사람이었을 것이다. 그러나 민중에 속한 그와 벌써 여덟 살이 된 어린 왕자 사이의 넘기 힘든 구덩이의 깊이를 가늠해볼 필요가 있다. 왕자는 탕플에서 나온 직후 파리에서 영국 정보원으로 활동하던 프랑스인 요원에게 단 한 번 속내를 털어놓았다. 이 요원은 아마 국민방위군의 장교였을 가능성이 있고, 영국 정보망은 [이탈리아] 제노아에 있는 영국 대사 프랜시스 드레이크Francis Drake의 지휘를 받고 있었다.

시몽은 모든 책임을 부인하며, 탕플 탑의 경비대원들이 어린 포로에게 '독주'를 마시게 했고, '추잡하고 불경한 말'을 가르쳤으며, '음란서적'을 읽게 했다고 주장했다. 또한 시몽은 왕자가 당시 사람들이 성병이라고 부르던 매독에 걸려 건강이 악화되었는데, 군인들이 데려온 창녀와 접촉할 때 걸렸을 것이라고 설명했다.[93] 1890년대 후반에 시몽의 증언 일부를 처음으로 공개한 역사학자 르노트르는 이 암

---

[92] 마리 잔은 간호사로서 일정한 재능이 있었으며, 1792년 8월 10일의 사건 당시 코르들리에 주변의 의과대학 구급차에서 부상자들을 돌보았다고 한다. 그중 한 명은 그의 '애국심'과 '외과 지식'을 칭찬하고 높이 평가했다. G. Lenotre, *La Captivité et la mort de Marie-Antoinette, op. cit.*, p. 150, note 1. 파리 시청의 고레는 시몽이 탕플에서 왕세자를 감시하는 역할을 맡을 때까지 여성 수감자들[왕비, 시누이, 딸]에게 친절했다고 증언했다. "우리는 이 용감한 시몽 씨 덕분에 매우 행복합니다."

울한 구절을 라틴어로 옮겨 적었다.

시몽은 특히 에베르를 비난했다. 에베르가 아마도 아들에게 어머니를 고발하는 증언을 하도록 만든 사람이었을 것이다. 심지어 그는 아이에게 단두대에 세우겠다는 위협으로 벌벌 떨게 하고, 결국 기절하게 만들었다고 한다. 잊지 말아야 할 것은, 코뮌의 서열에서 구두장이[시몽]는 1792년 12월 이후로 코뮌의 검사를 보좌하던 둘 중 한 사람에게 긴밀히 의존했다는 사실이다. 그는 『뒤셴 영감』의 열렬한 독자였으며 코르들리에 클럽 회원이었는데, 마침 마라가 죽은 후 그 신문의 발행인[에베르]이 클럽을 지배했다.

간단히 말해, 시몽은 에베르의 꼭두각시였다. 그는 비겁하고 순종적이었으며, 어쩌면 그래서 상퀼로트 사회에서 쓰는 말로 '꼬맹이'[마르모탱marmotin, 새끼 다람쥐]를 감시하는 일에 선발되었을 것이다. 일부 역사학자는 당시 에베르가 속죄할 일을 많이 저질렀다고 주장했다. 한 달 후, 국민공회의 샤보와 파브르 데글랑틴Fabre d'Églantine은 에베르를 로베스피에르에게 고발했다. 그는 바츠Batz 남작과 얽혔다

---

93   "시몽은 마리 앙투아네트가 죽은 후 왕[세자]에게 매춘부를 데려가지 않았지만, 그가 성병에 감염되었음을 확실히 알고 있습니다." 요원은 드레이크에게 1794년 2월 6일, 7일, 8일에 보고서를 작성했다. 그리고 드레이크는 3월 14일에 [피트 내각의 외교부 장관] 그렌빌 경Lord Grenville에게 보내는 편지에 보고서를 첨부했다.
The Manuscripts of J.-B. Fortescue Esq., preserved at Dropmore, Londres, 2 vol., 1894. Francis Drake to Lord Grenville, 14 mars 1794. Enclosure n° 1, bulletin 12(12 février 1794), pp. 528~529. 다음도 참고할 것. G. Lenotre, *La Captivité et la mort de Marie-Antoinette, op. cit.*, p. 75.

는 혐의를 받았다.⁹⁴ 바츠는 왕당파가 공화국을 상대로 가장 위험한 음모를 꾸민 주모자로서 혁명기 신화적 존재가 된 인물이었다.

당통의 친구 카미유 데물랭은 단지 의심에 근거해 자신이 발행하는 『르 비외 코르들리에*Le Vieux Cordelier*』에서 그를 공개적으로 비난하는 운동을 시작했다.⁹⁵ 왕당파 정보원인 말레 뒤 팡은 정확한 정보를 가지고 에베르의 행위에 대해 확신했다. 에베르는 1793년 8월과 9월에 왕비를 납치하려는 마지막 시도에 개입했을 것이다.⁹⁶ 그러나 그는 구체적인 내용을 그 정도만 알았다. 이미 6월에 당통도 이러한 의도를 가지고 있다는 비난을 받았다. 그런데 왜 『뒤셴 영감』의 발행인은 8월과 9월 27일에 자코뱅 클럽의 연단에서 왕비를 다시 탕플로 보내라고 요구했을까?⁹⁷ 말레 뒤 팡은 바츠 남작이 어떤 여성 지인에게 "내가 왕비를 구할 수 없다면, 나는 그를 죽이겠다"라고 말했다고 한다. 그는 약속을 지켰다.

---

94 알베르 소불의 제자는 이 사건의 전모를 너무 체계적이고 편향되게 서술한 것처럼 보인다. Arnaud de Lestapis, in *La Conspiration de Batz, 1793-1794, op. cit.*

95 *Le Vieux Cordelier*, n° 5(15 janvier 1794).

96 Mallet du Pan, *Mémoires et correspondance pour servir à l'histoire de la Révolution française, op. cit.*, p. 497.

97 Aulard, *La Société des Jacobins*, t. V, *op. cit.*, p. 428, 27 septembre 1793. Le Comité de salut public ne donnera pas suite à sa demande. Dans une lettre d'août 1793, le député girondin Valazé alors détenu à la Conciergerie accuse également Hébert de vouloir réinstaller la reine au Temple. Lestapis, *La Conspiration de Batz, 1793-1794, op. cit.*, p. 244, note.

9월 30일에 시몽은 에베르에게 어린 카페가 이야기할 준비가 되었다고 알리는 편지를 썼다. 그의 철자법이 분위기를 말해준다. "내게 시급한 문제이니 그대는 반드시 내 요청을 잊지 말아주기 바랍니다."[98] 10월 6일, 어린 카페는 격식을 갖춘 자리에서 심문을 받았다. 그 자리에는 파리 시장인 파슈Pache, 코뮌의 검사 쇼메트, 에베르와 다섯 명의 위원이 있었고, 위원 중 한 명인 도종이 기록을 맡았다. 시몽도 당연히 그 자리에 있었다. 의자에 앉은 어린 카페는 땅에 닿지 않는 작은 다리를 흔들고 있었다. 도종은 그가 거짓말을 한다고 확신했으며, 훗날 그가 어색하고 불안해 보였다고 말했다.[99] 그날 카페는 사람들이 시킨 말만 반복했을 뿐이다. 그는 확실히 두려워했다. 그는 아마도 자신에게 하지 말라는 것에 복수하기 위해 허세로 말했을 가능성도 있다. 그의 고모는 탕플에서 그가 자위하는 습관 때문에 어머니의 꾸중을 들었다고 전했다.

심문자들은 시몽에게 카페의 진술을 확인하도록 강요했고, [어

---

[98] 시몽이 9월 30일 에베르에게 보낸 공식 서한(명확히 다른 사람이 작성한 것으로 보이는 서한)에 시몽은 에베르에게 긴급히 와달라고 요청하며 "내가 그대에게 말할 것이 있습니다"라는 내용을 직접 추가했다. 이 편지는 다음에서 인용했다. C. A. Dauban, *La Démagogie en 1793 à Paris ou histoire, jour par jour, de l'année 1793*, Paris, Plon, 1868, p. 429. 지자는 자신의 출처에 대해 "이 문서는 제국 문서보관소의 일부다"라고만 밝힌다.

[99] G. Lenotre, *La Captivité et la mort de Marie-Antoinette*, op. cit., "Relation de Daujon", p. 48.

린 카페로 하여금] '루이 샤를Louis-Charles'이라는 이름으로 서명하게 했으며, 루이는 그대로 따랐다. 어린 카페는 'p'와 't'를 제대로 알아보지 못하게 서명했고, '샤를Charles'에는 's'를 쓰지 않았다. 튈르리에서는 그에게 '루이 샤를Louis Charles' 또는 '루이 도팽Louis Dauphin'이라고, 정돈된 멋진 글씨체로 서명하게 했고, 이 서명들이 적힌 아름다운 종이 일부는 오늘날 개인 소장품으로 남아 있다.[100] 몇 달밖에 차이 나지 않는 두 서명을 비교해보면, 마치 세상이 한 차례 뒤바뀐 듯한 느낌이 든다.

다음 날 루이는 고모와 누나를 만나서, 그들[심문자들]이 부인했지만, 자신은 자기 말이 옳다고 끝까지 주장했다고 한다. 누나가 동생의 말을 이렇게 전했다. "내가 울었지만, 그들은 계속 [내 말이 틀렸다고] 주장했어요. [그들의 말에서] 내가 이해하지 못한 말도 있었지만, 내가 이해한 것이 너무 끔찍해서 분노의 눈물을 흘렸어요."[101] 엘리자베트 부인은 "오! 저 괴물"이라고 외쳤다고 한다. 그 후 어머니가 사망한 뒤 10월 26일에도 아이를 다시 심문했다. 이번에는 감옥의 여인들[왕비, 누나, 고모]에게 편지를 몰래 전한 사람들은 누구였는지 루이에게 물었

---

100 경매에 나온 서명을 볼 것. la page des six signatures "Louis Charles" de la vente Piasa, 21 mai 2003.

101 "Mémoire écrit par Marie-Thérèse-Charlotte […]", in *Journal de ce qui s'est passé à la tour du Temple pendant la captivité de Louis XVI, roi de France*, op. cit., pp. 185~186.

다.¹⁰² 그에게는 고발이 마지막 수단이었고, 심문자들이 원하는 대로 말하는 것이 간수들로부터 자신을 지키는 방법이었다는 인상이 든다. 하지만 10월 26일의 어린 카페에게는 일종의 절망에서 우러나온 예의, 즉 후회로 물든 태도가 어우러져 있었다. 그는 진술을 거의 마칠 무렵 어머니의 무죄를 주장하려고 노력했다. 음모를 조장한 사람은 바로 고모인 엘리자베트였지 어머니가 아니었다고 주장했다.¹⁰³

에베르에게는 확실한 증거가 있었다. 10월 14일 오후, 그는 자신이 어떤 효과를 낼 것인지 확신하며 법정에 섰다. 그는 먼저 피고인의 일화를 이것저것 언급하다가 결국 본론으로 들어갔다. 그는 어린 세자의 '불결한 오염'에 대해 이야기하며, 어머니와 고모에게 배웠다고 설명했다. 그러고 나서 최악의 이야기로 넘어갔다. 재판장 에르만과 푸키에가 주의 깊게 귀를 기울이면서 지켜보는 가운데, 그는 아이의 증언을 토대로 "두 여성이 아이를 가운데 재우는 일이 많았고, 그곳에서 가장 광적인 방탕 행위를 자주 저질렀으며, 카페의 아들이 말한 바로는 모자간에 근친상간 행위가 있었다는 데 의심의 여지가 없습니다"라고 주장했다.¹⁰⁴

---

102 세자는 특히 조베르Jobert의 이름을 댔다. 그는 10월 6일에는 이미 툴랑Toulan을 고발했다. AN W 296/26. Armoire de fer AE/I/15 n° 19. "Affaire de l'œillet", pièce 17: "Commune de Paris, 22 brumaire".

103 Armoire de fer, *Ibid*.

이것이 전부는 아니었다. 에베르는 아마도 자신이 똑똑하다는 것을 과시하고 싶었는지 단순히 고발하는 데 그치지 않고 논리적 설명까지 덧붙였다. 마리 앙투아네트가 아들과 잔 것은 단순한 쾌락 때문이 아니라 '육체를 흥분'시켜 어린 아들을 더 잘 통제하려는 사악한 정치적 의도도 가지고 있었다고 설명했다. 그는 이렇게 말하면서 피고인을 똑바로 보았을까? 적어도 충격적이고 끔찍한 이야기들을 면전에서 쏟아놓는 용기는 '죽일 놈들salauds'의 변명거리일 뿐이다. 몇 달 뒤 에베르는 결국 단두대로 끌려갈 차례가 되었을 때 몸을 온통 비틀며 신음했다. 그리고 사람들은 그를 조롱했다.

※

당시 마리 앙투아네트는 아무 반응도 보이지 않았다. 에베르의 말을 듣지 못한 듯이 행동한 것은 아마도 몹시 충격을 받았기 때문이리라. 배심원 한 명이 다시 나서서 기소 내용에 응답하라고 명령하자, 그는 청중을 향해 돌아서서 모두가 기억하는 그 말을 했다. 오랫동안 모두의 기억 속에 남았으며, 우리로 하여금 다른 모든 것을 잊게 만든 바로 그 말을. "내가 답변하지 않은 것은, 그것은 자연이 어머니에 대한 그 같은 비난에 답변하지 말라고 명령하기 때문입니다. 나는 여기 있

---

104 Le Procès de Marie-Antoinette, op. cit., p. 77.

는 모든 여성에게 호소합니다." "여기서도 피고가 매우 격앙된 것처럼 보인다."[105] •

곧 얼굴이 붉어진 마리 앙투아네트는 눈물을 한 방울 흘렸다.[106] 어떤 증인은 그가 청중에게 '극적인 말투'로 연설했다고 말했다.[107] 조금 뒤에 감정이 가라앉은 후, 그는 무엇보다 어머니로서 아들의 심문에 대해 생각하는 것을 분명히 말했다. "여덟 살짜리 아이에게 듣고 싶은 대로 말을 하게 만드는 일은 참 쉽지요."[108]

곧 그가 에베르에게 한 답변의 다른 버전들이 공개적으로 유통되기 시작했다. 당시 파리에 있던 영국인 작가 헬렌 마리아 윌리엄스 Helen Maria Williams는 아직까지 남아 있는 한 가지 버전을 기억해냈다. "나는 이 자리에 있는 모든 어머니에게 호소합니다. 그리고 나는 그들에게 묻습니다. 이 끔찍한 일들을 생각만 해도 몸서리치지 않을 어머니가 단 한 사람이라도 있을까요?"[109] 법원 감시관의 보고서에 따르

---

105 Ibid., p. 82. 재판을 기록한 익명의 서기는 피고의 진술을 기록으로 남기지 않았다.

• 서기는 왕비의 태도를 기록하면서도 실제로 무슨 말을 했는지는 남기지 않았다.

106 Helen Maria Williams, *Lettres sur les évènements qui se sont passé en France depuis le 31 mai 1793 jusqu'au 10 thermidor*, Londres, 4 vol., 1795; traduction française, t. I, 1796, pp. 117~119.

107 *L'Anti-Fédéraliste*, 15 octobre 1793. Le journal, d'obédience robespierriste, est dirigé par Claude Payan et Marc-Antoine Jullien.

108 *Le Procès de Marie-Antoinette*, op. cit., p. 144.

109 Helen Maria Williams, op. cit.

면, 그때가 처음이자 마지막으로 재판이 피고인에게 유리하게 흐를 듯하던 순간이었다. 다음 날, 요원 프레보는 피고인이 개입한 이후 선량한 시민들(즉, 왕비의 처형을 원하는 사람들)은 매우 침울하고, 특히 최종 결론에 대해 매우 걱정하고 있다고 보고했다.[110]

훗날 왕정복고 시기에, 당시 그 자리에 있었던 사람으로서 왕당파였거나 다시 왕당파로 돌아간 사람들의 회고에 따르면, 여성들이 날카로운 비명을 지르면서 실신했고 밖으로 실려 나갔다고 한다.[111] 조금만 더했다면, 뜨개질하는 여성들이 박수를 쳤을 것이다. 변호사 쇼보 라가르드는 '감탄의 움직임'을 목격했다고 보고했고, 자크 프랑수아 르피트르는 『회고록』에서 평소와 마찬가지로 열렬한 태도를 보였다. 그는 '에베르의 끔찍한 혐의'를 듣고 '이 괴물의 무례함'을 규탄하며 분노에 치를 떨었다고 한다.[112] 나는 오히려 재판 당시 스탈 부인이 친구인 나르본*에게 침착하게 쓴 편지를 더 좋아한다. "여기는 지상의 지옥입니다."[113]

---

110 Pierre Caron, *Paris pendant la Terreur*, t. VI, *op. cit.*, p. 254. "Rapport de Prévost", 15 octobre 1793.

111 G. Lenotre, *La Captivité et la mort de Marie-Antoinette, op.cit.*, "notes de Chauveau-Lagarde", p. 344, 참고: '증인 윙베르Humbert 형제가 시몽 부에Simon-Vouet 부인에게 전한 정보'.

112 *Ibid.* "Relation de Lepitre", p. 198. 르피트르는 왕비의 답변의 다른 버전을 제시한다. "내 말을 듣는 모든 어머니에게 호소합니다. 단 한 사람이라도 그런 범죄가 가능하다고 믿습니까?"

심지어 로베스피에르는 '이 멍청이 에베르'가 어리석게 과장했기 때문에 사건 전체를 망칠 뻔했다고 화를 냈다. 그는 생쥐스트, 바레르와 함께 저녁을 먹다가 크게 화를 내면서 포크로 접시를 깨뜨렸다고 한다.[114]

나는 이 모든 것을 전혀 믿지 않는다. 왕비의 추악한 성적 타락에 관한 소문은 이미 대중 사이에 너무 널리 퍼져 있어서, 혁명을 지지하는 사람들 가운데 에베르의 고발에 놀라는 사람은 거의 없었을 것이다. 사람들은 왕비를 비난하는 '가차 없는 방탕 행위'를 오래전부터 알고 있었다. 벌써 10년 넘게 언론에 떠돌던 표현이었다. 결국, 오스트리아 여인은 다른 일도 많이 저질렀다…. 자코뱅파는 이러한 국민적 정의의 행위가 도덕성을 높여줄 것이며, 덕이 더 크게 승리할 것이

- 나르본 백작 Louis-Marie-Jacques-Amalric de Narbonne-Lara(1755-1813)은 루이 15세의 사생아로 추정되며, 혁명기 프랑스 원수로 동부군에서 활약하다가 스탈 부인의 도움을 받아 런던으로 망명했다. 두 사람의 연애편지가 1956년, 150년 만에 미국 뉴욕 도서관에서 발굴되어 세간에 널리 알려졌다. Lettres à Narbonne de Madame de Staël, Gallimard, 1960.

113 Mme de Staël, *Lettres à Narbonne*, lettre 86, Coppet, 6 août 1793, Paris, Gallimard, 1960, p. 279.

114 Joachim Vilate, *Causes secrètes de la Révolution du 8 au 9 thermidor*, Paris, an III de la République(6 octobre 1794), pp. 12~13. 헬렌 마리아 윌리엄스가 전한 이야기(테르미도르 반동기 파리에 퍼진 로베스피에르에게 적대적인 이야기)도 참고할 것. Helen Maria Williams, *op. cit.*, pp. 117~119.

라고 생각했다. 매일 저녁, 생토노레 길의 클럽[자코뱅 클럽]에서 재판 내용을 보고하는 루이 뒤푸르니는 에베르가 이러한 '공포의 특징'을 드러낼 때 수치심을 억제하면서 예절 바르고 '수줍은' 태도를 보여주었다고 칭찬했다.[115] 로베스피에르 계열 신문사의 기자는 만약 피고인이 고소인을 보고 얼굴이 빨개졌다면, 그것은 수줍음이나 순진함 때문이 아니라 들킨 것이 불편해서였다고 말했다.[116]

우리는 덕성이라는 이름으로 어떤 말이나 행동을 정당화할 수 있다. 특히 혁명가들이 푹 빠졌던 로마 역사에서 크기를 가늠하기도 어려울 정도로 위대한 덕성의 사례가 나왔을 때, 그것으로 모든 언행을 정당화할 수 있었다. 또한 덕성을 사적인 영역과 엄격하게 분리한 후 공적 생활의 중재자로 삼고, 선악을 말하게 하면서 공적 생활에 도덕적 차원을 부여할 때도 마찬가지다. 도덕성은 오늘날까지도 유지되고 있으며, 날씨에 따라 그 측정치가 무한히 변할 위험을 안고 있다.

어쨌든 아돌프 티에르Adolphe Thiers가 말했듯이, 현실과 상상, 증오가 결국 이성을 누르고 국가의 소수 행동파의 인류애마저 간단히 압도해버렸다. 공화국의 존속을 위해 그 창립자들은 피와 가장 비열한 비방 속에서 길을 개척해야 했다. 그 흔적은 오랫동안 남을 것이다.

---

115 Aulard, *La Société des Jacobins*, t. V, *op. cit.*, p. 461. Séance du 14 octobre 1793. Une partie de l'intervention de Dufourny est reproduite dans le *Moniteur* du 20 octobre 1793.

116 *L'Anti-Fédéraliste*, 15 octobre 1793.

❧

물론 프랑스에서는 누구도 폐위된 왕비를 변호하거나 심지어 용서하려는 시도를 하지 않았다. 그것은 너무 위험했기 때문이다. 그러나 목소리는 오직 하나, 바로 여성의 목소리였으며, 모두 귀가 먹먹할 정도로 침묵하는 가운데 제네바에서부터 울려 퍼진 외침이었다. 그 외침은 바로 제르멘 드 스탈Germaine de Staël의 목소리였다. 왕비는 죽기 전에 그것을 알았을까? 그럴 가능성은 거의 없지만, 만약 그랬다면, 왕비는 매우 놀랐을 것이다. 재무부 장관 네케르의 딸인 스탈 부인은 왕비의 편이 아니었다. 그는 열정적으로 헌법주의와 자유주의를 지지했다. 1791년 12월, 그는 나르본 백작을 왕에게 소개했고, 백작은 전쟁대신이 되어 왕당파의 영향력을 깨려고 노력했다. 그의 남편인 스탈 남작 역시 매우 진보적인 인물이었다.

스탈 부인의 『왕비 재판에 대한 성찰 *Réflexions sur le procès de la reine*』이 8월 말, 마리 앙투아네트가 재판을 받기 한 달 전에 나왔다. 그런데도 이미 스탈 부인은 모든 것을 예측하고 이해하는 듯이 썼다. 그는 왕비를 변호하는 대신 여성과 어머니를 변호했다. 그는 정치적인 주장을 펼치지 않았으며, 뭇 여성의 연민을 자극해서 다른 여성에게 연민을 품게 하려고 노력했다. 이것이 스탈 부인의 최고 작품은 아니었으며, 문체가 약간 강렬했지만, 시대를 앞서가는 페미니스트적 시각을 정확히 보여주었다. "유약함에 대한 공격과 연민을 죽이는 사건에 희생된 여성들이여, 내가 당신들에게 돌아가노라. 만약 잔혹함이 지배한다면, 당신들의 제국은 끝이다. […] 자연의 모든 무기를 가지고 왕비를 지키시오. 그리고 아이를 찾으시오. 자신을 몹시 사랑한 어머니를 잃는다면 죽고 말 그 아이를."[117]

또 그는 '망나니들'에게도 무서운 말을 던졌다. "당신들은 죽음으로 통치한다. 당신들의 통치는 근본적으로 공포 속에서 힘을 찾는다. 예전에는 왕좌가 있던 곳에 이제는 교수대를 세웠다!"[118] 마지막으로 그는 미래의 판사들에게 유럽이 보는 앞에서 왕비를 '살해하는' 결정보다 '구원하는' 결정을 내려야 한다고 말했다.[119]

그 당시, 제르멘 드 스탈의 외로운 호소는 거의 읽히지 않았고, 무시당하는 수준이었다. 그것은 침묵한 모든 사람이 죽은 뒤에 위로가 되었을지 몰라도 그들이 살아 있을 때는 아무 소용도 없었다. 마리 앙투아네트의 재판은 결코 다른 길이 없었기 때문에 끝까지 진행될 수밖에 없었다. 불행도 수학 공식 같다는 말이 있다. 보이지 않는 손이 활을 당겼고, 화살이 공중을 갈랐다. 지금 무슨 일이 일어나든 간에, 화살은 반드시 목표에 도달할 것이다. 이 재판은 반전, 놀라움, 충격적인 극적 사건들로 가득한 드라마가 아니었다. 그것은 비극이었

---

117 Mme de Staël, *Réflexions sur le procès de la reine par une femme, août 1793*, s.n.s.l.; rééd. Monique Cottret, Sète, Les Presses du Languedoc, 1994, p. V.
118 *Ibid.*, p. xxiv.
119 *Ibid.*, p. xxiii.

다. 나는 아누이Anouilh의 『안티고네』 서문을 떠올린다. 그는 주인공을 '저기 앉은 마른 소녀'라고 소개하며, 그가 그 상황을 벗어날 가능성은 거의 없다고 미리 경고했다. "그는 살고 싶어했다. 하지만 어쩔 수 없는 일이었다. 그의 이름은 안티고네이며, 마지막까지 자신의 역할을 다해야 했다. […] 비극은 깔끔하다. 그것은 편안하고, 확실하다…."

4막

'죽음의 기사'

형사 재판의 변호사란 어떤 사람일까? 나는 여러 명을 알고 있으며, 그들이 매우 뛰어난 솜씨로 변론하는 것을 본 적이 있다. 그들은 거의 모두 50대지만 젊어 보이며, 살짝 긴 머리, 소금과 후추 빛 머리카락, 독특한 음색과 목소리, 무대와 연극을 즐기는 듯한 모습이다. 그들은 의뢰인이 무죄라고 확신하는 것처럼 변론한다. 그러나 사적인 자리에서 만난 그들은 의뢰인의 무죄에 대해 완전히 확신하지 못하는 것 같다. 마치 날카로운 아이러니, 도발의 취향과 이단적인 행동, 일종의 냉소적 태도가 그들을 세상에서 일정한 거리를 유지하게 만들어주는 것 같다. 악에 너무 자주 가까이 다가가는 모든 사람처럼 그들도 그럴 만한 이유가 필요하다. 게다가 짓궂은 면과 사람들을 즐겁게 만들어주려는 강한 욕망도 보여준다. 형사 재판 변호사는 타고난 유혹자이며, 끊임없이 정복을 추구하면서도 후회하지 않는 바람둥이 같은 인물이다. 오늘날의 변호사는 목숨이 아니라 명예를 걸었으며, 이것이 과거의 변호사와 다른 점이다.

　　마리 앙투아네트는 변호사를 직접 선택하지 않았으며 10월 12일에 법원의 직권으로 두 명을 배정받았다. 클로드 프랑수아 쇼보 라가르드는 나중에 이 재판에 관한 기록을 남겼기 때문에 이미 언급한 적이 있다. 그리고 기욤 트롱송 뒤 쿠드레이Guillaume Tronson du Coudray는 다른 변호사보다 더 친근하지만 덜 알려졌다. 두 사람은 각각 37세와 43세였다. 만약 국민공회가 루이 16세처럼 직접 변호사를 선택하도록 허락했다면, 왕비는 다른 변호사들의 변론을 받았을 가능성이 있다. 폐위된 왕비에게는 여전히 지지자들이 있었다. 8월에 오랜 전통의 명망 높은 법률 귀족 니콜라이Nicolaï 집안의 형 에이마르 프랑수아Aymard-François와 아우 샤를 마리Charles-Marie가 변론을 맡겠다고 나섰다.

에이마르 프랑수아는 왕비에게 편지를 보내고 나서 차분히 국민공회에도 편지를 썼다. "국민공회 의장님께, 저의 열의와 충성을 보여주기 위해 이 글을 보냅니다. 이 두 가지가… 의장님께 정당한 정의를 가져다줄 수 있기를 바랍니다." 용기는 감수해야 할 위험의 크기에 따라 달라진다. 니콜라이 형제는 혁명의 머리를 향해 왕정주의를 던지는 행위가 어떤 것인지 잘 알고 있었다. 목숨을 걸고 프랑스로 돌아온 그들은 너무나 귀족적인 냄새를 풍겼다. 국민공회는 그들의 제안을 받아들이는 대신 체포 명령을 내렸다. 형제는 모두 사형선고를 받고, 1794년 4월과 7월에 차례로 단두대에서 처형당했다.[1]

푸키에 탱빌이 마지못해 선택한 변호사들도 혁명법원이 창설되었을 때부터 배속된 사람들로서, 변론할 때 마주하는 판사들과 본질적으로 같은 사회 계층에 속해 있었다. 1789년의 이상을 지지하는 것은 어느 특정 지역이나 계층의 문제가 아니었으며, 또한 제3신분인지 특권 계층인지 하는 사회적 성격에 따라 결정된 문제도 아니었다. 혁명은 가장 보잘것없는 사람부터 가장 높은 계급까지, 모든 사회 계층의 삶에 깊숙이 스며들었으며, 심지어 가족 내부에서도 그러했다. 이러한 현상은 1815년, 1940년, 1945년의 대위기에서도 반복되었다.

트롱송 뒤 쿠드레이는 랭스 시의 부르주아 민병대 대위, 상인, 부시장의 아들이었다. 쇼보는 루이 15세 치세에 이발사-가발 장인의 아들로 샤르트르Chartres에서 태어났다. 한 사람은 관직 부르주아 계층, 다른 사람은 장인 계층이었다. 트롱송은 몇 년인지 모르겠으나 쇼보는 1783년에 각각 파리 고등법원의 변호사직을 얻었다. 그들은 혁명 이전에 뜻밖에 몇 가지 사건을 무죄 선고로 이끌면서 이름을 널리 알릴 수 있었다. 그들은 혁명 초기에 서로 다른 반응을 보이는데, 쇼보는 열광적으로 환영하며 1789년에 『전국신분회에 관한 이론 또는 재생된 프랑스Théorie des États généraux ou la France régénérée』라는 책

---

1 니콜라이 형제는 왕비를 변호하겠다고 두 번 자청했다. 첫 번째는 1793년 1월, 두 번째는 8월이었다. 다음은 니콜라이 프랑수아가 8월에 국민공회 의장에게 보낸 편지의 일부다. "나는 비록 재능이 부족한 사람이지만 흔들리지 않는 용기와 순수한 영혼, 올바른 마음을 갖고 있습니다. 이것만으로도 루이 16세의 과부를 변호하는 데 충분하지 않겠습니까?"(AN W/354/737) 프랑수아 드 니콜라이François de Nicolaï는 구체제 말기에 파리 고등법원의 부장판사와 그랑 콩세이Grand Conseil[추밀회의]의 의장을 차례로 지냈고, 샤를 마리는 회계검사원Chambre des comptes의 수석재판장을 지냈다. 1816년에 국민공회 의원이었던 쿠르투아Courtois는 로베스피에르가 남긴 문서의 조사위원이었는데, 젊은 변호사 마리 앙투안 마르탱Marie Antoine Martin이 푸키에 탱빌에게 쓴 편지 한 통을 보고했다. 그도 역시 마리 앙투아네트의 비공식 변호인이 되겠다고 제안했다. G. Lenotre, *La Captivité et la mort de Marie-Antoinette, op. cit.*, p. 388.

을 발간했지만, 트롱송은 쇼보보다 훨씬 더 신중한 태도를 보였다. 하지만 한 사람은 결코 진정한 공화주의자가 아니었고, 다른 사람은 은밀한 왕당파였다. 두 사람 모두 자유를 사랑하고, 직업에 대한 열정을 가졌다.

1791년 3월, 쇼보는 마라와 충돌했다. 마라가 『인민의 친구Ami du peuple』에서 그를 '악한들의 변호사'라고 불렀기 때문에, 그도 마라를 악한 취급했다. "사실, 내가 마라 그대를 옹호한 것은 그대가 시민정신을 주장하고 인기를 끌었기 때문이 아니오. 그렇게 믿었다면 정말 어리석다고 말해야겠소. […] 나는 그대가 권력의 협박을 받기 때문에 지켜주었을 뿐이오. 마라 그대가 독재를 싫어하는 것보다 내가 더 많이 싫어하고, 그대도 싫지만 독재를 더 싫어할 뿐이오."[2]

변호사 트롱송과 쇼보 모두 재능이 뛰어났다. 트롱송의 '아름다운 목소리'에 감탄한 라크르텔이 말했듯이, 그는 답변할 때 빛이 났다. "그는 마치 호민관의 운명을 타고난 듯이 넘치는 열정과 빛나는 상상력을 발휘했다." 1792년 12월, 국민공회에서 왕의 변호인 장 바티스트 타르제Jean-Baptiste Target가 사임하자 그는 그 자리를 대신하겠다고 나섰다. 그러나 루이 16세는 이미 자신의 변호인단으로 기욤 드 말제르브Guillaume de Malesherbes, 프랑수아 트롱셰François Tronchet, 레

---

[2] *l'Ami du peuple*, n° 387(1ᵉʳ mars 1791) et "Lettre à Marat sur l'examen qu'il a fait dans le n° 387 de son journal, de mon adresse pour M. Riolle à l'Assemblée nationale", s.l.n.d. (1791).

이몽 드 세즈Raymond de Sèze를 선정했다. 그럼에도 그는 망설임 없이 국민공회에 지원서를 공개했다. 이는 일정한 위험을 감수하는 일이었다. "탕플의 피고인이 불행한 사람들을 옹호하는 전문인의 버림을 받은 것 같아서 끔찍하다고 느꼈다. 내가 헛된 명예나 좇아서 변론에 나서기로 했다고 상상한다면 나는 모욕으로 받아들일 것이다."[3]

약 1년 후, 매우 아슬아슬한 조건에서 그가 마리 앙투아네트의 변호를 맡기로 한 것도 왕의 변론에 나섰을 때와 같은 동기 때문이다. 트롱송과 쇼보 라가르드는 왕비를 한 번도 만나지 못하다가 재판 바로 전날에 만났다. 그들에게는 사건 자료를 검토할 시간이 부족했고, 변론을 준비할 시간은 더 없었다. 그들은 곧 피고인의 자리에 서야 할 사람들로 여겨졌으며, 알다시피 국민공회는 그들의 체포 동의안이 상정된 바로 그날 토론을 시작하고 표결로 통과시켰다.

☙

그들은 무엇을 말했나? 거의 알 수가 없다. 재판 기록도 그 내용을 요약하지 않으며, 하나도 공개되지 않았다. 법원은 분명히 피고측의 주장을 전달하는 것 자체를 고려하지 않았다. 트롱송 뒤 쿠드레이의 변

---

[3] *Journal du soir*, 16 décembre 1792. 트롱송은 이미 1792년 12월 14일에 국민공회 의장에게 편지를 보냈지만 회신을 받지 못했다.

4막 '죽음의 기사'

론 원고는 총재정부 시기인 1797년 9월(공화력 5년 프뤽티도르 18일)에 일어난 반왕정주의 쿠데타 이후 파괴되었다고 추정한다. 그는 그 사건에 얽혀 있었다. 한편, 쇼보는 자신의 기록을 안전하게 지켰다. 그것은 오늘날 국가기록원에 보존되어 있다.[4] 그 기록은 단지 스케치에 불과하며, 그것만 남아 있다. 몇 줄의 서론을 제외하면, 변호인에게 실제로 변론서를 쓸 시간이 없었음을 알 수 있다. 당시 '비공식 변호인'이라고 불리던 두 사람은 일을 분담했다. 쇼보는 외국의 적과 내통한 혐의에 대해 푸키에 탱빌을 상대로 변론했고, 트롱송은 국내의 공모 혐의에 맞섰다. 트롱송은 거의 두 시간 동안, 쇼보는 한 시간 15분 동안 변론했으며, 1793년 10월 16일 새벽 무렵의 일이었다.

쇼보 라가르드의 변론 중 남아 있는 단편들을 읽어보면, 뛰어난 형사 변호사인 그가 기소인 측의 증거가 몹시 부실하다는 사실을 날카롭게 지적했음을 알 수 있다. 그는 이렇게 포문을 열었다. "기소가 분명히 엄중하게 보입니다만, 증거의 효력이 몹시 의심스럽다는 점이 아쉽습니다."[5] 그는 모든 절차를 정상적이었다고 믿은 것처럼 시작했지만, 곧 그 절차를 완전히 뛰어넘어 정치적 차원으로 재판을 옮

---

[4] AN 476 AP "Fonds Chauveau-Lagarde: Notes manuscrites de Chauveau-Lagarde pour la défense de Marie-Antoinette". 쇼보는 변론의 요점을 훌륭하게 다듬어 『마리 앙투아네트 재판의 역사적 메모』에 실었다. *Note historique sur le procès de Marie-Antoinette d'Autriche, reine de France et de Madame Élisabeth de France au Tribunal révolutionnaire, op. cit.*, p. 39 sq.

겨놓았다. "피고인의 불행은 왕비가 되었다는 점입니다. 그 사실만으로도 공화주의자들은 그가 정당할 수 없다고 예단할 가능성이 있으며, 여러분도 신성한 공평성에서 벗어나 편파적이 될 수 있습니다." 문제는 바로 여기 있었다. 쇼보는 그것을 알았다. 그는 배심원들에게 부디 편견을 버리고 자신과 함께 기소장을 하나하나 검토하자고 간곡히 부탁했다. 그러나 그는 여성과 어머니를 변호했을까? 나는 그렇게 생각하지 않는다. 그는 아마도 가장 구체적인 혐의에 초점을 맞추고, 법과 권리 뒤에 숨었을 것이다. 법원이 그것에 신경 쓰지 않았다는 것이 문제였다.

그러나 재판 공식 기록의 작성자를 믿는다면, 두 변호사는 "열정적인 웅변으로 임무를 충실히 수행했다"라고 한다.[6] 며칠 후 자코뱅 클럽에서 구국위원회의 가장 격렬한 위원인 장 마리 콜로, 즉 콜로 데르부아Collot d'Herbois는 과부 카페[마리 앙투아네트]에게는 "이렇게 교묘하고 언변이 좋고 대담한" 변호인들의 도움을 받을 자격이 없다고 말했다.[7] 그들의 변론이 매우 적절했다는 뜻이다. 쇼보는 1816년에

---

5 다음의 글에서 인용했다. *Note historique sur le procès de Marie-Antoinette d'Autriche, reine de France et de Madame Élisabeth de France au Tribunal révolutionnaire*(publiée en 1816). 쇼보는 변론의 일부를 다시 작성하면서 그 강도를 높였다. 국가기록원에 보존된 필사본 단편에서 다음과 같은 내용을 읽을 수 있다. "기소 자체로는 두려움을 줄 만큼 무섭지만, 내가 변호를 맡은 부분에서 그 증거들은 그만큼 빈약하다."

6 Gérard Walter, *Le Procès de Marie-Antoinette, op. cit.*, p. 166.

발간한 『회고록』에서 그 사실을 덧붙였다. 재판 후 왕비는 그에게 다가와서 가장 충실한 신하들에게만 보여주는 친절한 관심으로 이렇게 말했다고 한다. "쇼보 선생, 몹시 피곤하시죠? 당신이 얼마나 수고하셨는지 잘 알고 있습니다."[8]

쇼보는 그 말에 조금이라도 위안을 받을 수 있었다. 왕정복고 시기에 왕당파들은 이미 그가 몇몇 혁명적 희생자들과 타협했다고 의심했지만, 사실을 자세히 알지는 못했다. 분명히 쇼보는 혁명 재판에서 중요한 희생자들을 변호한 적이 있었다. 샤를로트 코르데, 미랑다Miranda 장군, 마리 앙투아네트의 시누이이며 1794년 5월 처형될 때까지 탕플에 갇혀 있던 엘리자베트 부인, 나중에는 유명한 방데파 브로티에Brottier 신부, 라 빌뢰르누아La Villeheurnois, 상원의원 클레망 드 리Clément de Ris의 '납치범'으로 추정되는 캉시Canchy와 모뒤종Mauduison도 변호했고, 더 나아가 브리소, 혁명군의 에베르파 지도자인 롱생 장군의 조언자로도 활동했다.

쇼보는 [왕비가 형장으로 출발하던 날] 10월 16일 오전에 뤽상부르 감옥에서 심문을 받았다. 그는 왕비가 자신에게 의심스러운 비밀을

---

7   Aulard, *La Société des Jacobins*, t. V, *op. cit.*, p. 471, séance du 19 octobre 1793.

8   Chauveau-Lagarde, *Note historique sur le procès de Marie-Antoinette d'Autriche, reine de France et de Madame Élisabeth de France au Tribunal révolutionnaire*, *op. cit.*, p. 45. 마리 앙투아네트와 젖 남매 사이였던 베버는 『회고록』에서 왕비가 변호사에게 보여준 '가슴 뭉클한 감수성'을 다시 언급하는데, 이 역시 그럴듯하게 보이지 않지만, 그의 불운에 대한 전설을 더욱 부추긴다.

털어놓지 않았느냐는 질문을 받고, 최대한 무례하게 자신을 방어했다는 사실을 『회고록』에서도 말하지 않았다. 과부 카페는 그에게 "가장 깊은 위선"을 드러냈으며, "아마도 숨기는 편이 더 이로울 것"은 하나도 털어놓지 않았다고 대답했다.[9] 변론 후 감옥에 갇힌 쇼보는 분명히 자신의 목숨을 구하고자 했다. 물론 위험이 사라졌을 때, 용기를 내기가 어려운 상황이 오기도 한다. 트롱송도 마찬가지로 체포되어 심문받았지만, 순순히 굽히지 않았다.

10월 16일 오후에 국민공회는 두 변호사를 풀어주기로 했다. 이를 불안하게 여기는 사람들이 있었다. 우리가 본 것처럼 10월 19일부터 콜로 데르부아는 자코뱅 클럽에서 그들을 공격했다. 에베르는 28일에 한술 더 떴다. "나는 우리 모두가 지상의 왕들을 옹호하거나 옹호하려 하거나, 또는 옹호할 태세를 갖추고 있는 사람들을 엄격히 감시하자고 요청합니다."[10] 그는 『뒤셴 영감』에서 더욱 격렬하게 말했다. "사악한 두 변호사가 마치 성수반 위의 악마처럼 원숭이의 무죄를 입증하려고 애쓸 뿐만 아니라, 감히 배신자 카페의 죽음을 애도하는 것도 모자라 판사들에게 '큰 돼지를 벌했으니 충분'하니까 '이제

---

9 *AP*, t. 76. Convention nationale, séance du mercredi 16 octobre 1793. 다음은 슈발 라가르드의 진술 시작 부분이다. "나는 내 첫째 의무가 시민의 의무임을 잘 알고 있습니다. 법원의 신뢰를 받는 나는 과부 카페가 음모를 털어놓았다면 즉시 고발했을 것이며, 그렇게 해서 나의 거룩한 의무를 충실히 수행했을 것입니다."

10 Aulard, *La Société des Jacobins*, t. V, *op. cit.*, p. 483, séance du 28 octobre 1793.

더러운 아내만큼은 용서하자'라고 말하는 것을 보지 않았는가?"

우리가 분명히 예상할 수 있듯이, 전체 공포정치 기간에 혁명법원에 배속된 비공식 변호사의 일은 결코 쉽지 않았다. 트롱송 뒤 쿠드레이는 1794년 2월에 용기를 내서 사임했고, 은신해서 단두대를 피했다.[11] 쇼보는 6월(공화력 2년 프레리알)의 혁명법원 개혁 이후 결국 감옥에 갇혔다가 로베스피에르가 몰락한 후에야 풀려났다.[12] 그전에 그는 여러 번이나 자신을 증명해야 했다. 4월에 그는 판사들에게 매우 겸손하게 다가가 이제 법원의 변호인이 소지해야 할 귀중한 시민정신 증명서를 요청했다. 또다시 그는 무릎을 꿇었다. 그는 "혁명 전후에 제시했던 애국심의 수많은 증거"를 내세우며 자신을 변호했고, 과부 카페를 변호하는 '불명예'를 안게 된 것에 대해 사과했다. "내가 카페와 코르데를 변호했다고 잘 알려졌지만, 법원이 나를 공식적 변호인으로 지정했다는 사실을 아는 사람은 없다."[13]

왕정복고 시기에 쇼보는 보상을 받았다. 과부 카페는 다시 한 번

---

11 AN U/1021 "Notes et renseignements divers". Lettre de Tronson du Coudray aux juges du Tribunal révolutionnaire, 10 ventôse an II(28 février 1794).

12 감옥에서 쇼보는 혁명법원에 편지를 써서 아직 감옥에 갇힌 피고인들이 자신에게 맡긴 여러 가지 증거를 제공하겠다고 제안했다. 아마도 그것들은 "사법 정의를 밝히는 동시에 무죄를 구하는 데 도움을 줄 수 있을 것"이라고 말했다. AN U/1021. Chauveau-Lagarde au Tribunal révolutionnaire, 16 messidor an II(14 juillet 1794).

13 AN W/500, affaire Fouquier. 4e dossier, fol. 59. Lettre de Chauveau-Lagarde aux citoyens juges du Tribunal révolutionnaire, 20 germinal an II(19 avril 1794).

'살해당한 왕비'가 되었다. 쇼보가 발간한 기록은 유명한 희생자 왕비의 '고귀한 자존심', '훌륭한 성격', '우아함과 선의' 등을 칭송하는 내용으로 가득했다. 그래도 쇼보는 잘 빠져나갔다. 한편으로 그는 공포정치 시기 오랭Haut-Rhin 지방의 유대인을 멋지게 변호했고, 이후 총재정부 시기에는 메스 시 유대인을 옹호했다.[14] 그 후 영예가 찾아왔다. 1806년에는 국무회의 변호인단의 한 명으로 임명되었으며, 왕정복고 시기인 1828년에는 파기원[최고법원] 판사가 되었다. 그는 1841년, 85세에 세상을 떴다. 그는 살아남아야만 자신을 방어할 수 있음을 증명했다.

트롱송 뒤 쿠드레이는 쇼보와 같은 행운을 누리지는 못했다. 로베스피에르가 몰락하자 그는 활동을 재개했으며, 1794년 9월 장 바티스트 카리에Jean-Baptiste Carrier에게 체포되어 파리로 압송된 94명의 낭트 사람들을 무죄로 만들었다. 이 재판이 끝난 후 국민공회 파견의원이던 카리에는 루아르 강에 낭트 반란자들을 산 채로 익사시킨 사건으로 기소 결정을 받았고, 트롱송은 당연히 그의 변호를 거부했다. 12월 카리에의 재판에서 트롱송은 자신이 생각하기에 가장 죄가 적은 사람들의 변호만 맡았다. 그는 변론을 끝마치면서 총재정부라는

---

14 Dénonciation du département du Haut-Rhin à la Convention nationale. À Paris, chez Quillau, imprimeur, 1793. Consultation du 23 floréal an V(12 mai 1795).
오랭 도의 지도부는 유대인을 "민중 정부에서 용인할 수 없는 재앙"으로 여겼고, "일정 조건을 충족시키기 전까지" 프랑스 시민권을 박탈한다는 명령을 내렸다.

새 체제가 공포정치를 벗어버리려는 시도를 다음과 같은 말로 멋지게 요약했다. "우리는 살인자가 되지 않고도 자유로울 수 있을 것입니다."[15]

트롱송은 센에우아즈Seine-et-Oise에서 상원의원으로 뽑혔으며, 총재정부의 정책을 공격하고, 방데에서 저지른 만행을 강력히 고발했다. 그 후의 일은 잘 알려졌다. 총재정부의 '왕'인 바라Barras는 '왕당파 성향'의 국회를 향한 정변(1797년 9월 4일, 공화력 5년 프뤽티도르 18일)을 일으킨 후, 반대파인 15명의 장군과 의원들을 귀얀[기아나]으로 유배하라고 명령했다. 트롱송은 자신이 '마른 단두대'*라고 불렀던 형벌을 받은 사람들 중 하나가 되었다. 실제로 그는 몇 달 뒤인 1798년 5월, [기아나의] 시나마리Sinnamary에서 장티푸스에 걸려 세상을 떴다. 죽기 며칠 전 그는 세 자녀에게 남긴 유서에 다음과 같이 심금을 울리는 내용을 적었다. "내 아이들아, 바다 너머 1,600리외[7,724.8킬로미터] 떨어진 먼 곳에서 날마다 너희를 생각하는 다정한 친구[트롱송]가 있다는 것을 부디 잊지 말아라…. 그를 믿고 그의 충고를 따르거라. 그는 정직하며, 어느 정도의 지혜와 역경의 경험, 사람과 사물에 대한 지식을 지니고 있어 너희를 잘못된 길로 이끌지 않을 것이다."[16]

---

15 *Plaidoyer du citoyen G.-A. Tronson-Ducoudray dans l'affaire du comité révolutionnaire de Nantes.* À Paris, chez Desenne, l'an II de la République.

• 살아서는 돌아오지 못할 먼 곳으로 유배하는 형벌을 뜻한다.

징표는 속이지 않는다. 마리 앙투아네트가 재판을 잠시 쉬는 시간에 빈약한 추억거리를 맡긴 사람은 쇼보가 아니라 트롱송이었다. 그것은 아마도 귀걸이로 쓰이던 두 개의 금반지와 그의 머리카락 한 가닥이었다. 변호사는 그 유품을 리브리Livry에서 '여성시민 라보르드 citoyenne Laborde'에게 전해달라는 부탁을 받았다. 그러나 10월 16일 트롱송은 심문받을 때 물건을 압수당했다.

'여성시민 라보르드' 뒤에는 루이즈 마르그리트 에밀리 켈페 드 라보르드Louise Marguerite Émilie Quelpée de La Borde가 숨어 있었다. 그는 왕비의 옛 수석시녀 중 하나로, 충신 중의 충신 슈발리에 레니에 드 자르제의 아내였다. 루이즈 드 자르제는 파리 북동부(오늘날 리브리 가르강Livry-Gargan) 리브리 성에서 아버지 집에 거주하고 있었다.[17] 법원은 속지 않았고, 왕비의 '친구'[루이즈]를 마들로네트Madelonnettes에 최

---

16 Tronson-Ducoudray, *Instructions rédigées pour mes enfants et mes concitoyens*, Paris, s.l.n.d, 1798.
트롱송의 유배에 관해서는 다음을 볼 것. Victor Pierre, *La Terreur sous le Directoire. Histoire de la persécution politique et religieuse après le coup d'État du 18 fructidor*, Paris, Retaux-Bray, 1887.
트롱송은 로슈포르Rochefort로 가는 길에 친구에게 쓴 편지에서 자신의 추방을 '개인적인 증오' 때문이라고 설명했다. 푸셰가 바라에게 그를 추방 대상자 명단에 넣도록 제안했을 가능성도 있었다. 푸셰와 가까운 레알Réal은 카리에와 낭트 혁명위원회의 35명의 피고인 재판 당시 트롱송과 격렬하게 말다툼을 벌인 적이 있다. 레알은 쇼Chaux와 굴랭Goullin을 변호했고, 트롱송은 프루스트Proust와 비크Vicq를 변호했다.
트롱송에 관해서는 다음을 볼 것. Jacques de Cazotte, *Un avocat dans la tourmente. G. A. Tronson du Coudray*, Maisonneuve et Larose, 1993.

초로 감금했다. 6주 만에 석방된 그는 1794년 2월에 딸 내외와 함께 다시 리브리에서 체포되어 앙글레즈 감옥Anglaises에 갇혔다가 로베스피에르가 몰락한 후에야 나오게 되었다. 한편, 자르제는 몇 달째 토리노에 피신해 있었다.

우리는 이러한 '공포정치 시기의 일화들'을 읽다가 종종 문학작품 속으로 뛰어들게 된다. 왜냐하면 루이즈 드 라보르드는 왕비의 하프 연주자이자 음악가 필리프 요제프 힌너Philippe Joseph Hinner와 한번 결혼했고, 이 결혼에서 낳은 딸 로르 힌너Laure Hinner는 1793년 4월, 열다섯 살에 가브리엘 드 베르니Gabriel de Berny와 결혼했으며, 몇 년 후에는 작가 발자크를 만나 사랑하는 사이로 발전했다. 소설가는 로르를 통해 혁명에 대해 많은 것을 알게 되었다. 발자크는 로르와 교류하면서 왕당파적 성향과 '당대의 역사 뒤편'에 대한 매혹, 비밀결사와 실패한 음모들에 대해 더욱 깊이 흥미를 느꼈을 것이다.[18]

---

17 왕비의 시종이며 금전출납관인 루이 마티외 켈페 드 라보르드Louis Mathieu Quelpée de La Borde는 1781년에 교회 근처에 있는 리브리 성을 구입했고, 1795년 4월 15일(공화력 3년 플로레알)에 팔았다. 바로 그곳에서 1787년 9월 26일에 둘째 딸이며 필리프 요제프 힌너와 사별한 루이즈 마르그리트 에밀리 드 라보르드가 슈발리에 레니에 드 자르제와 결혼했다. 이 성을 종종 그랑 베르소Grand Berceau 성과 혼동한다. 그랑 베르소 역시 리브리에 있으며, 국민공회 당통파 의원 에로 드 세셸Hérault de Séchelles의 어머니인 마리 마르그리트 드 랄랑드Marie-Marguerite de La Lande의 소유였다. 그러나 에로 드 세셸이 왕당파와 연루되었다는 사실 때문에 두 부동산이 가까이 있다는 점이 관심을 끌 만하다. 다음을 볼 것. Gabriel Hanotaux et Georges Vicaire, *La Jeunesse de Balzac*, Paris, A. Ferroud, 1921, p. 72, note 1 et appendice IV(les Regnier de Jarjayes), pp. 364~365, 1787년의 결혼계약서 참고.

몰락한 왕비는 오랫동안 바로 이 많은 사건의 중심에 있었다. 이 모든 것이 그의 기억에 떠올랐을 것이며, 아마도 변호인들이 그를 위해 변론하는 순간, 마지막 희망을 놓치지 않게 만드는 힘을 주었을지도 모른다. 재판이 있기 몇 달 전부터, 그는 너무 많은 열정을 불러일으켰으나, 그를 감옥에서 끌어내기 위해 실제로 꾸몄거나 단지 꿈을 꾸거나 발명한 음모란 없었다. 그의 지지자들은 그를 위대한 포로이자 무고한 피해자로 생각했다. 그가 탕플과 콩시에르주리에 갇혔다는 사실만으로도 혁명가들의 민낯을 보여주기에 충분했다. 그는 혁명가들의 천박함과 비열함을 생생히 증명하는 존재였다.

　그의 재판 과정에서는 이 모든 것에 대한 많은 이야기가 오갔다. 판사들은 여러 차례 그를 빼내려던 시도가 바로 그가 반공화국 음모에 연루되었다는 증거라고 생각했다. 심지어 그들은 그가 몇몇 애국자까지 연루시킬 만큼 교활하다고 여겼다. 여기서부터 우리는 음모와 이중적 태도의 혼돈 속으로 들어가게 된다. 혁명가들이 완전히 혁명적이지 않을 때, 그들은 흔들리며 결국 자신들이 감시하는 대상인

18　*Ibid.*, appendice II et III(les Berny et les Hinner). 1793년 10월 16일자 『모니퇴르』에 따르면, 왕비는 트롱송에게 자신의 기념품을 "리브리의 시민 라보르드 가의 시민 이아레이Hiarey에게 전달하도록 요청했다"라고 한다. 이 잘못 쓴 이름 뒤에는 아마도 루이즈 드 자르제의 딸인 로르 힌너가 숨어 있을 가능성이 크다.

왕비를 도우는 상황이 벌어졌다. 특히 파리 코뮌의 탕플 탑에 배정된 위원들 가운데 어느 정도 그 단계를 넘어선 사람이 다수였다는 사실이 더욱 놀랍다. 그들 가운데 다섯 명은 목숨을 잃는 길로 들어섰다.

그들은 거의 모두 법정에 섰다. 그들의 고발자는 구두장이 시몽, 4월에는 탕플 감옥의 여성 수감자들[왕비, 시누이, 공주]을 돌보던 티종 부부, 이후에는 탕플 수위 마테이Mathey였다. 그때부터 그들은 파리의 아베이Abbaye, 포르스, 뤽상부르, 생트펠라지 감옥에 따로 갇혔다. 증언대에 불려나온 그들은 모두 한목소리로 여성 수감자들과 어떤 대화든 한 적이 없다고 말했다. 왕비 역시 그들을 옹호했고, 그들을 전혀 알지 못하거나 얼굴만 겨우 알 뿐이라고 주장했다. 그러나 왕비는 그들이 누구인지 잘 알고 있었다. 푸키에는 그들을 증인으로 불렀지만, 에르만은 마치 피고를 대하듯 한 명씩 심문했다.

그들은 배심원들과 매우 닮았기 때문에 배심원석에 앉을 수도 있었지만, 재판에서 불리한 쪽에 서야 했다. 그곳에는 레몬수 장수 장 바티스트 미쇼니스Jean-Baptiste Michonis, 교사 니콜라 르뵈프Nicolas Lebœuf, 하숙집 주인 장 프랑수아 르피트르, 석물업자 장 바티스트 뱅상Jean-Baptiste Vincent, 식료품상 프랑수아 당제François Dangé, 도매업자 오귀스트 조베르Augustin Jobert, 건축가 니콜라 뷔니오Nicolas Bugniau, 옛 할인은행 직원 클로드 무알이 있었다. 그들은 모두 원칙적으로 훌륭한 공화주의자들이었다. 그들은 대규모 혁명 집회에 참여했거나 코뮌 총회 위원으로 참석해 능력을 인정받았고, 조베르와 무알은 경찰관리자로 일하기도 했다. 그런데도 에베르와 시몽은 그들이 유죄라고 확신했다. 그들은 비밀회합, 외부 접촉에 대해 이야기했다. 수위 마테이는 그들 중 한 명(툴랑)이 감옥에 갇힌 마리 앙투아네트가 감사의 표시로 전해준 금제 상자를 받았다고 고발했고, 또 한 명(조베르)은 마리 앙투아네트에게 역사적 인물이나 신화적 형상을 새긴 왁스 메달을 건넸다고 고발했다.

판사들은 그들에게 말을 시키면 파리 코뮌과 혁명 전체를 격렬하게 뒤흔들까 봐 두려웠던지, 그들을 멀리 떼어놓았다. 그들의 재판은 한 달 뒤인 11월에 열릴 예정이었으며, 미쇼니스만 계속 감옥에 가두고 나머지를 모두 무죄로 풀어주었다. 왕비 재판에서는 가장 '죄가 많은' 한 사람을 빼고 모두 그곳에 있었다. 그 사람은 프랑수아 툴랑으로, 33세의 서적상이었다. 그는 망명자의 동결자산을 관리하는 행정기관에 고용되었다. 그는 몇 달 전에 도망쳤기 때문에 법원에 출두하지 않았다. 하지만 바로 그와 클레리, 탕플 주방에서 일하던 옛 왕실 요리사 프랑수아 튀르지를 통해 1793년 2월과 3월 초에 큰 스캔들이 일어났다.

르피트르는 『회고록』에서 이 스캔들을 다시 이야기했고, 클레리 역시 그랬다. 당시 계획은 마리 앙투아네트, 시누이, 두 자녀를 국민방위군으로 변장시켜 몰래 빼낸 후, 노르망디까지 데려가 배에 태워 영국으로 보내는 것이었다. 그러나 르피트르는 왜 마지막 순간에 두려워졌으며, 파리 코뮌에서 자신이 맡았던 여행 허가서 발급에 어려움을 겪었는지 말하지 않았다. 결국, 그것은 왕비가 생각했던 대로 한

날 '아름다운 꿈'이었을지 모른다. 그들 중 일부, 특히 여성들[왕비와 가족]이 '충성스럽다'고 평가한 툴랑은 아마도 그 자신들에 대한 처결에 진심으로 감격했을 것이다. 반면에, 돈을 위해 행동한 사람도 몇 명 있었다.

그들의 동기가 무엇이었든 간에 혁명은 결국 그들을 추적해 끝내고 말았다. 툴랑은 탕플에서 '카페 가문 여인들'과 '내통한' 혐의로 1794년 6월 30일에 처형되었다. 미쇼니스와 당제 또한 6월에 처형되었다. 뱅상과 조베르는 로베스피에르가 몰락한 후 7월 말에 처형되었다. 그러나 툴랑을 제외하고, 그들은 탕플에서 근무했던 것과 상관없는 이유로 사형당했다. 마치 또다시 모든 사건을 은폐하려 한 것처럼 보인다.

이들은 하수인일 뿐이었다. 왕비를 마지막으로 구출하는 시도의 진정한 주모자들은 여전히 그림자 속에 남아 있었다. 물론 바츠 남작이 있었다. 그는 왕비의 용기병 장교 출신으로 중개업자였으며, 왕실의 요원으로서 여기저기서 활약하면서도 결코 모습을 드러내지 않았다. 그 역시 탕플의 수감자를 구출하려고 노력했다고 한다. 샤토브리앙의 친구인 아이드 드 뇌빌Hyde de Neuville은 『회고록』에서 이를 증명했다.˙ 무엇보다도 확실한 증거가 있는 인물들이 있었다. 1793년 2월과 3월, 마리 앙투아네트의 오랜 지인으로 믿음직한 충신 슈발리에 드 자르제가 사건을 주도했다. 그를 통해 그의 아내인 루이즈 에밀리 드 라보르드, 즉 트롱송 뒤 쿠드레이에게 맡겼던 그 소중한 기념물의 수취인과 연결되었다.

우리는 이미 튈르리 궁전에서 왕비의 통신 요원으로 활동하던 자르제와 마주친 적이 있다. 그는 냉정하고 사려 깊고 단호한 인물이었다. 그는 군인이었다. 왕정이 무너지기 직전 왕은 그를 야전 사령관으로 임명했다. 그는 1792년 8월 10일, 마네주의 입법의회까지 왕실 가족을 호위했다. 왕의 마지막 명령을 받은 사람은 바로 그였다. 왕비는 그에게 피신해서 파리에 숨어 있으라고 분명히 요청했다. 왕비가 툴랑에게 보낸 사람이 바로 그였고, 그는 음모자들을 이끌고 왕비 구출 계획을 조직하고 자금을 대는 사람이었다. 심지어 그는 탕플 탑까지 침투해서 수감자를 만나려고 했다. 그의 아내는 멀지 않은 곳에서 기다리다가 왕실 가족을 리브리로 인도하는 일을 맡았다.

왕비는 마지막 편지와 남편의 마지막 기념품을 자르제에게 맡기고, 만일 구출에 실패하면 그는 파리를 떠나 토리노로 가서 사르데냐 왕을 섬길 계획을 세웠다. 상황이 절망적으로 바뀌자 그는 왕비에게 아이들 없이 혼자만 도주할 것을 제안했지만, 왕비는 거절했다. "영원

- 장 기욤, 이이드 드 뇌빌 남작Jean-Guillaume Hyde de Neuville(1776-1857)은 스코틀랜드계 가문에서 태어나 파리에서 공부하고 열여섯 살에 정계에 들어섰다. 그는 혁명기와 제국 시기에 해외로 도피했다가 왕정복고 시기에 부르봉 가문과 프랑스로 귀환해 미국 대사, 해군장관을 지냈다.

히 안녕! 만약 떠날 결심이 확고하다면, 빨리 떠나는 게 더 낫다고 생각합니다. […] 우리가 곧 다시 만날 수 있다면 얼마나 행복하겠습니까! 당신이 우리를 위해 얼마나 큰일을 해주셨는지 나는 잘 알아요. 영원한 작별! 참 잔인한 말입니다!"[19]

그 밖에도 계획이 훨씬 더 많았으며, 가장 터무니없고 미친 계획도 있었다. 이미 2월에는 런던의 망명자 집단과 가까운 영국인 샤를로트 앳킨스Charlotte Atkyns는 드루리 레인Dury Lane 극장의 배우 출신이며, 그의 남편은 존경받던 에드워드 앳킨스Edward Atkyns였다. 에드워드는 혁명 전 베르사유에서 왕비를 만나본 적이 있었다. 샤를로트는 탕플에 큰돈을 주고 들어가서 왕비와 옷을 바꿔 입고 감옥에 남겠다는 계획을 세웠다. 그는 왕비를 만나 비밀통신 수단도 마련해주겠다고 했지만, 왕비는 아이들을 두고 떠나지 않겠다고 하면서 제안을 다시 한 번 거부했다.[20] 이렇게 볼 때, 모두가 왕비를 구하려고 나섰던 것처럼 보인다. 이미 보았듯이, 3월에는 뒤무리에가 시도했고, 6월에는 공화파 장군인 아르튀르 딜롱Arthur Dillon과 프란시스코 드 미랑다가 그 일을 추진했다. 그리고 배경에는 잘 드러나지 않지만 당통과

---

19 Évelyne Lever, *Marie-Antoinette telle qu'ils l'ont vue, op. cit.*, p. 818.

20 Frédéric Barbey, *Une amie de Marie-Antoinette. Mme Atkyns et la prison du Temple, 1758-1836, d'après des documents inédits*, Paris, Perrin, 1905.
또 그의 연인으로 추정되는 루이 드 프로테Louis de Frotté의 미발간 회고록도 참고할 것.

그의 친구들이 자리 잡고 있었다.[21]

시간이 지날수록 행동하기 더 위험해졌다. 위험이 커질수록 모험가들이 등장할 차례가 되었다. 모두가 아는 것처럼 카네이션œillet 사건과 마리 앙투아네트의 마지막 구출 시도, 즉 붉은 꽃 안에 쪽지를 숨겨 전하고, 왕비는 종잇조각에 머리핀으로 눌러쓴 믿기 어려운 답장이 있었다. "나는 감시받고 있으며, 아무에게도 말하지 않아요."[22]

그 사건의 주인공인 미지의 인물은 8월 28일, 그리고 아마도 9월 1일에도 왕비를 감시하는 헌병 두 명이 있었지만, [레몬수 장수이며] 시행정관 장 바티스트 미쇼니스의 공모로 당당하게 왕비를 만났다. 헌병 질베르Gilbert와 수위 리샤르 부부는 아마 매수되었을 가능성이 높았지만, 질베르는 두려움을 느껴 9월 3일에 자신이 음모에 연루되었다는 사실을 피하기 위해 일부 사실을 왜곡해서 상관에게 보고서를 제출했다. 알렉상드르 뒤마는 이 미지의 인물을 '슈발리에 드 메종 루주chevalier de Maison-Rouge'로 묘사하며, '길거리 음모자' 중 가장 로맨틱한 인물의 전형으로 그렸다. 그는 키 160센티미터, 금발에 파란 눈,

---

21 샤보와 카미유 데물랭의 공모에 관해서는 다음을 참고할 것. Albert Mathiez, *Danton et la paix, op. cit.*, p 168 sq.

22 '철제금고' 문서에서 쪽지의 내용을 볼 것. AE/I/5 n° 19.
에베르는 "그의 도주를 위해" "땅굴을 팠다"라고 했다. *Moniteur universel*, t. 18, p. 11. Mercredi 2 octobre 1793. "자코뱅 협회, 9월 27일 회의의 계속."

부드러운 목소리, 여성처럼 부드러운 손을 가졌으며, 파리에서는 '모 랑Morand'이라는 이름으로 숨어 있었다. "시민 모랑은 거의 말을 하지 않았고, 많이 먹지 않았으며, 거의 마시지 않았고, 웃지도 않았다." "그는 음모의 유령이었다."[23]

메종 루주는 실존 인물의 아바타였다. 그는 알렉상드르 공스 드 루주빌Alexandre Gonsse de Rougeville이었다. 그는 전직 장교로서 생루이 훈장을 받았으며, 한때 왕의 동생인 [프로방스] 대군Monsieur의 궁전 소속이었다. 악셀 드 페르센은 10월 말 그가 브뤼셀에 도착하는 모습을 보고 처음에는 첩자로 오해했다.[24] 그러나 그는 곧 벨기에의 프랑스 망명자들 사이에서 두각을 나타냈다. 그는 1792년 6월 20일 튈르리 궁전에서 왕비와 함께 있었고, 어디든 왕비를 따라다녔다. 루주빌의 고소장에 따르면, 헌병 질베르는 왕비가 그를 볼 때 떨기 시작했다고 진술했다.[25]

마리 앙투아네트는 심리 과정에서 루주빌을 알고 있다고 고백했지만, 결코 이름을 밝히지 않았다. 어쨌든 루주빌은 이미 피신했다.

---

[23] Alexandre Dumas, *Le Chevalier de Maison-Rouge*, Paris, Robert Laffont, coll. "Bouquins", 1990, p. 1305 et pp. 1431~1433.

[24] Fersen évoque Rougeville à deux reprises dans son Journal, les 23 octobre et 18 novembre 1793. *Le Comte de Fersen et la Cour de France*, t. II, *op. cit.*, p. 96 et p. 101.

페르센은 그를 약간 미쳤다고 생각했으며, 고양되었고 자기중심적이며 자신을 중시했지만 진심이라고 보았다. 미국 출신 왕당파 마담 뒤 티월Mme Du Tilleul은 보지라르 길에 있는 자기 집에서 지인인 목재 무역상 피에르 퐁텐Pierre Fontaine과 저녁을 먹을 때 루주빌도 초대했고, 그 자리에서 미쇼니스를 소개했다. 탕플의 툴랑과 마찬가지로 레몬수 장수 미쇼니스도 "왕비를 진심으로 사랑했다"라고 루주빌은 말했다. 루주빌과 미쇼니스가 돈을 받으려고 왕비를 탈출시키는 일에 가담하지 않았기 때문에, 마리 앙투아네트와 그들 사이에는 항상 신비로운 마음의 연결고리가 있었다고 생각할 수 있다. 그들은 파리 코뮌의 명령을 위조해 왕비를 탕플로 되돌려 보내고, 그 틈에 그를 탈출시키려고 계획했던 것이다.

탕플의 위원들과 마찬가지로 이 작은 세계의 사람들은 모두 체포되어 감옥에 갇혔다.[26] 도주에 성공한 슈발리에 드 루주빌만 빼고, 나

---

25 "Rapport fait par le citoyen Gilbert [⋯] au citoyen Duménil [Botot du Mesnil], lieutenant-colonel de la gendarmerie près des tribunaux(3 septembre 1793)", in *Dossier dit de l'affaire de l'œillet*. AN W 296/26. Armoire de fer AE/1/5 n° 19. Le procès des deux conspirations du Temple et de la Conciergerie s'ouvre le 28 brumaire an II(18 novembre 1793).
    카네이션 사건의 모든 조서는 피에르 튀르바Pierre Turbat가 최초로 발간했다. Pierre Turbat in *Procès de Louis XVI, roi de France* [⋯] *suivi des procès de Marie-Antoinette, reine de France* [⋯] *par un ami du trône*, Paris, Lerouge libraire et Egron, 1814, t. II, p. 208 sq.

머지를 증언대에 세웠다. 그곳에는 리샤르 부부, 감방의 심부름 담당 아렐Harel 부인, 상인 퐁텐, 헌병 질베르와 뒤프렌Dufresne은 물론 미쇼니스도 있었다. 이들은 모두 자신들의 결백과 선의를 맹세했다. 11월의 재판에서 놀랍게도 단 한 사람만 빼고 모두 무사히 풀려났다. 한 사람은 앞에서 보았듯이 불행한 미쇼니스였다.

실제로 카네이션 사건의 주된 희생자는 바로 왕비 자신이었다. 또다시 여론은 큰 음모가 있다고 믿었고, 오스트리아 여인을 재판하라고 강력히 요구했으며, 그 때문에 그의 재판이 훨씬 빠르게 진행되었다. 다소 미친 헌신은 위험을 초래하기도 한다. 루주빌은 운명에 사로잡혔다. 그는 항상 왕당파 신념에 충실했고, 계속해서 음모를 꾸몄으며, 심지어 제국 시절에 루주빌 후작이라고 자칭할 만큼 광적으로 신화를 믿었지만, 결국 나폴레옹의 명령으로 1814년 3월 랭스에서 반역죄로 벽 앞에서 총살형을 받았다. 당시 나폴레옹의 제국은 몰락하는 중이었다. 러시아군이 주변을 돌아다니고 있었다. 영원한 음모가였던 그는 러시아군에 연락하겠다는 형편없는 생각에 사로잡혀 『전쟁과 평화』의 유명한 앙드레 볼콘스키의 실물이며 알렉산드르 1세의 야전참모인 볼콘스키 공prince Wolkonsky에게 편지를 썼는데, 그 편지가 프랑스군에게 발각되고 말았다.[27]

---

26   리샤르는 마들로네트, 그의 아내는 생트펠라지에 갇혔다. '티월 부인'은 재판이 진행되는 동안에 붙잡혀 프티트 포르스Petite Force에 갇혔다.

마리 앙투아네트가 알고 있던 것과 알지 못한 것이 있었다. 그의 변호인들이 변론을 마친 순간, 푸키에의 뒤를 이어 재판장 에르만이 배심원단에게 두 번째 기소장을 전달하며 선고를 내릴 준비를 하는 동안, 아직도 그를 구하려고 애쓰는 사람들이 있었다. 유럽 곳곳에서 그를 생각하는 움직임이 일어나고 있었다. 외교관이나 정부가 이러한 시도를 시작하지 않았다는 사실에 주목할 필요가 있다. 왕들은 이미 오래전에 그를 버렸다. 유럽의 군주들과 공화국의 이해관계가 결합되어 그를 숨막히게 하고 죽음에 이르게 했다. 다행히도 이 이야기 속에는 마음의 자리가 조금 남아 있었다. 그 자리는 친구이며 애인인 여성을 위한 공간이었다. 만약 그를 위해, 그의 상징을 위해 자신을 희생하는 남성들이 없었다면, 익명으로 조용하게 너그러웠던 사람들이 없었다면, 인간성에 대한 희망을 포기해야 했을지도 모른다.

모든 것이 거의 끝나고 있었지만, 10월 16일에 파리의 한 감옥에서 어떤 사람이 편지를 써서 푸키에 탱빌에게 주었고, 그 편지를 국회

---

27 귀스타브 페르낭 위Gustave Fernand Hue가 발표한 루주빌에 관한 매우 포괄적인 논문은 2012년 '마레신 노르망디Maraîchine Normande' 사이드에 네 부분으로 나눠 실렸다.
다음도 참고할 것. G. Lenotre, *Le Vrai Chevalier de MaisonRouge, ADJ, Gonzze de Rougeville, 1761-1814*(1906), Paris, Perrin, 1924.

의장에게 전달해달라고 요청했다. 종이 한 장에 단 몇 줄의 편지였다. 이런 편지들은 별로 중요하지 않아서 두 세기 동안 묻히고, 결국 아무도 읽지 않은 채 기록보관소에 남아 있는 경우가 많다. 그것은 '프레데리크 드 리낭주Frédéric de Linanges 백작, 인질'이 서명한 편지였다.²⁸

나는 그가 누구인지 파악하기 힘들었지만, 마리 앙투아네트의 재판 과정에서 초상화가 증거물로 나왔던 두 친구, 헤센 가문의 샤를로트와 루이즈 자매를 떠올리게 되었다. 그들의 어머니인 마리아 루이즈 알베르틴 드 헤센-다름슈타트는 특히 제국 시기 나폴레옹의 야망에 거의 홀로 반대했던 전설적인 프로이센 왕비 루이즈의 할머니로 알려진 인물이었다. 우리는 그가 신성로마제국의 백작 가문인 라이닝엔-다그스부르크-팔켄부르크의 방계 출신임을 잊곤 한다. 이 독일어 명칭들 속에는 프랑스어로 바꾼 가문의 이름인 리낭주Linanges ou Linange가 숨어 있다. 1761년에 태어난 프레데리크 드 리낭주는 루이즈 드 헤센의 사촌이며, 거의 동시대인이었다. 그는 아마도 비엔나에서 오스트리아의 소공녀[마리 앙투아네트]를 알았거나, 아니면 나중에

---

28 AN W 290/79. Armoire de fer AE/I/5 n° 18 "Affaire Marie-Antoinette, veuve de Louis XVI". Frédéric comte Linange au "Tribunal révolutionnaire", à "la Convention"(?) La lettre commence par "Citoyens", Paris, ce 16 octobre 1793. Lettre inédite.
리낭주의 행보를 언급한 유일한 사람은 하르덴베르크 공작이다. 그의 회고록을 볼 것. *Mémoires tirés des papiers d'un homme d'État* [⋯], Paris, Ponthieu, 1828, t. II, p. 311. 프레데리크의 사촌인 게오르크 폰 헤센Georg von Hessen, 루이즈의 오빠인 그는 1792년 6월 20일경 이미 파리에 들어와 왕비를 탈출시키려고 시도한 적이 있었다.

베르사유에서 프랑스 왕비를 만났을 것이다. 우리가 국민공회의 법령을 게재하는 『모니퇴르』를 주의 깊게 읽는다면, 혁명기에 그의 이름을 찾을 수 있을 것이다.

1793년 4월 5일, 국민공회가 공개한 전쟁포로 명단에는 오스트리아군의 고위 장교들이 포함되어 있었다. 그들은 공화국의 인질이었으며, 며칠 전에 뒤무리에가 코부르크 공작에게 넘긴 국민공회 파견위원들과 뵈르농빌 장관의 교환 대상이었다. 그들 가운데 리낭주가 세 명 등장했다. 그들은 리낭주 웨스테르부르크Linange-Westerbourg의 영주인 카를 볼데마르Karl Woldemar 백작, 그의 아들 페르디난트Ferdinand와 조카 프레데리크였다. 그들은 과거 로렌 공국 안에 영토를 소유했다가 공화국에 몰수당했다. 카를 볼데마르는 레겐스브루크에 있는 제국의회에 발언권과 의석을 가지고 있었다. 그들은 란다우Landau에 구금되어 있다가 파리로 이송되었다.

4월 5일의 법령 2조는 앞으로 국민공회 위원들에게 무슨 일이 발생할 경우 그들에게 책임을 지게 한다고 규정했다. "그들은 국민공회 파견위원들과 뵈르농빌 장관에게 적용되는 처우와 동등한 처우를 받을 것이다." 이러한 조건하에서 프레데리크 드 리낭주는 사촌들의 동의를 받아 국회의장과 협의해 비엔나로 가서 프란츠 2세와 휴전협상을 하겠다며 자진해서 나섰다. 그 대신 그는 자신이 돌아올 때까지 왕비의 재판을 연기해달라고 요청했다. 리낭주는 이렇게 물었다. "무엇을 위험하게 생각하십니까?" 그는 이 모든 일을 비밀로 유지할 것이며, 그 결과는 '큰 이익'을 가져다줄 것이라고 호소했다. "나는 다른 인질들의 목숨을 걸고 반드시 돌아오겠다고 굳게 다짐합니다." 마치 중세 기사가 귀부인을 구하기 위해 자기 목숨과 명예를 적에게 맡기는 모습을 보는 것만 같다. 그러나 국민공회는 그처럼 옛날 방식의 희생엔 관심이 없었고, 리낭주는 값비싼 대가를 치르게 된다. 공화국은 복수심이 강했다. 그는 대담한 행동의 대가로 총재정부 시기 뵈르농빌 장군과 마리 앙투아네트의 딸, 즉 탕플 감옥의 마지막 생존자인 공주의 교환 협상이 성사된 1795년 11월 이후까지 인질로 남아 있었다.²⁹

당시 사람들은 프레데리크 드 리낭주의 탄원을 몰랐지만, 탄원서를 제출한 사람은 그만이 아니었다. 이미 여러 사람이 개별적으로 비밀스럽고 신중하게 탄원을 했지만, 유럽 정부들의 의지가 부족했기 때문에 모두 실패로 끝났으며, 결국 마리 앙투아네트를 구하지 못한 채 오히려 그의 운명을 더욱 비극적으로 만들었다. 3월부터 브르퇴이 남작은 윌리엄 피트의 영국 정부와 600만 리브르의 대출 협상을 했다. 왕비의 자유를 사는 데 그 돈을 쓰려고 했지만, 모든 계획은 우유부단

---

29 À la Convention nationale des Français, Fréderic, comte de Linanges [sic] […] détenu comme otage, s.l.n.d., (1795). 리낭주가 언제 감옥에서 풀려났는지 알 수 없다. 독일의 족보를 보면 그의 이름은 다음과 같다. Friedrick I Christian, graf Leiningen-Altleiningen.

함의 늪에 빠져버렸다.

브뤼셀과 런던에서는 미라보의 옛 친구들, 즉 나중에 아렌베르크 공작이 된 오귀스트 드 라마르크 백작과 그의 비서로 오스트리아 편에서 일하는 장 펠랑크Jean Pellenc가 이끄는 소규모 집단이 계속 활동하고 있었다. 8월 초 그들은 메르시 아르장토 백작에게 코부르크 공을 압박해서 파리로 강력한 기병부대를 보내게 하라고 요청했다. 됭케르크 앞에서 포위작전을 준비 중인 요크 공작에게도 지원을 요청했지만, 두 사람은 서로 책임을 떠넘기며 아무것도 하지 않았다. 절망 속에 다시 왕비의 몸값을 주려는 생각으로 돌아갔다. 프랑스 은행가이자 페르피냥 조폐국의 총재였다가 브뤼셀로 망명한 장 드 리브Jean de Ribes에게 이 작업을 맡겼다. 그의 동생은 전직 법관으로 파리에 남아 있었다. 그는 특히 당통의 주변 인물들과 사업관계를 유지하고 있었다. 1792년에 그는 이미 왕에게 60만 프랑을 빌려주었고, 이듬해에는 런던에서 피트 총리와 협상 중개자로 나섰다.

메르시 아르장토는 몇 가지 조건을 제시하며 이 계획에 동의했다. 비엔나 정부가 아니라 개인 자격으로 협상해야 하며, [비엔나 정부는] 국민공회 파견의원들의 사면 이상을 약속할 수 없다는 조건이었다. 리브는 9월 4일에 브뤼셀을 떠났지만 파리에 도착하지 못했다. 그는 잘 알려지지 않은 중개자들을 통해 당통에게 편지를 전달했지만, 그 호민관[당통]이 이제 구국위원회나 국민공회에 영향을 줄 수 없다는 사실은 알지 못했다. 9월 15일경, 메르시의 연락책인 한 요원은 자신의 걱정을 숨기지 않고 말했다. "리브 선생께서는 당신이 썼던 다양한 방법에 대해 아무런 소식도 듣지 못했습니다. 당신은 답장도 받지 못했고, 보낸 사람 중 한 사람도 돌아오지 않았습니다."³⁰ 요원은 리브에게 왕비를 구출하기란 불가능하며, 왕비가 죽은 것이 분명하다고 솔직하게 고백했다.

비엔나에서도 황제에게 직접 압력을 가하려고 했다. 그들은 어떤 조치를 기대했다. 그곳에 피신해 있었던 폴리냐크 가문이 가장 적극적으로 움직였다. 1780년 마리 앙투아네트의 총애를 받아 공작이 된 쥘Jules은 편지를 보낼 때마다 이렇게 썼다. "속절없이 시간을 보낼 때마다 모든 희망이 깨지고 있습니다. 숭고한 주군이자 자비로운 군주의 은덕에 감사하는 가장 충성스러운 신하는 두려움에 떨면서 감히 황제께 왕비의 위험을 아룁니다."³¹ 그 역시 당통을 마지막 기회로 보았다. 그러나 프란츠 2세는 그에게 아무런 답변도 하지 않았다.

정치적 이유로 여러 번 망설였던 메르시 아르장토도 결국 인간적인 감정을 드러내며, 거의 25년 동안 알고 지낸 왕비의 구명을 진심으로 호소하게 되었다. 메르시를 거의 매일 만나는 라마르크도 그의 행동을 촉구하는 자극제가 되었다. "무섭고 승승장구하는 오스트리아

30　La lettre est citée par Ernest Daudet, in "Les dames de Bellegarde. Mœurs du temps de la Révolution(deuxième partie)", *Revue des Deux Mondes*, t. XVIII, Paris, 1903, pp. 407~444.

31　*Ibid*. Lettre du duc de Polignac à l'empereur François II, 24 août 1793.

군대가 있는 곳에서 겨우 40리외[약 193킬로미터] 떨어진 곳에 있는 마리아 테레지아의 존엄한 딸이 아무런 도움도 받지 못한 채 단두대에 섰다는 사실이 역사에 기록된다면, 제국 정부에 얼마나 고통스럽고 불행한 일이 될 것인지 비엔나 사람들은 이해해야 할 것입니다."[32]

그러나 역사는 그렇게 써야 했다. 같은 날, 메르시는 강력한 총리 대신 카우니츠 공의 오른팔인 투구트 남작baron de Thugut에게 편지를 썼다. "유럽이 이러한 사건들을 주목하는 순간, 나는 남작님께 이렇게 여쭙고 싶습니다. 황제님의 존귀한 고모를 생명의 위협에서 구출하거나 빼내려는 시도를 하지 않고 방관하는 일이 과연 황제님의 위엄에 합당한 일인가요?"[33] 그와 함께 메르시는 '눈부신 조치들', 즉 공개 선언이나 군사적 시위를 제안했다. 그리고 (마침내!) 국민공회의 [정파에 속하지 않은] '일부 고립된 의원들'과 직접 협상할 수 있는 권한을 달라고 요청했다. 10월 11일에 그의 걱정은 좀 더 커졌다. 그는 위험이 극에 달했다고 썼지만, 소용없었다. 5일 후에도 그는 지침을 기다렸지만, 결코 받지 못했다.

---

[32] Lettre du comte de La Marck à Mercy-Argenteau, Bruxelles, 14 septembre 1793, in A. de Bacourt, *Correspondance entre le comte de Mirabeau et le comte de La Marck, op. cit.*, t. III, p. 419.

[33] *Ibid.* Lettre de Mercy-Argenteau au baron de Thugut, Fologne, 17 septembre 1793, t. III, p. 422.

모든 사람 가운데 페르센 백작이 가장 감정이 격하고, 가장 걱정이 많고, 가장 열렬한 사람이었다. 그는 사람들을 계속 압박해서 다시금 행동하라고 촉구했다. 브뤼셀에 거주하던 그는 비엔나와 런던 사이의 중개 역할을 했다. 왕비의 재판이 막바지에 도달한 순간에도 페르센에 대해 언급하지 않는다면 후회하게 될 것이다. 마리 앙투아네트는 분명 마지막 순간까지 그를 생각했을 것이다. 왕비는 트롱송 뒤 쿠드레이에게 머리카락을 맡기면서 아마도 페르센에게 전해달라고 했을 가능성이 높다.

우리는 이 스웨덴인의 배경을 알고 있다. 귀족 출신의 군인으로 궁중에 드나들었으며, 스웨덴 왕 구스타브 3세의 야전사령관이었던 아버지 밑에서 자란 루터파 교도이며 명예를 존중하는 사람이었다. 또한 열다섯 살부터 템플 기사단에서 유래했을 비밀조합으로 의무와 헌신을 성스럽게 여기는 '스트릭트 옵세르방스Stricte Observance'[엄격한 준수]의 회원이었다.

그는 마리 앙투아네트와 동갑이었다. 두 사람은 1773년 11월 열여덟 살에 처음 만났다. 젊은 백작이 베르사유 궁전에 공식적으로 처음 등장했을 때의 일이다. 세자빈은 곧 그를 자기네 모임에 받아주었다. 당시 어떤 이는 마리 앙투아네트가 페르센을 바라보듯이 자신도 그렇게 봐줬으면 하는 사람이 하나 더 있다고 썼다. 사람들은 물었다. "늘 왕비 곁에서 산책하는 젊은 스웨덴인은 도대체 누구인가요?" 하지만 페르센은 무엇보다도 군인이었다. 그는 프랑스에서 근무했으며, 반란군을 도우러 미국 독립전쟁에 참전해서 로샹보Rochambeau 장군의 부관으로 활약했다. 1783년에는 어렵사리 발랑시엔Valenciennes에 주둔한 왕립 스웨덴 연대의 소유권을 얻었다. 그는 스톡홀름으로 돌아오라는 아버지의 요청에 응하지 않고, 프랑스에 머무르기로 결정했다. 아마도 바로 그해[1783년] 7월 15일경, 10년 동안 알고 지내던 두 사람, 연대장과 프랑스 왕비는 서로에게 마음을 털어놓았을 가능성이 크다. 이날은 '눈에 띄는' 날로 그들의 기억 속에 깊이 남아 있었다.

페르센은 15년이 지난 후에도 그날을 기억하며 자신의 일기에 기록할 정도였다. 스탕달은 이를 '결정화cristallisation'라는 말로 표현했다.[•] 그는 바로 이 결정적인 만남 후 얼마 지나지 않아 여동생 소피에게 편지를 썼다. "나는 결심했어. 나는 결혼하지 않기로 했다. 그것은 본성에 반하는 일이니까. [⋯] 나는 내가 진정으로 사랑하는 단 한 사람에게만 유일한 사람으로 남고 싶으며, 다른 누구에게도 헌신하고 싶지 않다."³⁴ 그리고 훗날, 부아뉴 백작부인은 『회고록』에 이렇게 썼다. "왕비는 단 하나의 큰 감정, 그리고 단 하나의 약점만 가지고 계셨

• 스탕달은 『연애론De l'amour』에서 사랑이 처음에는 불확실하거나 희미한 감정이었다가 시간과 정성을 들이면 더욱 명확하고 아름다운 결정체가 된다고 주장했다.

34 Evelyn Farr, *Marie-Antoinette et le comte de Fersen. La correspondance secrète*, op. cit., p. 53. Lettre de Fersen à sa sœur Sophie de Piper, 31 juillet 1783.

다. 바로 페르센 백작님이었다."[35]

 루이 16세가 왕이든 아니든 페르센은 별로 신경 쓰지 않았을 것이다. 이 점에서 그는 마리 앙투아네트의 도주 욕구를 억누르고 제지하는 역할을 했다.

 우리는 페르센이 어떤 사람인지 이해하기 어렵다. 그는 주로 프랑스인들의 평가를 받았다. 그들이 마리 앙투아네트를 항상 이해하지 못했듯이 반드시 그를 이해할 수 있었던 것은 아니다. 페르센은 북쪽의 안개 속에서 온 인물이었다. 그는 라틴계 정신으로는 이해할 수 없는 사람이었다. 가스통 드 레비가 쓴 것처럼 그가 소설의 주인공을 닮았다 하더라도, 그는 분명히 프랑스 소설의 주인공은 아니다. 프랑스 주재 영국 대사 도싯Dorset 공작은 친구들에게 편지를 보낼 때 신중하게 행동했다. 그는 페르센의 이름을 언급하는 대신 '로망le Roman'[소설]•이라고 불렀으며, 왕비를 '브라운 여사Mrs Brown'라고 칭했다. 그들의 이야기는 꿈의 영역으로 들어갈 만큼 충분히 비범했다.

 악셀 드 페르센은 키가 크고, 이목구비가 반듯하고, 황금색 피부에 푸른 눈이었다. 처음 보는 사람은 그를 '천사처럼 아름답다'고 여겼다. 어떤 사람은 그가 1783년 미국에서 돌아왔을 때 갑자기 10년은

---

35 *Mémoires de la comtesse de Boigne*, t. I, *op. cit.*, p. 42.

• 아마 소설의 주인공을 연상시키는 사랑의 주인공이라는 뜻으로 그렇게 부른 듯하다.

더 늙은 것 같다고 말했다. 아마도 전쟁의 고난이나 결핍의 고통 때문일지도 모른다. 아니면 그의 평판 때문일 수도 있다. 우리는 종종 이러한 시각으로 타인을 판단하고 바라본다. 당시 그가 왕비의 총애를 받는 인물임을 아는 사람은 막상 그를 보고는 생각했던 만큼 아름답지 않아서 실망했다고 말했다. 1786년 런던에서 그를 집에 초대했던 데본셔 공작부인은 친구에게 쓴 편지에서 그 같은 심정을 정확히 표현했다. "여기서는 그를 못생겼다고 생각하죠. 왜냐하면 브. 여사Mrs B.[왕비]가 그를 사랑한다는 말을 들은 사람들은 당연히 그가 굉장한 미남일 것이라고 기대했기 때문입니다." 그리고 나서 그는 이렇게 수정했다. "그의 눈은 아름답고, 얼굴은 가장 아름다우며 매우 고상한 기품을 지녔어요. 다행히 나는 그를 사랑하지 않습니다."[36]

그 시대 사람들은 페르센의 절제력과 신중함에 가장 놀랐다. 레비스는 그가 남성을 신중하게 대하고, 여성에게는 거리를 두었다고 썼다.[37] 그러나 그는 대귀족의 친절한 말씨, 정중한 예의와 태도를 잃지는 않았다. 확실히 그는 프랑스인처럼 재치, 기지, 경쾌함은 갖추지 않았지만, 관심을 집중해서 받을 때에도 결코 자신을 드러내지 않을

---

36 Lettre de la duchesse de Devonshire à Lady Elizabeth Forster(juillet 1786), citée par Evelyn Farr, *Marie-Antoinette et le comte de Fersen. La correspondance secrète, op. cit.*, p. 79.

37 *Souvenirs Portraits de Gaston de Lévis, op. cit.*, p. 154.

만큼 아주 슬기로운 사람이었다. 이는 명백히 프랑스인의 성향과는 상당히 먼 태도였다. 또 하나, 남들이 페르센의 정부情婦로 오해했던 엘리자베스 포스터Elizabeth Forster 여사는 그가 호의를 베풀려는 척도 하지 않았다고 말했다. 이처럼 매우 예외적인 상황에서도 놀라울 정도로 자신을 제어하는 능력을 갖춘 사람은 드물다. 이것을 바로 '냉정sang-froid'이라 한다. 우리는 페르센에게서 신중함, 강한 의지력, 희생과 헌신의 정신을 동시에 발견할 수 있다. 그는 혁명 전부터 이미 이러한 태도를 여러 번 보여주었다. 1779년 4월, 24세인 그는 한창 인기를 끌기 시작하던 때에 베르사유 궁전을 떠나 미국으로 향하는 용기를 보여주어 스웨덴 대사를 깜짝 놀라게 만들었다. 대사는 "이 유혹을 극복하는 데는 그의 나이보다 훨씬 뛰어난 확고함이 필요했다"라고 적었다.[38]

페르센은 왕비의 친구 중 유일하게 풍자문서의 박해를 피할 수 있었다. 마리 앙투아네트의 유일한 연인이었지만, 적어도 1791년까지 왕비와 엮인 사람들의 명단에 그의 이름이 들어 있지 않았다. 이것이 그가 혁명기에 주목받지 않고 활동할 수 있었던 까닭이다. 그는 열정과 에너지, 정념을 겉으로 드러내지 않았다. 코르프Korff 남작부인

---

[38] 1779년 4월 20일, 크로이츠 대사가 구스타브 3세에게 보낸 보고서의 추신. Évelyne Lever, *Marie-Antoinette telle qu'ils l'ont vue*, op. cit., pp. 267~269.

은 '얼음 아래서 타오르는 영혼'이라고 적었다.[39] 그가 발랑시엔에 없을 때는 베르사유에 머물며 왕비의 모임에서 교류했다. 그러나 그는 사람들 눈에 띄지 않게 조심하면서 일주일에 두세 번씩 혼자 말을 타고 트리아농으로 왕비를 만나러 갔다. 또한 1787년 4월부터는 왕비의 침실 위층에 있는 작은 방 두 개를 썼다. 이와 관련해 베르사유의 역사가들은 당시 왕비의 작은 방들에 설치된 '스웨덴 난로'에 대해 언급했다.[40] 최근에 전기작가들은 그가 마리 앙투아네트에게 보내는 편지를 발견해서 분석했는데, 거기서 그는 작은 방을 '위층 숙소loger en haut'라고 불렀다. 루이 16세는 이 사실을 알고 있었을까? 아마도 몰랐을 것이며, 적어도 혁명 이전에는 알지 못했을 것이다.

혁명은 마리 앙투아네트의 삶에서 두 가지 놀라운 결과를 초래했다. 우선, 혁명은 그로 하여금 아무런 장식과 거울 없이 자신과 마주 보게 만들었을 뿐 아니라, 그가 사랑했던 사람과 더욱 가깝게 만들었다. 그때까지 왕비와 페르센 사이에는 열정이라는 명백한 감정이 존재했고, 연인 사이의 끊임없는 교류 속에서 성격도 닮아갔다. 그 결과, 스탈 부인이 '감정의 예민함susceptibilités d'émotions'이라 부른 것을

---

39 Evelyn Farr, *Marie-Antoinette et le comte de Fersen. La correspondance secrète*, op. cit., p. 274.

40 Marguerite Jallut, "Château de Versailles. Cabinets intérieurs et petits appartements de Marie-Antoinette", in *Gazette des Beaux-Arts*, 1964.

완화해주었다. 두 연인의 닮은 점은 어느 정도 냉정한 기질, 비밀을 간직하는 능력, 기사도를 닮은 로맨티시즘, 타고난 충성과 명예에 대한 감각이었다.

혁명 때문에 더 많은 일이 일어났다. 1789년부터 마리 앙투아네트와 페르센은 자연스럽게 만나 동일한 정치적 목표를 공유했다. 둘은 군주제와 군주의 위엄, 권리에 대해 똑같은 관점을 갖고 있었다. 또한 몇 가지 차이점이 있을 뿐, 군주의 복권 방법에 대해서도 의견이 일치했다. 한편, 스웨덴인은 프랑스 왕이 '단호함과 결단력'이 부족하다고 평가하기도 했다.[41] 1791년 6월까지 파리에서, 그 후 브뤼셀에서 페르센은 점차 왕비의 고문이자 주요 조언자가 되어갔다. 그가 보내온 편지를 보면, 그는 거의 '외무부 장관' 역할을 했던 것 같다. 마리 앙투아네트는 재판 과정에서 이를 방어해야 했다. 적어도 바렌의 [도주] 사건에서 페르센이 어떤 역할을 했는지에 대해 의혹이 제기되었다. "당신이 가족과 함께 타고 간 그 유명한 마차를 누가 제공했지요?" "외국인입니다." "어느 나라 사람입니까?" "스웨덴 사람입니다." "파리 바크Bac 길에 살던 페르센이 아니던가요?" "맞습니다."[42]

그리고 그 지점에서 모든 것이 멈추었다. 재판부에게는 정보가

41　*Le Comte de Fersen et la Cour de France*, t. I, *op. cit.*, p. 3. Journal de Fersen, 23 juin 1791. 페르센은 바렌 이야기를 1791년 6월 23일 일지에 남겼다.

42　*Procès de Marie-Antoinette*, *op. cit.*, p. 85.

너무도 적었기 때문에 에르만과 푸키에는 피고와 페르셴이 정치적 관계가 있을 가능성을 심문할 생각조차 하지 않았다. 그럼에도 페르셴은 특히 그 자신이 실패를 자책하던 바렌 사건 이후로는 모든 곳에 존재했다. "나는 당신을 섬기겠다는 야망이 있었고, 평생 그것을 이루지 못한 것을 늘 후회할 것입니다. 나는 당신에게 기꺼이 해야 할 의무의 일부를 다하려고 노력했습니다." 그리고 왕당파 가운데 바렌 사건의 준비와 진행 과정에서 그의 역할을 비판하며 그를 단지 야심가라고 몰아세우는 사람들에 대해 그는 이렇게 말했다. "나는 아무런 이익을 생각하지 않고 당신에게 애정을 가질 수 있다는 사실을 그들에게 보여주고 싶었습니다. 내 행동의 나머지 부분은 이것이 나의 유일한 야망임을 증명했고, 당신을 섬기는 영광만이 나에게 소중한 보상이었다는 사실을 보여줄 것입니다."[43]

당연히 1791년 6월에 발생한 재앙의 책임이 페르셴에게 있는지 의문을 품을 수 있다. 그가 크고 무거운 초록색 마차를 선택했지만, 그와 왕비의 반대를 무릅쓰고 왕은 자녀들과 떨어지기를 원하지 않았다. 또한 그가 직접 마차를 몰지 않은 점도 고려해야 한다. 그러나 봉디에서 왕은 그에게 이제 그만 떠나라고 요청했다. 어쨌든 바렌 사

---

[43] *Le Comte de Fersen et la Cour de France*, t. I, *op. cit.*, p. 202. Fersen à Marie-Antoinette, 25 octobre 1791.

건 자체가 가장 중요한 것은 아니었다. 그가 없었다면 왕실 가족이 튈르리에서 더욱 고립되었을 것이라는 사실이 중요했다.

왕비의 해외 연락망을 활성화시키고 유지하는 역할을 한 사람이 바로 페르센이었다. 그가 브르퇴이, 메르시에게 보낸 수많은 편지가 이를 충분히 증명한다. 그는 프랑스 왕을 지키기 위해 구스타브 3세를 설득했고, 바렌 사건 이후 노르망디 해안에 러시아-스웨덴 합동 상륙작전을 계획했으며, 비엔나로 가서 황제에게 군사회담의 필요성을 역설했고, 왕이 죽은 후 탕플 감옥에 억류된 왕비의 섭정권을 옹호하며 관련 기록을 계속 썼다. 그가 마리 앙투아네트와 주고받은 편지는 폭풍 속 생존 지침서를 닮았다. 그것들이 유일하게 남아 있다. 혁명 이전의 편지는 모두 불에 탔기 때문이다.

그 편지들은 주로 정치적인 내용뿐만 아니라 사랑을 고백하는 내용도 담고 있어, 마리 앙투아네트는 그것들이 왕의 손에 들어갈까 봐 두려웠다.[44] 1870년대 후반에 페르센의 먼 조카가 이 편지들을 처음 공개했지만, 불완전한 상태였다. 암호화된 원본의 전사본이 과연 정확한지 검증하지 않은 상태였다. 특히 페르센이 직접 지우거나 그의 누이동생이 가장 민감한 부분들을 가리거나 삭제한 대로 공개했다. 최근 베르사유 대학교의 연구소와 국가기록원 소장자료 연구보존센터가 함께 복원작업에 집중했다. 1982년에 국가기록원은 왕비가 페

---

[44] *Ibid.*, p. 271. Lettre de Marie-Antoinette à Fersen, 9 décembre 1791.

르센에게 보낸 편지 스물세 통을 사들였으며, 연구팀은 여러 통을 분석했다.[45] 잉크의 화학 성분 차이를 이용해 삭제된 부분의 복원작업을 실시했고, 오늘날 일부를 해독했다. 그와 동시에 페르센의 영국인 전기작가인 에블린 파Evelyn Farr도 같은 작업에 착수해, 지운 흔적을 빛에 비춰가면서 그 뒤에 숨은 내용을 찾으려고 노력하고 있다.

이번에 새롭게 밝혀진 내용은 모두 왕비가 스웨덴 장교에게 느낀 감정을 고스란히 보여준다. 정치적인 면 뒤에 왕비의 열정은 그 어느 때보다 강렬했다. 예를 들어 그는 1791년 6월 29일, 바렌 사건의 실패 이후 처음으로 페르센에게 보내는 편지에 이렇게 썼다. "내 사랑, 나는 오로지 당신을 숭배하기 위해 존재합니다." 7월 9일, "영원한 작별입니다. 나를 불쌍히 여기고, 나를 사랑하며, 특히 내 말을 듣기 전까지는 내가 하는 일을 보고 판단하지 말아주세요. 내가 숭배하는 사람, 잠시라도 숭배하지 않을 수 없는 사람의 비난을 받는 순간 나는 죽을 것입니다." 1792년 1월 4일, "매우 사랑스럽고 다정한 친구에게, 당신

---

45 AN, 440 AP 1, dossier 1, pièce 57 et dossier 2, pièce 36. Christine Nougaret, "Marie-Antoinette dans les fonds des Archives nationales", *AHRF*, n° 338, octobre-décembre 2004. En 440 AP 1: 4 lettres à Fersen et 23 autres transcrites par ce dernier. 세르지Cergy 실험실의 작업에 관해서는 다음 인터넷 사이트를 볼 것. Cergy-Pontoise-lettres de Marie-Antoinette-séminaire 2013.
다음의 책은 마리 앙투아네트가 페르센에게 보낸 편지를 가장 완벽하게 발간했다. Evelyn Farr, *Marie-Antoinette et le comte de Fersen. La correspondance secrète*, op. cit.

을 미치도록 사랑한다고, 또 잠시도 당신 없이는 살아갈 수 없다고 말하지 않을 수 없습니다." 이러한 고백에서 왕비의 육체적 정념의 흔적은 거의 찾아볼 수 없다. 이 글만 보면, 우리는 마치 '[상상의 나라] 탕드르의 지도Carte du Tendre'나 14세기 연애소설 속을 헤매는 듯하고, 19세기 로맨티시즘 작가들이 좋아할 법한 사람들이 된 것 같다. 적어도 당시의 방탕한 편지에서 흔히 쓰이던 거친 언어나 직설적 표현과는 상당히 거리가 멀 뿐 아니라 매우 조심스럽고 우아한 사랑의 표현이었다. 마리 앙투아네트는 왕비이자 여성, 오스트리아 여성다웠다. 그는 이런 점에서 지나칠 만큼 조신한 사람이었다.

페르센은 1792년 2월 13일과 14일 밤 사이 튈르리에서 마지막으로 왕비와 단둘이 만났다. 그는 목숨을 걸고 브뤼셀에서 파리까지 여행했다. 이것은 마지막 만남이자 어쩌면 너무 많은 만남일지도 모른다. 한편, 마리 앙투아네트는 아마도 '사랑스럽고 다정한 사람'이 아주 젊은 이탈리아인 엘레노어 설리반Eleanor Sullivan과 잠시 연애했던 사실을 이미 알게 되었을 것이다. 이 여성은 발레리나 출신으로 퀜틴 크로포드의 연인이었고, 바렌 도주를 준비하는 과정에 활발히 참여했다. 1792년 2월 페르센을 만난 이후 8월 10일 최후의 몰락까지 주고받은 편지들은 훨씬 더 차가워졌다.

그러나 탕플 감옥에서 그는 여전히 페르센을 열정적으로 생각하고 있었다. 1793년 3월이나 4월에 자르제가 파리를 떠나기 전에, 왕비는 '작년에 나를 만나러 왔던 최고의 친구'에게 마지막 말을 전해달라고 부탁했다. 그는 왼손에 낀 반지로 편지를 봉했다. 그 반지는 스웨덴 백작의 문장을 새긴 도장이었다. 도장에는 공중으로 뛰어오른 물고기와 함께 이탈리아어로 "모든 것이 너를 향하게 한다Tutto a te mi guida"라는 문구가 있었다. 이후 그 반지는 사라졌다. 아마도 9월에 콩시에르주리 감옥에서 코뮌 위원들이 손에 넣은 것이 바로 이 신비한 '부적 반지'였을지 모른다.

페르센은 1794년 1월에야 이 마지막 신호를 받았다. 하지만 그에게는 아무런 증거가 필요하지 않았다. 마지막 순간까지도 그는 감옥에 갇힌 여성을 위해 떨며, 자신의 무력함에 애를 태우고 있었다. 8월에 왕비의 콩시에르주리 이송 소식을 들은 그는 믿음직한 누이동생 소피 드 피페Sophie de Piper에게 편지를 썼다. "이 순간부터 나는 살아 있지 않다. 내가 숨을 쉰다고 해서 살아 있다고 할 수 없기 때문이다. 내가 그를 구출하기 위해 행동할 수 있다면 덜 고통스러울 것 같지만, 오직 간절하게 빌기만 하는 것 말고는 아무 일도 할 수 없다는 사실이 내게는 끔찍할 뿐이다."[46] 사람들은 페르센이 조금 냉정해졌다고 말할 것이다!

이제부터 모든 것이 매우 빠르게 진행되었다. 심문이 끝나고 최종 변

---

46 *Ibid.*, Fersen à Sophie de Piper(14 août 1793), p. 378.

론 전에, 에르만은 피고인에게 아직 할 말이 있는지 물었다. 마리 앙투아네트의 마지막 말은 그가 재판 동안 보여준 모습 그대로였다. 그는 이틀 밤을 제대로 자지 못해서 지칠 대로 지쳤지만, 똑바로 서서 판사들을 보았다. 그는 말을 하나도 더듬거나 고치지 않았다. 몇 시간 동안 세상의 모든 비난을 계속 받았음에도, 여전히 자신의 올바름을 확신하는 듯이 보였다. "나는 어제 나온 증인들을 몰랐고, 그들이 어떤 식으로 나에게 불리한 진술을 할지 몰랐습니다. 그런데! 내게 긍정적인 사실을 말한 사람도 없었습니다."[47] 그는 단지 왕의 부인이었을 뿐이다.

에르만은 이제 배심원단에게 그들이 판단해야 할 질문들을 제시했다. 이제 우리는 그 혐의의 개요를 알고 있다. '외국 강대국들과 계략을 꾸미고 정보를 교환', 그들에게 '금전 지원'과 정보 제공, '공화국의 내전을 부추기는' '음모'와 '공모'가 주요 혐의였다. 이상하게도 이때는 근친상간을 문제삼지 않았다. 에르만은 한 가지 질문이 끝날 때마다 왕비가 유죄인지 물었다. 이후 배심원단은 평결을 위해 물러나고, 그는 다시 감방으로 돌아갔다. 이 과정은 한 시간 10분 이상 계속되어 새벽 4시쯤 끝났다. 이미 판결이 정해졌는데도 배심원단이 왜 그렇게 오랜 시간을 필요로 했는지 궁금해진다.

우리는 마리 앙투아네트의 답변이 무엇이었는지 알고 있지만, 정

---

47 *Procès de Marie-Antoinette, op. cit.*, p. 164.

작 그 자신은 알지 못했다. 이렇게 최종 선고를 기다리는 마지막 시간에 대해 아무도 말하지 않았다. 수년 전부터 죽음이 그의 주변을 맴돌고 있었다. 그는 죽음에 맞서 도전했으며, 감옥에 갇히기 전에 쓴 편지에서 이를 끊임없이 언급했다. 그는 이미 1789년 10월에 이렇게 썼다. "나는 파리 사람들이 내 목을 요구하러 왔다는 것을 알고 있지만, 어머니한테 죽음을 두려워하지 말라고 배웠다."[48]

혈통의 자부심과 자존심, 교육, 강인한 성격 역시 마리 앙투아네트를 버티게 만들었다. 그런데 나는 그가 다시 '자유의 법정'으로 들어설 때 아직 희망을 품고 있었다고 확신한다. "아무것도 아닌 것처럼 보이는 이 작은 희망. 소녀 같은 희망."[49] 이 치욕스러운 죽음에 대한 공포가 너무 컸기 때문에, 그가 아직 이 빛에 사로잡혀 있지 않기를 바랄 수는 없다. 그는 엄청난 두려움을 느꼈지만, 쥘리엥 소렐Julien Sorel[스탕달의 『적과 흑』에 나오는 젊고 야심 찬 주인공]이 죽기 전에 말했던 것처럼 "아무도 그것을 알지 못하리라."[50]

---

48 Vicomte de Reiset, *Lettres inédites de Marie-Antoinette et Marie-Clotilde de France reine de Sardaigne, op. cit.* 레제Reiset 자작은 리바롤Rivarol의 말을 인용했다.

49 Charles Péguy, *Le Porche du mystère de la deuxième vertu*, Paris, Gallimard, 1916. 라마르틴은 『지롱드파의 역사』에서 마리 앙투아네트가 오래전부터 희망을 잃었다고 말했다. 그것은 틀린 말이다. 그는 왕이 숙은 후 탕플 감옥의 왕비를 이렇게 묘사했다. "그는 고통에 시달리는 불안감도 없었고, 절망의 평화와 무덤의 고요함을 느꼈다."(*Histoire des Girondins, op. cit.*, II, livre 46ᵉ, p. 1524)

50 Stendhal, *Le Rouge et le Noir*, Paris, GF-Flammarion, 1964, p. 488.

에르만은 회의를 다시 열고, 반공화국 음모를 꾸미는 사람들이 감수해야 할 위험을 왕비에게 상기시켰다. 에르만은 그에게 마지막으로 할 말이 있는지 물었다. 피고인은 아무것도 말하지 않겠다는 의사를 고개를 들어 보여주었다. 이제 왕비를 범접하지 못할 존재로 만드는 것은 그의 침묵뿐이었다. 그러자 재판장은 배심원단의 평결을 듣고 '끔찍한 선고'를 내렸다. 바로 24시간 이내에 '혁명 광장'에서 왕비를 처형하라는 선고였다.

우리는 놀라움에 압도되어도 전혀 내색하지 않을 수 있다. 마리 앙투아네트는 1793년 10월 16일에 바로 그 힘을 보여주었다. 에르만이 그를 처형대로 보내는 선고를 했을 때, 그는 마치 죽음이 자신을 건드리지 않고 스쳐 지나간 듯이 행동했다. 재판 공식 기록자는 "피고인의 얼굴은 전혀 바뀌지 않았다"라고 썼다.[51] 또 다른 이들은 피고인의 믿을 수 없을 정도로 '냉정한 태도'를 언급하며 놀라워했다.[52] 선고를 내릴 때 법정에 다시 불려 나온 변호인 쇼보 라가르드도 같은 말을 했다. "왕비는 두려움이나 분개, 연약함을 조금도 보여주지 않았다."[53] 그의 적들은 그가 자제력을 유지한 이유를 설명하려고 노력했

---

51 *Procès de Marie-Antoinette, op. cit.*, p. 178.

52 "그는 판결을 아주 냉정한 태도로 들었다." *Le Magicien républicain ou oracles politiques et philosophiques des évènemens [sic] [···] dans le cours de l'année 1794, an 2e de la République française*, par Rouy l'aîné, à Paris, 1794 p. 133.

다. 그들은 마리 앙투아네트의 평정심을 보면서 오스트리아 여인이 마지막까지 혁명을 모욕한다고 보았다. 죄수를 무너뜨리는 처벌이 더욱 교훈적이라 할 수 있다. 그가 아무것도 보여주지 않았다면, 늘 자신의 세계를 속이는 법을 알고 있었기 때문이다. 그것이 바로 위대한 배신자들의 특징이었다. "범죄의 습관과 대담함이 그의 얼굴 가득히 평정심으로 나타났다."[54]

그럼에도 그를 관대하게 대한 점도 있었다. 이 재판의 마지막 부분의 기록은 별로 남아 있지 않은데, 그것들을 읽을 때 방청객의 반응을 거의 볼 수 없기 때문에 마치 그들이 존재하지 않았다는 인상을 받는다. 또한 그를 다시 감옥으로 데려가야 했던 헌병들도 당연히 있었을 텐데 아무도 기억하지 않았다. 이제 사람들은 그가 홀로 운명의 길을 걷게 했다. 어떤 목격자는 그가 심지어 가볍게 걸었다고 말했다. 그는 말없이 '아무것도 보거나 듣지 않는 듯' 법정을 가로질러 갔다. 그는 몰려 있는 관중을 가로막은 장벽 앞을 지나며, 본능적으로 고개를 쳐들었다. 그리고 곧 감방으로 가는 복도의 어둠 속으로 사라졌다. 새벽 4시가 조금 넘었을 때였다.

---

53 Chauveau-Lagarde, *Note historique sur le procès de Marie-Antoinette d'Autriche, reine de France et de Madame Élisabeth de France au Tribunal révolutionnaire*, op. cit., p. 44.

54 *L'Anti-Fédéraliste* (Claude Payan et Marc-Antoine Jullien), 15 octobre 1793.

가장 끔찍한 일이 아직 남아 있었다. 여기서 기록들이 서로 다르다. 헌병 레제는 피고인에게 감옥의 한구석에 마련된 작은 방에서 마지막 몇 시간을 보내도록 해주라는 지시를 받았다고 말했다.[55] 그러나 로잘리 라모를리에르, 옥사정porte-clefs 루이 라리비에르Louis Larivière 같은 증인들은 그가 예전에 지내던 감방으로 돌아갔다고 말했다. 나는 이 증언이 가장 그럴듯하다고 생각한다. 관리인 보Bault의 아내는 마리 앙투아네트가 도착하자마자 펜, 잉크, 종이를 요청했다고 말했다. 그는 세 쪽 분량의 편지를 남겼는데, 그것은 '왕비의 유언'이 되었으며, 그가 평생 쓴 글 중 가장 감동적인 글이라고 할 만하다. 물론 그것을 그가 직접 썼는지는 확실치 않으며, 이는 좀 더 뒤에 밝힐 것이다.

그 편지는 거의 한 세기 반 동안 국가기록원의 '철제금고' 문서에 왕비의 재판 서류와 함께 보관되어 있었다.[56] 나는 그것을 처음 보았을 때 특이한 점을 발견할 수 없었다. 크기가 작고(37.3×23.5센티미터) 두 겹으로 접힌 종이는 약간 누렇게 변했지만 상당히 좋은 품질이며, GR이라는 워터마크가 있었다. 작은 필체로 반듯하게 빼곡히 썼고 수

---

55 G. Lenotre, *La Captivité et la mort de Marie-Antoinette, op. cit.*, "헌병 레제의 보고서", p. 369.

56 AN AE/I/7-8 n° 3. La lettre est publiée par Évelyne Lever dans *Marie-Antoinette. Correspondance, op. cit.*, p. 820.

정하거나 지운 곳이 거의 없기 때문에 아주 읽기 쉬웠다. 첫 쪽에는 서른한 줄, 둘째 쪽에는 스물여덟 줄, 셋째 쪽에는 네 줄이 있었다. 갈색 잉크가 약간 번진 종이에는 여러 군데 구멍이 있었다. 잉크 때문인가, 그가 흘린 눈물 때문인가? 그의 서명은 없었다. 그 대신 푸키에 탱빌과 국민공회 의원이며 안보위원회의 위원인 귀프루아Guffroy를 비롯해 마시외Massieu, 르고Leg[ot], 르쿠앵트르 의원들이 그것을 검토한 후 남긴 서명을 볼 수 있었다.

그것은 '[10월 16일] 새벽 4시 반'으로 날짜가 적혀 있으며, 여전히 그의 자녀와 함께 탕플에 갇혀 있는 엘리자베트 부인에게 보내는 편지였다. 관리인 보가 그 편지를 전해주도록 되어 있었으나, 엘리자베트는 결코 받지 못했고 읽지 못한 채 세상을 떠났다. "그대의 불쌍한 왕비가 편지를 썼고, 내게 그것을 맡겼지만, 나는 주소지에 전달하지 못했다. 결국 그것을 푸키에에게 가져가야 했다."[57]

마리 앙투아네트의 생애, 그의 정신, 마음, 마지막 격정들이 모두 이 세 쪽에 담겨 있다. "시누이여, 이것이 마지막으로 아가씨에게 쓰는 편지입니다. 나는 방금 선고를 받았습니다. 불명예의 죽음이 아니라 아가씨의 오빠와 만나러 가는 죽음입니다. 나는 그분처럼 결백합니다. 나도 그분이 마지막 순간에 보여준 굳건한 모습을 보여주기를

---

57 G. Lenotre, *La Captivité et la mort de Marie-Antoinette, op. cit.* "보의 아내의 보고서", p. 290.

희망합니다."

그는 눈물을 흘리며 자녀를 그리워하고, 축복을 보내며, 엘리자베트가 자신을 위해 희생한 것에 감사하면서 자녀를 맡겼으며, 아들에게는 왕이 했던 것처럼 결코 복수의 마음을 먹지 말라고 당부했다. 그는 또 아들이 스스로 이해하지 못한 채 자신에게 불리하게 말한 것을 용서했다. 그는 친구들이 자신의 죽음으로 고통을 겪게 될 것을 눈물을 흘리면서 안타까워했다. "내 친구들에게 […] 적어도 내가 마지막 순간까지 그들을 생각했다고 알려주소서." 그는 자신을 하느님께 맡기며, 자신의 잘못을 용서해달라고 기도했다. 그는 자신의 유일한 종교가 조상들이 믿던 종교라고 말했다. 이로써 그는 혁명에 충성하는 사제에게서 아무것도 받아들이지 않겠다는 의사를 미리 알렸다.

마리 앙투아네트는 앞으로 어떤 운명을 맞이할지 모를 자녀를 남기고 떠나는 고통스러운 울음소리로 마지막 부분을 썼다. 그들이 행복을 누릴 수 있기를 간절히 바라는 마음도 겨우 드러냈다. "영원한 작별입니다. 내 사랑스럽고 친절한 시누이. […] 온 마음을 담아 아가씨를 안아줍니다. 그리고 이 가엾고도 소중한 아이들도 힘껏 안아줍니다. 그들과 영원히 이별해야 한다니 마음이 찢어집니다! 안녕, 안녕. 나는 이제 오로지 내 영적 의무에만 매달리겠습니다."

우리가 말할 수 있는 최소한의 것은 오랫동안 마리 앙투아네트가 어머니의 권고를 무시하고 신앙 행위에서 멀리 떨어져 있었다는 점이다. 메르시 아르장토는 그가 세자빈일 때 사순절 금식을 지키지 않았다고 말했다. 물론 그에게는 고해신부가 있었다. 처음엔 루이 니콜라 모두Louis Nicolas Maudoux 신부, 그 후 베르제Berger 신부, 1792년에는 푸파르Poupart 신부에게 고백했다. 그러나 수많은 사소한 사항으로 판단할 때, 그는 종교적 실천을 자발적으로 하지 않고, 단지 의무와 왕비라는 이유 때문에 억지로 한 것처럼 보인다. 모든 것이 혁명 이후로 달라졌다. 콩시에르주리에서 그는 대부분의 시간을 기도하면서 지냈다고 보 부인은 증언했다. 더 구체적인 이야기를 하기는 어렵다. 믿음의 호소는 신비에 속하며, 다행히 그것은 역사학자들의 손에서 벗어나 있다.

그러나 감옥에 있던 여성은 생루이생시르Saint-LouisSaint-Cyr의 왕실용 성무일과 기도서 한 권을 가지고 있었다. 1757년 파리에서 출판된 이 책의 올리브색 가죽 표지는 다소 낡았으며, 아무것도 인쇄하지 않은 219쪽에 그는 자녀에게 마지막으로 남기는 한마디를 적었다. 흥미롭게도 그 말 역시 새벽 4시 반에 쓴 것이었으며, 이 때문에 훗날 회의론자들의 논란거리가 되었다. 사람들은 고통 속에 갇힌 그가 아마 마지막으로 기도서를 몇 쪽 넘기다가 아침이 밝기 전 촛불 아래서 그 글을 썼을 것이라고 상상했다.

"하느님! 저를 불쌍히 여기소서
제 눈에는 이제 눈물이 말랐습니다
당신과 저의 가엾은 아이들을 위해 흘릴 눈물이 없습니다
아이들아, 영원히 안녕, 안녕!"

4막 '죽음의 기사'

둥글고 차분하며 반듯하게 쓴 네 줄의 짧은 글은 마치 그가 펜과 손가락까지도 통제할 수 있었던 것처럼 보였다. 그러나 이상하게도 그의 서명만이 약간 떨리고 있었다. 그가 이번에는 '마리 앙투아네트'라고 서명했기 때문이다. 이 기도서는 샬롱앙샹파뉴Châlons-en-Champagne 도서관에 기증품으로 1886년부터 보관되어 있다. 그러나 이 책의 역사와 유언장의 이야기에는 단 한 사람, 국민공회 의원 에듬 보나방튀르 쿠르투아Edme-Bonaventure Courtois만이 관련되어 있다.

쿠르투아는 왕의 사형에 찬성한 몽타뉴파이며 당통과 가까운 사이였지만, 혁명의 모든 단계를 무사히 넘길 만큼 아주 유연하게 행동한 인물이었다. 로베스피에르가 몰락한 직후, 그는 '청백리'의 문서 조사위원으로 활동했다. 그는 그 자료의 검토 결과를 정리해 1795년 1월 국민공회 연단에서 보고했다. 그는 분명히 왕비의 편지를 가지고 있었지만 아무 말도 하지 않았다. 그 편지는 푸키에의 문서에서 나왔을까, 아니면 푸키에가 보를 수색한 후 '청백리'에게 넘긴 것일까?

어쨌든 쿠르투아를 통해서 23년 후인 1816년에 왕비의 가짜 유언장이 다시 등장했다. 당시는 왕의 사형에 투표한 이들이 자기 안위를 걱정해야 하는 시기였다. 부르봉 가문이 프랑스로 돌아오면서 왕시해 문제는 다시 핵심에 놓였다. 샤토브리앙은 이를 처음으로 눈치

챈 사람 중 하나로 이렇게 말했다. "왕과 왕실의 죽음이 바로 혁명의 진정한 범죄다."[58] 1월, 매우 왕당파적이고 복수심에 사로잡힌 분위기가 짙은 하원Chambre des députés은 정부에 이른바 '가짜' 사면법을 강요했다. 이 법은 사실상 옛 시해자들을 대부분 추방하고 죽음으로 내몰았다. 쿠르투아는 왕의 사형에 찬성했고, 백일정권Cent-Jours 시기에 나폴레옹을 지지했기 때문에, 이미 1793년의 표와 1815년의 배반 탓에 벌을 받을 사람으로 분류되어 있다는 사실을 알고 있었다.

그러던 어느 날 그에게 좋은 생각이 떠올랐다. 그는 1816년 1월 25일, 루이 18세의 강력한 경찰부 장관 드카즈Decazes의 친구인 국무위원 루이 베케이Louis Becquey에게 편지를 썼다. 그는 마치 좋은 소식을 전하는 것처럼 운을 떼고 나서, 우연히 왕비의 유품을 몇 점 손에 넣었는데 왕실 가족의 관심을 끌 만한 것이라고 말했다. 그 유명한 1793년 10월 16일의 편지도 그 속에 있었다. 그는 정부가 조금이라도 관용을 베풀고 추방을 면하게 해준다면 기꺼이 그 편지를 내놓을 셈이었다. 62세인 그는 뫼즈의 랑블뤼쟁Rambluzin 성에 편안히 정착해서 많은 재산을 모았기 때문에 맨손으로 떠날 마음이 없었다.

그러나 쿠르투아는 어려움을 겪게 되었다. 그가 답장을 받기도 전에, 뫼즈 지사는 치안판사와 헌병 몇 명을 보내 소중한 문서를 수

---

58 Chateaubriand, *De la monarchie selon la Charte(septembre 1816)*, in *Œuvres politiques, op. cit.*, p. 170.

색해서 압수하라고 명령했다. 그는 망명하지 않을 수 없었고, 몇 달 뒤인 1816년 12월, 브뤼셀에서 숨을 거두었다.[59] 전하는 말에 따르면, 아무도 그의 관을 따라가지 않았다고 한다. 오직 기도서만이 드카즈의 부하들 손을 벗어났다. 옛 국민공회 의원[쿠르투아]의 딸이 그 책을 손에 넣었다. 그는 샬롱에 정착한 뒤 그 책을 그곳 도서관에 기증했다.

    왕비가 쓴 편지 형식의 유서는 매우 정치적인 의미를 갖게 되었다. 왕의 추밀회의 의장 리슐리외 공작은 1816년 2월에 상원Chambre des pairs 연단에서 그 편지를 공개했다. 루이 18세는 이를 출판하기로 결정하고, 왕의 유서와 짝을 이루는 것이라고 소개했다. 이 두 유서는 모두 사실상 자신들을 처형한 자들을 용서하자는 말을 남겼다. 양심의 교화를 위해 매년 10월 16일 모든 교회에서 이 편지를 읽어야 했다. 루이 16세의 동생은 잘못의 증거가 있어야 하고, 또 반드시 잘못을 참회해야 용서할 수 있다고 생각했다.

    이 정치적 충격이 너무나도 대단했기 때문에, 곧 문서의 진위에 의문을 제기하지 않을 수 없었다. 필적감정가들이 그 글씨를 살펴보고 왕비의 것으로 인정했지만, 왕비의 글씨를 위조한 사기꾼이 많았

---

59 쿠르투아 문서에 관해서는 다음을 볼 것. Eugène Welvert, "La saisie des papiers du conventionnel Courtois", in *Archives historiques, artistiques et littéraires*, 1890. G. Lenotre résume toute l'affaire et publie la lettre de Courtois à Becquey du 25 janvier 1816, in *La Captivité et la mort de Marie-Antoinette, op. cit.*, "Le testament de Marie-Antoinette", pp. 384~389.

다는 사실도 잘 알고 있었다. 특히 마리 앙투아네트가 죽음을 앞둔 몇 시간 동안 이처럼 완벽하게 평정심을 유지하면서 그런 글을 쓸 수 있었을까? 샤토브리앙은 이렇게 말했다. "손길은 여기서도 마음만큼 단호하다. [...] 마리 앙투아네트는 지하감옥 깊은 곳에서도 베르사유의 궁전에 있는 것처럼 평온하게 엘리자베트 부인에게 편지를 쓴다."[60]

여러 가지 이유로 나는 이 마지막 편지가 진짜라고 믿는다. 첫째 이유, 루이 18세의 총애를 받는 드카즈 백작이 1816년에 비공식적 음모로 이 편지를 만들어냈다면, 왜 사형수인 왕비가 자녀를 시동생 프로방스 백작이 아니라 시누이 엘리자베트 부인에게 맡겼다는 사실을 묵살하지 않았을까? 이는 그동안 프랑스의 왕이 된 루이 18세를 무시하는 처사였으며, 나는 여기서 마리 앙투아네트와 프로방스 백작이 혁명 기간 내내 정치적 적대감을 가졌다는 흔적을 본다. 루이 18세와 그의 정부政府는 오히려 그 사실을 숨기고 싶었을 것이다!

둘째 이유, 그 편지의 종이가 중요하다. 최근 한 역사학자가 마리 앙투아네트가 썼던 종이에 대해 연구했다. 그 종이의 워터마크를 분석해 푸키에 탱빌이 쓰던 편지지와 동일하다는 사실을 밝혔다. 당시 푸키에 탱빌이 받은 편지는 국가기록원에 많이 남아 있으며, 그들을

---

60 François-René de Chateaubriand, *Discours prononcé à l'occasion des communications faites à la Chambre des pairs par M. le duc de Richelieu dans la séance du 22 février 1816. Œuvres complètes*, t. II, *Œuvres politiques, op. cit.*, p. 434.

비교해볼 수 있다.[61]

마리 앙투아네트를 보았던 사람들은 그가 그처럼 훌륭한 유서를 쓸 수 없다고 생각했다. 그들이 보기에 편지는 그만큼 정신적으로 고상했다. 하지만 그들이 그의 편지를 읽지 않은 것이 분명하다! 실제로 1792년 욜랑드 드 폴리냐크에게, 또 1793년 3월 슈발리에 드 자르제에게, 10월에 시누이에게 쓴 편지는 모두 같은 감정과 같은 감수성을 가진 같은 여성이 쓴 것이었다. 같은 문체, 같은 감정, 같은 진심.

물론 마리 앙투아네트는 이 모든 것을 결코 알지 못했다. 그는 또한 자녀에게 유산으로 남기기를 바랐던 마지막 기억이 결국 푸키에의 손에, 그리고 아마도 최악의 적 로베스피에르의 손에 들어가게 되리라는 것도 알지 못했다.

마리 앙투아네트는 아침 6시경에 글쓰기를 멈추었다. 그 후 한 시간 동안 그가 무슨 일을 했는지는 아무도 모른다. 기도를 했을까? 잠을 잤을까? 하지만 그 당시 과연 잠을 잘 수 있었을까? 아침 7시에 젊은

---

61 루이 17세에 대한 전문가이자 족보학자가 이를 비교했다. 내 생각에는 신뢰할 만하지만, 그는 크리스티앙 크레탱Christian Crétin이라는 가명을 쓰고 있다. 다음의 왕당파 사이트를 참고할 것. cril17.org, décembre 2010: "De la lettre de Marie-Antoinette du 16 octobre 1793".

하녀 로잘리 라모플리에르가 그의 감방에 들어갔을 때, 그는 침대에 반쯤 기대어 여성들의 뜰을 향한 창문을 물끄러미 보고 있었다. 그는 마치 마지막 기억들을 그곳으로 날려 보내는 것처럼 보였다. 로잘리는 화로에서 따끈하게 데운 고기국물을 가져다주겠다고 했다. 그는 처음에는 거절하다가 결국 받아들였다. 그러나 겨우 몇 술만 억지로 넘겼다. 그의 속은 메어 있었다. 죽음이 그를 너무 가까이서 조여오고 있었다. 날이 밝기 조금 전, 구국위원회가 지정해준 신부가 그의 고해를 들으러 왔다.

여기서 우리는 오늘날 멀게 느껴질 수 있지만, 혁명 당시에는 나라를 깊고 고통스럽게 분열시킨 논쟁에 빠진다. 프랑수아 지라르François Girard 신부는 생랑드리Saint-Landry의 본당 신부이자 파리의 입헌주교인 고벨Gobel의 보좌 신부였다. 그도 고벨처럼 성직자 시민헌법에 선서했다. 이 때문에 로마로부터 비난을 받았다. 그는 어떤 의미로는 당시 교회의 전통에 충실했던 수많은 신부가 겪은 폭력, 추방, 죽음을 묵인하기도 했다. 마리 앙투아네트는 지라르 신부의 도움을 거부했다. 그는 당시 '선서 거부자réfractaires'라고 불리던 신부의 도움만을 받아들일 수 있었다. 그는 방금 전 시누이에게 편지를 썼다. 만약 선서한 신부가 올 경우, "나는 그에게 한마디도 하지 않을 것이며 […] 그를 완전히 낯선 사람처럼 대할 것"이라고 했다. 그 당시 그에게 그런 용기와 명철함이 있었다니 새삼 믿을 수 없을 지경이다.

마리 앙투아네트의 거부는 나중에 정치적 행위로 간주되었다. 그의 이러한 행동이 본인의 깊은 신념과 믿음에 따른 것이었음을 거의 잊을 뻔했다. 왕비가 감옥에서 9월 하순에 '선한 신부', 즉 루이 마넹 Louis Magnin 신부를 몰래 만나 성체를 받았고 고해성사를 했는지에 대한 논쟁이 1790년대 후반부터 19세기 내내 지속되었다. 이 주제를 다룬 글이 계속 나왔다. 신부 루이 마넹 자신을 포함해 많은 증언이 있었고, 그가 감옥에 나타났다는 증거가 많아졌다. 그래서 오늘날 그 사실을 심각하게 받아들이지 않을 수 없게 되었다.[62] 그러나 그것이 중요한 건 아니다.

중요한 것은 마리 앙투아네트가 감옥에 있을 때 얻었을지도 모를 확신과 위로다. 하지만 그는 엘리자베트에게 보내는 편지에 그것에 대해 한마디도 하지 않았다. 아마도 조심했기 때문이었을 것이다.

---

[62] 앞에서 보았듯이 라퐁 도손은 마넹이 콩시에르주리에 나타난 적이 있다는 말에 이의를 제기했다(*La Fausse communion de la reine* [⋯], 1824; *Mémoire au roi sur l'imposture et le faux matériel de la Conciergerie* [⋯], 1825).
그러나 트로슈N.-M. Troche는 논문 두 편에서 그것을 인정한다(*La Communion de Marie-Antoinette à la conciergerie*, 1864; *Nouvelles preuves de la communion de la reine Marie-Antoinette*, 1865).
르노트르는 『마리 앙투아네트의 수감 생활과 사망*La Captivité et la mort de Marie-Antoinette*』(*op. cit.*)에서 이 문제에 대해 언급하며, 마넹 신부의 존재를 지지하는 쪽으로 기울어진다. 왕정복고 시기에는 이것이 공식적인 주장이었다.
1816년에 정부는 왕비의 옛 감방을 참회의 예배당으로 바꾸고, 그 행사를 위해 그림을 여러 점 주문했다. 그중 하나는 미셸 마르탱 드롤링Michel Martin Drolling의 그림이며, 왕비가 명백히 콩시에르주리에서 마지막으로 성체를 모신 순간을 묘사했다. 참회의 예배당과 1989년의 복원에 관해서는 다음을 볼 것. François Macé de Lépinay et Jacques Charles, *Marie-Antoinette. Du Temple à la Conciergerie*, Arles, Tallandier-CNMHS, 1989.

그는 단지 이렇게 썼다. "나는 로마의 사도적 가톨릭의 품에서 죽음을 맞이합니다." 말이 많기도 하고 적기도 하다. 그것이 무엇이든 상관없다. "우리의 죽음은 우리 삶의 가장 큰 행위여야 하지만, 하느님만이 그것이 무엇인지 아실 테지요." 그 순간에 우리는 그에게서 드러나는 것만 볼 수 있다. 그는 이 거대한 밤이 오기 몇십 분 전, 언제나 우리를 안심시키기는커녕 오히려 집착하게 하는 위로의 필요를 끝내기를 원했을까, 아니면 이미 그것이 어떤 것인지 알고 있었을까?[63]

8시가 되었다. 날이 밝았고, 마리 앙투아네트가 옷을 갈아입도록 로잘리가 준비했다. 그는 그때 지하감방의 벽과 침대 사이의 좁은 틈으로 들어갔다. 그는 헌병 장교의 시선에서 벗어나려고 애썼다. 그러나 장교는 절대 눈을 떼지 말고 감시하라는 명령을 받았기 때문에 꿈쩍하지 않았다. 모든 사람이 그가 자살로 사형대의 치욕을 벗어날까 봐 두려워했다. 그러나 그것은 사실이 아니었다. "나를 믿어주세요. 그저 아무도 보지 않는 데서 옷을 갈아입게 해주세요." 그러고 나서 그는 검은색 긴 드레스를 벗고 아침에 입는 흰색 면직물 드레스로 갈아입

---

[63] 스웨덴인 스티그 다게르만Stig Dagerman이 발표한 논문에서 나온 말이다. "우리는 위로의 욕구를 채울 수 없다Notre besoin de consolation est impossible à rassasier", Arles, Actes Sud, 1993[『회고록과 일지Mémoires-journal』(1952)].

었다. 어깨에는 모슬린 스카프를 두르고 대형 모자를 벗고 나서 더 단순한 흰 린넨 모자로 바꿔 썼다. '흠집이나 더러움이 없는' 흰색 모자였다.

사람들이 말하길, 푸키에의 명령으로 그에게 흰옷을 입히라는 요청이 있었는데, 이는 그가 왕을 애도하는 상복을 입고 형장으로 가는 것을 막기 위해서였다고 한다. 적어도 흰색은 순수의 색이다! 옷을 갈아입고 난 후, 그는 방구석에 자신이 벗은 피투성이 옷가지를 숨겼다. 이렇게 자세한 내용을 전한 사람은 로잘리였다. 갑작스럽게 우리는 그 장면을 생생하게 본다. 병약한 여성이 곧 죽음의 길로 걸어가야 한다. 몇 주 동안 그를 괴롭히던 출혈이 두려움 때문에 틀림없이 더욱 심해졌을 것이다. 조금 뒤 그는, 아마도 같은 이유로, 잠시 혼자 있게 해달라고 했다.

8시 또는 9시부터는 그의 감방에 많은 사람이 모였을 것이다. 그의 마지막 순간에는, 심지어 그가 조용히 기도할 시간조차 허락하지 않았다. 보의 명령을 받은 젊은 사무원 루이 라리비에르가 들락날락하면서 접시를 치웠다. 그의 어머니 잔 라리비에르Jeanne Larivière는 마리 앙투아네트가 수감된 후 심부름을 했다. 그러나 나중에 교체되었다. 잔은 너무 배려심이 많았고, [피고인이 유죄라는] 확신이 부족했기 때문이다. 아들 라리비에르는 피고인에게 연민을 느끼고 있었다. "라리비에르, 사람들이 나를 죽이려고 한다는 사실을 당신도 알아요?"

이제 법원 서기인 외스타슈 나피에Eustache Nappier가 들어올 차례였다. 그는 판사들과 동행했으나 어떤 판사인지는 확실하지 않으며,

헌병 소대도 함께 들어왔다. 그는 피고인에게 판결의 집행을 알리고, 피고를 처형자에게 넘기며, 처형장까지 동행하는 임무를 맡았다.[64] 그는 피고인에게 다시 한 번 선고를 듣도록 요청했고, 피고인은 이렇게 대답했다. "다시 읽을 필요는 없어요. 나는 판결 내용을 너무 잘 알아요." 하지만 나피에는 끝까지 읽었다. 그는 공무를 수행하고 있었기 때문이다. 그는 샤틀레 법원의 집행관 출신으로 사법제도의 비밀을 잘 아는 사람이었다. 몇 달 후인 1794년 6월, 그는 오랑주 위원회의 일원으로 참여했다. 이 위원회는 오랑주 시에 설립되었으며, 대공포정 시기 47일 만에 332명을 단두대로 보낸 가장 무서운 곳 중 하나였다. 로베스피에르의 몰락 후, 나피에는 12년형을 받았다. 그는 아비뇽 교황청 궁 앞에 놓인 단두대 위에서 말뚝에 묶여 있다가 미지의 사람들의 칼에 찔려 죽었다. 나피에는 자신의 비참한 운명이 기다리고 있는 동안, 그 일이 제대로 이루어지도록 양심적으로 노력했다. 그는 평소 엄격하고 진지해서 어떤 농담도 받아들이지 않는 푸키에에게 보고할 의무가 있었다.

이제 공포정치가 행정의 기계처럼 작동하는 순간으로 접어들었다. 이 규제의 안개 속에서는 사람의 얼굴을 구별할 수 없었다. 모든 것은 점점 더 익명화되고 비인격적인 상태로 바뀌었다. 혐오스러운

---

64   AN AE/1/5 n° 18, pièce 33: "Procès-verbal d'exécution de mort".

것을 넘어 뭔가 우울한 것이 있었다. 마리 앙투아네트의 고난의 마지막 순간에는 그를 심판하던 '혁명의 본능' 대신에 이제는 그의 처형 의식을 주도할 '행정 절차'가 자리 잡았다. 이 두 가지 말은 토크빌이 『미국의 민주주의』에서 혁명의 유산에 대해 걱정하면서 남긴 표현이다.[65] 오늘날 우리는 모두 번호를 가지고 태어나고 죽는다. 반면, 프랑스의 옛 왕비는 형식적인 서류 속에서 삶을 마감했다. 그의 죽음을 확인하기 위해 빈칸을 채우기만 하면 끝이었다. 결국 모든 것은 늘 일상으로 끝난다. 심지어 공포정치도 그렇다.

확실히 사형 집행인에게는 이름이 있지만, 그는 이제 예전의 그 특별하고 신성한 괴물의 모습이 아니다. 혁명 이전까지만 해도 처형은 독특한(그리고 무서운) 육탄전 같았다. 그것은 집행자와 희생자 사이에 몇 시간씩 계속될 수도 있었다. 또한 처형 방법을 선택하는 데도 사회적 서열을 존중했다. 1790년 1월, 국민의회에서 의사 기요탱 Guillotin이 제안한 기계를 채택하고, 1792년 4월부터 전적으로 그 기계를 사용하기 시작하면서 죽음과 인간성은 분리되었다. 희생자에게 더는 고통을 주지 않게 되었다. 기요탱은 목에 '약간의 차가운 감촉'만 느낄 것이라고 약속했다. 단두대는 집행자를 평범한 시민으로 만들어버렸다. 이 집행자는 어느새 익명의 군중 속으로 들어갔다. 그는 이제

---

[65] "우리는 혁명 본능이 사라지지 않고 부드럽고 규칙적으로 변하며, 점차 정치 풍습과 행정 절차로 바뀌어가는 것을 항상 걱정해야 한다." Alexis de Tocqueville, *De la démocratie en Amérique*, t. II, Paris, GF-Flammarion, 1981, p. 394.

평범한 시민, 공화국의 공무원이 되었을 뿐이다. 단두대는 단순히 죽음을 평등하게 할 뿐만 아니라 집단적이고 기계화했다. 그것은 카프카Kafka가 『감옥 식민지La Colonie pénitentiaire』에서 고안한 이상한 기계와 흡사했다. 그 기계는 판결을 내리는 동시에 집행하는 역할을 했다.

10시가 조금 넘었다. 마리 앙투아네트는 감방을 떠나 두 줄로 늘어선 헌병 사이로 끌려 나와 출입사무실로 향했다. 나피에가 앞장서서 갔다. 현장에는 많은 사람이 있었을 것이다. 출입사무실에서 그를 벤치에 앉혔다. 잘 짜인 발레처럼 집행관이 무대에 등장할 차례였다. 샤를 앙리 상송은 왕을 처형한 후 나이를 먹었다는 핑계로 아들 앙리에게 집행을 담당하게 했다. 그래서 10월 16일에는 바로 앙리 상송Henri Sanson이 집행을 맡았다. 유명한 공공집행자 가문의 마지막 후손에게 전해진 '가짜 회고록'은 아버지와 아들 모두 현장에 있었다고 하지만, 이를 목격하고 기록한 소수의 증언자는 오직 아들에 대해서만 언급했다.

앙리 상송은 그때 스물여섯 살이었다. 루이 라리비에르는 아주 키가 큰 '젊은이'라고 말했다. 그는 그 순간 무엇을 생각했을까? 훗날 사람들은 그를 왕당파로 묘사했다. 그가 모자를 벗으며 희생자에게 존경심을 표했다는 것이다. 사실 모든 일은 매우 갑작스럽게, 거의 기계적으로 진행되었다. "양손을 내미시오." 그때 마리 앙투아네트는 뒤로 물러섰다고 한다. "손을 묶을 건가요? 루이 16세는 묶지 않았잖아요." 그러나 라리비에르는 처형인이 그의 손을 등 뒤에서 매우 꽉 묶었다고 전했다. 이후 그의 모자를 벗기고, 머리를 자르고, 다시 모자를 씌웠다. 헌병 레제는 다음과 같이 기록했다. 그의 머리는 "많은 슬픔으로 하얗게 세고 흐트러졌다." 일부 지지자는 그가 감방에서 직접 머리카락을 잘랐다고 말하지만, 그럴 가능성은 없다.

상송은 아침 일찍 명령을 받기 위해 푸키에에게 갔다. 그는 덮개가 있는 마차로 죄인을 호송하게 해달라고 요청했다고 한다. 이에 공소인은 격분했다고 한다. 그러자 누군가가 구국위원회의 의견을 물으러 갔고, 구국위원회는 처형의 모든 책임을 법원으로 넘겼다고 한다. 푸키에가 결정을 내렸다. 그는 죄인을 평범한 사형수용 소형 마차에 태우라고 명령했다.[66]

마리 앙투아네트의 처형 이후에 나온 이야기는 한결같이 당국이 그를 남편과 달리 평범한 사람처럼 다루어 마지막 순간까지 모욕하려는 의도가 있었음을 보여준다. 그것은 거짓이 아니었다. 손이 묶여 있고, 머리카락이 잘린 마리 앙투아네트를 태운 상송의 수레는 판사들이 특별한 죄수의 특권 그리고 왕족을 사형장으로 인도하던 의전 절차와 결별하겠다는 의지를 충분히 보여주었다. 그 수레는 복수심

---

[66] *Sept générations d'exécuteurs. Mémoires des Sanson*, t. IV, Paris, Dupray, 1863, p. 224.

에 사로잡힌 민중의 쾌락을 만족시키기에 적합한 형태였다. 그 수레는 캄캄한 옛날부터 크레티엥 드 트루아Chrétien de Troyes의 아서왕 전설에서 기사 가웨인le chevalier Gauvin이 "[기사의 명예와 생명처럼 소중한] 말을 [하찮은] 수레와 바꾸는 너무 비열한 행위"를 거부했을 때부터 천천히 굴러온 것이다. 중세 시대에 '수치의 수레'는 오직 살인자와 도적만 태우는 것이었다. 만약 랜슬롯Lancelot이 타고 갔다면, 그것은 간통에 대한 욕망을 충족한 대가였고, 그의 범죄 행위 때문이었으며, 아서의 아내 귀네비어Guenièvre 왕비를 향한, 죄책감으로 가득한 사랑 때문이었다.[67]

    10시 30분경 마리 앙투아네트는 계단을 몇 개 올라간 뒤 출입사무소의 철창문을 통과해 [안마당] 쿠르 뒤 메로 나갔다. 그는 헌병대 사이를 걸어갔으며, 뒤에서 상송이 따라가면서 그의 손목을 묶은 끈을 팽팽히 당기고 있었다. 이때 그는 가죽끈에 묶인 짐승처럼 보였다. 그는 전혀 생각하지 못했던 수레를 보고 다시 한 번 뒤로 물러섰다. 분명히 공포의 몸짓이었다. 그러나 그는 아무런 도움도 받지 않고 짧은 사다리의 난간으로 올라 수레에 탔다. 그는 말 쪽을 향해 앉으려고 벤치 위를 넘어가려고 했지만, 상송과 보조는 그를 반대 방향, 즉 걷는 쪽과 반대 방향으로 돌려 앉혔다. 이 모습도 중세의 사육제, 미친 자들의 축제를 닮았다. 그들은 주교의 허수아비를 나귀의 등에 거꾸

---

[67] Chrétien de Troyes, *Lancelot du Lac ou le chevalier de la charrette*.

로 앉히고 끌고 다녔다. 그것은 관습상의 위계질서가 뒤집혔다는 풍자였다. 우리의 크고 작은 종교적·사회적 위기의 핵심에는 일상을 거스르고 싶은 열정이 있다. 종교전쟁과 혁명은 각각 우상 파괴적이거나 풍자적인 행렬을 벌였다. 이번에는 왕비가 바로 그 주인공이 되었다. 베르사유의 찬란한 왕권이 아니라 신격화한 왕권을 사악하게 조롱하는 축제의 주인공.

그의 행렬이 쿠르 뒤 메에서 혁명 광장으로 떠날 준비를 할 때, 군중은 이미 오랫동안 그를 기다리고 있었다. 푸키에는 정확히 8시 혁명법원 광장에 호위대를 파견하라고 명령했다.[68] 처형은 10시 예정이었다. 출발 시간이 늦어졌다는 뜻이다. 파리 코뮌은 제 역할을 잘 해냈다. 이른 아침부터 모든 구에 집회를 선포했고, 모든 다리 양쪽 끝, 광장, 교차로에 대포를 배치했다. 7시부터 사형수 수레가 지날 경로를 따라 3만 명의 국민방위군을 두 줄로 배치해서 통행을 전면 금지했다. 길목에 있는 건물의 창가 자리를 비싸게 빌려주지 못하게 하려는 뜻에서 창문을 열지 못하게 했다. 모든 사람이 거리로 나왔다. 공식적

---

68 H. Wallon, *Histoire du tribunal révolutionnaire avec le journal de ses actes, op. cit.*, I, p. 347.

으로 법원 광장에서 혁명 광장까지 약 4킬로미터의 이동 시간을 약한 시간 남짓으로 계산했다. 엄청난 수의 시민이 길목에 모였다는 목격자들의 말로 미루어볼 때, 그 군중을 수용하기에는 너무 짧은 거리였다. 어떤 사람은 군중이 '바다의 파도처럼' 출렁거렸다고 시적으로 표현했다. 수레는 여러 차례 멈춰야 했다. 말이 놀라서 뒷발로 섰던 것으로 보인다.

증인들이 언급했던 거리들은 이미 사라졌지만, 나는 그의 행렬이 지나간 길을 따라 걸어보았다. 당시의 강둑길은 통행이 불가능해졌다. 법원에서 나온 후 왼쪽으로 돌아 오늘날 팔레대로boulevard du Palais[법원대로]가 된 생바르텔르미 길로 들어섰다. 거기서 다시 왼쪽으로 돌아 케 드 로를로주Quai de l'Horloge[시계 강둑길]를 거쳐 퐁뇌프 다리로 센 강을 건너 북쪽의 플라스 데 트루아 마리Place des Trois Maries[세 명의 마리 광장]에서 라 모네la Monnaie 길과 룰Roule 길을 따라 생토노레 길과 만나는 지점까지 갔다. 또 한 번 왼쪽으로 돌아 혁명Révolution 길이었던 루아얄 길을 따라가니 결국 혁명 광장, 오늘날의 콩코르드 광장에 도착했다.

『주르날 위니베르셀』의 기사에 나왔듯이, 오스트리아 여인에게 '오랫동안 죽음을 마시게' 할 필요가 있었다. 공개 처형은 핵심 의식이었다. 모두가 알다시피 그의 숨을 끊는 일은 순식간에 일어났다. 그러므로 그를 데리고 다니는 것은 왕인 국민에게 모든 힘을 되찾아주고, 그 광경을 온전히 즐길 권리를 허용하는 행위였다. 그의 지지자들에게 이번 여행은 명백히 산책이 아니라 새로운 십자가의 길이자 그리스도의 수난을 되풀이하는 여정이었다.

기마 헌병대가 수레를 둘러싸고 있었다. 혁명군 분견대가 행진을 시작했다. 베르사유의 몽탕시에Montansier 극장 배우였던 기욤 앙투안 누리Guillaume Antoine Nourry, 일명 그라몽이 그들을 지휘했다. 혁명 전 왕비는 개인적으로 그를 후원했다고 한다. 그라몽은 이제 아들과 함께 혁명군 사령관 롱생 장군의 참모진에 속해 있었다. 그는 확고한 에베르파로서 민중의 기를 살리려고 노력했다. 수많은 사람이 그가 말을 타고 칼을 휘두르며 수레의 승객에게 모욕을 퍼붓고 목청껏 외치는 모습을 보았다. "저기 왕비가 있다. 치욕적인 앙투아네트! 친구들이여, 왕비는 끝장났어."

행렬이 앞으로 나아갈수록 수많은 사람이 그 길로 몰려들었다. 그들은 끝까지 수레를 따라가며 기마 헌병들의 사이를 뚫고 수레에 최대한 가까이 접근하려고 달려들었다.

행렬이 지나가는 동안 온갖 장면을 볼 수 있었다. 폐위된 왕비는 끊임없이 움직이는 군중 사이를 천천히 지나갔다. 군중의 다양한 반응은 왕비가 사는 동안 겪었던 드라마를 더욱 증폭시켰다. 그는 생토노레 길의 오라투아르 예배당을 지나가는 동안, 아들을 품에 안고 있는 여성을 보았다. 어린 세자와 같은 또래의 아이는 그에게 마지막 입맞춤을 보내주었다. 조금 더 가서 생로크 교회 앞에서는 어떤 여성이 그의 얼굴에 침을 뱉으려고 했다. 그에게 주먹을 휘두르거나 야유와 욕설을 퍼붓는 사람도 있었다.

전직 기병 장교이자 가끔 화가로 활동한 샤를 앙리 데포세Charles

Henri Desfossés도 행렬을 따라갔다. 그는 곧 죽음을 맞이할 왕비에 대한 감정을 숨기기 어려워했다. 그는 생토노레 길까지 가는 동안 아무도 소리 지르거나 속삭이거나 욕설을 하는 일이 없었다고 주장했다. 그런데 당시 늘 대중이 북적거리던 길고 좁은 길로 들어서자 비로소 적대적인 군중의 고함을 들을 수 있었다.[69] 심지어 몇몇 혁명 지지자도 그때 군중이 부적절하게 행동했다고 말했다. 몽타뉴파 의원인 귀프루아는 며칠 후에 자신이 발행한 신문 『루지프 Rougyff』에서 "위대한 국민이 조용히 만족감을 느끼는 가운데" 왕비를 처형하지 못해서 안타깝다고 썼다. 그는 국민의 위엄이 "바보 같고 건방진" "쓰러뜨리자! 쓰러뜨리자!À bas! À bas!"라고 외치는 소리에 묻혔다고 말했다.[70]

귀프루아는 한편으로는 군중이 자신을 완전히 통제하는 모습을 보고 싶었겠지만, 또 한편으로는 희생자가 신음하며 고통받는 모습도 보고 싶었을 것이다. 하지만 정반대의 일이 일어났다. 모든 목격자가 이 점에서 일치했다. 마리 앙투아네트는 수레 위에서 단 한 번도 약한 모습을 보인 적이 없었다. 심지어 자코뱅파 의원들도 이를 인정할 수밖에 없었다. "그는 보란 듯이 단호한 태도를 유지했다."[71] 또 어떤 이는 "그는 자존심, 기품, 오만한 태도를 유지하면서 자신을 돋보

---

[69] G. Lenotre, *La Captivité et la mort de Marie-Antoinette*, "Récit du vicomte Charles Desfossés", *op. cit.*, pp. 373~376.

[70] *Le Rougyff*, n° 35. Le 30 du premier mois de l'an II(21 octobre 1793).

[71] Tournon, *Révolutions de Paris, dédiées à la Nation*, Paris, n° 212, p. 95.

이게 만들었다"라고 말했다.⁷² 성난 에베르는 "게다가 그년은 끝까지 대담하고 오만했다"라고 썼다.⁷³ 마리 앙투아네트는 자부심, 명예, 교육, 기질, 용기로 모든 역경을 극복했다.

마리 앙투아네트의 수레에는 다른 사람도 함께 타고 있었다. 상송과 그의 보조가 뒤에서 난간에 기대어 서 있었다. 그가 감방에서 성사를 거절했던 지라르 신부는 처형장까지 그를 호위할 공식 임무를 받았고, 민간인 복장을 한 채 그의 곁에 앉아 있었다. 그러나 그는 신부를 보지 않았고, 한마디도 하지 않았다. 그는 매우 곧게 앉아 있었으며, 손이 등 뒤에 묶여 있었기 때문에 거의 뒤쪽으로 젖혀 있는 것 같았다. 흰 머리카락은 모자 선을 따라 짧게 잘렸으며, 창백한 얼굴에 뺨은 움푹 들어가 있었고, 볼이 약간 붉었으며, 눈은 마치 피를 부은 것처럼 충혈되었고, 시선은 고정되어 있었다. 그는 군중의 움직임이나 고함에 무관심한 듯했다. "인간의 얼굴로 빽빽이 벽을 쌓고 포장한 길이 되었다." 다시 한 번 빅토르 위고가 아무 소리도 듣지 못하고 또

---

72 *Le Magicien républicain ou oracles politiques et philosophiques des évènemens [sic]* [⋯] *dans le cours de l'année 1794, an 2e de la République française, par Rouy l'aîné, op. cit.*, p. 134.

73 *Le Père Duchesne*, n° 199.

아무것도 보지 못하는 피고의 모습을 묘사한 대목을 떠올리게 된다. "이 모든 것은 내 머릿속에서 마치 종소리처럼 울려 퍼지는 소문이었다."[74]

그러나 마리 앙투아네트는 팔레 루아얄 앞을 지날 때 잠시 마음을 집중했던 것 같다. 그는 그 궁의 소유자가 어떻게 되었는지 분명히 알고 있었을 것이다. 왕의 사촌인 오를레앙 공작은 왕의 사형에 찬성한 최악의 적이었고, 필리프 에갈리테로 이름을 바꾸었으며, 4월에 가족과 함께 체포되어 마르세유의 생장 요새에 감금되어 있었다. 곧 오를레앙의 차례가 올 것이었다. 『파리의 혁명』 편집인은 "그는 이 궁을 보면서 아마도 깊은 추억을 떠올렸을 것이다"라고 썼다. 그는 곧 뒤플레의 집 앞을 지나간다는 사실을 알았을까?[75] 하지만 청백리는 거기에 없었다. 로베스피에르는 그날도 아무 일 없다는 듯이 국민공회에 출석했다. 엄청난 사건이 일어나고 있었지만, 파리에서는 일상생활이 여느 때처럼 계속되고 있었다. 또한 그는 파사주 데 자코뱅 passage des Jacobins[자코뱅 통로]의 문 위에 붙어 있는 "독재자를 무찌르기 위한 공화국 무기공장"이라는 글귀를 알아보았을까? 이러한 경로는 결코 우연히 결정된 것은 아니었다. 공화국은 전쟁 중이었으며, 마리 앙투아네트는 배신의 대가를 톡톡히 치르고 있었다. 죽음을 앞둔

---

74   Victor Hugo, *Le Dernier Jour d'un condamné, op. cit.*, p. 101.
75   생토노레 길 399번지, 오늘날 366번지. 로베스피에르의 방은 안마당 쪽을 향해 있었다.

그에게 그 사실을 반드시 기억하게 만들 필요가 있었다.

생토노레 길 뒤플레의 집에서 조금 떨어진 곳에 있는 건물 1층에서 화가 다비드가 왕비를 지켜보고 있었다. 다비드는 45세였다. 그는 이미 유명했다. 국민공회 몽타뉴파 의원인 그는 왕의 죽음에 찬성표를 던졌으며 무서운 안보위원회 위원이었다. 단 며칠 전, 그는 탕플에서 어린 세자의 심문에 참여했다. 그는 왕들을 증오했다. 그는 몇 년 후 자신이 나폴레옹의 신하가 되어 황제 대관식 장면을 그리게 될 줄은 아직 몰랐다. 전기작가 중 한 명은 그가 당시 '공화국 중앙미술관'이었던 루브르 박물관 근처에서 왕비의 수레를 기다리고 있었을 것이라고 추측했다. 그날 그는 마라와 르펠티에의 초상화 두 점을 미술관에 전시할 예정이었기 때문에 그곳에 있었다.[76]

그러니까 그가 거기에 있었던 것은 우연이 아니었다. 화가는 자신이 증오했던 여인의 마지막 모습을 그리고 싶은 열망을 억누르지 못했다. 그 후 당통이 단두대로 걸어가는 모습도 그렇게 해서 남았다. 그는 스쳐 지나가는 왕비의 모습을 몇 번의 붓질만으로 충분히 포착할 수 있었다. 그는 마리 앙투아네트의 왼쪽에 있었다. 그는 왕비가 수레에 앉아 있는 옆모습과 전신을 그렸다. 왕비는 깡마르고, 늙었고, 몸이 뻣뻣했으며, 입꼬리가 늘어졌고, 눈꺼풀이 감긴 모습이었다. 딱

---

[76] Warren Roberts, *Jacques-Louis David, Revolutionary Artist*, Chapel Hill, University of North Carolina Press, 1989, p. 228. 단두대로 가는 마리 앙투아네트의 초상화는 1936년부터 루브르 박물관의 그래픽 아트실에 보관되어 있다.

딱하고 슬픈 가면 같았다.

화가는 아무런 연민도 없는 관찰자가 되어 자기 나름의 방식으로 왕비의 죽음에 서명하면서 복수를 한 것처럼 초상화를 그렸다. 그것이 우리가 간직한 그의 마지막 모습이다. 그 모습은 우리의 머리를 떠나지 않는다. 베르사유 궁의 화려함과 매력에서 멀리 떨어져 있는 모습이다. 다비드는 과거의 여인과 여성의 세계를 죽였다. 살아 있는 죽음이 우리의 눈앞을 지나가고 다시 돌아오지 않는다. 우리는 공쿠르 형제가 1859년 그 그림을 처음 보고 느낀 공포심을 이해할 수 있다. "어린이가 그린 그림을 오리를 조각하기 위해 활용한 듯, 끔찍하고 비열하다."[77] •

풍자화 뒤에서 나는 여전히 왕비의 본질에 속하는 어떤 것이 있음을 알아챈다. 죽기 직전의 힘, 내면의 집중력 같은 것이며, 사라진 세상의 살아 있는 존재를 보거나 느낄 수 없게 만드는 힘이 있다는 말이다. 그 안에 모든 감정이 강렬하고 농밀하게 들어 있다. 그것은 화가의 의도가 아니라 왕비의 마음과 육체와 영혼의 감옥 속에 담겨 있는 힘이다. 생토노레 길을 가는 수레는 그의 마지막 감옥이었다. 그에게는 도망칠 길이 없었다.

---

[77] Edmond et Jules de Goncourt, *Journal*, t. I, 18 avril 1859, Paris, Robert Laffont, coll. "Bouquins", 1989, p. 444.

• 왕비를 모욕하기 위해 일부러 형편없이 그렸다는 뜻으로 볼 수 있다.

거의 정오가 되었다. 우리는 혁명 길의 모퉁이를 돌아 옛 루이 15세 광장에 이른다. 예전에는 조각가 에듬 부샤르동Edme Bouchardon에게 의뢰한 '사랑받는 자'[루이 15세]의 기마상이 있었지만, 이제는 손에 창을 들고 프리기아 모자를 쓴 자유의 석고상이 그 자리에 서 있다. 몇 주 후 롤랑 부인은 자유의 상에게 이렇게 말할 것이다. "오, 자유여, 그대 이름으로 얼마나 많은 범죄를 저질렀는가!"

광장은 사람들로 가득 차 있었다. 어떤 사람은 20만 명이 모였다고 말했다. 오전 10시부터 기다리던 민중은 처형을 빨리 보고 싶어 안달이었다. 경찰이 감시하고 있었고, 아무런 폭동도 없었다. 한 수사관은 "그의 운명을 불쌍히 여기는 사람은 하나도 없다"라고 말했다.[78] 1월 이후 이 광장에서 잇따라 벌어진 정치적 처형은 혁명 정신으로 볼 때 민중의 축제인 동시에 공화국에 가한 범죄의 본보기식 처벌이었고, 적들에 맞서 끊임없이 국민 주권을 재확인하는 행위였다. 그곳에 도착하는 순간, 마리 앙투아네트에게는 오직 두려움과 죽음만 남아 있었다.

수레는 정확히 튈르리 정원의 중심축 앞에 섰다. 그는 과연 자신

---

[78] Pierre Caron, *Paris pendant la Terreur, op. cit.* "Rapport de Prévost", 16 octobre 1793.

을 죽일 법한 그 끔찍한 도구를 바라보았을까? 또는 바로 그 근처에서, 그가 마지막으로 자녀와 함께 살았고 마지막으로 페르센을 만났던 튈르리 궁을 알아보았을까? 모든 사람은 그가 극도로 창백하다는 사실을 알아챘다. 그의 심장은 빠르게 뛰었고, 온몸의 피가 거꾸로 흘렀다. 하지만 다시 한 번 그는 포기하지 않았다. 관중도 그것을 알아차릴 수 있었다. 모두는 그가 "꽤 단호하다"라고 인정했다. 다음 날 아르장탕Argentan 섹시옹 감시위원회의 한 위원이 친구들에게 쓴 편지에 나온 말이며, 구두장이 시몽이 한 말도 똑같았다. 그 말은 그 장면 전체에 내재된 평등주의적 의도와 성스러움을 파괴하는 열정, 예상치 못한 상황에 대한 놀라움을 한꺼번에 드러냈다. 결국 단두대에 오른 여성은 대중의 환상 속에서 음탕하고 타락한 왕비가 아니었다. 나는 맞춤법을 무시하고 그대로 옮기겠다. "그 암캐는 [풍랑에 흔들리던] 배를 탄 돼지처럼 아름답게 죽었지…. 믿을 수 없이 단호하게 그것을 해냈다." 그리고 그 위원은 이렇게 덧붙였다. "주춤거리지 않고."[79]

　마리 앙투아네트는 몸을 곧게 세우고, 침착하고, 차분했다. 다리도 떨지 않고 치명적인 단두대의 계단을 올라갔다. "그는 허세를 부리면서 올라갔다"라고 『마지시엥 레퓌블리켕Magicien républicain』[공화국의 마법사] 편집인이 말했다. 아무도 그를 부축하지 않았다. 그는 한

---

[79] 편지는 다음에서 인용했다. Daniel Arasse, *La Guillotine et l'imaginaire de la Terreur*, Paris, Flammarion, 1987; "Champs-Histoire", 2010, p. 164. "그는 아주 단호하게 단두대로 올라갔다." *Procès de Marie-Antoinette, op. cit.*, p. 179.

번도 군중에게 말을 걸려고 하지 않았다. 실수로 사형 집행인의 발을 밟고 나서 그는 사과했을까? 사람들은 그것을 두고두고 말했다. 아마도 죽음 이외에 할 이야기가 따로 없었기 때문일 것이다. "나는 너를 기다리고 있다"라고 단두대가 말했다는 것도.⁸⁰ 그것이 바로 그의 모습이었다. 집행인이 그의 손을 풀고, 모자를 벗기고, 팔과 다리를 잡았다. 모든 게 매우 빠르게 진행되었다. 그의 몸을 판자에 묶고 기울여 [그의 목을] 널빤지 구멍에 밀어 넣었다. 칼날이 메마른 소리를 냈고, 머리가 몸에서 떨어졌다. 상송은 피를 흘리는 머리를 들어서 민중에게 보여주었다. 그것은 주권이 민중의 것이라는 증거였다. 공화력 2년 첫 달의 25일[1793년 10월 16일] 12시 15분이었다.

파리 천문대Observatoire에서 왕당파라는 이유로 해임된 카시니Cassini의 후임인 시민 알렉시스 부바르Alexis Bouvard는 그날의 날씨를 꼼꼼하게 기록했다. 6시 15분, "맑은 하늘, 지평선에 약간의 구름." 8시, "좋은 날씨, 증기, 차분함." 10시, "같은 날씨." 정오, "하늘이 흐려지고, 바람과 비."⁸¹

징조를 찾아야 할 곳은 하늘이 아니다.•

---

80 *J'attends le procès de Marie-Antoinette mise au cachot pour tous ses crimes de lèse-nation* [···], s.l,n.d.

81 Bibliothèque de l'Observatoire de Paris AF1/9-15(1785-1798), t. IV, *Journal des observations météorologiques et magnétiques*, 16 octobre 1793.

우연은 없었다. 그 이상의 우연의 일치도 없었다. 생드니 대성전에서 같은 날, 거의 같은 시간에 국민공회의 명령에 따라 어두운 지하무덤을 횃불로 비추면서 왕들의 무덤을 파헤쳤다. 다고베르Dagobert 이후 1,000년이 넘는 기간에 묻힌 왕들의 유해를 꺼내 대수롭지 않게 더럽히고 두 번 죽이듯이 흩어버렸다. 그리고 거의 식인 행위처럼 시신을 모독했다. 유해발굴위원회의 일원인 제르멩 푸아리에Germain Poirier는 일지에 간결하게 적었다. "오전 11시, 오스트리아 출신의 왕비 마리 앙투아네트, 루이 16세의 아내가 목이 잘린 순간에, 루이 15세의 관을 파냈다."[82]

할아버지와 손주며느리를 하나로 모아서 모독해야 복수를 완성할 수 있었다. 둘 다 결국 이름 없는 집단 무덤에서 나온 시체들과 뒤섞여 한 구덩이 속으로 들어가게 될 터였다. 샤토브리앙은 이렇게 논

- 계몽주의 시대에는 과학이 발달했고, 자연 현상이나 경험을 꼼꼼히 기록하며 규칙성과 법칙성을 찾으려고 노력했지만, 한편으로는 혁명의 행위에는 경험의 규칙성보다는 미신이나 전통적 믿음 같은 비합리적인 행위들이 더 많았다는 점을 지적한 말이다.

82 1793년 8월 1일, 국민공회는 바레르의 제안에 따라 마리 앙투아네트 재판과 함께 유해 발굴 명령을 내렸다. 11조는 다음과 같다. "생드니 교회에 조성한 프랑스 왕들의 무덤과 영묘는 다음 8월 10일부터 파괴할 것이다." 결국 그 작업은 더 늦게 시작되어 1793년 10월 12일부터 21일까지 진행되었다. 푸아리에 보고서의 인용문은 다음을 참고할 것. Paul-Laurent Assoun, *Tuer le mort. Le désir révolutionnaire*, Paris, PUF, 2015, p. 12. 왕 46명과 왕비 36명의 유해를 발굴해 구덩이에 한꺼번에 던져 넣었다.

평했다. "우리는 조상의 재를 파헤쳤고, 유해를 치웠다. 마치 촌놈이 우리 도시의 진흙과 쓰레기를 수레로 실어 나르듯이."[83]

그리고 일상은 계속되었다. 저녁에는 공화국 극장에서 실뱅 마레샬Sylvain Maréchal의 1막짜리 희극을 공연했다. 그것은 일종의 예언이었다. 이 작품의 제목은 〈왕들의 최후 심판Le Jugement dernier des rois〉이었다. 그들은 불길에 싸여 광대처럼 티격태격하며 끈에 묶여 버려진 섬으로 끌려갔다. 그들은 다시 돌아오지 않았다.[84]

작가는 경고했다. "왕들은 이 세상에서 우리를 위한 작은 즐거움이다."

"미래의 사람들아, 나를 기억하라. 나는 왕들이 역사에서 사라지던 시대에 살고 있었다."[85]

---

83 인용구의 출처는 다음과 같다. *Génie du christianisme* de François-René de Chateaubriand.

84 *Le Moniteur universel*, 16 octobre 1793.

85 Apollinaire, "Vendémiaire", *Alcools*.

에필로그

마리 앙투아네트의 머리가 바구니로 떨어진 순간, 혁명 광장에 모인 군중은 오랫동안 외쳤다. "공화국 만세!" 그들은 환호성을 지르고, 기쁨의 표시로 모자를 벗어 하늘로 던졌다. "그것은 민중의 축제였다."[1] 혁명적 신문들은 그 사건을 당연하게 평가하며 찬양했다. 국민공회에서는 장 앙리 불랑이 즉시 처형 소식을 보고했다. 그는 처형당한 여성의 이름조차 언급하지 않았다. 그는 단지 "조금 전 생명을 잃은 그 여성"이라고만 말했다.[2] 그날, 스당과 몽메디 민중협회 대표들이 그의 머리를 요구하려고 그 자리에 왔다. 그들은 조금 늦게 와서 미안하다고 하더니 즉시 돌아가서 "이 정의로운 행위의 소식을 국경까지 알리겠다"라고 약속했다. 그들은 이러한 행위만이 '조국 수호자들의 용기'를 되살릴 것이라고 믿었다. 그것은 사실이었다.

---

1   Pierre Caron, *Paris pendant la Terreur, op. cit.*, p. 254. "Rapport de Prévost", 16 octobre 1793.

2   *AP*, t. 76, Convention nationale, séance du 16 octobre 1793.

왕비 처형 후 며칠 동안 국민공회에 축하 인사를 보내지 않은 민중협회는 한 곳도 없었다. 오직 '기쁨', '열광', '환호'에 관한 이야기뿐이었다. 파리 인근의 농촌 지역 베르시Bercy에서는 '수치심을 유발하려고' 옛 왕비의 흉상을 마차 뒤에 끌고 가서, '독재의 여러 가지 유물과 함께' 공개적으로 불태웠다. 사람들은 상상력을 발휘해서 그의 이름을 짓는 경쟁을 벌였다. 기어다니고 깨무는 모든 벌레와 동물이 그의 이름에 들어갔다. 그는 '독사 같은 년', '늑대 같은 년', '피에 굶주린 호랑이 같은 년', '프랑스 사람들의 피를 빨아먹을 표범'이 되었다. 할 말이 많지만 지루할 것 같아 이쯤에서 그만하자. 사람들은 죽은 애국자를 생각하면 수천 번 죽여야 마땅했겠지만 "단 한 번만 죽였다"라며 아쉬워했다. 그들은 옛날의 형벌, 특히 '바퀴와 고문'을 되살려야 한다고 생각했다. 그의 '단축raccourcissement'이 너무도 빠르게 진행되었다며 한탄했다. '국가의 도끼hache nationale'는 "그가 저지른 모든 범죄에 비하면 너무나도 부드러운 벌"일 뿐이었다.³

파리의 신문들은 더 강하게 정치적 열광을 드러냈다. 그들은 "위대한 교훈", "언젠가 이웃 나라에서도 모방할 만한 정의의 위대한 모범 사례"라고 말했다.⁴ "하늘이 이 정의의 행위에 미소 지었다."⁵ 마리

---

3 A. Tuetey, *Répertoire général des sources manuscrites de l'histoire de Paris pendant la Révolution française*, t. X, *op. cit.*, Convention nationale, n° 208~283. Tutey répertorie 74 adresses de félicitations à la Convention. La dernière date du 2 nivôse an II(22 décembre 1793).

앙투아네트는 배신과 국민의 돈을 낭비하고 정부의 비밀정보를 팔았기 때문에 죽었다고 하지만, 일부 편집자들은 그가 "부도덕하고" "내장이 없다"•라고 주장하며, "방탕하고" "나쁜 아내이자 나쁜 어머니" 였기 때문에 죽었다고 강조했다. 다시 말해 혁명기의 여성 혐오를 드러내고 있음을 쉽게 볼 수 있다. "혁명법원은 방금 모든 여성에게 큰 모범을 안겨주었다."⁶

사람들은 정의에 관해서 말할 뿐 아니라 오스트리아 여인의 처형을 민중의 복수에 반드시 필요한 징벌이었다고 칭송했다. '복수'라는 말이 신문에 끊임없이 나타났다. '피'라는 말도 자주 나왔다. 사악한 왕비의 '더러운 피'와 '학살당한 애국자들'의 순수한 피. 르네 지라르 René Girard는 『폭력과 성스러움La Violence et le Sacré』에서 혁명을 그다지 중요하지 않은 사건으로 다루었다. 그러나 마리 앙투아네트의 재판과 처형은 '사법제도와 희생'이 '동일한 기능'을 한다는 그의 이론과 가장 비슷한 사례였다. 혁명법원은 복수를 합리화하는 기구였다. 재판에 회부된 사람들에게 사형을 선고할 때 그것은 합법적 징벌이

---

4   *Révolutions de Paris, dédiées à la Nation*, n° 212.
5   *Le Rougyff*, n° 35.
•   우리가 배짱이 없다는 뜻으로 쓰는 '배알이 없다'와 달리 '감정이 없는 냉혹한 사람'에 가까운 의미다.
6   *Le salut public*. "Aux Républicains"(fin octobre 1793), 롤랑 부인의 『회고록』에서 인용. les *Mémoires de Mme Roland, op. cit.*, p. 550.

되었다. 이렇게 해서 폭력이 정당하고 초월적으로 바뀌는 속임수가 일어났다. 결국 법의 이름으로 그들을 단두대로 보냈다.[7]

* * *

혁명 광장에서 경찰은 일부 불만스러운 사람들을 알아보았다. 경찰관 루보Roubaud는 "귀족들은 입술을 꽉 깨물거나 어색한 표정을 지었기 때문에 쉽게 알아볼 수 있었다"라고 보고했다.[8] 또한 '불손한 발언'도 가끔 들렸다. 경찰은 그러한 발언을 한 사람을 모두 즉시 체포했다. 그러나 무엇인가 시도하는 사람은 하나도 없었다. 모두가 너무나 두려워하고 있었기 때문이다.

이미 일어난 단 하나의 사건은 앞으로 순교자 마리 앙투아네트를 숭배할 사람이 늘어날 것을 예고했다. 어떤 젊은이가 경비대의 틈을 비집고 단두대 아래로 들어가 손인지 손수건인지를 희생자의 피에 담갔다.[9] 또다시 피 얘기다! 그는 체포되었고, 거의 매를 맞을 뻔했

---

[7] René Girard, *La Violence et le Sacré*, Paris, Grasset, 2007, p. 323 sq.

[8] Pierre Caron, *Paris pendant la Terreur, op. cit.* "Rapport de Roubaud", 16 octobre 1793, p. 248.

[9] 경찰관 루보가 보고한 사건을 신문이 받아서 보도했다. *Le Magicien républicain ou oracles politiques et philosophiques des évènemens [sic] [⋯] dans le cours de l'année 1794, an 2ᵉ de la République française*, par Rouy l'aîné, *op. cit.*, p. 135.

다. 그는 파리의 헌 옷 장수 맹고Mingault였다. "앙투아네트의 피! 그는 무엇을 하려 했던 걸까?"라고 『구국의 신문La Feuille du salut』의 기자가 물었다. "그는 폭정을 퍼뜨리려고 했던 것일까? 우리는 국가 정의를 모독하는 행위를 반드시 처벌해야 한다." 그를 일주일 후에 재판할 예정이었다. 푸키에는 그의 머리를 요구했지만, 예상과 달리 그는 무죄 판결을 받았다. 그는 마치 훗날 위고의 『레미제라블』에서 가브로슈Gavroche의 입을 빌려서 말한 것 같다. 그는 우연히 단두대 아래로 밀려들어갔고, '악녀' 마리 앙투아네트의 피 한 방울이 손에 떨어졌기 때문에 손수건을 꺼내서 닦아냈을 뿐이라고 말했을 것이다.[10]

* * *

하지만 왕비의 마지막 날은 그의 유물이 최초로 풍성하게 살아나는 첫날이기도 했다. [소설가] 쥘리엥 그라크Julien Gracq는 이것을 '합법성의 신비로운 왕정주의'라고 불렀다. 왕비의 머리카락, 왕비의 드레스 조각, 왕비의 리본, 이렇게 사소한 것들이 모두 숭배의 대상이 되었다. "이것들을 엄숙히 만지기 위해서는 역사학자의 손보다 차라리 종교인의 손이 필요할 것이다."[11] 그의 콩시에르주리 감방은 기도실로

---

10 *Choix d'anecdotes anciennes et modernes recueillies des meilleurs auteurs*, à Paris, chez Poncelin, an XI-1803, t. IV, pp. 190~191. Pour le dossier Maingault: AN W/291/183.

바뀌어 있을 것이다. 그의 유해를 발굴해 장엄한 예식을 치르면서 생드니 대성전으로 운반할 것이다. 그를 던져 넣었던 구덩이 자리에는 작은 예배당을 건립할 것이다. 그 예배당은 아직도 앙주Anjou 길과 오스만대로가 만나는 곳, 옛날 마들렌 공동묘지가 있던 자리에 있다.

조각가 코르토Cortot는 엘리자베트 부인의 특징을 순교자 왕비에게 부여하고, 십자가 아래서 황홀경에 든 모습으로 표현했다. 앞으로 수십 년 동안 사람들의 눈물에 씻기며, 기도 소리와 향 연기가 주위에 피어날 것이다. 프랑스 전역의 수도원에서 수녀들이 그를 위해 기도할 것이다. 수많은 사람이 진지하게 받아들이는 설교로 유명한 보스의 농부 마르탱 드 갈라르동Martin de Gallardon은 왕정복고의 합법성을 주장하려면 먼저 처형당한 왕비의 명예부터 회복하라고 주장했다. 1825년 5월, 랭스에서 극우 왕당파 의원 샤를 모리스 드 살라베리 Charles-Maurice de Salaberry는 프랑스의 마지막 왕[샤를 10세]의 대관식에서 그를 호출했다. 마치 성유가 순식간에 신성모독을 씻어내는 것 같았다. "랭스 대성당, 콩시에르주리, 샤를 10세의 성찬례, 지하감방에서 치른 마리 앙투아네트의 성찬례, 합법적 군주정이 승리한 날, 혁명적 범죄의 날."[12]

---

11 Barbey d'Aurevilly, "Marie-Antoinette", in *Le Réveil*, 10 juillet 1858.

12 *Souvenirs politiques du comte de Salaberry sur la Restauration*, t. II, Paris, Picard, 1900, pp. 182~183.

경건한 역사가들은 그의 처형 장면을 재창조하기도 했다. 그가 단두대의 칼날에 치욕스럽게 죽는 대신 단두대 아래에서 굶어 죽었다고 말하는 사람도 있었다.[13] 또 어떤 이는 그가 무릎을 꿇고, "주님, 집행인들을 빛으로 인도하고 어루만져주소서"라고 기도했다고 썼다.[14] 세기말의 종말론적 하늘 아래에서 환상가들, 미치광이들, 불행한 자들도 있었다. 바이에른의 루드비히Ludwig 2세는 성모 마리아를 대하듯 그에게 말했다. 그는 그렇게 해서 동성애 성향을 극복할 힘을 얻고 싶었다.[15] 레옹 블루아를 다시 읽으면서 19세기가 저물어갈 때 사람들이 그의 순교를 어떤 뜻으로 받아들였는지 이해할 필요가 있다. "마리 앙투아네트는 머리에 왕관을 쓰고, 손에 홀을 쥔 채 치욕의 정점을 향해 올라갔다. 그의 처형 장면을 지켜본 30만 명의 머리 위에 그는 두 발로 섰다. […] 그는 자신의 머리를 집어들고 혼자 걸어와 통

---

13   1800년에 죽은 왕당파 신문기자 말레 뒤 팡이 이러한 이야기를 최초로 전했다. "루아얄 길 모퉁이에서 그는 마치 죽은 듯이 실신했다. 그는 움직이지 않은 채로 단두대에 도착했다." *Mémoires et correspondance pour servir à l'histoire de la Révolution française*, t. II, *op. cit.*, p. 197. 라퐁 도손은 이 전설을 다시 전했다. Lafont d'Aussonne, *Mémoires secrets et universels des malheurs et de la mort de la reine de France*, *op. cit.*

14   Quentin Crawford, *Notice sur Marie Stuart, reine d'Écosse et sur Marie-Antoinette reine de France*, *op. cit.*, p. 56 sq.
     왕정복고 시기에는 다음과 같이 기도를 했다고 전한다. "하느님, 당신의 손에 내 영혼을 맡기나이다."(*La Mort de Marie-Antoinette*, ragédie en 5 actes, Paris, Lebègue, 1814)

15   Chantal Thomas, *La Reine scélérate. Marie-Antoinette dans les pamphlets*, *op. cit.*, p. 23.

치하기 시작했다. […] 이 표시로써 그대는 승리할 것이다. 오, 19세기여!"[16]

사람들은 마리 앙투아네트가 한 번도 자신에게 속하지 않았다고 믿었다. 그래서 그에게는 수많은 아바타가 있었다. 사람들은 그를 대신해서 아바타를 소유하려고 했다. 모두가 그것을 자기 것으로 만들었다. 어떤 이는 그를 군주제의 성인으로 만들었고, 또 다른 이는 그를 오랫동안 공화국의 지옥 속에 가두었다. 먼저 미슐레는 이렇게 말했다. "왕비는 유죄였으며, 외국인을 불러들였다. 이것은 오늘날에도 증명할 수 있다."[17] 심지어 라마르틴조차 그가 "아마도 무죄일지도 모른다"라고 믿었다. 그런데 7월 왕정 시기에 정통주의자들은 이 '아마도'라는 말에 수없이 항의했다.[18]

그리고 마치 [강력한 마녀] 키르케Circé의 희생자들처럼 프랑스 국민이 그를 중심으로 공화국 지지자와 적으로 갈라지고 프랑스가 점차 둘로 쪼개지자 사람들은 그의 다양한 모습을 발견했다. 이미 나폴레옹은 그의 무분별함과 경박함, 능력 부족에 대해 언급하기 시작했다. 그는 멍청한 소녀이거나 자신의 운명을 이해하지 못한 응석받

---

16 Léon Bloy, *La Chevalière de la Mort, op. cit.*
17 Jules Michelet, *Histoire de la Révolution française*, t. II, *op. cit.*, p. 599.
18 Alphonse de Lamartine, *Histoire des Girondins, op. cit.*, I, Introduction de Mona Ozouf, p. XI.

이 소녀로 취급받았다. 사람들은 그를 [모리스 데코브라Maurice Dekobra]의 『침대칸의 마돈나La Madone des sleepings』[처럼 자유분방하고 파산한 여성], 패션 잡지의 코팅된 종이 인형 같은 [획일적] 모습으로 취급했다. 소피아 코폴라Sofia Coppola 감독의 영화에서 주인공이 신발을 신은 자기 모습에 반한 모습을 꼭 보아야 한다. 그는 현대판 공주였고, 젠더 연구의 대상이었으며, 규범을 거부하면서도 규범의 희생자인 게이의 상징이기도 했다. 그는 오슨 웰스Orson Welles의 〈상하이에서 온 여인〉의 마지막 장면처럼 무한히 반사하는 거울의 미로에 갇힌 모습으로 등장할지 모른다.

* * *

모든 것은 결국 침묵으로 시작되었다. 왕비가 죽은 뒤 몇 달 동안 마치 귀가 먹은 것처럼 아무 소리도 들리지 않았다. 공화국은 자기 자신의 정당성, 파벌 간 투쟁과 전쟁에 전념해야 했기 때문에 그를 빠르게 잊어버렸다. 왕들 역시 마찬가지였다. 왕당파 선전가 말레 뒤 팡은 매우 일찍 걱정하기 시작했다. "국민공회는 프랑스 왕비를 살해하게 했고, 일부 무명작가만이 이 사건을 이야기할 뿐이다. [...] 유럽에서 이 재난에 관심을 가진 정부는 거의 없기 때문에 대중은 곧 그의 흔적까지 잃어버렸다. 이 죽음의 첫인상은 겨우 보름 만에 사라졌다."[19]

세인트 헬레나 섬에서 나폴레옹은 비엔나에서 만난 사람들이 마리 앙투아네트에 대해 깊은 침묵으로 일관했다는 사실을 기억할 것이다. 그들은 그의 이름을 들을 때마다 "눈을 마주치지 않고, 화제를 바꿔서 불편하고 난처한 주제를 피했다."[20] 그리고 말레 뒤 팡은 유럽을 향해 오히려 그의 죽음을 이용해 에너지를 다시 불사르라고 충고했다. 10월 말쯤, 다시 한 번 공화국이 승기를 잡고 있었기 때문이다. 이 상황은 1815년까지 멈추지 않았다.

마리 앙투아네트를 알고 진심으로 사랑했던 사람들만이 애도했다. 그는 혼자만 죽지 않았다. 그를 죽음으로 몰아넣지 않았던 사람이거나 그와 너무 가까워서 공포정치의 올가미에 걸려든 몇몇 친구가 그의 뒤를 따랐다. '가장 다정한 친구'이며 끝까지 변함없이 애정을 바친 욜랑드 드 폴리냐크는 한 달 반 후 1793년 12월 4일에서 5일 사이 밤에 비엔나에서 최초로 사라졌다. 욜랑드는 결핵 환자였다. 그는 병을 달고 살았고, 며칠 뒤 땅에 묻혔다. 그의 무덤은 흔적 없이 사라졌지만, 거기 새긴 글귀만은 기억에 남았다. "고통으로 죽다. 1793년 12월 9일."

로베스피에르가 몰락하기 전날인 1794년 7월 26일, 왕비의 시녀

---

19 Mallet du Pan, *Mémoires et correspondance pour servir à l'histoire de la Révolution française*, t. II, *op. cit.*, p. 74. Mémoire de Mallet du Pan au cabinet de Londres, 5 mars 1794.

20 Emmanuel de Las Cases, *Mémorial de Sainte-Hélène*, t. II, Paris, Le Seuil, 1968, p. 1357.

두 명도 우정의 제물이 되었다. 그날 시녀 오쉥 부인이 바렌 도주의 날 주인을 고발하지 않았다는 이유로 트론 랑베르세 광장(오늘날 나시옹 광장)에서 단두대에 올랐다. 또 시녀 중 왕비가 가장 좋아한 아델라이드 오기에Adeleïde Auguié도 불행한 일을 당했다. 마리 앙투아네트는 1789년 10월 6일 베르사유에서 자신의 목숨을 구해준 아델라이드의 머리털이 사자의 갈기를 연상시킨다고 해서 '나의 사자ma lionne'라고 불렀다. 왕비는 탕플 감옥으로 가기 전에 그에게 25루이[600리브르]를 맡겼다고 한다. 첫 번째 체포령이 떨어졌을 때, 이 시녀는 파리 근처에 있는 거주지 쿠베르탱Coubertin 성으로 피신했다가 가명을 쓰면서 파리 리슐리외 길의 보르도 호텔에 숨어 살았다. 그러나 곧 안보위원회 경찰관들에게 발각되었다. 그들이 도착하자마자 그는 6층 창문에서 뛰어내렸다. 두 시간 후 그는 딸의 품속에서 숨졌다. 1794년 7월 26일, 바로 공포정치의 마지막 날이었다.

* * *

왕비가 죽은 후 며칠 동안 진심으로 애도했던 사람들의 흔적은 매우 적다. 프랑스 사람들은 글을 쓸 생각조차 하지 않았다. 다른 나라에서는 편지들이 사라지거나 아직도 가문 저장고에 잠들어 있다. 스위스에서는 유일하게 그를 옹호했던 스탈 부인이 그의 '끔찍한 운명'에 가슴 아파했다. 스탈은 연인 나르본 백작에게 이렇게 썼다. "그의 집행자들은 모든 종류의 고문을 다 써버렸습니다."[21]

그러나 그를 가장 많이 애도한 곳은 바로 브뤼셀이었다. 악셀 드 페르센은 10월 20일에 왕비의 죽음을 알게 되었다. 그 무엇도 페르센을 위로하지 못했다. 그날 그는 자신의 감정을 나눌 수 있는 브르퇴이 남작, 옛 시녀 피츠 제임스Fitz-James 공작부인과 방에 틀어박혔다. 그 후 며칠 간 페르센은 왕비의 기록으로 일기장을 채웠다. 10월 24일, "왕비의 모습, 고통, 죽음과 나의 감정이 머릿속에서 떠나지 않는다. 다른 생각을 할 수 없다." 10월 26일, "날마다 왕비를 생각하고, 하루하루 슬픔만 더 늘어간다. 아침마다 내가 잃어버린 모든 것을 새록새록 더 느낀다." 11월 5일, "오! 왕비에게 저지른 잘못이 얼마나 후회스러운지, 그리고 내가 얼마나 왕비를 사랑했는지 이제야 알게 된다."[22] 페르센은 왕비의 사소한 흔적만이라도 찾으려고 파리를 헤맸다. 그리고 평생 결혼하지 않고 왕비를 숭배하면서 살았다. 그 또한 1810년 6월 20일, 바렌의 도주 기념일, 폭력으로 끝을 맞이했다. 그날 그는 스톡홀름에 돌아가서 살던 중 민중의 돌에 맞고 짓밟혀 죽었다.

---

[21] Mme de Staël, *Lettres à Narbonne*, lettre 104, Nion, 25 octobre 1793, *op. cit.*, p. 326.

[22] 페르센 일기의 발췌는 다음에서 인용. Evelyn Farr, in *Marie-Antoinette et le comte de Fersen. La correspondance secrète*, *op. cit.*, p. 383.

후기

내가 마리 앙투아네트에게 도착한 것은 그의 적들의 환호나 그의 친구들이 흘린 눈물 덕분이 아니다. 그가 살던 콩시에르주리 감방을 방문했을 때 느꼈던 정적 덕분이었다. 다행히 나는 그곳에 혼자 있었고, 그가 살면서 겪은, 감금 상태에서 겪은 가장 두드러진 특성을 충분히 가슴으로 받아들일 수 있었다. 그의 감옥은 단지 혁명기에 그를 가두었던 튈르리 궁, 탕플, 콩시에르주리가 전부는 아니었다. 평생의 모든 것이 그의 감옥이었다. 그는 평생 탈출구를 찾았고, 어느 날 마침내 운명을 받아들이기로 결심했다. 그는 자신을 알았다. 그는 왕비였다. 그는 왕비의 직분을 수행했고, 끝까지 왕비로 살았다. 그는 그것을 통해 성장했고, 그것과 함께 죽었다. 어떤 의미에서 그는 순종함 obéissance 으로써 승리했다. 태생과 위치, 신념과 의무에 순종했다. 나는 이 책의 제목에 이 말[순종]을 쓰려고 생각하기도 했다. 혁명은 이 비극적 교착 상태에서 중요한 역할을 했다. 혁명은 교착 상태를 통해, 또 교착 상태에 맞서면서 실현되었다.

나는 그의 마지막 감옥을 방문하던 때 혁명기에 대해 연구하고 있었다. 당시 나는 국민공회 의원, 시해자, 리옹 파견의원이었던 푸셰의 전기를 쓰고 있었고, 언젠가 그 시기를 다시 연구하려는 생각까지 이미 하고 있었다. 오늘날의 우리 자신을 이해하려는 사람이라면 누구나 혁명의 시작과 과도한 면을 상징적으로 보여주는 그 시기를 반드시 알아야 한다고 생각했기 때문이다. 나는 혁명의 빛나는 면과 어두운 면을 보여주면서도, 그것들을 도저히 떼어놓을 수 없다는 사실을 말하고 싶었다.

혁명의 백지화와 이상향을 추구하는 열광이 시작된 장소를 찾기란 쉽다. 그곳은 바로 베르사유의 죄드폼Jeu de paume이다. 1789년 6월 20일, 전국신분회 제3신분 대표들의 맹세로 유명한 장소다. 그곳에서 그들은 국민국가의 헌법을 제정할 때까지 결코 헤어지지 않겠다고 맹세했다. 이 사건의 이야기는 적절한 때가 되면 나올 것이다.

반면에 국민공회 시기의 공포정치, 폭력과 증오가 가득했던 장소는 여러 군데 있다. 파리의 혁명법원 법정은 그러한 장소 중 하나일 수 있다. 내게 그런 생각을 심어준 것은 마리 앙투아네트라는 인물이었고, 그의 재판 이야기를 아무도 쓰지 않았다는 사실이었다. 그곳에는 고전 비극의 제한된 공간과 [시간, 장소, 행위의] 세 가지 통일성이 있었다. 나는 또한 공포정치를 이해하는 데 필요한 것도 가지고 있었다. 1793년 10월 14일부터 16일까지 이곳에서, 두 사회, 두 가지 표상체계, 두 세계가 축소된 형태로 맞붙어 기이한 싸움을 벌였다. 왕의 재판보다 더욱 두드러진 모습이었다. 그 적대자들은 더 분명하고, 더 명확히 묘사되었기 때문이다. 바로 혁명과 반혁명. 남성과 여성. 두 개의 주권, 두 개의 정당성, 또한 적용되는 대상에 따라 그 의미가 계속

변하는 조국, 배신, 미덕, 음모라는 단어들. 서로 완전히 대립하고, 결코 화합할 수 없는 두 세계, 겉보기에는 공존하고 대화하며 접촉하지만 서로 이해하지 못하는 두 세계.

그러한 자폐증은 곧바로 죽음으로 이어진다. 마리 앙투아네트와 친구들의 죽음, 그의 고발자들과 판사들의 죽음. 나는 이 비극적인 운명의 공동체에 마음을 빼앗겼다. 우리는 솔직히 인정해야 한다. 우리는 수많은 시체 위에 우리의 공화국을 세웠고, 그러고 나서 민주주의를 세웠다.

그 흔적들도 찾아내야 했다. 나는 옛날 소설 속의 위대한 탐정들, 예를 들어 네스토르 뷔르마Nestor Burma나 노란 방에 있던 룰타비유Rouletabille를 좋아하고 애정을 갖고 있다.● 역사가도 그들처럼 호기심을 갖고, 다양한 방법론을 실천하고, 직관을 다양하게 활용해야 한다. 역사가는 탐문 조사를 한다. 그렇다고 역사가 수수께끼라는 말이 아니다. 오히려 부적절하게 '증거'라고 불리는 것, 사실은 상반되고 다양하며, 연속적이거나 중단된 이야기(담론), 때로는 그 이야기가 가져오거나 인용하는 사건을 다루는 시점 때문에 어느 정도 변질된 자료의 무더기가 역사일 수 있다. 역사가는 뜨겁거나 차가운 것이 엉켜 있

● 사립탐정 네스토르 뷔르마는 레오 말레(1909-1996)가 창작하고 1991년부터 제작한 영상 시리즈의 주인공이다. 룰타비유는 가스통 르루가 쓴 최초의 밀실 추리소설인 『노란 방의 미스터리Le Mystère de la chambre jaune』의 주인공이다. '세계를 돌다'라는 뜻의 이름을 가진 주인공은 넓은 견문을 바탕으로 밀실에서 일어난 사건을 해결한다.

는 실타래를 풀어서 보물을 찾아낸다. 한마디로 역사가는 폐허의 장에서 과거를 재건해야 하지만, 그 결과가 반드시 '모범'이 되지는 않으리라는 사실을 알고 있다.

그럼에도 연구를 시작하거나 책을 쓸 때는 보물찾기 같은 가벼운 향기가 나기 때문에 좀 더 신난다. 내 친구 프랑수아 쉬로François Sureau가 말하듯이, 우리는 '시간의 금'을 찾아 떠난다. 이것은 싸우러 가는 여정인 동시에 성배를 찾는 여정이기도 하다. 그러나 냉정을 잃지 말아야 한다. 때로는 우리가 찾던 것 이상을 찾는다 해도 결코 놀라지 말아야 한다. 거울 저편, 때로는 보이지 않는 나라, 때로는 실재하는 나라에 닿더라도. 이 책을 쓰면서 나는 종종 앨리스와 하트 여왕을 떠올렸다. 여왕이 갑자기 격분하고 흥분하며 외친다. "그들의 목을 베어라!"[23] 또 위뷔Ubu의 거대한 배腹를 떠올렸다. "**위뷔의 어머니**: 내가 너라면, 엉덩이를 왕좌 위에 올리고 싶을 것이다. 그러면 네 재산을 무한히 늘릴 수 있고, 자주 소시지를 먹으며 거리에서 호사를 부릴 수 있다. **위뷔의 아버지**: 아, 유혹에 빠졌다. 젠장, 이런 젠장!"[24] ● 풍자

---

[23] Lewis Carroll, *Les Aventures d'Alice au pays des merveilles*, Londres, Macmillan Publishers, 1865.

[24] Alfred Jarry, *Ubu roi*, Paris, Mercure de France, 1896; rééd. GF-Flammarion, 2001(acte I, scène 1).

● 〈왕 위뷔〉는 작가가 23세에 발표한 연극으로 문화적 규칙, 규범, 관습을 뒤집었기 때문에 관객을 화나게 만들었지만, 부조리극의 선구라는 평을 받았다.

는 결코 그것이 발생한 현재와 완전히 분리될 수 없다.

* * *

마리 앙투아네트에 대한 글은 많지만, 그의 재판을 다룬 글은 별로 없다. 19세기 초반에는 그의 마지막 순간을 성스럽게 다룬 연구가 많이 나왔다. 몽주아, 로크 드 몽가야르, 라퐁 도손의 연구가 있다. 루이 테오도르 고슬랭Louis Théodore Gosselin이 1897년 르노트르라는 필명으로, 그리고 1907년에 귀스타브 고테로가 좀 더 진지한 태도로 각각 그의 감금과 죽음을 다루었다. 고테로는 이것을 그의 '고통agonie'이라고 불렀다. 고슬랭은 뛰어난 문서 발굴가였다. 그가 쓴 역사는 곧 혁명 피해자를 대변하는 목소리가 되었고, 1935년 파리 동부의 피크퓌스Picpus 묘지의 단두대 희생자 구역에 묻혔다. 고테로는 방데 전쟁사 학자로서 파리 가톨릭대학Institut catholique de Paris 교수였고, 루아르 앵페리외르Loire-Inférieure에서 상원의원이 되었다. 그는 끊임없이 프리메이슨 조직과 자신의 저서에서 '붉은 물결vague rouge'이라고 부른 것에 맞서 싸웠다.

　우리는 그들이 마리 앙투아네트에게 불리한 편견을 가지고 있었다고 비난해서는 안 된다. 그들은 그의 재판에서 마치 그만이 존재하고, 판사들은 존재하지 않거나 거의 존재하지 않는 것처럼, 다시 말해 거의 전적으로 그의 관점에서만 다루었다. 혁명법원이 활동하던 시기의 역사가들도 판사들에게 별다른 관심을 기울이지 않았다.

1862년의 에밀 캉파르동Émile Campardon이나 1880년부터 1890년까지 여섯 권짜리 대작 『법원과 정의Le Tribunal et la Justice』를 쓴 앙리 왈롱Henri Wallon은 재판 기록을 제대로 활용하지 않았다. 특히 1857년부터 1908년까지 국가기록원에서 사법문서 책임자로 일했던 캉파르동이 1793년 3월부터 1795년 5월까지 혁명법원이 판결한 '사건 목록'을 처음으로 정리한 전문가였음에도 기록을 완전히 활용하지 않았다는 점이 놀라울 뿐이다.[25] 1968년에 역사가 제라르 월터가 왕비의 재판 기록을 출판했다. 그러나 그는 『모니퇴르』에 게재된 재판 기록을 그대로 인용하면서도 출처를 명확히 밝히지 않았을 뿐 아니라 자신이 일부를 잘라냈다는 사실도 밝히지 않았다. 심지어 그가 제시한 배심원 명단도 부정확하다.[26]

이제는 원사료로 되돌아갈 때가 되었다. 오늘날 국가기록원의 현대사 자료는 파리 교외의 피에르피트쉬르센Pierrefitte-sur-Seine에 보관되어 있다. 바로 거기에 혁명법원의 문서가 모여 있다. 파리 사람이면 [북쪽 약 20킬로미터 이내의] 그리 먼 곳은 아니지만, 지하로 내려가야 한다. 그러나 쥘 베른Jules Verne의 [지구 속] 여행의 주인공처럼 오싹한 느낌은 없다. 또 〈서브웨이Subway〉에 가 있는 것도 아니며, 불행히도 [배

---

25 최근 도미니크 셰네는 캉파르동의 작업을 이어받았다. Dominique Cheynet, Tribunal révolutionnaire. Répertoire numérique des affaires jugées. W268-W499.

26 Le Procès de Marie-Antoinette, présenté et commenté par Gérard Walter, op. cit.

우이며 본명이 잔 로크Jeanne Roques인] 무시도라Musidora로 재탄생한 이자벨 아자니Izabelle Adjani를 만날 가능성도 희박하다.* 특히 출퇴근 시간에는 더욱 그렇다. 전철 13호선을 타고 생드니 대학교역까지 가서 지상으로 나와야 한다. 거기서 약 10분 정도 걸으면 기록보관소가 있는 곳에 도달한다.

아! 옛날의 교외가 생각난다. 어릴 적 할머니가 파리 남쪽의 비리Viry 쪽에 살았다. 그 시절은 『잃어버린 시간을 찾아서*La Recherche*』의 로베르 드 생루Robert de Saint-Loup가 이름 모를 마을의 석조건물에서 애인을 방문하는 장면과 닮아 있었다. 봄날이었다. "그가 살던 집에 도착하기 위해 우리는 작은 정원을 따라 걸었다. […] 꽃이 만발한 과일나무가 늘어서서 거대한 흰색 쉼터를 화려하게 꾸며놓은 정원." 배나무, 사과나무, 벚나무가 있는 농원과 원예의 세계에서 우리는 옛날 재정가나 왕의 정부들이 철부지 짓을 하던 별장의 흔적을 찾을 수 있

• 뤽 베송 감독의 1985년작 〈서브웨이〉는 파리 지하철 아래, 더 깊은 심연에서 벌어지는 사건을 다룬 영화다. 이자벨 아자니는 주인공으로 출연하며 자신의 정체성을 찾고 범죄조직과 맞서 싸우는 역할을 맡았다. 실제로 그는 '늙지 않기 때문에 흡혈귀'라는 별명을 가지고 있으며, 이는 그가 불사의 존재와 관련된 여러 작품에서 강력한 여성을 연기한 것에서 유래한다. 20세기 초 〈흡혈귀들Les Vampires〉의 무시도라처럼 아자니는 1979년에 제작된 베르너 헤어조크의 〈노스페라투Nosferatu〉에서 흡혈귀와 싸우는 역할로 강한 인상을 남겼다. 결국 이자벨 아자니는 〈서브웨이〉에서도 범죄와 싸우면서 자신의 존재를 증명하는 역할을 수행했다. 저자는 이처럼 전혀 다른 시대의 캐릭터를 연결해 두 배우의 공통적인 강인함을 강조하고 있다.

었다.

파리의 교외 피에르피트에서 크고 작은 별관과 정원들은 사라졌다. 오늘날 그것은 깨끗하게 정돈되었으며 유리, 알루미늄, 강철 조형물로 가득하다. 일련의 큐브와 직사각형이 늘어섰다. 그라크가 오늘날에는 믿기 어려울 만큼 상세히 묘사했던 것처럼 숲이 반쯤 침범한 교외는 이미 사라지고 없다. 심지어 셀린Céline이 도시가 썩어 문드러지고 무너져 내리며, 부드럽고 비참하게 펼쳐진 '쓰레기통들의 거대한 궁둥이'라고 묘사한 교외 모습도 이제는 알아보기 어렵다.* 아니, 우리는 미래에 있다. 국가기록원의 새 건물이 물 위에 자리 잡았다. 나는 12월에 처음으로 그곳에 갔다. 그날은 맑았고, 거의 아폴리네르의 잊힌 거리에 있는 기분이었다. "새롭고 깨끗한 그 길은 햇살처럼 퍼지는 나팔소리 같았다." 하지만 전체 건물은 피라네시Piranèse의 감옥들**처럼 층층이 쌓인 원통형 구조물, 계단, 통로들로 이루어진 일련의 흉물스러운 모습처럼 보인다.

• 본명이 루이 푸아리에Louis Poirier인 쥘리앵 그라크(1910 – 2007)는 소설가이자 평론가로 자연, 시간, 인간 내면을 탐구하는 실험적이고 시적이며 상징적인 작품으로 프랑스 문학사에 깊은 영향을 남겼다.
루이 페르디낭 셀린Louis-Ferdinand Céline(1894-1961)은 소설가이자 극작가, 의사로 활동했으며 인생의 비극과 절망, 인간성에 대한 신랄한 통찰로 유명한 동시에 선정적이고 논란이 많은 인물이다. 그의 작품들은 문학적 혁신과 더불어 정치적 논란에 휩싸여 있다.
•• 조반니 바티스타 피라네시Giovanni Battista Piranesi(1720-1778)의 판화 연작 〈상상의 감옥들Le carceri d'invenzione〉은 1750년에 처음 나왔다.

* * *

실내에서는 매우 다른 인상을 받는다. 열람실은 물에 둘러싸인 아름다운 공간이며, 온통 목재와 빛으로 가득 차 있다.

아무도 보이지 않았다. 대성당의 침묵에 휩싸인 것 같았다. 조금은 한가해 보이는 안내원들이 창구 뒤에서 손님을 기다리고 있었다. 다행이다. 나는 혁명법원에서 판결한 사건의 W 시리즈에서 왕비의 재판 문서를 청구한 뒤, 기다리는 동안 빨리 상자를 열어보고 싶어 참기 어려웠다. 나는 자리를 잡고 문서 상자를 열었다. 서류철은 한 사건마다 하나씩이며 갈색 표지에 싸여 있었다. 나는 왕비 사건에 도달했다. 두께는 매우 얇아 보였다. 내부에는 작고 기울어진 필체로 간단한 손글씨 쪽지가 있었다. "이 서류철에 담긴 서류들은 철제금고 문서, 13번 상자에 있다." 아뿔싸!

나는 철제금고가 무엇인지는 알았지만, 그 역사는 제대로 알지 못했다. 며칠 뒤에 기록연구관인 친구 얀 포탱Yann Potin이 전문적인 이야기를 들려주면서 그 문을 열어주었다. 루이 16세가 튈르리 궁의 어두운 복도 벽면에 자물쇠 장인 프랑수아 가맹François Gamain에게 주문했던 금고, 그리고 발각되면서 재판의 진행 속도를 급하게 만든 바로 그 금고가 아니었다. 그것보다 훨씬 크고 웅장한 금고였다. 1790년 11월, 국민의회가 파리의 자물쇠 장인 마게리Maguerit에게 주문한 인권선언문과 최초의 프랑스 헌법(1791년 9월 3일 헌법)의 동판, 아시냐의 제작에 필요한 틀과 펀치 등을 보관하는 금고였다. 단 2년

존속한 불쌍한 헌법! 1792년 7월 14일, 연맹제가 열리던 날, 왕정이 붕괴하기 불과 한 달 전, 유명한 동판을 보관함에 넣고 상징적으로 바스티유의 자리에 묻었는데, 이는 옛 전제 왕정, 봉인장, 국가 감옥으로부터 자신을 보호하려는 의도로 보였다. 그러나 곧 튈르리 궁이 점령되고, 공화국이 선포되었다. 1793년 5월 7일, 구국위원회는 이번에는 위원회를 임명해서 동판을 발굴하도록 했다. 그 판들을 발굴한 뒤 냉혹하게 망치질하여, 이제는 지나간 왕정의 추악한 과거를 보여주는 살아 있는 증거로 보존했다.

철제금고는 살아남게 된다. 1848년에 제1제국 이후 국가기록보관소로 사용한 수비즈 궁Hôtel de Soubise의 2층 경비대가 쓰던 홀에 두었다. 그해 12월, 쥘 미슐레는 국가 기록의 살아 있는 중심을 건설하자고 제안했다. 그 제안서에서 그는 그곳의 전시 기획을 밝히고, 그 중심에 철제금고를 배치했다. 그곳에는 프랑스 역사를 만든 모든 것, 패자와 승자의 영원한 화합의 역사, 실드베르Childebert 헌장•과 루이 16세의 재판 문서, 나폴레옹의 유언장과 죄드폼의 맹세를 보관했다. 13세기에 생 루이[루이 9세]가 성당의 2층에 하늘과 땅의 두 권력을 결합한 상징인 그리스도의 가시면류관을 보관하기로 결정하면서 카페 가문의 정당성을 보증하는 유물관을 만들었다. 미슐레는 국가

• 6~8세기 프랑크 왕국의 동쪽 왕국인 아우스트라시아Austrasia의 사법과 치안을 체계화하고, 살리카 법을 개혁하고, 프랑크 정복자와 갈로로마인 사이의 평등을 확립한 문서다. 이 칙령은 595년에 섭정 브루네힐데가 작성했고, 그의 아들 실드베르 2세가 반포했다.

의 공식문서를 보관하는 철제금고를 시적이고 세속화된 공공의 보물창고라고 생각했다. 위대한 혁명사가의 꿈이 실현되었다. 1866년에 국가기록원이 설립되었다. 그곳은 1993년까지 국가기록원의 프랑스 역사 박물관Musée de l'histoire de France des Archives nationales으로 거의 2,500점의 기록을 상설 전시했다.[27]

　　마리 앙투아네트의 재판 서류가 어떻게 그곳에 왔는지 정확히 알아내기는 어려웠다. 아마도 루이 16세의 재판 서류와 합쳤을 것이다. 왕과 왕비의 몰락에 관한 모든 흔적을 함께 보관해야 했던 것이다. 나는 얀 포탱의 도움을 받아 피에르피트에서 발견한 작은 쪽지의 글씨가 진짜임을 확인했고, 이 기록은 1848년 혁명 이후 공화적 과도기인 1849년에 철제금고에 보관되었다는 사실도 알게 되었다. 그 쪽지의 작성자 루이 코슈아 르메르Louis Cauchois-Lemaire는 왕립기록원에서 국가기록원이 되었다가 1852년에 제국기록원이 될 때까지 20년 가까이 사법문서 부서의 책임자로 일했다. 오늘날 프랑스 언론 『르 카나르 앙셰네Le Canard enchaîné』[쇠사슬에 묶인 오리]의 편집장이 프랑스 국가기록원장이 된 것처럼 그의 경력은 놀랍도록 흥미롭다.

　　1814년 코슈아는 큰 반향을 일으키며 루이 18세까지도 즐겁게 만든 풍자 신문 『르 냉 존Le Nain Jaune』[노란 난쟁이]을 창간했다. 이 신

---

27 2012년 11월 28일 학술회의에서 얀 포탱의 발표문을 참고할 것. Yann Potin, "Un patrimoine ostensible? Les 'grands dépôts' des Archives nationales et la mise en scène de l'histoire", 28 novembre 2012.

문은 모든 정권의 상징적 인물, 귀국한 망명자들, 굶주리고 멍청한 인물들을 가리지 않고 풍자했다. 그들을 웃음거리로 만들기 위해 기사도와 풍향계, 등불을 끄는 장치 등을 창조하기도 했다. 백일정권이 끝난 후, 코슈아는 너무 자유주의적이어서 프랑스에 머무르기 어려웠다. 그는 브뤼셀로 망명한 후 『난민이 된 르 냉 존 le Nain jaune réfugié』을 창간하고, 1819년 프랑스로 돌아와 여러 신문에 관여했다. 그중에는 유명한 『르 콩스티튀시오넬 Le Constitutionnel』[입헌군주정]도 있었다. 그는 반항적이고 용감한 정신의 소유자였으며, 기록관리자가 되기 위해서는 반드시 엄격할 필요는 없다는 사실을 증명했다.

* * *

오늘날에는 누구든지 신분증을 보여주어야 대형 보관소에 들어가서 철제금고를 열고 작업할 수 있다. 나는 1월의 어느 아름다운 날 그 기회를 얻었다. 막역한 친구와 함께 특별히 배치된 안내원의 뒤를 따라가 보니 갑자기 컴컴하고 적막한 거대한 방의 한복판에 서 있었다. "거대한 무덤이었다."[28] 높이가 거의 10미터에 달하는 벽에는 붉은 제본의 기록물이 빼곡히 쌓여 있었다. 오른쪽과 왼쪽에는 두 프랑스의 기록이 있었다. 한쪽에는 귀족의 기록, 다른 쪽에는 제3신분의 기

---

28   *Ibid.*

록이 있었다. 또 옛 왕국의 전원법정 기록과 현대의 하원 기록이 나뉘어 있었다. 그것들은 각각의 층위를 구별하는 계단과 금속 통로들의 망상구조를 통해 접근할 수 있었다. 나는 마치 보르헤스Borges의 이상이 담긴 무한히 확장하는 육각형들로 이루어진 유토피아 도서관에 있는 기분이었다. 움베르토 에코Umberto Eco가 『장미의 이름』에서 표현한 수도원의 환상적인 도서관에 들어간 느낌. 유일한 차이는 금서가 없다는 사실이었다. 이름표와 제목들은 각 보관상자의 내용을 상기시키며, 안내 경로를 표시하고, 과거에 죽은 이들을 호출한다.

가운데 벽에 유물을 담은 상자가 박혀 있다. 목재 벽장을 연장하면서 두 겹의 목제 문이 생기고, 그 뒤로 두 개의 철제 문이 있으며, 그래서 세 개의 열쇠가 필요하게 되었다. 안내원이 들고 있던 열쇠들은 매우 크고 기묘하게 가공된 모습이었다. 이로써 자물쇠가 얼마나 복잡하고 열기 어렵게 만든 것인지 알 수 있다. 첫 번째 문에는 "앙리 코크Henry Koch 제작 1791년 2월 15일"이라고 적혀 있고, 두 번째 문에는 "파리의 포므라Pommra Mre Sr가 새 규격으로 만든 자물쇠"라고 적혀 있다. 우리가 이 금고를 여는 데 걸린 시간이 얼마나 되는지는 잘 기억나지 않는다.

1849년 한 기록보관인이 금고를 여는 절차의 설명서를 작성했다. 이처럼 정교한 수준에서는 그것이 단순한 절차가 아니라 의식ritual이 된다. "몰타 십자가 모양으로 세공된 열쇠를 넣고, 반 바퀴 돌리기, 멈추기, 손잡이를 내리기, 왼쪽으로 열쇠를 돌리고 구멍이 열리면 열쇠를 수평으로 넣고 다시 오른쪽으로 돌리기, 그러면 문이 열린다. 왼쪽 문은 위아래 경첩을 달고, 갈고리 같은 장치를 달아 꼭 닫히게 만들었다. 두 번째 문은 세 개의 열쇠가 필요하다. 맨 위에는 삼각형 모양의 열쇠를 넣고 두 바퀴 돌리기, 가운데에는 S 모양의 열쇠로 두 바퀴 돌리기, 아래에는 이중 실린더 ◎ 모양으로 세공된 열쇠를 넣고, 두 바퀴 돌리고, 세 번째 구멍의 중간에서 멈춘 후, 딸깍 소리가 날 때 재빨리 왼쪽으로 돌리면 된다. 그러면 한쪽이 열리고, 다른 쪽도 함께 열린다."[29]

드디어 문이 차례로 열리고, 붉은 가죽표지의 문서철이 아홉 줄로 쌓여 있는 것이 보인다. 정말로 알리바바의 동굴과 같다. 왕비의 재판 서류는 두 개의 붉은 가죽표지의 2절판in-folio으로 묶여 있었는데, 한쪽이 더 두꺼웠다. 첫 번째는 이른바 '과부 카페'의 재판 문서고, 두 번째는 카네이션 사건과 1793년 11월 18일(공화력 2년 브뤼메르 28일)의 재판 문서다. 이 둘은 모두 AE/I/5권의 18번과 19번으로 분류되어 있었다.[30] 이 서류들을 노트에 정리하면서 나보다 먼저 이 문서를 제대로 활용한 사람은 없었다는 사실을 깨달았다. 그 안에는 10월 재판의 심문 기록 원본 모음집 하나 외에도 그날 청문회장 분위

---

[29] 문서의 사진은 다음에서 볼 것. *Le Secret de l'État, Surveiller, protéger, informer(xviie-xxe siècle)*, sous la dir. de Sébastien-Yves Laurent, Paris, Archives nationales-Nouveau Monde éditions, 2015, p. 183. 맞춤법은 오늘날의 규칙을 따랐다.

[30] 원래 분류기호는 W/290/179 et W/296/261. 카네이션 재판 문서는 아마도 훨씬 나중에 철제금고 문서로 분류되었을 것이다. 캉파르동은 1866년에 출판한 『혁명법원』 판본에 그 번호를 제시하지 않았기 때문이다.

기를 최대한 사실적으로 재현한 익명의 노트들도 있었지만, 어떤 연구자도 그것을 정확히, 완전히 제시하지 않았다. 또 리낭주가 10월 16일에 쓴 편지, 왕비의 혐의를 고발한 문서들, 증인들의 수색영장, 배심원들의 소환장, 푸키에의 기소장 원본이 모두 85점이나 있었다. 그리고 그 밖의 심문 기록, 9월 콩시에르주리의 마리 앙투아네트 심문 조서, 10월의 탕플 감옥 심문 조서는 카네이션 사건이라는 제목의 두 번째 붉은 양피지의 2절판에 들어 있었다.

자료는 많았지만, 여전히 부족했다. 판사와 배심원에 관한 세부 사항은 많았지만, 그들의 삶에 대한 정보는 많지 않았다. 나는 그들을 더 잘 알기 위해서 피에르피트 기록보관소로 돌아가 그들을 함께 소환했던 테르미도르 시기의 대형 재판 기록을 검토해야 했다. 그 밖에 따로 분류한 문서에서도 마리 앙투아네트의 감옥과 재판에 관한 자료를 찾을 수 있었다. 찾고 또 찾고, 먹을수록 더 먹고 싶은 마음이 생기는 듯했다. 파리 시립역사도서관Bibliothèque historique de la ville de Paris의 수서본 열람실에서 푸키에 탱빌의 편지들을 찾았다. 나는 1793년 10월의 하늘이 어떤 색이었는지도 알고 싶었다. 나는 그것을 파리 천문대의 기록보관소에서 확인했다. 수집가들도 내게 소장품을 보여주었고, 거기서 몇 가지 보물을 찾을 수 있었다.

미슐레는 『프랑스사Histoire de France』 서문에서 모든 왕을 한 명씩 소환해 마치 직접 만난 듯이 말을 걸었다. 우리는 영혼들과 대화할 수 있다. 이것이 바로 내가 이 책에서 겸손하게 시도한 것이다. 이 같은 대화는 유익하다. 대화를 통해 우리는 날씨에 관한 것, 흘러가는 시간과 흐르지 않는 시간, 왕비와 여러 죽음, 인간과 자신에 관한 것을 배운다. 이는 마치 수수께끼 형태를 띤 여행처럼 그 비밀을 반쯤만 드러내는 여행이다.

감사의 말

1793년 콩시에르주리 감옥의 복도를 따라 굽이굽이 돌아가는 길은 때로는 생각지도 못한 것이 불쑥 나타나는 길을 닮았다. 내가 마리 앙투아네트와 그의 판사들과 배심원들의 마지막 나날을 연구하는 동안 걸어야 했던 길과 비슷하다. 다행히도 미로에는 아리아드네의 실이 있다. 내가 기록의 어둠 속을 헤매면서 그들의 흔적을 찾으려고 노력할 때, 미노스의 딸의 후손들은 나를 관대하게 이끌어주고 도와주고 조언해주었다.

먼저, 국가기록원에서 '열려라, 참깨!' 역할을 해준 친구 얀 포탱에게 진심으로 감사의 말을 전한다. 마찬가지로 프랑스 국립도서관의 샤를 엘루아 비알Charles-Éloi Vial과 나딘 가스탈디Nadine Gastaldi에게도 감사드린다. 수집가들 역시 미공개 문서를 내게 기꺼이 제공해주었다. 특히 장 바티스트Jean-Baptiste와 로르 드 프루아야르Laure de Proyart [부부], 아렌베르그 공작, 제롬 바르베Jérôme Barbet에게 감사드린다. 또한 에릭 셸Éric Schell, 티에리 사르망Thierry Sarmant, 플라비엔 드 발랑다Flavien de Balanda, 다미엥 포레스트Damien Forest, 베로니크 막세Véronique Maxé도 자발적으로 여러 가지 힌트를 주고 길을 제시하며 큰 도움을 주었다. 이 이야기에서는 변론과 재판에 대한 내용이 나오는데, 자연스럽게 친구 변호사들의 도움이 필요했다. 장 필리프 자콥Jean-Philippe Jacob, 루이 발링Louis Balling, 티보 기나르Thibault Guinard, 디디에 리제Didier Liger의 변론을 들으며 마치 과거의 메아리를 듣는 듯한 기분이었다. 또한 손에 연필을 쥐고 원고를 꼼꼼히 읽어준 소수의 친구들, 소피 드 시브리Sophie de Sivry, 아말리아 핀켈스타인Amalia Finkelstein, 아니 주르당Annie Jourdan에게도 진심으로 감사드린다. 이들이 없었다면, 혁명은 끝없는 미로와 같았을 것이다.

아내 알렉상드라Alexandra는 원고를 한 꼭지씩 읽어주었을 뿐만 아니라 수개월 동안 내가 독백의 강박관념이라는 위험에서 벗어날 수 있도록 나를 지지하고 안심시키고 인도하며 조언해주었다.

끝으로 책을 시작하는 것은 신뢰의 문제이며, 그 신뢰는 항상 같은 얼굴을 가지고 있다. 나의 소중한 친구이자 출판인인 드니 마라발Denis Maraval은 지금까지 15년 넘게 한결같은 믿음을 보여주었다. 그래서 그에게 마지막이지만 사실상 가장 먼저 감사의 말을 전하고 싶다. 그리고 함께 감사를 표하고 싶은 사람은 탈랑디에Tallandier 출판사를 이끄는 자비에 드 바르티야Xavier de Bartillat와 그의 착한 요정들인 이자벨 부슈Isabelle Bouche와 마에바 뒤클로Maëva Duclos다.

옮긴이의 말

가벼운 패러디는 웃고 넘어갈 수 있지만

살아가면서 가끔 냉소적일 때도 있다. 누군가 의도적으로 비꼬아도 적절히 맞받아치면서 다음에 응수할 방법을 찾고 홀로 빙긋이 웃기도 한다. 맥락 속에서 패러디를 알아채고, 삶의 감칠맛을 더하는 표현을 배워두는 것도 즐거운 일이다. 그러나 항상 똑같은 가사와 후렴을 들으면 짜증 나게 마련이다. 예를 들어 정색을 한 채 '법과 원칙', '공정과 정의'를 바로 세우겠다고 말하는 사람이 있었다. 처음에는 그의 말을 깊이 새겨듣지 않고 웃으며 넘겼지만, 마침내 그가 신념에서 우러나온 말을 진심으로 했다고 생각하게 되면서부터 나는 더욱 견디기 힘든 나날을 보냈다.

하늘 아래 모든 것은 끝이 있으니 다행이다. 지난 3년 동안 우리는 윤석열 대통령의 '민주주의 패러디' 시기를 용케 견뎠다. 그런데 마른하늘에 날벼락이 쳤다. 그가 2024년 12월 3일 밤 10시 27분 비상계엄을 선포했다. 야당 의원들이 신속하게 의사당으로 모여 계엄령

해제안을 통과시킬 때까지 시민들이 여의도로 달려가 의원들이 담을 넘도록 돕고 계엄군을 막아섰다. 출동한 군인들도 시민들 앞에서 임무의 부당함에 망설였다. 더욱이 진정한 군지휘관 몇 명이 항명죄를 각오하고 부하들에게 통수권자의 명령을 곧이곧대로 전하지 않았다. 12월 4일 1시 1분, 국회의장은 합법적 절차를 지켜 비상계엄 해제 요구 결의안이 통과되었음을 선포했다. 그럼에도 내란수괴는 관련법을 연구하면서 계엄 해제를 늦출 만큼 늦추었다.

우리는 '촛불 혁명'을 수행하면서 희망에 부풀었던 적이 있다. 겨우 몇 년 동안이었다. 윤석열이 '왕'이 된 후, 해외 순방을 다니며 선심을 팍팍 쓰는 모습을 보면서 좌절했다. 민주 시민들은 그의 고비용 저효율의 정치에 분노한 나머지 다시 광장으로 모여들기 시작했다. 그들은 주말마다 '촛불 행동'을 이어나갔다. 윤 대통령은 가끔 격노하면서도 '공정과 상식'을 바로 세우고, 나라를 구해야 할 순간을 기다린 것 같았다. 야당 의원들이 계엄을 경고할 때, 그는 용케 참고 있더니 느닷없이 비상계엄을 선포했다. 민주 시민들은 촛불보다 더 크고 어떤 바람에도 꺼지지 않는 응원봉을 들고 광장에 모였다. 촛불 혁명이 아니라 '빛의 혁명'을 수행하는 그들은 거리에서 밤을 새우고, 그 혹독한 추위를 '키세스단'이 되어 견뎌낸 끝에 결국 대통령 탄핵을 이루었다.

2024년 12월 14일, 국회에서 제20대 대통령 윤석열에 대한 두 번째 탄핵소추안을 가결함에 따라 대통령 윤석열의 직무는 곧바로 정지되었다. 그러나 대통령 권한대행 한덕수와 최상목이 헌법재판관

임명을 미루면서 탄핵 심판을 방해했다. 수많은 법률전문가가 헌법재판소에서 파면을 내릴 것으로 내다보았지만, 최종 판결이 날 때까지 우리가 얼마나 마음을 졸였는지 다시 생각하기도 싫다. 헌법재판관은 아홉 명을 완전하게 채우지 못한 채 우여곡절 끝에 여덟 명이 되었지만, 차일피일 선고일을 미루면서 뭇사람의 애를 태웠다. 마침내 2025년 4월 4일 선고일이 되었다. 문형배 헌재소장 권한대행은 시계를 보고 나서 주문을 읽었다. "지금 오전 11시 22분입니다. 주문, 피청구인 대통령 윤석열을 파면한다."

인용 8, 기각 0, 각하 0, 전원일치 파면 인용! 하덕규 시인의 「풍경」이 헌법재판소에서 아주 멋지게 인용된 장면, 그 감격을 잊지 못한다. "세상 풍경 중에서 제일 아름다운 풍경, 모든 것이 제자리로 돌아가는 풍경." 그러나 과연 모든 것이 제자리로 돌아가고 있는가? 제자리라면 어디를 말하는가? 우리나라는 아주 단기간에 산업화와 민주화를 성취했지만, 민주화 과정은 험난했고 계엄을 옹호하는 세력을 한시바삐 제압해야 하기 때문에 하루하루 살얼음판을 걷는 기분이다. 그럼에도 우리가 제자리라고 생각하는 것은 민주주의 제도가 제대로 작동하는 사회임을 내란 동조 세력 말고 누가 부인하겠는가.

우리는 신분사회가 아니라 개인의 능력과 공로로 사회적 지위를 확보할 수 있는 세상에 살기 때문에, 비록 힘들지만 기꺼이 견디면서 민주주의를 더욱 튼튼하고 건강하게 가꾸는 것을 의무로 생각한다. 우리는 민주주의를 퇴행시키는 검사직을 가장 먼저 제자리로 돌리고 싶다. 검사는 법무부 소속 공무원으로서 공소권과 기소권을 쥐고 자신들에게 유리한 결과를 낼 수 있는 싸움만 건다. 게다가 그들은 이길 때까지 상대방을 철저히 괴롭힌다. 어쩌다 재판에 지더라도 책임지지 않는다. 그들은 독립기관인 양 행세하는 것으로 만족하지 않고, 마치 사법부와 동등한 자격을 갖췄다는 듯이 공공연히 독립을 선언하는 경우도 있다. 윤석열 정권의 도구로서 감사원도 두각을 나타냈다. 법치주의의 가면을 벗겨야 한다.

우리는 민주주의의 패러디에 신물이 났다. 법과 정의의 패러디에도 신물이 났다. 공정과 상식의 패러디로 한국의 민주주의, 법치주의, 공정과 상식을 농락하던 자는 '내란수괴 혐의'로 감옥에 갇혔다가, 지귀연 판사의 촌각을 다투는 신선한 계산법 덕분에 '탈옥'했다. 최근 그는 특검에게 잡힌 뒤 법 지식을 총동원해 조사와 재판을 늦출 만큼 늦추고 있다. 윤석열 피고와 관련된 법, 특히 지귀연 재판은 '정의의 패러디'로 변했다. 민주주의를 제도적으로 확립한 21세기 대한민국에서 사법부의 재판을 의심하는 불행한 일이 있다니! 몇 달 전, 내 계좌를 추적했다는 문자를 받고 압수수색이 아니라서 다행으로 여겼지만, 대통령을 파면했다고 해서 감시사회가 끝난 것은 아니라는 사실을 자각하고 닭살이 돋았다.

이런 역사적인 시기에 에마뉘엘 드 바레스키엘의 『마리 앙투아네트의 마지막 나날』을 소개하는 것이 무슨 의미가 있을까 생각해보았다. 2016년에 나온 이 책의 초판(원제 『왕비를 재판하다: 1793년 10월 14~16일 *Juger la reine. 14-15-16 octobre 1793*』, Tallandier)은 2017년에 두 가지 상(Prix Combourg 2017, Prix Brantôme 2017)•을 받았으며, 2021년에 문고판 『마리 앙투아네트의 마지막 나날*Les Derniers jours de Marie-Antoinette*』(Tallandier)로 재발간되었다. 이 책의 번역을 마친 지금 문득 이런 생각이 들었다. 민주화한 나라를 독재국가로 퇴행시키는 사람들이 한미일 3개국의 깃발을 요란하게 흔들면서 '윤 어게인', '네버 다이'도 똑바로 못 쓴 채 'Naver Die'를 외치는 세상에서 마리 앙투아네트가 재판을 받는다면 과연 어떤 일이 벌어질까?

사형감은 아닐 것이다. 우리가 비상계엄을 견디며 살지 않게 된 이 마당에 마리 앙투아네트보다 더 나라를 망친 사람도 법적 절차를 따라 재판을 받을 것이며, 내란죄와 외환죄를 적용할 경우를 빼고는 목숨을 잃을 가능성은 없다. 그러나 프랑스 혁명은 신분사회에서 민주사회로 급격히 넘어가는 사건이었고, 마리 앙투아네트의 재판은 공포정 시기의 일이었기 때문에 사형을 정해놓은 정치 재판 또는 정의의 패러디라는 말을 듣는 것은 어쩔 수 없다. 혁명은 피비린내 나는 것이라는 고정관념을 심어준 사건이니까 오늘날의 독자는 당시의 프랑스 모습을 관조할 뿐 개입할 수 없다. 그럼에도 우리가 프랑스 혁명, 특히 마리 앙투아네트를 어떻게 생각했든 이 책을 읽은 후 그 지식을 풍부하게 키우거나 수정할 기회를 얻을 것으로 믿는다. 아무튼

• 샤토브리앙 아카데미는 1998년에 문학상으로 콩부르상을 창설했다. 2006년에 창설된 브랑톰상은 주로 전기작가에게 주는 상이다.

윤석열 정권과 그 하수인들의 존재감이 약해질 대로 약해진 것처럼, 1793년 공포정 시기의 카페 가문의 존재도 미미했으며, 그럴수록 그 존재가 숨 쉬는 것을 보는 것조차 부담스럽고 견딜 수 없다는 공통점을 갖는다.

이름에서 보듯이 에마뉘엘 드 바레스키엘은 귀족의 후예다. 부계는 플랑드르 출신으로 루이 14세 치세 말에 왕을 섬기다가 귀족 작위를 받은 '신흥귀족anobli'이었으며, 모계는 외교관과 군인의 전통 가문 슈아죌 프랄랭Choiseul-Praslin의 혈통이다. 그는 1957년에 태어나 마엔에서 기초교육을 받은 뒤 예수회가 운영하는 사립 고등학교를 마치고, 전문학교에 입학하기 위한 기초수업으로 다비드 당제David-d'Angers(1학년 과정hypokhâgne, 1977)와 앙리 4세Henri-IV(2학년 과정khâgne, 1979) 고등학교에서 언어, 문학, 역사, 철학을 깊이 있게 공부한 후 1979년 생클루 고등사범학교 인문과학부에 입학했다. 그는 파리 소르본 대학 석사과정부터 장 튈라르Jean Tulard 교수를 사사하면서 1985년에 박사 전 단계의 심화과정DEA을 마치고, 마침내 1996년에 역사학 박사학위 논문 『왕정복고 시기의 세습 상원: 1814~1831년의 이념적 논쟁과 정치적 실천La chambre des pairs héréditaire de la Restauration: débat idéologique et pratique politique, 1814-1831』을 발표했다.

그는 페랭Perrin 출판사에서 중요한 책과 전집을 기획하거나 출판하다가 1999년부터 프랑스 고등연구실습원Ecole Pratique des Hautes Etudes의 교수가 되었다. 1868년에 설립된 이 학교는 프랑스 고등교육과 연구 분야에서 독보적인 위치를 차지한다. 매우 높은 수준의 연구와 실습을 병행하는 교육기관이다. 그는 프랑스 학술원Institut de France 회원으로서 18세기와 19세기의 정치, 사회, 문화와 그 표현에 대한 역사를 연구하고 있으며, 약 20권의 책을 저술했고, 다수의 상을 받은 작가다. 예를 들어『리슐리외 공작, 1766~1822년*Le Duc de Richelieu, 1766-1822*』(Perrin, 1990)은 1991년 아카데미 프랑세즈의 고베르 대상을 받았다. 그는『왕정복고 시기의 역사(1814~1830년)』의 공동저자이기도 하며, 텔레랑, 푸셰, 나폴레옹 같은 인물의 전기를 써서 프랑스 혁명부터 19세기 전반의 해박한 지식을 제공했다.

마리 앙투아네트의 재판은 과연 얼마나 합법적이고 정당했을까? 오늘날의 관점에서 이렇게 묻는 것이 무슨 소용인가? 여느 시절과 마찬가지로, 그러나 공포정 시기에는 더욱, 정치가 법을 대체했다. 마리 앙투아네트의 재판이야말로 훌륭한 사례다. 에마뉘엘 드 바레스키엘은 마리 앙투아네트를 입구로 삼아 우리를 혁명법원으로 이끌어 그당시 법원의 작동방식을 보여준다. 시대적 한계 때문에 빛이 부족해서 더욱 암울한 감방과 법정의 분위기, 거기에 끌려다니는 왕비의 심리, 배심원과 증인의 사회학, 공포정치의 메커니즘이 작가의 통찰력과 세심하면서도 여유 있는 묘사로 되살아났다. 독자는 1793년 8월 2일 탕플 탑에서 콩시에르주리로 이동해 간단한 수속을 마치고 배속받은 감방으로 들어가는 마리 앙투아네트와 함께 어둠 속에서 떠다니는 먼지와 소리, 냄새까지 느낄 수 있다. 8월 30일부터 루아예Royer

의원이 국민공회에서 공포정치를 의제로 올리라고 요구했을 때, 마리 앙투아네트가 이미 한 달이나 '죽음의 대기실'에서 지냈다는 의미가 무엇인지 모를 수 없다.

이 책에서 특히 눈길을 사로잡는 부분이 있다. 배심원 제도는 1791년 9월 16일부터 도입되었으며, 형사사건의 공소를 결정하는 배심단과 형량을 결정하는 배심단을 두는 제도였다. 피고는 배심원 선정에 참여하도록 했다. 1793년 3월 10일에 설립한 혁명법원도 배심원 제도를 도입했다. 국내외 반혁명 세력의 도전을 견디면서 국민공회는 혁명법원의 운영방법을 바꾸고, 배심원도 처음에는 열두 명이었다가 나중에는 열다섯 명으로 늘렸다. 마리 앙투아네트 재판의 배심원은 대개 중산층과 서민층 출신이었고, 증인 가운데에는 귀족도 있었다. 배심원은 로베스피에르, 공소인 푸키에 탱빌이나 그의 심복들과 가까운 사람들이었다. 대부분 민중협회, 거주지의 섹시옹 위원회에서 혁명에 참여했으며, 일부는 혁명을 이용해 사회적으로 출세하고 공포정치의 핵심 인물이 되어 특권과 특혜를 누렸다. 저자는 배심원들이 재판 이후에 어떤 길을 걸었는지 보여준다. 마리 앙투아네트를 단두대로 보낸 후, 결국 그들도 거의 모두가 단두대에 올랐다.

마리 앙투아네트는 세자빈일 때부터 줄곧 대중의 입방아에 오르내렸다. 열네 살에 왕세자를 만나 결혼하고, 열여덟 살에 왕비가 된 후에도 자식이 없어서 못된 구설수에 휘말렸다. 그의 오빠 요제프 2세가 팔켄슈타인 백작으로 신분을 감추고 베르사유를 찾아가 매제를 만난 후 루이 16세는 간단한 수술을 받고 마리 앙투아네트와 '첫날

밤'을 치렀으며, 1778년에 첫딸을 얻었다. 심술궂은 사람들은 아기의 아버지가 누구일까 의심했고, '폴리냐크 공작부인의 딸'이라는 악의에 찬 농담을 지껄였다. 사람들은 마리 앙투아네트에게 양성애자라는 혐의를 씌울 만큼 미워했다. 복잡한 궁중예절을 익히지 않고 소수의 친구들과 따로 모이기를 좋아했으니 애초부터 점잖은 평판을 얻기는 어려웠다.

    루이 16세가 재정적자를 메울 길이 없는 상황에서 할 수 없이 전국신분회를 소집하라고 허락한 후로 절대군주제가 뿌리부터 흔들렸다. 1778년부터 아메리카 혁명을 돕느라고 20억 리브르 이상을 쓴 결과, 1789년에 왕국의 총수입이 4억 7,500만 리브르 남짓인데 총지출은 5억 6,150만 리브르로 적자를 메울 길이 없었다. 마리 앙투아네트의 사치가 왕국의 빚을 늘리는 데 얼마나 큰 역할을 했을까? 그는 '적자 부인'이라는 별명도 얻었으니 이미 살길이 막히고 있었다. 1793년 1월 21일에 루이 16세가 조상에게 물려받은 죄까지 책임지고 단두대에 선 후, 아홉 달 뒤에 '과부'는 '타락한 아내', '외국인', '적자 부인', 그리고 상상하기도 끔찍한 죄목까지 뒤집어쓰고 단두대에 올랐다. '검은 전설'의 피해자, 그에게 '하얀 전설'은 없는 것일까?

    프랑스의 2024년도 공공부채(몇 년 동안 차입한 대출의 누적액)는 3조 3,053억 유로(한화 5,346조 202억 8,553만 7,295원), GDP의 113.2퍼센트에 달했다. 2023년에는 109.8퍼센트, 2022년 말에는 111.9퍼센트였고, 2019년 기준 코로나 19 이전에는 97.9퍼센트였다. 구체제 말과 비교해서 재정적으로 달라진 것이 있을까? 마크롱 대통령과 영부인에게 실정의 책임을 묻는 사람이 있을 테지만, 1793년의 프랑스인들처럼 분풀이의 대상을 찾지는 않는다. 신분사회에서 민주사회로 넘어가기 위한 대가가 얼마나 큰지 너무 단순하게 비교했지만, 우리에게는 민주사회에서 생긴 문제를 해결하는 방법이 아주 많다. 얼마나 다행스러운가? 재판을 하기도 전에 이미 유죄 판결을 내리는 시대, 증거가 부족한데도 증인들이 과거 자신의 처지에 대한 복수를 할 기회를 찾는 시대, 우리는 에마뉘엘 드 바레스키엘이 전하는 이야기를 차분하게 읽으면서 관조하면 그만이다. 정의의 패러디도 느긋하게 참으면서 원칙부터 바꿀 방안을 생각할 수 있는 나라에 산다는 것이 자랑스럽다. 그러나 아직도 바라는 것이 있다. 상송이 왕비의 머리를 들고 국민주권을 확인해주었듯이, 판사가 하느님 같은 지위에서 지상으로 내려와 배심원의 평결을 근거로 판결하는 세상에서 살고 싶다.

끝으로 마리 앙투아네트의 재판을 다룬 텔레비전 프로그램을 소개한다. 〈그들은 왕비를 심판했다 Ils ont jujé la reine〉(2018).* 당시의 법정과 감옥을 훌륭하게 재현하고, 연기자들도 맡은 역할을 충실히 수행했다. 유튜브에서 쉽게 만날 수 있으니 한번 접속해보기 바란다.

- https://www.youtube.com/watch?v=3J7N3tK-dgg&t=17s

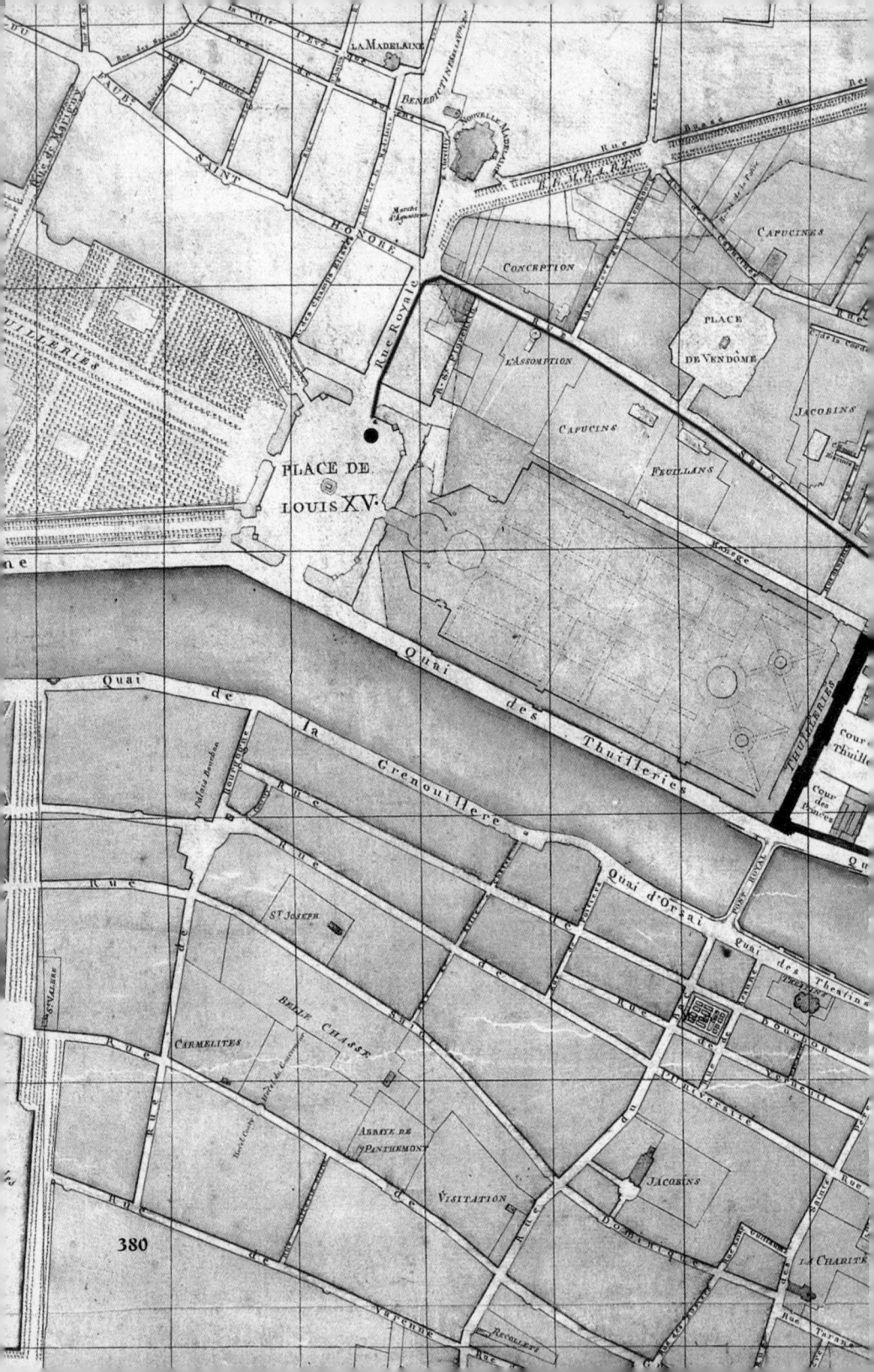

Affaire Veuve Capet.

Procès-verbal d'exécution de mort.

L'AN ~~mil-sept-cent-quatre-vingt-treize~~, deuxième de la République Française, le *vingt cinquième jour du premier mois* à la requête du citoyen Accusateur public près le Tribunal criminel extraordinaire et révolutionnaire, établi à Paris par la loi du 10 mars 1793, sans aucun recours au Tribunal de cassation, lequel fait élection de domicile au Greffe dudit Tribunal séant au Palais,

Nous *Eustache Nappier* huissier-audiancier audit Tribunal, demeurant à Paris, rue section

Soussigné nous sommes transportés en la maison de justice dudit Tribunal, pour l'exécution du jugement rendu par le Tribunal *ce jour d'hui* contre *la nommée Marie antoinette jeuve de Louis Capet* qui *l'a* condamne à la peine de mort, pour les causes énoncées audit jugement, et de suite l'avons remis à l'exécuteur des jugemens criminels, et à la gendarmerie qui *l'ont* conduit sur la place de *la Révolution de cette ville* ou sur un échaffaud dressé sur ladite place, la *D. Marie antoinette Veuve Capet* a, en notre présence, subi la peine de mort, et de tout ce que dessus avons fait et rédigé le présent procès-verbal, pour servir et valoir ce que de raison, dont acte. *Nappier*

Enregistré gratis à Paris le 26 jour du 1.ᵉʳ mois de l'an second de la république

그림 설명

379쪽

알렉상드르 쿠차르스키, 마리 앙투아네트, 탕플 탑에 갇힌 모습, 모자를 쓰고 상복을 입은 모습, 1793년 2월 또는 3월.

    쿠차르스키는 이미 왕비의 초상화를 여러 번 그렸으며, 가장 마지막 작품은 1791년 튈르리 궁에서 그린 것으로 그 스케치가 베르사유 궁에 보관되어 있다. 이 미공개 작품은 왕비와 가까운 오귀스트 다렌베르그 백작, 라마르크가 혁명 직후 화가한테 직접 사서 소유하고 있었다. 라마르크의 자필 노트가 그림 뒤에 남아 있는데, 작품 제작 당시의 상황에 대해 귀중한 정보를 제공한다.

    "탕플에 있던 왕비 마리 앙투아네트의 초상화로, 콩시에르주리로 이송되기 직전까지 착용했던 복장과 머리끈을 묶는 핀까지 매우 정확히 묘사했다."

    "쿠차르스키는 이미 1780년에도 이 불행한 공주의 초상화를 그린 경험이 있다. 그는 탕플 탑에 근무하는 국민방위군에 배속되었으며, 그곳에서 왕비를 보고 크게 관심을 가지고 관찰했다. 그는 집으로 돌아가 기억을 더듬어 왕비를 그리기 시작했고, 그 후 다시 탕플에 배치되었을 때 왕비를 다시 살펴본 후 집으로 돌아와 이 초상화를 완성했다. 나는 쿠차르스키에게서 직접 이 작품을 구했다. 나는 예전부터 작품을 통해 그를 알게 되었고, 그는 내가 왕비에게 얼마나 깊은 애정을 가지고 있는지 잘 알고 있었다. 이 그림이 바로 원본이며, 이후 쿠차르스키는 복제본을 여러 점 만들었고, 또 다른 사람들도 복제했다."(개인 소장품)

— 유화, 알렉상드르 쿠차르스키, 〈탕플의 마리 앙투아네트〉. ⓒ 개인 소장품

380~381쪽

사형선고를 받은 사람들은 수레를 타고 파리 중심을 통과해 거의 4킬로미터를 한 시간 이상 걸려 혁명 광장에 도착했다. 행렬이 지나간 거리들 중 일부는 19세기 후반 도시 재개발로 일부 사라졌거나 변형되었다. 콩시에르주리에서 출발한 수레는 생바르텔르미Saint-Barthélemy 길(현재의 팔레대로)에서 좌회전해 오를로주Horloge 강둑길(옛 트레파세 Trépassés 강둑길)을 가다가 다시 좌회전해 퐁뇌프 다리로 센 강을 건넜다. 이후 트루아 마리Trois-Maries 광장을 지나 북향해서 옛 모네Monnaie 길과 룰Roule 길(오늘날 리볼리 길과 교차하는 퐁뇌프 길)을 지난다. 수레는 생토노레 길을 따라가다가 왼쪽으로 돌아서 루아얄 길(당시에 혁명 길)까지 간 뒤 다시 북쪽으로 이전의 루이 15세 광장(이후 혁명 광장, 루이 16세 광장, 콩코드 광장으로 이름이 바뀜)으로 나아갔다.

— 〈파리 교구와 소속 구역들을 구분해서 그린 지도〉의 일부.
파리 대주교 르클레르 드 쥐녜A.-E.-L. Le Clerc de Juigné의 명령으로
지도제작자 쥐니에J. Junié가 1786년에 제작.
AN N/I/Seine/56. ⓒ 국가기록원, Pierrefitte-sur-Seine
참고: 수레 이동 경로를 따라 그은 가느다란 선은 원본 문서에는 나타나지 않음.

382쪽

오스트리아의 대공녀이자 프랑스의 왕비인 마리 앙투아네트의 생애는 다음과 같은 형식으로 마무리된다. 1793년 10월, 혁명법원은 이미 단두대에 처할 사람들을 기록할 '사형 집행 기록' 양식을 인쇄했다. 이 양식은 매우 유용하게 쓰였다. 빈칸만 채우면 됐다. 이 양식은 '과부 카페Veuve Capet'라는 제목으로 '공화국 1년의 첫 번째 달 25일'(1793년 10월 16일)에 작성되었다. 집달리인 외스타슈 나피에가 서명했다.

AN AE/I/5 n° 18, pièce 13(철제금고). ⓒ 국가기록원

383쪽

피에르 부이용, 〈혁명법원의 마리 앙투아네트 도트리슈 재판Jugement de Marie-Antoinette d'Autriche au Tribunal révolutionnaire〉.

이 그림은 로베스피에르가 몰락한 후인 1794년 마지막 몇 달 동안, 혁명법원이 여전히 활동 중이던 시기의 작품일 가능성이 크다. 이

듬해 프레데리크 카즈나브가 판화로 제작했다. 판화의 설명은 화가가 마리 앙투아네트의 재판을 묘사한 시점과 작품에 나타난 왕당파적 시각을 명백히 보여준다. "그 악명 높은 에베르, 별명이 뒤셴 영감인 그는 왕비가 아들을 타락시켰다고 감히 비난했다…." 따라서 이는 1793년 10월 14일 오후의 유명한 장면으로, 시몽과 함께 증인으로 불려온 에베르가 어린 루이 17세를 이용해 어머니를 공격하고 근친상간의 죄를 뒤집어씌우는 장면이다.

부이용은 1776년에 태어났으며 에콜 데 보자르École des beaux-arts에서 몽시에의 제자였다. 그는 판화상 장 바티스트 베리테Jean-Baptiste Vérité의 요청을 받고 혁명기 왕실 가족의 불행을 주제로 한 일련의 역사 장면을 그렸다. 그리고 베리테가 1794년에서 1796년 사이에 판화로 제작한 작품들은 다음과 같다. 〈1792년 6월 20일, 엘리자베트 부인의 헌신〉, 〈탕플 탑에서 루이 16세와 가족의 이별〉, 〈탕플 탑에서 마리 앙투아네트와 가족의 이별〉, 〈6월 20일의 튈르리 궁 침입 사태〉.

아마 그가 직접 참관했을 재판 장면은 의도적으로 극화되었다. 판사들의 사나운 표정과 왕비의 분개한 태도에 주목하지 않을 수 없다. 또한 이 그림에서는 왕비가 앉아 있었던 것이 아니라 서 있는 모습으로, 모자를 쓰지 않은 맨머리 상태로 묘사되었다. 사건이 일어난 지 몇 달 후에 그렸음에도, 이 그림은 가장 정확하고 정밀한 기록으로 남아 있으며, 혁명법원 자유의 법정 내부 장식과 왕비 재판의 내용을 상세히 보여준다. 부이용은 분명히 등장인물의 일상생활에서 준비 스케치를 해두었을 것이다. 첫 번째 날개를 보면, 중앙에 공소인 앙투안 캉탱 푸키에 탱빌이 있고, 그의 왼쪽에는 자크 르네 에베르, 그 뒤에는 구두장이 시몽이 있다. 배경에서 판사들의 얼굴을 구별할 수 있다. 왼쪽부터 차례로 오베르뉴 출신인 피에르 앙드레 코피날, 아마도 가브리엘 들리에주, 가장 나이 많은 판사인 전 예수회 신부 조제프 프랑수아 동제 베르퇴이가 모자를 쓰지 않은 모습을 볼 수 있다.

두 번째 날개에서는 앉아서 기록하는 서기 니콜라 조제프 파리, 일명 파브리키우스Fabricius가 있으며, 그 뒤에는 마리 앙투아네트의 재판 배심원 중 두 명이 배심원석에 앉아 있다. 나이를 제외하면 이들의 신원을 밝히기 어렵다. 총재정 시기에 활동했음을 고려할 때, 아마도 그들은 그 당시 33세였던 카페 주인 크레티엥(앉아 있는 사람)과, 프리기아 모자를 쓴 목수 트랭샤르(서 있는 사람)일 가능성이 있으며, 둘 다 1796년 그라쿠스 바뵈프의 평등파 음모에 연루되어 있었다. 왕비 뒤편, 오른쪽에는 왕비의 변호인 중 한 명인 클로드 프랑수아 쇼보 라 가르드가 있다.

— 드로잉, 연필, 카르나발레 박물관 판화실, 파리. 세부사항, D5974.
© Bridgeman Images

사료

수서본

참고문헌, 인쇄된 자료와 관련된 출처를 포함한 목록은 각주에서 확인할 수 있다. 저자 이름은 찾아보기에 나와 있다. 여기에서는 이 책을 쓸 때 이용한 공공·사설 기록보관소의 명칭만을 제시한다.

국가기록원

국가기록원이 소장한 마리 앙투아네트 문서는 다음을 볼 것.

Christine Nougaret, "Marie-Antoinette dans les fonds des Archives nationales", *AHRF*, n° 338, octobre-décembre 2004.

혁명기 자료는 다음에서 볼 것.

Alexandre Tuetey, *Répertoire général des sources manuscrites de l'histoire de Paris pendant la Révolution française*, Paris, Imprimerie Nouvelle, t. X, 1912.

Armoire de fer: AE/I/5, n° 18, n° 19 et AE/I/7-8, n° 3(W/290/179 et W/296/261).

AA. Collection de lettres et pièces diverses: AA/47 doss. 1369, AA/50 doss. 1420.

F/7. Police générale: F/7/4392(Comité de Sureté génale, pièces relatives au Temple), F/7/4775(dossier Trinchard).

U. Extraits, copies et mémoires intéressant diverses juridictions, procédures et pièces déposées aux greffes: U/1019(dossiers du parquet, sur le procès de la reine), U/1021(notes et renseignements divers).

W. Dossiers des tribunaux révolutionnaires(papiers de l'accusateur public Fouquier-Tinville, affaires jugées, ensemble des tribunaux): W/121 doss1/10, W/123 doss. 2/10(pièces de l'accusateur public contre Marie-Antoinette, veuve Capet), W/151 doss. 1(rapports à Fouquier-Tinville sur Marie-Antoinette), W/269(affaire Marat),

W/434/975, 977 et 978 (dossiers Desboisseaux, Nicolas, Besnard, jugements des 11 et 12 thermidor an II), W/479/342 (affaire Devèze), W/499, 500, 501 et 550 (affaire des juges et des jurés de l'ancien Tribunal révolutionnaire du 10 mars 1793: affaires Fouquier-Tinville, Foucault, Lanne, Herman, Trinchard, Vilate et autres), W/534 registre 2 (effets de Marie-Antoinette trouvés à la Conciergerie), W/567/B (papiers Antonelle).

AP. Archives privées: 476 AP (papiers Chauveau-Lagarde).

마옌Mayenne 도 기록원ADM

L/1840 (dossier François Thoumin).

파리 시립역사도서관, 수서본 열람실

Ms. 775 fol. 197~199, 201, 203~205: papiers Fouquier-Tinville; Ms. 807 fol. 2: papiers Herman.

파리 천문대 기록보관소

AF1 9-15 (1785-1798). Journal des observations météorologiques et magnétiques.

경매

Vente Coutau-Bégarie, 16 novembre 2015, n° 51: Conseil général de la Commune de Paris, ensemble de 31 documents sur la prison du Temple (1792-1793).

개인 소장 문서

Archives Jean-Baptiste de Proyart: lettre inédite de Fouquier-Tinville.

Archives d'Arenberg (Enghien, Belgique): 34c vol. 4 (suppléments): n° 5: lettres du comte de La Marck au comte de Mercy qui ne figurent pas dans la publication de M. de Bacourt; n° 6 bis: pièces diverses qui ne figurent pas dans la publication de Bacourt; 35/16: papiers personnels du comte de La Marck; 35/17: papiers politiques du comte de La Marck.

Archives Fouché (Louveciennes): Dépenses secrètes de la Police, an VIII à XII.

찾아보기

* (n)은 각주를 나타낸다.

ㄱ~ㄴ

가네, 조르주 159, 161(n), 171, 175, 176
가라, 도미니크 조제프 99, 135(n), 173
가르느랭, 장 바티스트 131, 132
가맹, 프랑수아 359
고글라, 프랑수아 213, 214
고레, 샤를 65, 244(n)
고르사스, 앙투안 조제프 28
고테로, 귀스타브 157, 158(n), 355
공쿠르 형제 190, 333
구그노, 루이 조르주 214
구베르네 후작 42, 43
구스타브 3세(스웨덴 왕) 200, 292, 296(n), 300
구종, 장 17(n)
구즈, 올랭프 드 230
굴랭 273(n)
귀프루아, 아르망 조제프 309, 329
그라몽(누리, 시옴 앙부안) 166, 328
그라크, 쥘리엥 343, 358
그레보발, 미셸 126
그렌빌 경 245(n)

기슈 공작 236
기슈, 아글라에 236
기요탱, 조제프 이그나스(의사) 322
긴 공작 74
나르본, 루이 드 백작 252, 253(n), 255, 349
나폴레옹 1세(보나파르트) 16(n), 98(n), 105, 133, 134(n), 149, 175, 284, 286, 313, 332, 347, 360
나피에, 외스타슈 320, 321, 323
네케르, 자크 207, 208, 232, 255
노디에, 샤를 35(n), 46(n), 102
노아유, 루이 드 자작 74
놀락, 피에르 드 185
니콜라, 샤를 레오폴드 159, 161, 163~166, 174
니콜라이, 샤를 마리 드 262
니콜라이, 에이마르 프랑수아 드 262, 263(n)

ㄷ

다게(제조업자) 18(n)

다고베르 337
다르낭, 조제프 12
다비드, 자크 루이 20, 332, 333
다프리, 루이 오귀스트 131
당제, 프랑수아(식료품상) 276, 278
당통, 조르주 자크 26, 101, 105, 106, 246, 274(n), 280, 289, 290, 312, 332
당페르 장군 104
데마레 38
데물랭, 카미유 54, 98(n), 121, 164, 264, 281
데본셔 공작부인 61, 295
데포세, 샤를 앙리 328
데피외 111(n)
도싯 공작 294
도종, 프랑수아 15~17, 77(n), 242, 247
동제 베르퇴이, 조제프 프랑수아 144, 146~148, 150, 153, 154
두에, 자케 드 라 65
뒤 바리 백작부인 75, 76
뒤 티윌 마담 283
뒤마, 알렉상드르 56, 234, 281
뒤무리에 장군 100, 103(n), 104, 129(n), 280, 287
뒤카텔, 피에르 56
뒤푸르니, 루이 드 빌레르 57, 254
뒤프라, 아니 118(n)
뒤프렌 284
뒤플레, 모리스 163~165, 331, 332
뒤플레시 베르토, 장 38(n)

뒬로르, J. A. 36(n)
드니조, 프랑수아 조제프 138(n)
드레이크, 프랜시스 244, 245(n)
드베즈, 장 159, 161, 175, 176
드카즈, 엘리 313, 315
들리에주, 가브리엘 138(n), 144, 148, 150, 151, 153
딜롱, 아르튀르 280
딜롱, 에두아르 73, 74

ㄹ

라 빌뢰르누아 268
라 투르 뒤팽 백작 43, 44, 137
라그르네, 루이 장 프랑수아 200
라그메, 피에르 루이 138(n)
라르보, 발레리 194
라리비에르, 루이 308, 320, 323, 324
라리비에르, 잔 320
라마르크, 오귀스트 백작 67, 108, 210, 289, 290
라마르틴, 알퐁스 드 143, 305(n), 346
라메트, 알렉상드르 드 73
라모플리에르, 로잘리 59, 66, 68, 69(n), 90, 92, 308, 317
라모트, 잔 드 225, 230, 231
라발, 피에르 12
라브네트, 장 바티스트 131, 137
라크르텔, 샤를 드 24(n), 264
라파예트, 질베르 모티에 후작 184, 187

라퐁 도손 신부　60(n), 94, 318, 345, 355
랑발 공주(공작부인)　40, 48, 64, 84, 224
랭데, 로베르　26
레비, 가스통 드　74, 294
레슈나르(재단사)　85
레스코, 장 바티스트 플뢰리외　126, 163, 165
레오폴트 2세(황제)　61, 107, 221
레제(간수)　29, 60(n), 69, 308, 324
로망 퐁로사　170(n)
로메니 드 브리엔 주교　207, 208
로베르, 위베르　200
로베스피에르, 막시밀리앵 드　16(n), 27, 32, 36~38, 57, 86, 101~103, 108, 109, 111, 121~123, 125~127, 134, 141~143, 147(n), 149~151, 163, 165, 167, 169, 171, 174, 176, 178, 245, 253, 254, 263, 270, 274, 278, 312, 316, 321, 331, 348
로샹보 장군　293
로셰(공병)　77, 84, 85
로앙 추기경　225, 226
로죙 공작　74
롤랑 부인(마농 롤랑)　28, 139(n), 185, 230, 334, 341(n)
롱생 장군　166, 268, 328
뢰데레, 피에르 루이　80(n)
루드비히 2세　345
루보(경찰)　342
루소, 장 자크　36, 146(n), 228

루시용, 앙투안(의사)　36
루이 9세(생 루이)　14, 360
루이 12세　14, 15
루이 13세　207
루이 14세　13, 48, 193
루이 15세　42, 75, 113, 114, 145, 152, 203, 228, 253(n), 263, 334, 337
루이 16세　13, 19, 24(n), 43, 47, 48, 52, 84, 98, 108, 128(n), 130, 146, 201(n), 203~205, 207~210, 226(n), 233, 240, 262~264, 294, 297, 314, 324, 337, 359, 361
루이 17세(루이 샤를)　51, 206, 238, 248, 316(n)
루이 18세(프로방스 백작)　39, 44(n), 74, 128(n), 196, 221, 282, 313~315, 361
루이 신부　210
루주빌, 알렉상드르 공스 드(기사)　282~285(n)
뤼미에르, 자크 니콜라　159, 161, 165, 166, 174
뤼셰르, 장　12
르게, 니콜　225
르노댕, 레오폴드　159, 161, 165, 174
르노트르, G.　16(n), 31(n), 57(n), 60(n), 65(n), 157, 244, 318, 355
르벨, 니콜라 프랑수아　152
르벨, 도미니크 기욤　152
르뵈프, 니콜라(교사)　276
르불, 마르셀　12

르죈 111(n)
르쿠앵트르, 로랑 123(n), 309
르클레르(의사) 85
르키니오, 조제프 81(n)
르펠티에, 루이 미셸 드 생파르조 19, 20, 120, 174, 332
르피트르, 자크 프랑수아(교사) 29(n), 50, 86(n), 252, 277
리, 클레망 드 268
리낭주, 카를 볼데마르 백작 287
리낭주, 페르디난트 드 286
리낭주, 프레데리크 드 286~288, 365
리뉴 공 70, 73~75, 196, 223
리바롤, 앙투안 드 305(n)
리브, 장 드 289
리샤르 부인 60(n), 92, 94, 281
리샤르(수위) 60(n), 92, 94, 281, 284
리슐리외 공작(추기경) 97(n), 114, 207, 314

■

마게리(자물쇠 장인) 359
마넹, 루이 신부 318
마뉘엘, 피에르 47~50
마담 루아얄(마리 테레즈 샤를로트, 앙굴렘 공작부인) 30, 31, 44, 84, 120, 176, 206
마라, 장 폴 19, 20, 23, 28, 77, 84, 85, 243, 245, 264, 332

마레, 위그 베르나르 105
마레샬, 실뱅 338
마르탱, 마리 앙투안 263(n)
마리 카롤린, 오스트리아(나폴리 왕비) 105
마송, 에티엔 138(n)
마시뇽, 루이 217
마시외, 장 바티스트 309
마이야르, 스타니슬라스 166
마자랭 추기경 114
마테이(탕플 수위) 276
말레 뒤 팡, 자크 65, 226(n), 246, 345(n), 347, 348
말제르브, 기욤 드 264
맹고(헌 옷 장수) 343
메르, 앙투안 마리 138(n), 144
메르시 아르장토 백작 63(n), 77, 106, 108(n), 114, 194, 196, 202, 204, 209~211, 289~291
메클렌부르크 슈테를리츠 공작 41
메테르니히, 클레멘스 폰 104
모뒤종, 샤를 드 268
모르파, 장 프레데리크 펠리포 백작 204, 207
모리스, 거버너 209, 227
몽가야르, 로크 드 355
몽모랭 백작 117, 209(n), 211
몽주아 90(n), 355
몽타네, 자크 140, 141
몽테스키우 신부 210
무알, 클로드 29(n), 276

무알, 프랑수아 앙투안 29(n)
미라보, 오노레 가브리엘 리케티 백작 80, 108, 210, 211, 289
미랑다, 프란시스코 드 장군 268, 280
미쇼니스, 장 바티스트 276, 278, 281, 283, 284
미슐레, 쥘 26, 149, 174, 346, 360
미요, 렌(가정부) 130
미크, 리샤르(건축가) 39, 200
밀상, 클로드 149

ㅂ

바레르, 베르트랑 108~110(n), 253, 327
바롱, 피에르 프랑수아 159, 161(n), 167, 176
바르나브, 앙투안 28, 211, 222
바르베이 도레비이, 쥘 97
바뵈프, 그라쿠스 175
바상주(보석상) 225
바이이, 장 실뱅 14, 46, 47, 50
바츠 남작 245, 246, 278
발데크 드 레사르, 클로드 앙투안 117
발라제, 샤를 50, 131, 132
발랑슈, 피에르 시몽 154
발리에르(배우) 166
발자크, 오노레 드 21, 274
방칼, 장 앙리 104(n)
뱅상, 장 바티스트(석물업자) 276, 278
버크, 에드먼드 72

베나르, 클로드 160, 161, 164, 167, 174
베르나르, 자크 클로드(환속 신부) 86
베르나르댕, 자크 앙리 드 생피에르 213
베르니, 가브리엘 드 공작 274
베르니, 로르 드 274
베르니오, 피에르 빅튀르니앵 27, 46
베르몽 신부 197, 200, 201
베르제 신부 311
베르젠 백작 116, 204, 207
베르탱, 로즈 199
베리 신부 203
베리테, 장 바티스트(판화상) 144(n), 387
베장발 남작 73
베케이, 루이 313
벨, 무아즈 33
보날, 루이 드 70
보네(검찰관) 126, 147
보댕, 피에르 129
본, 앙리 145(n), 152(n)
볼콘스키 공 284
봉벨 후작 115, 205, 206, 219, 223
뵈뇨, 자크 클로드 93
뵈르농빌, 피에르 리엘 104, 105, 287, 288
뵈메르(보석상) 225
부르동, 레오나르 27
부바르, 알렉시스 336
부샤르동, 에듬(조각가) 334
부쇼트, 장 바티스트 124, 163
부아뉴 백작부인(아델 도스몽) 199, 237, 293

찾아보기   **395**

부이에 장군 219

부이용, 피에르 144(n)

불랑, 장 앙리 33, 339

뷔니오, 니콜라 276

뷔카르, 마르셀 12

뷘, 루이 프랑수아 드(경비대 장교) 29, 30, 32

브라지야크, 로베르 12

브로티에 신부 268

브루투스, 루키우스 유니우스 19

브룬스비크[브라운슈바이크] 공작 220

브뤼니에, 피에르 에두아르(의사) 44, 45

브르퇴이 남작 108, 207, 219, 288, 300, 350

브리농, 페르낭 드 12

브리소, 자크 피에르 101, 110, 117, 268

블루아, 레옹 62, 345

비방 드농, 도미니크 38, 39, 228

비요 바렌, 자크 니콜라스 110

비제 르브룅, 엘리자베트 68, 72, 198~200, 227

비타스, 앙젤리크(수녀) 21

빌리에 드 릴 아당, 오귀스트 드 31

ㅅ~ㅇ

사바리, 잔 프랑수아즈 152

살라베리, 샤를 모리스 드 344

상바, 장 바티스트 159, 161, 166, 167, 175, 176

상송, 샤를 앙리 323

상송, 앙리 323~325, 330, 336

생쥐스트, 루이 앙투안 드 23, 109, 243, 253

샤르, 르네 91

샤를리에 120(n)

샤보, 조르주 앙투안 117(n), 245, 281(n)

샤스트네 부인 82

샤토브리앙, 프랑수아 르네 28, 70, 71, 76, 97, 154, 278, 312, 315, 337

샤틀레, 클로드 루이 34~40, 158(n)

샤퓌, 앙투아네트(시녀) 44

샬, 모리스(은퇴 장군) 12

설리반, 엘레노어 302

세나크 드 메이양, 가브리엘 71, 72

세말레 백작 238

세뱅, 르네 44

세즈, 레이몽 드 264

셀리에, 피에르 138(n)

셀린, 루이 페르디낭 358

소렐, 알베르 27, 106(n)

소불, 알베르 16(n), 38(n), 111(n), 246(n)

쇼메트, 클로드 가스파르 52, 136, 247

쇼보 라가르드, 클로드 프랑수아 56, 252, 261, 263~271, 273, 306

수베르비엘, 조제프(의사) 34, 127, 160, 161, 165, 171, 172, 176~178(n)

쉬로, 프랑수아 354

슈네데르, 윌로즈 35(n)

슈아죌 공작 80(n), 81(n), 113, 192, 201

스탈 남작 82
스탈 부인(제르멘 드) 97(n), 252, 253(n), 255, 256, 297, 349
시몰린 남작 214
시몽, 앙투안(구두장이) 51, 89, 217, 235, 236, 242~245, 247, 276, 335
아렐 부인 284
아르투아 백작 61, 186, 221, 224, 237
아마르, 앙드레 33, 189, 229
아폴리네르, 기욤 31, 358
알라담, 마리 잔 242
앙리 2세 11
앙리 4세 32, 47
앙리오 장군 84, 174
앙토넬(피에르 앙투안 당토넬) 168, 169, 175, 176
앳킨스, 샤를로트 280
앳킨스, 에드워드 280
에로 드 세셀, 마리 장 274(n)
에르만, 마르시알 조제프 아르망(재판장) 32, 33, 119, 126, 136, 138(n), 139, 141~143, 145, 185, 231, 249, 276, 285, 299, 304, 306
에베르, 자크 르네 51~54, 84, 111, 135, 136, 144(n), 167, 235, 245~247, 249~252, 254, 268, 269, 276, 281(n), 330
에스테르하지, 발랑탱 215
에스텡 백작 45
에카르, 장 86(n)

엘리자베트 부인 144(n), 248, 249, 268, 309, 315, 318, 344
오기에, 아델라이드 349
오를레앙 공작(필리프 에갈리테) 13, 24, 27, 28, 103, 177, 193, 224(n), 331
오성 백작부인 224, 349
요크 공작 100, 289
우아요, 바르브 242
월터, 제라르 158, 356
웰스, 오슨 347
위, 귀스타브 페르낭 285(n)
위, 프랑수아 남작 84
위고, 빅토르 89, 90, 93, 330, 343
위앙 드부아소, 샤를 159, 161, 174
윌리엄스, 헬렌 마리아 251, 253(n)

ㅈ~ㅊ

자르제, 슈발리에 레니에 드 214, 273~275, 279, 302, 316
자코브, 조르주 200
장 봉 생탕드레, 앙드레 25(n)
제몽, 프랑수아 158(n), 173
젤레르, 앙드레 장군 12
조베르, 오귀스탱 249(n), 276~278
주르되이, 디디에(배심원) 131~134(n), 158(n)
지라르, 프랑수아(신부) 317, 330
질베르(헌병) 281, 282, 284
츠바이크, 스테판 191

ㅋ~ㅌ

카라, 장 루이 115
카리에, 장 바티스트 271, 273(n)
카뮈, 아르망 가스통 129(n)
카바니스, 피에르 장 조르주 113
카스트리 후작 203
카우니츠 공작(오스트리아 총리) 202, 291
카이우아, 로제 218
카즈나브, 프레데리크 144(n)
캉바세레스, 장 자크 레지 드 25, 26
캉봉, 피에르 조제프 38(n)
캉팡 부인 63~65(n), 74(n), 197(n), 208, 213, 214(n), 232, 236
코르데, 샤를로트 19, 28, 141, 230, 268, 270
코르토, 장 피에르(조각가) 344
코르프 남작부인 296
코부르크 공 100, 104, 106(n), 237, 289
코슈아 르메르, 루이 361, 362
코크, 앙리 363
코피날, 피에르 앙드레 138(n), 144, 145, 148~150, 174
콜로 데르부아, 장 마리 267, 269
콩데 공 16(n), 22, 100, 221
쿠르투아, 에듬 보나방튀르 263(n), 312~314
쿠아니 공작 73, 130, 232
쿠차르스키, 알렉상드르 67, 69
쿠통, 조르주 243

퀴스틴 장군 28, 126, 167
크레티엥, 샤를 니콜라 159, 161, 163, 165, 171, 172, 175
크로포드, 퀜틴 63, 215, 240, 302
클레리, 장 바티스트 84, 227, 277
클레망(배심원) 164
타랑트 공주 67
타르제, 장 바티스트 264
탈레랑, 샤를 모리스 71, 218, 227
테라송, 피에르 조제프 130, 134, 135(n)
테브냉, 장 자크 200
투구트 남작 291
투르젤 공작부인 45(n), 48, 64(n), 239, 241
투르토 드 셉퇴이 남작 132
투맹, 프랑수아 160, 165, 167, 176
투생, 가브리엘 138(n)
툴랑, 프랑수아 249(n), 277, 278, 283
튀르지, 루이 프랑수아 84, 86, 277
튀를로(시계공) 85
트랭샤르, 프랑수아 159, 167
트랭카르(사진작가) 177
트렐롱, 드니즈 피에르 37(n)
트롱셰, 프랑수아 264
트롱송 뒤 쿠드레이, 기욤 262~266, 269~273, 275, 279, 292
티세, 프랑수아 132~134(n)
티에르, 아돌프 254
티종 85, 276
티종 부인 85, 87, 276

ㅍ~ㅎ

파, 에블린(전기작가) 301
파리, 니콜라 조제프(법원 서기) 120
파리스, 필리프 니콜라(근위대원) 19
파브르 데글랑틴, 필리프 245
파비에, 장 루이 115
파슈, 장 니콜라 247
파스키에, 에티엔 드니(판사) 210
파양, 클로드 프랑수아 드 169, 170(n)
파주, 준비에브 149
팔루아, 피에르 프랑수아(건설업자) 20
팡티에브르 공작 48
페르센 백작 69(n), 73, 81(n), 105(n), 211, 212, 282, 283, 292~303, 335
페소넬, 클로드 샤를 드 115
페티용 드 빌뇌브, 제롬 139(n)
페탱, 필리프 12
펠랑크, 장 289
포므라 263
포스터, 엘리자베스 296
포탱, 얀 359, 361
포테라 후작 105
폴리냐크 공작부인(욜랑드 드) 61, 62(n), 64(n), 78, 82, 132, 216, 224, 230, 236, 238, 239, 290, 316, 348
퐁텐, 피에르(상인) 283, 284
푸미에스(의사) 178
푸셰, 조제프 38, 133, 149, 173, 175, 176(n), 229, 273(n), 351

푸코, 에티엔 138(n)
푸키에 탱빌, 앙투안 캉탱 33, 38(n), 52, 120, 123(n), 125, 126, 138(n), 148, 150, 153, 174, 222, 231, 235, 262, 263, 266, 285, 315, 365
푸파르 신부 311
퓌마롤리, 마르크 199
프라이스, 먼로 208
프랑스, 아나톨 156, 173
프레롱, 엘리 146
프레보(경찰) 57, 252
프로방스 백작 39(n), 44(n), 74, 128, 196, 221, 315
프로방스 백작부인 76, 152
프리드리히 2세 113
피란델로, 루이지 156, 157(n)
피에베, 장 루이 160, 161(n), 176
피트, 윌리엄 100, 245(n), 288, 289
피페, 소피 드 293, 303
헤센 다름슈타트, 루이즈 드 40~42(n), 76, 286
헤센 다름슈타트, 샤를로트 드 40~42(n), 238, 286
헤센, 게오르크 폰 286(n)
힌너, 로르 274, 275(n)

마리 앙투아네트의 마지막 나날
재판으로 드러나는 '검은 전설'과 '하얀 전설'

2025년 9월 19일 초판 1쇄 발행

지은이 | 에마뉘엘 드 바레스키엘
옮긴이 | 주명철
펴낸곳 | 여문책
펴낸이 | 소은주
등록 | 제406-251002014000042호
주소 | (10911) 경기도 파주시 운정역길 116-3, 101-401호
전화 | (070) 8808-0750
팩스 | (031) 946-0750
전자우편 | yeomoonchaek@gmail.com
페이스북 | www.facebook.com/yeomoonchaek

ISBN 979-11-87700-99-9 (03920)

여문책은 잘 익은 가을벼처럼 속이 알찬 책을 만듭니다.